Paolo Asolan

Nach Santiago

Tagebuch eines Priesters
auf dem Jakobsweg

Paolo Asolan

Nach Santiago

Tagebuch eines Priesters auf dem Jakobsweg

SANKT
ULRICH

VERLAG

GmbH

Titel der Originalausgabe: A Santiago
Diario di un prete sul „camino"
© 2006 by Casa Editrice Marietti s. p. A., Mailand
Übersetzt von Gabriele Stein

Bibliographische Information der Deutschen Bibliothek

Die Deutsche Bibliothek verzeichnet diese Publikation in der
Deutschen Nationalbibliographie; detaillierte bibliographische Daten
sind im Internet über http://dnb.ddb.de abrufbar.

© 2007 by Sankt Ulrich Verlag GmbH, Augsburg
Alle Rechte vorbehalten
Umschlaggestaltung: uv media werbeagentur
Mediengruppe Sankt Ulrich Verlag, Augsburg
Titelbild: Paolo Asolan
Druck und Bindung: Ebner & Spiegel, Ulm
Printed in Germany
ISBN 978-3-86744-017-2
www.sankt-ulrich-verlag.de

Inhalt

Vorwort
Die Pilgerschaft in Theologie und Geschichte

„Was ist unser Leben? Der Weg eines Wanderers: Sobald er einen bestimmten Ort erreicht hat, öffnen sich ihm die Türen, er legt die Reisekleider und den Pilgerstab ab und tritt in sein Haus ein." So hat ein bedeutender Vertreter der russischen Spiritualität, Johannes von Kronstadt (1828–1908), in seinem Hauptwerk *Mein Leben in Christo* das gesamte menschliche Dasein gleichnishaft dargestellt. In allen Kulturen ist der Weg Symbol des Lebens, angefangen beim hebräischen *Derek,* das nicht nur die „Straße", sondern auch den lichtvollen oder finsteren Pfad im moralischen Sinne und sogar die persönliche Kraft bezeichnet, bis hin zu jenem – wenn man so will – programmatischen Manifest der „Beat-Generation", Jack Kerouacs Roman *On the road* (1957), der mit der Erklärung „Die Straße ist das Leben" beginnt. Gewiß, das Spektrum der menschlichen Fortbewegung in ihren tausend Formen ist äußerst vielfältig: Es reicht vom ziellosen Umherstreifen bis zur Geschäftsreise, vom Nomadentum bis zur Pilgerfahrt, von der Urlaubsreise bis hin zu den virtuellen Datenautobahnen der Telematik ...

Die vier Angelpunkte der historischen Pilgerschaft

Wir werden uns nun einer symbolträchtigen Route zuwenden: der Pilgerfahrt, die mit der elementar menschlichen Dimension des Religiösen verwoben ist. Große Anthropologen wie Eliade, Leroi-Gourhan oder Ries haben auf der Karte der Wanderungen des spätaltsteinzeitlichen Menschen in Afrika, Indien und Australien sakrale Wege nachgewiesen, die zum „Heiligtum" führten: Demnach entwickelte sich die Pilgerschaft aus einer vom Alltag wegführenden Suche nach der Begegnung mit dem Mysterium, dem unsichtbaren und transzendenten Wesen – in der Gewißheit, daß dieses dem Gewebe der weltlichen und alltäglichen Gänge Fruchtbarkeit und Sinn verleihen würde. Seither ist der Mensch Pilger geblieben und umspannt die Erde mit einem

Netz heiliger Wege, die sich nicht nur in den Raum, sondern auch in die Zeit erstrecken. Dessen Koordinatensystem zu zeichnen ist eine schwierige Aufgabe, die hier nur auf vereinfachte und symbolische Weise geleistet werden kann. Grundlegend ist dabei die Frage, an welchem Ziel sich die Achse des heiligen Weges jeweils ausrichtet.

Für die drei monotheistischen Religionen ist dieses Ziel Jerusalem. Ihr spiritueller Architrav ruht auf drei verschiedenen Felsen. Da ist zum einen der Felsen des Tempelbergs, der Feste Zion: „Gott ist in ihrer Mitte, darum wird sie niemals wanken (...) Völker toben, Reiche wanken, es dröhnt sein Donner, da zerschmilzt die Erde" (Ps 46,6–7). Zum anderen der Felsen, der das Grab Christi verschloß und, fortgewälzt, zum Zeichen des Sieges über den Tod geworden ist: „Plötzlich entstand ein gewaltiges Erdbeben; denn ein Engel des Herrn kam vom Himmel herab, trat an das Grab, wälzte den Stein weg und setzte sich darauf" (Mt 28,2). Und schließlich der Felsen des „Felsendoms", über dem sich die heutige Omar-Moschee erhebt, die Stätte, an der Isaak geopfert werden sollte, und der Schauplatz der Himmelfahrt des islamischen Propheten Mohammed. Das Heilige Land war jahrhundertelang das lebendige Zentrum insbesondere der christlichen Pilgerschaft, von den Zeiten des Hieronymus und der Aetheria über die Kreuzzüge bis heute.

Für die Christenheit ist ohne Zweifel Rom das andere große Ziel des gemeinsamen Strebens, der Ort des Martyriums von Petrus und Paulus und der Sitz der kirchlichen Gemeinschaft „ad Petri sedem". Insbesondere das Heilige Jahr hat über Jahrhunderte hinweg immer wieder Scharen von Pilgern aus aller Welt auf den „Viae Romeae" hierhergeführt. Gleichzeitig wird das Netz der Pilgerwege jedoch dichter und verzweigt sich zu zweitrangigen Pilgerstätten wie den Gräbern anderer Apostel und Märtyrer, unter denen zweifellos das Grab des heiligen Apostels Jakobus des Älteren hervorragt. Seine Entdeckung rief im 9. Jahrhundert eine Fußwallfahrt ins Leben, die seither durch alle Jahrhunderte hindurch kontinuierlich fortbestanden hat. Der *Camino de Santiago*, der sich in den vergangenen Jahren zu einem Massenphänomen entwickelt hat, stellt aus diesem Grund ein Unikum unter den christlichen Pilgerwegen dar; und dasselbe gilt auch für die Entstehung jener Reiseliteratur, die die Erinnerung an das festhält, was man auf dem Weg nach Compostela gesehen und erlebt hat – und zu der auch das vorliegende *Tagebuch* von Don Paolo Asolan gehört.

Im Laufe der Jahrhunderte entdeckte man schließlich noch ein weiteres Pilgerziel, das sich seine Strahlkraft ebenfalls bis in unsere Tage hinein bewahren sollte: die Verehrung der Mutter des Herrn. Obwohl jüngeren Datums, wurden die Marienwallfahrten gleichsam zum Inbegriff des Glaubenswegs, und Namen wie Loreto, La Salette, Lourdes, Fatima oder Tschenstochau sind in der spirituellen Topographie der Menschheit ein ebenso fester Bestandteil wie die endlose Liste lokaler Marienheiligtümer.

Jerusalem, Rom, Compostela und die anderen Märtyrerheiligtümer sowie die Marienwallfahrtsorte sind mithin die vier Angelpunkte der christlichen Pilgerschaft, „Orte, zu denen man geht, um Gnaden, doch vor allem, um die Gnade zu erlangen", wie Johannes Paul II. es in dem Dokument *Per il Centenario di Loreto* vielsagend formuliert hat. Natürlich ließen sich auch Ausdrucksformen der anderen Religionen in diesen Horizont miteinbeziehen: der buddhistische Pilgermönch, der kontemplative Weg des Tao, die Wege der Läuterung in den heiligen Flüssen des Hinduismus, die Wallfahrt nach Mekka, einer der fünf „Pfeiler" des muslimischen Glaubens, und so fort. Und auch in den neuen „weltlichen" Pilgerfahrten könnten wir so etwas wie eine spirituelle Sehnsucht erkennen: in den nicht selten dramatischen Völkerwanderungen von Afrika und Asien nach Europa, dem Tourismus in seiner vornehmsten Form, nämlich zu Forschungs- und Bildungszwecken, der existentiellen Wanderschaft der „Söhne des Windes", der Nomaden und Zigeuner, der Fluktuation von Personen aus kommerziellen, kulturellen, sportlichen Gründen …

Ein unüberschaubares Wimmeln überflutet die Erde und erstreckt sich sogar bis in den Sternenraum. Es verkörpert die Sehnsucht des *Homo viator,* der auch auf diese Weise seine grundlegende Ruhelosigkeit zu erkennen gibt. Der heilige Augustinus hat sie erahnt (Bekenntnisse I,1; XIII, 38.53), doch auch ein agnostischer Autor wie Bertolt Brecht hat sie in einem seiner Gedichte auf kraftvolle Weise beschrieben: „Ich sitze am Straßenrand. / Der Fahrer wechselt das Rad. / Ich bin nicht gern, wo ich herkomme. / Ich bin nicht gern, wo ich hinfahre. / Warum sehe ich den Radwechsel / Mit Ungeduld?" Und doch liegt paradoxerweise

8

in dieser Spannung auch eine Ruhe und eine heitere Hoffnung, wie zwei andere Schriftsteller in jeweils unterschiedlichen Kontexten bestätigen. Der eine von ihnen ist Franz Kafka, der sich auf die Frage, „ob denn nichts ruhe", in seinen *Tagebüchern* am 17. Dezember 1910 die Antwort des Zenon von Elea notierte: „Der fliegende Pfeil ruht." Und im *Tagebuch* des französischen Romanschriftstellers Julien Green findet sich folgende Bemerkung: „So lange man unruhig ist, kann man ganz beruhigt sein."

Die Bewegung in Zeit und Raum, die für uns mit dem Verlassen des Mutterleibs begonnen hat, ist folglich ein großartiges Gleichnis unserer inneren Suche nach uns selbst und nach dem Mysterium, das uns umgibt. Joyces moderner *Ulysses* entdeckt, daß „jedes Leben viele Tage ist, Tag für Tag. Wir wandern durch uns selbst hindurch und entdecken Gauner, Geister, Riesen, Alte, Junge, Frauen, Witwen, Vettern. Doch immer begegnen wir uns selbst." Paulus dagegen ruft uns ein Prophetenwort ins Gedächtnis und stellt beinahe staunend fest: „Und Jesaja wagt sogar zu sagen: Ich ließ mich finden von denen, die nicht nach mir suchten; ich offenbarte mich denen, die nicht nach mir fragten" (Röm 10,20). So gesehen ist die Pilgerschaft gleichsam der Archetypus einer existentiellen Erfahrung, die die gesamte Menschheit durchdringt, unabhängig davon, welcher Kultur man angehört oder ob man sich zu einem Glauben oder zum Agnostizismus bekennt. Es wird daher angebracht sein, an ausgewählten, besonders symbolträchtigen Modellen solcher spirituellen Wege einige grundlegende Kategorien dieser Erfahrung deutlich zu machen.

Die vier Modelle der theologischen Pilgerschaft

Wir wollen uns auf den für das theologische Denken maßgeblichen Bezugstext stützen: die Heilige Schrift. Ein für unser Thema besonders bedeutsames Werk eines unbekannten Verfassers, *Aufrichtige Erzählungen eines russischen Pilgers,* beginnt mit den Worten: „Durch Gottes Gnade bin ich Mensch und Christ, durch meine Handlungen ein großer Sünder, von meinem Stand her ein Pilger ohne Obdach von der demütigsten Sorte, der von Ort zu Ort irrt. Meine Besitztümer sind ein Sack auf den Schultern mit etwas trockenem Brot und eine Heilige Bibel, die ich unter dem

Hemd trage. Mehr habe ich nicht." Mit der Bibel in den Händen, „unserem Fuß eine Leuchte, ein Licht für unsere Pfade" (vgl. Ps 119,105), werden wir versuchen, einige Modelle der räumlichen und der inneren Bewegung zu veranschaulichen. Die erste Pilgerschaft ist die der Kinder Adams, die, kaum daß sie den Mutterleib verlassen haben, mit der Eroberung von Raum und Zeit beginnen und in diesem Streben niemals innehalten – auch dann nicht, wenn es den Anschein hat, daß Stagnation und Ruhe vorherrschen.

Die Pilgerschaft der Kinder Adams

Der 39. Psalm gibt uns eine Definition des Menschen, die eine wunderbare Elegie auf die Hinfälligkeit des menschlichen Daseins ist: „Nur wie ein Schatten geht der Mensch einher (…) ich bin nur ein Gast bei dir, ein Fremdling wie all meine Väter" (39,7.13). Hier ist die Sicht des Menschen als „Schatten, der vorüberstreicht" („walking shadow") aus Shakespeares *Macbeth* oder als „trüber Gast auf der dunklen Erde", wie Goethe ihn in seinem *West-östlichen Diwan* besingt, gleichsam vorweggenommen. Es ist das Herumirren nach dem Verlust des Paradieses, wie wir aus der Genesis erfahren: „Gott, der Herr, schickte ihn aus dem Garten von Eden weg, damit er den Ackerboden bestellte, von dem er genommen war" (3,23). Es ist das Herumirren in Schuldbewußtsein, wie Kain es empfindet: „Rastlos und ruhelos werde ich auf der Erde sein" (Gen 4,14). Schon das alttestamentliche Wort für die Sünde *(het, 'awon)* deutet ein „Abweichen", ein Abkommen vom Weg an, während die Bekehrung als „Rückkehr" *(šub)* auf den rechten Weg verstanden wird.

Und doch verbirgt sich auch in dieser verzerrten und abwegigen Art der Pilgerschaft die liebende Gegenwart Gottes. „Darauf machte der Herr dem Kain ein Zeichen, damit ihn keiner erschlage, der ihn finde" (Gen 4,15). „Mein Elend", so heißt es im Psalm, „ist aufgezeichnet bei dir. Sammle meine Tränen in einem Krug, zeichne sie auf in deinem Buch!" (56,9). Auf den Straßen der Verlassenheit, die der verlorene Sohn in seiner Auflehnung und Sünde beschreitet, ruht der liebevolle und barmherzige Blick des Vaters. Und diese heimliche Anziehung ist es, die die Straße zu einem Rückweg in die Umarmung werden läßt (Lk 15,11–32). Es gibt mithin eine universale Geschichte der Pilgerschaft, die den Verlauf unseres Daseins in Glanz und Elend, Lächeln und Weinen in seiner beständigen Spannung auf das Jenseitige und Andere hin beschreibt und zeigt, daß das Leben eine Brücke ist: eine Brücke, die auch zum anderen Ufer, zum Ufer des Unendlichen und des Ewigen hinübergeschlagen ist: „Du zeigst mir den Pfad zum Leben. Vor deinem Angesicht herrscht Freude in Fülle, zu deiner Rechten Wonne für alle Zeit" (Ps 16,11).

Die Pilgerschaft der Kinder Abrahams

In diesem Modell fassen wir die gesamte Erfahrung des biblischen Israel zusammen. Sie gliedert sich in drei verschiedene Profile: das der Patriarchen, das des Exodus und das Zions. Beginnen wir mit dem ersten Bild. In der berühmten „Laudatio" auf den Glauben der Väter, die der Verfasser jener glänzenden Predigt, als die man den Hebräerbrief durchaus bezeichnen kann, im elften Kapitel seiner Schrift hält, wird Abraham – wie die Patriarchen, die nach ihm kommen – vor dem Hintergrund seiner Berufung nach dem Vorbild des Pilgers dargestellt: „Aufgrund des Glaubens gehorchte Abraham dem Ruf, wegzuziehen in ein Land, das er zum Erbe erhalten sollte; und er zog weg, ohne zu wissen, wohin er kommen würde. Aufgrund des Glaubens hielt er sich als Fremder im verheißenen Land wie in einem fremden Land auf und wohnte mit Isaak und Jakob, den Miterben derselben Verheißung, in Zelten; denn er erwartete die Stadt mit den festen Grundmauern, die Gott selbst geplant und gebaut hat (…) Voll Glauben sind diese alle gestorben (…) und haben bekannt, daß sie Fremde und Gäste auf Erden sind" (11,8–9.13).

Diese „Ikone" Abrahams entspricht dem Bericht der Genesis, die das spirituelle Abenteuer der Patriarchen in einem göttlichen Imperativ wurzeln läßt: lek leka, „zieh weg!", dem die unverzügliche Ausführung nach dem „militärischen" Schema von Befehl und Gehorsam folgt: wajjelek, „er zog weg" (Gen 12,1.4). Der Aufbruch zur Pilgerfahrt „in das Land, das ich dir zeigen werde", erfordert eine dreifache Loslösung. Zunächst einmal muß der Patriarch sein „Land" verlassen, das heißt seinen materiellen Horizont, sein Dorf, seine Region und die Dinge des Alltags. Sodann muß er seine „Heimat" verlassen, das heißt seinen „Geburtsort", wie es im Hebräischen heißt, den menschlichen und kulturellen Horizont, die Sitten und Gebräuche, die nationale Religion, die eigene Gesellschaft mit ihren Werten.

Gott geht darüber hinaus, und er erwartet auch von Abraham die Loslösung vom „Haus des Vaters", eine Redewendung, die die Familie bezeichnet, den Clan samt seinem Netz aus emotionalen, erbrechtlichen, sittlichen und wirtschaftlichen Beziehungen. Von nun an wird er immer ein Pilger sein, „ein Fremder und Gast auf Erden", als der er selbst sich auch noch im Land der Verheißung bezeichnen wird (Gen 23,4), und dasselbe gilt auch für Jakob-Israel, der nach Paddan-Aram (Gen 28 ff.) und nach Ägypten auswandert, wo er seine Tage beschließt. Damit sind wir beim zweiten Bild der biblischen Pilgerschaft angekommen: dem Exodus.

David definiert Israel im Angesicht des Herrn mit folgenden Worten: „Denn wir sind nur Gäste bei dir, Fremdlinge, wie alle unsere Väter" (1 Chr 29,15). Es sind dieselben Worte, die auch Abraham benutzt hat, doch sie beschwören auch das große Geschehen des Exodus herauf, der Israel zu einem Volk macht, das immer auf dem Weg ist, „Fremde und Gäste" (Hebr 11,13; 1 Petr 2,11). Das Gleichnis des Exodus mit all seinen Etappen (Auszug, Wüste, Prüfung, Versuchung, Sünde, Einzug in das Land Kanaan) könnte für die verschiedenen Ereignisse einer Pilgerschaft stehen, die auch die Zeit der Dunkelheit, des göttlichen Schweigens, der Untreue und der Versuchung, in die Sklaverei zurückzukehren, umfaßt. Wir wollen hier jedoch nur drei Aspekte hervorheben. Der erste ist die „Un-endlichkeit" des Exodus. Dieser beschränkt sich nämlich nicht auf den eigentlichen Auszug, der, vielleicht mehrfach (mindestens von zweien ist die Rede: einem Exodus der *Flucht* und einem der *Vertreibung* aus Ägypten), in einer mehr oder weniger eindeutig bestimmbaren historischen Zeit (13. Jahrhundert v. Chr.) stattgefunden hat. Gerade weil der Exodus ein Ereignis ist, das eine heilbringende göttliche Epiphanie beinhaltet, besitzt er eine fortdauernde Dimension: Er ist ein immer lebendiges und immer wirksames „Gedächtnis".

Aus diesem Grund muß sich Israel immer als Fremdling und Pilger fühlen – auch, als es in Kanaan bereits eine neue Heimat

gefunden hat (Ps 105,12–13; 1 Chr 16,19–20). Und aus demselben
Grund erklärt Gott im Hinblick auf die Feier des Jubeljahrs und
den damit verbundenen Rückkauf des Eigentums: „Das Land darf
nicht endgültig verkauft werden; denn das Land gehört mir, und
ihr seid nur Fremde und Halbbürger bei mir" (Lev 25,23). So entsteht die merkwürdige Typologie vom Fremden im eigenen Land
oder vom seßhaften Pilger. Aus demselben Grund der fortdauern-
den Gültigkeit des Exodus wird die Erfahrung der Rückkehr aus
dem babylonischen Exil vom zweiten Jesaja auch als neuer Exodus nach dem aktualisierten Vorbild des ersten gedeutet (siehe
beispielsweise Jes 43,16–21). Und aus demselben Grund schließlich überträgt das Buch der Weisheit das gesamte Exodusgesche-
hen auf eine eschatologische Ebene und erklärt das gelobte Land
der völligen und vollkommenen Gemeinschaft mit Gott in einer
erneuerten Schöpfung zu dessen endgültigem Ziel (Kap. 11–19).
Als historisches und zugleich transzendentes Ereignis ist der Exodus eine beständige Gegenwart und zeichnet die Physiognomie
Israels als eines Volks, das immer auf Wanderschaft ist und einem
eschatologischen Horizont entgegenpilgert. Wir wissen, welche
fundamentale Rolle diese Typologie für die neutestamentliche
Sicht der Kirche spielt.

Eine zweite, kurze Anmerkung betrifft die treue göttliche Gegenwart an der Seite des pilgernden Israel. Ihre deutlichsten
Symbole sind die Wolke, die am Tage Schutz und in der Nacht
Licht spendet, und die Wunder, die Israel unterwegs vor den Gefahren der Wüste und vor den Feinden retten. Häufig wird diese
Nähe ausdrücklich benannt: „Der Herr, dein Gott, hatte dich
reich gesegnet bei der Arbeit deiner Hände. Er wußte, daß du in
dieser großen Wüste unterwegs warst. Vierzig Jahre lang war der
Herr, dein Gott, bei dir. Nichts hat dir gefehlt" (Dtn 2,7). Auch
die Prüfungen auf dem Weg werden im achten Kapitel des Buchs
Deuteronomium als Akt der Liebe und der väterlichen Pädago-
gik gedeutet: „Daraus sollst du die Erkenntnis gewinnen, daß der
Herr, dein Gott, dich erzieht, wie ein Vater seinen Sohn erzieht"
(8,5). Und im berühmten Passus des Bundes von Sichem wird
diese Sichtweise feierlich bekräftigt: „Denn der Herr, unser Gott,
war es, der uns und unsere Väter aus dem Sklavenhaus Ägypten
herausgeführt hat (…) Er hat uns beschützt auf dem ganzen Weg,
den wir gegangen sind" (Jos 24,17). Jeremia geht noch weiter und

schildert diese Erfahrung in den Farben der Liebe zwischen Braut und Bräutigam: „Ich denke an deine Jugendtreue, an die Liebe deiner Brautzeit, wie du mir in der Wüste gefolgt bist, im Land ohne Aussaat" (2,2).

Eine dritte und letzte Betrachtung betrifft die soziale Dimension. Gerade weil es sich seiner Pilgerschaft bewußt ist, wird Israel sich spontan mit allen Fremden, Nomaden und Wanderern solidarisieren. Diese Solidarität wird auch vom „Kodex des Bundes" eingefordert: „Einen Fremden sollst du nicht ausnützen oder ausbeuten, denn ihr selbst seid in Ägypten Fremde gewesen" (Ex 22,20). Diese Mahnung wird im Dekalog des Buchs Deuteronomium wieder aufgegriffen, um dem Sabbat und der Ruhe des Sklaven Sinn zu geben (Dtn 5,12–15). Die ursprüngliche Situation des Juden erklärt die besondere Großzügigkeit der biblischen Gesetzgebung gegenüber Fremden: „Du sollst das Recht von Fremden (…) nicht beugen (…) ihr sollt die Fremden lieben, denn ihr seid Fremde in Ägypten gewesen" (Dtn 24,17; 10,19). Dies geschieht in Nachahmung des Herrn, denn „er liebt die Fremden und gibt ihnen Nahrung und Kleidung" (Dtn 10,18; vgl. Ps 146,9).

Nach der Pilgerschaft der Patriarchen und des Exodus ist dies nun das dritte Bild: das nach Zion pilgernde Israel. Hier kommt die Dimension der Pilgerschaft am deutlichsten zum Ausdruck, denn ihr Ziel ist das Heiligtum, der Kult und die Gemeinschaft mit Gott. „Dreimal im Jahr", so verlangt es die Thora, sollst du hinaufziehen, „um vor dem Herrn, deinem Gott, zu erscheinen" (Ex 34,24). „Auf, laßt uns hinaufpilgern nach Zion zum Herrn, unserem Gott", ruft Jeremia aus (31,6). Das erhabenste Zeugnis dieser Pilgerschaft findet sich in den sogenannten „Aufstiegsliedern", einer Gruppe von 15 Psalmen, 120 bis 134, die als Buch des Jerusalempilgers betrachtet werden können. Die Namensgebung wird unterschiedlich interpretiert: Die Deutungen reichen von dem im literarischen Sinne „aufsteigenden" Charakter der Wortwiederholungen und dem Crescendo der Sätze bis hin zu der räumlichen Anspielung auf die 15 Stufen, die Flavius Josephus zufolge (Der Jüdische Krieg V,5,3) den Hof der Frauen im Tempel vom dem der Israeliten trennten. Wahrscheinlicher ist allerdings, daß hier tatsächlich der Aufstieg des Wallfahrers nach Jerusalem und gleichzeitig das Gebet und der Gläubige selbst gemeint sind, die zu Gott „aufsteigen", wie es ein Satz aus der in Qumran gefundenen „Zion-Apostrophe" (11 QPs Zion) belegt: „Gottgefällig ist das Lob, das von dir kommt, Zion; es steigt auf von der ganzen Welt" (V. 12).

Bedeutsam bleibt in jedem Fall die Spannung der auf den Tempel und die heilige Stadt gerichteten Erwartung. Sie kommt in einigen Texten wunderbar zum Ausdruck, von denen zwei hier besonders erwähnt werden sollen. In einer geglückten psychologischen Synthese vereint Psalm 122 den Moment, da die Tore Zions durchschritten werden, und jenen inzwischen weit zurückliegenden Tag, an dem die Entscheidung verkündet wurde, „zum Haus des Herrn zu pilgern". Die Ankunft in Jerusalem ist das ersehnte Ziel und erzeugt eine Vorfreude, die die Mühsal des weiten Weges vergessen macht. Der Grund dieser Fülle wird in den Versen 3–5 erklärt, die auf die vier Funktionen der Stadt hinweisen: Sie ist das Zentrum der Einheit der zwölf Stämme: „Dorthin ziehen die Stämme hinauf, die Stämme des Herrn" (V. 4a); sie ist im Sinne der Vorschriften des Buchs Deuteronomium (12,13–14; 15,16) die einzig rechtmäßige Kultstätte: „wie es Israel geboten ist, den Namen des Herrn zu preisen" (V. 4b); sie ist der Sitz der davidischen Dynastie, in der Gott sich laut der orakelhaften Verheißung Nathans an David als gegenwärtig erweisen wird: „Denn dort stehen (...) die Throne des Hauses David" (V. 5); und außerdem stehen dort „Throne bereit für das Gericht" (V. 5), denn als politische Hauptstadt ist Jerusalem auch der Ort der Berufung für die in erster Instanz an den örtlichen Gerichtshöfen verhandelten rechtlichen Fragen. Dort wurden die heikelsten Streitigkeiten geschlichtet, und wenn das Volk Jerusalem wieder verließ, war es gerechter.

Noch inhaltsreicher ist das Wallfahrtslied „der Korachiter", einer Priesterfamilie, die „als Wächter den Dienst an den Schwellen des Zeltes zu besorgen" hatte (1 Chr 9,19): Psalm 84, ein zärtliches und leidenschaftliches Lied, das durchdrungen ist von einer unwiderstehlichen Sehnsucht nach dem Gott des Lebens, der zu Beginn, im Mittelstück und am Ende mit seinem jerusalemitischen Titel „Herr der Heerscharen" gefeiert wird. Den Hintergrund bildet der Tempel, das Ziel der Pilgerfahrt. Die Jahreszeit ist die des herbstlichen „Frühregens", der die vom Sommer verbrannte Landschaft mit Grün überzieht (V. 7). Wir haben es also mit der Wallfahrt nach Zion anläßlich des Laubhüttenfests zu tun, das an die Wüstenwanderung Israels erinnerte. Der Tempel wird am Anfang und am Ende des Psalms beschrieben. In den Versen 2–4 erscheint er im zarten Bild unbeschwert fliegender Vögel, die ihr Nest im Heiligtum haben und das glückliche Schicksal der Tempeldiener symbolisieren, die (anders als der Pilger) keine vorübergehende, sondern als Zeichen ihrer beständigen Nähe zu Gott eine immerwährende Wohnstatt im Heiligtum gefunden haben. Und auch in den Versen 10–13 ist vom Tempel die Rede, wenn der Psalmist die Lauterkeit seines Glaubens dem trügerischen Götzendienst gegenüberstellt, der die Menschen zu ruchlosen Tempeln drängt, „den Zelten der Frevler".

In der Mitte des Psalms aber (V. 3–9) entfaltet sich der Weg des Pilgers: Er kommt aus dem fernen Norden, durchquert ein Tal, das *Baka'* genannt wird, schreitet von einem Dorf zum nächsten voran; der Regen, der alles erfrischt, erscheint ihm wie eine Vorwegnahme der freudenreichen Segnungen, die ihn in Zion „einhüllen" werden. Die mühselige Reise, ein Gleichnis für die Wechselfälle des Lebens (das hebräische Wort *Baka'* bedeutet „Träne"), verwandelt sich genauso wie das trostlose Tal, sobald es der Regen benetzt. Schon ist am Horizont die Silhouette der heiligen Stadt zu erkennen, das Ziel der Begegnung mit Gott. Wie Psalm 122 spielt auch Psalm 84 mit den für die Pilgerschaft typischen Themen von Gegenwart und Abwesenheit und gestaltet die heilige Reise im Geist zu einem Symbol für das Leben des Gläubigen um, das von der Spannung zwischen Glück und Flehen, vertrauter Nähe und Gottesferne, dem Wort und dem Geheimnis Gottes geprägt ist. So wird die Glückseligkeit von Vers 6 zu einem universalen Segenswunsch für alle Pilger: „Wohl den Menschen, die Kraft finden in dir, wenn sie sich zur Wallfahrt rüsten!"

Die Pilgerschaft der Kinder Gottes

Die vielsagende Selbstbezeichnung Christi als „Weg, Wahrheit und Leben" (vgl. Joh 14,6) läßt sich auf geistiger Ebene als Motto des gesamten Menschwerdungsgeschehens begreifen. Das göttliche Wort ist „bei Gott" und steigt von dort herab, um „Fleisch" zu werden (Joh 1,2.14); es wandelt über die Straßen und durch die Zeit der Menschen und dringt auch in die Dunkelheit des Leidens und eines denkbar elenden Todes vor (Phil 2,8), um dann durch die Auferstehung in die himmlische Herrlichkeit emporzusteigen (Lk 24,51). Auf dieser Wegstrecke zwischen den Extremen von Himmel und Erde, Ewigkeit und Geschichte entfaltet sich das irdische Leben Jesu, das von kontinuierlicher Pilgerschaft gekennzeichnet ist.

Das ist zunächst einmal die Pilgerschaft des gläubigen Juden Jesus zum Tempel von Zion. Sie beginnt kurz nach seiner Geburt, als er zum Heiligtum gebracht und dem Herrn geweiht wird (Lk 2,22–24). Sie setzt sich fort, als er im Alter von zwölf Jahren gemeinsam mit Maria und Joseph nach Jerusalem reist; dort bleibt er „in dem, was seinem Vater gehört" (vgl. Lk 2,49). Wiederholt kehrt er nach Zion zurück, zumindest läßt das vierte Evangelium dies vermuten, denn es läßt die großen Offenbarungen Christi in Worten und Zeichen häufig vor dem Hintergrund des Tempels und der verschiedenen jüdischen Feste geschehen. Eines Tempels, der von jedem äußerlichen Ritualismus gereinigt und auf seine ursprüngliche Funktion als „Haus des Gebetes" zurückgeführt werden muß. Doch vor allem Lukas beschreibt im Herzstück seines Evangeliums (9,51–19,28) eine lange Wallfahrt zur heiligen Stadt, einen Weg, in dessen Innerem sich die Verkündigung des Gottesreichs und seiner Forderungen vollzieht. Und auch Markus hebt gezielt die Worte und Wörter der Bewegung hervor und arbeitet im zweiten Teil seines Werks – dem Teil, der nach Golgatha führt – das Symbol des „Wegs" besonders heraus (8,27.34; 9,33–34; 10,17.21.28.32-33.46.52).

In dem Bewußtsein, daß dies keine bloß räumliche, sondern auch eine innerliche und existentielle Reise ist, müssen auch die Jünger in die Fußstapfen Christi treten: „Wer mein Jünger sein will, der verleugne sich selbst, nehme sein Kreuz auf sich und folge mir nach" (Mt 16,24; Lk 9,23 macht überdies deutlich, daß der Weg des Kreuzes „täglich" gegangen werden muß). Das topographische Ziel ist Jerusalem; mehr noch, es ist der Kreuzigungshügel, doch der Blick Jesu ist auf einen anderen Horizont gerichtet. Schon der Samariterin gegenüber hatte er diese letzte Möglichkeit angedeutet: „Glaube mir, Frau, die Stunde kommt, zu der ihr weder auf diesem Berg noch in Jerusalem den Vater anbeten werdet (…) Aber die Stunde kommt und sie ist schon da, zu der die wahren Beter den Vater anbeten werden im Geist und in der Wahrheit (...) Gott ist Geist, und alle, die ihn anbeten, müssen im Geist und in der Wahrheit anbeten" (Joh 4,21–24).

Aus demselben Grund hatte er auch ohne Zögern erklärt: „Reißt diesen Tempel nieder, in drei Tagen werde ich ihn wieder aufrichten" (Joh 2,19), und damit die Idee eines neuen Tempels eingeführt. Und aus demselben Grund spricht Christus bei der Verklärung mit Moses und Elias über sein „Ende, das sich in Jerusalem erfüllen sollte" (Lk 9,31). Ein „Ende", das Lukas in der Himmelfahrt, der eigentlichen Schlußetappe der Pilgerfahrt Christi, veranschaulicht (Lk 24,51; Apg 1,9). Er geht uns voraus in das Haus des Vaters, um uns einen Platz zu bereiten, damit wir gemeinsam mit ihm dort sein können, wo er ist (Joh 14,2–3). Die Worte aus der johanneischen Darstellung des Letzten Abendmahls fassen die gesamte Pilgerschaft der Menschwerdung auf luzide Weise zusammen: „Vom Vater bin ich ausgegangen und in die Welt gekommen; ich verlasse die Welt wieder und gehe zum Vater (...) Vater, ich will, daß alle, die du mir gegeben hast, dort bei mir sind, wo ich bin. Sie sollen meine Herrlichkeit sehen" (Joh 16,28; 17,24).

Die Pilgerschaft der Kinder Gottes

Diese letzten Worte Christi umreißen auch das Ziel, das seine Jünger auf ihrer Pilgerfahrt durch die Geschichte vor Augen haben. Bewegt vom Sturm und vom Feuer des Geistes und dem Gebot des Auferstandenen: „Geht zu allen Völkern" (Mt 28,19), ziehen sie über die Straßen dieser Welt: Das Buch der Apostelgeschichte ist in dieser Hinsicht wie ein narratives Koordinatennetz, das sich von Jerusalem bis nach Rom über den gesamten Mittelmeerraum erstreckt und in dem Paulus, gefolgt von vielen weiteren Zeugen, die Hauptrolle spielt. All das hat jener mittägliche Weg symbolisch vorweggenommen, der zwei der Jünger, in trübe Gedanken versunken, von Jerusalem nach Emmaus führte: Auch wenn wir ihn nicht erkennen, begleitet Christus uns mit seinem Wort, das unser Herz brennen läßt und uns in das alltägliche Heiligtum führt, wo er das eucharistische Brot für uns bricht (Lk 24,13–25).

Auf diesem Weg sind nicht nur die Jünger, sondern alle Menschen unterwegs, die Gott aufrichtigen Herzens suchen. Alles beginnt mit der Szene der Weisen, die aus dem Orient zu Christus kommen, „um ihm zu huldigen" (Mt 2,1–2). Jesus selbst sieht diese Prozession von Menschen „aus allen Nationen und Stämmen, Völkern und Sprachen" (Offb 7,9) voraus: „Viele werden von Osten und Westen kommen und mit Abraham, Isaak und Jakob im Himmelreich zu Tisch sitzen" (Mt 8,11). Und genau darin besteht auch die Leistung des Paulus: Er hat die Grenzen des Christentums geöffnet, damit Christus zu allen und alle zu Christus gelangen; dann „gibt es nicht mehr Griechen oder Juden, Beschnittene oder Unbeschnittene, Fremde, Skythen, Sklaven oder Freie, sondern Christus ist alles und in allen" (Kol 3,11; vgl. Gal 3,28).

Doch wie bei der Pilgerschaft Christi ist das letzte Ziel nicht in einem irdischen Tempel und schon gar nicht in der nostalgischen Rückkehr zu einer goldenen Vergangenheit zu finden, wie sie dem *Nostos,* der Heimkehr des Odysseus, zugrunde lag, der sich danach sehnte, bei Sonnenuntergang den Rauch aus den Schornsteinen seines Ithaka aufsteigen zu sehen (Odyssee 1,58). Das christliche Leben, das die Apostelgeschichte als „Weg" bezeichnet (Apg 2,28; 9,2; 16,17; 18,25–26; 19,9.23; 22,4; 24,22), ist einem transzendenten Ziel zugewandt, das das himmlische Jerusalem strahlend verkörpert. In Kapitel 21 und 22 der Offenbarung ist die Idealkarte dieses himmlischen Jerusalem gezeichnet. Alles, was unseren irdischen Weg erschwert – Tod, Trauer, Klage, Mühsal –, wird dort nicht mehr existieren, denn Gott „wird alle Tränen von ihren Augen abwischen" (Offb 21,3–4). Und auch den Tempel wird es nicht mehr geben, „denn der Herr, ihr Gott, der Herrscher über die ganze Schöpfung, ist ihr Tempel, er und das Lamm" (21,22). Die Gemeinschaft wird vollkommen sein, die Vertrautheit wird keine Risse haben, denn „dann werden wir (...) auf den Wolken in die Luft entrückt, dem Herrn entgegen. Dann werden wir immer beim Herrn sein" (1 Thess 4,17).

Das Wissen um das eschatologische Schicksal, „Mitbürger der Heiligen und Hausgenossen Gottes" (Eph 2,19) zu sein, ermahnt uns lebhaft und nachdrücklich, nicht in der Geschichte Wurzeln zu schlagen, sondern Christus entgegenzugehen: „Laßt uns also zu ihm vor das Lager hinausziehen und seine Schmach auf uns nehmen. Denn wir haben hier keine Stadt, die bestehenbleibt, sondern wir suchen die künftige" (Hebr 13,13–14). Auf dieser

Pilgerreise sind wir nicht allein, wie schon der 23. Psalm verkündet, „denn du bist bei mir". Also ist der Weg von der Hoffnung erleuchtet, wie der Theologe und Philosoph Nikolaus von Kues in einem seiner Gebete andeutet: „Du, Herr, bist mein Gefährte auf dem Pilgerweg. Dein Blick ruht auf mir, wohin ich auch gehe. Dein Sehen ist deine Bewegung: Du bewegst dich mit mir, und so lange meine Bewegung dauert, hält auch deine Bewegung nie inne. Wenn ich ruhe, bist du bei mir; wenn ich emporsteige, steigst du empor; wenn ich hinabsteige, steigst du hinab; du bist gegenwärtig, wohin ich mich auch wende. In der Stunde der Prüfung verläßt du mich nicht; wenn ich zu dir rufe, bist du an meiner Seite, denn dich rufen heißt, mich zu dir wenden."

Gianfranco Ravasi

September 2004

Gianfranco Ravasi war Präfekt der Bibliothek *Ambrosiana* in Mailand und ist Mitglied der Päpstlichen Bibelkommission. Papst Benedikt XVI. ernannte ihn 2007 zum Präsidenten des Päpstlichen Rates für die Kultur und zum Titularerzbischof von Villamagna Proconsolare.

Einleitung
„Ich will all deine Taten verkünden"

Meiner Mutter und meinem Vater,
die auf dem Camino *immer bei uns waren*

Als wir uns von Perugia aus auf den Weg machten, bekamen wir
zwei Notizbücher geschenkt – solche mit schwarzem Kunststoff-
einband: eins für mich und eins für Mario –, die wir während
unserer Pilgerfahrt als *Tagebuch* benutzen sollten. Nachdem wir
jenes unvergleichliche Buch über den *Camino, Il Portico della
Gloria* von Davide Gandini, Seite für Seite verschlungen und
verinnerlicht hatten (der Autor und sein Buch werden auch auf
den folgenden Seiten noch häufig Erwähnung finden), war uns
nur allzu bewußt, wie wichtig es sein kann, sich unterwegs Notizen zu machen und die eigenen Gedanken und Beobachtungen
niederzuschreiben. Schriftsteller und Pilger verbindet ein seltsamer, dunkler Instinkt – derselbe Instinkt, der sich auch in dem
Bedürfnis äußert, Spuren zu hinterlassen, an den Kreuzungen
des *Camino* Steine aufzuhäufen oder Botschaften einzuritzen,
die die Nachwelt daran erinnern sollen, daß man dagewesen ist.
Vielleicht ist es die heimliche Angst zu verschwinden oder etwas
zu tun, was sich auf Dauer als fruchtlos erweisen wird. Und so
entstand das allabendliche Ritual, daß wir uns nach den überstandenen Anstrengungen im Zustand mehr oder weniger großer
Erschöpfung abwechselnd unsere Erlebnisse oder unterwegs her-
angereiften Überlegungen diktierten oder schilderten. Manchmal
allerdings habe ich mir auch selbständig Notizen gemacht: vor
allem dann, wenn ich Angst hatte, Einzelheiten oder Ahnungen wieder zu vergessen, die mir in dem jeweiligen Augenblick
blitzartig aufgeleuchtet waren. Nach unserer Heimkehr begann
dann die Reinschrift, die vielleicht genauso wichtig ist wie die
Wallfahrt selbst: Das rationale Nachvollziehen und Erfassen der
Ereignisse auf dem *Camino* hilft, das empfangene Geschenk zu
verstehen und gleichsam als Ablagerungen einer ganz ungewohnten Weisheit und nicht minder ungewohnten Freude in unserem

Bewußtsein wahrzunehmen. Oft habe ich Mario angerufen und mir seine Erinnerungen an bestimmte Tage oder bestimmte Episoden schildern lassen; er hat die Kapitel, die nach und nach Gestalt annahmen, gelesen und korrigiert; und so ist das Buch, das daraus entstanden ist, zwar nicht wirklich von uns beiden, aber doch auch nicht nur von mir allein verfaßt.

Das, was hier veröffentlicht wird, ist nur ein winziger Teil des Tagebuchs, das im Original unendlich lang, unendlich detailliert und daher auch unendlich mühsam ist – zumindest für einen Leser, der uns nicht kennt und keine so große Zuneigung für uns empfindet, daß er möglichst viel mit uns teilen und über uns wissen will. Ich habe versucht, ein zentrales Thema zu finden, das diese Seiten und Gedanken innerlich zusammenhält und das auch uns wie ein unsichtbarer Motor dazu getrieben hat, Tag für Tag immer wieder einen Fuß vor den anderen zu setzen.

Jeder Pilger hat, wenn er sich entscheidet aufzubrechen, eine mehr oder weniger bewußte, mehr oder weniger ausdrückliche Frage auf dem Herzen. Meine Frage lautete: *Warum gibt es dieses schmerzhafte Geheimnis vom Ende aller Dinge?* Sie wird uns wie der Faden der Ariadne durch das Labyrinth dieses *Tagebuchs* führen.

Der 73. Psalm bringt das, was uns auf unserem *Camino* widerfahren ist, auf vollkommene Weise zum Ausdruck:

Mein Herz war verbittert,
mir bohrte der Schmerz in den Nieren;
ich war töricht und ohne Verstand,
war wie ein Stück Vieh vor dir.
Ich aber bleibe immer bei dir,
du hältst mich an meiner Rechten.
Du leitest mich nach deinem Ratschluß
und nimmst mich am Ende auf in Herrlichkeit.
Was habe ich im Himmel außer dir?
Neben dir erfreut mich nichts auf der Erde.
Auch wenn mein Leib und mein Herz verschmachten,
Gott ist der Fels meines Herzens
und mein Anteil auf ewig.
Ja, wer dir fern ist, geht zugrunde;
du vernichtest alle, die dich treulos verlassen.

Ich aber – Gott nahe zu sein ist mein Glück.
Ich setze auf Gott, den Herrn, mein Vertrauen.
Ich will all deine Taten verkünden.

Ich werde versuchen, *die Taten zu verkünden,* deren Zeugen wir geworden sind: die quälende Unruhe vor unserer Abreise und während der ersten Tage in Frankreich; die Entscheidung, dem Herrn auf dem *Camino* durch das Gebet und die tägliche Eucharistiefeier besonders nahe sein zu wollen; das Gefühl, bei der Hand genommen und weitergezogen zu werden; die Erfahrung des *Ratschlusses,* das heißt einer neuen Art, den Sinn der Dinge zu verstehen, die uns in jenen Tagen geleitet hat; das – entscheidende – Thema der *Herrlichkeit;* die im Kreuz Jesu gefundene Antwort auf die Frage nach dem schmerzhaften Geheimnis. In meiner Erzählung habe ich außerdem versucht, etwas von dem Auf und Ab und den Ausdrucksformen unserer ländlichen *anda,* von jenem charakteristischen Rhythmus zu bewahren, mit dem wir uns bis heute in der Mark Treviso und insbesondere in unserer Familie ausdrücken.

Noch einmal möchte ich – auch in Marios Namen – allen danken, die uns auf dieser außergewöhnlichen Etappe unseres Lebens, der Wallfahrt zum Grab des heiligen Jakobus, begleitet haben. Insbesondere Enrica Z. Merlo und Davide Gandini, ohne die dieses Buch nicht geschrieben worden wäre; und nicht zuletzt dem Verleger und Msgr. Ravasi, dem Präfekt der *Ambrosiana,* der uns in seinem Vorwort einen glänzenden Essay über die historische und theologische Bedeutung der Pilgerschaft geschenkt hat: gleichsam einen kostbaren Rahmen zu einem Bild, in dem auch die Geschichte, die hier erzählt werden wird, einen kleinen Platz einnimmt.

Dank an alle unsere Leser, Pilger wie Nichtpilger.

Don Paolo Asolan
paoloasolan@davide.it

23

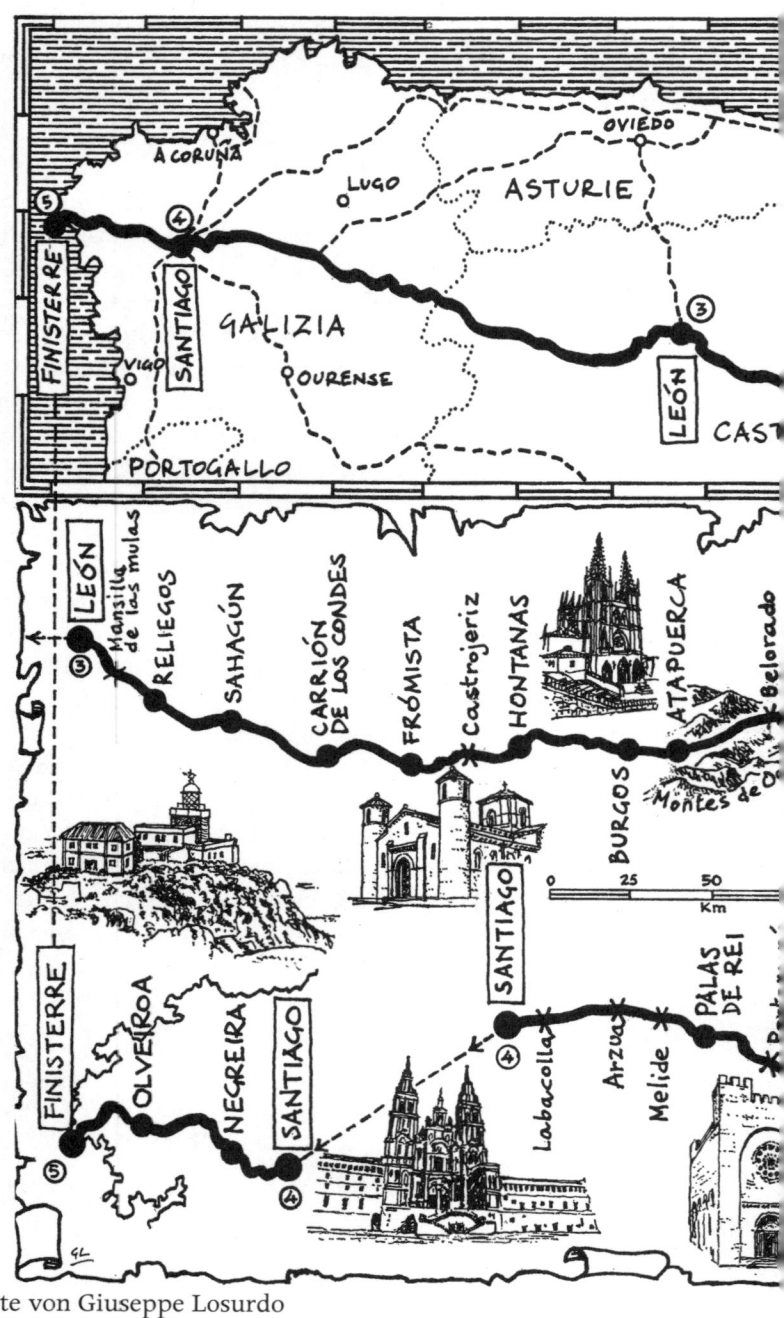

Karte von Giuseppe Losurdo

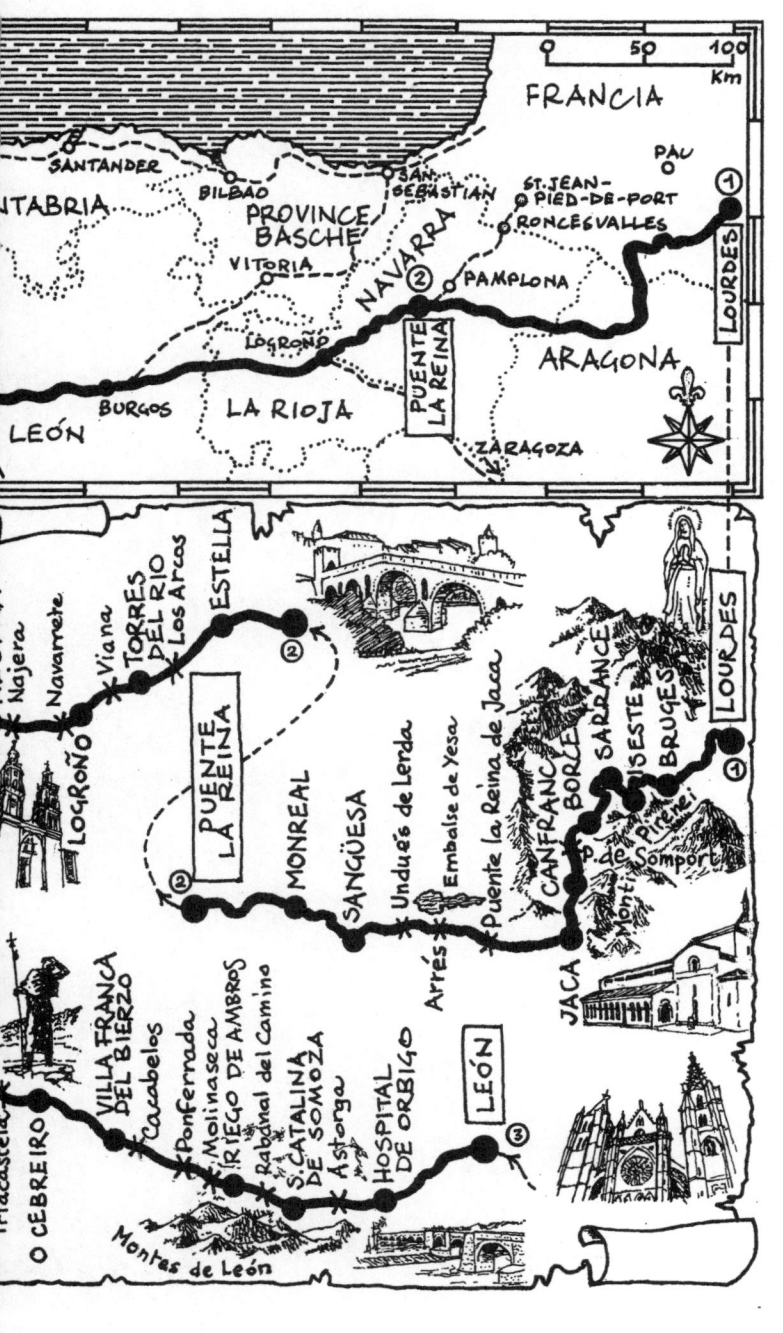

Erster Teil

Das schmerzhafte Geheimnis

„Mein Herz war verbittert,
mir bohrte der Schmerz in den Nieren".

Ps 73,21

„Dem Höhepunkt des Lebens war ich nahe,
da mich ein dunkler Wald umfing und ich,
verirrt, den rechten Weg nicht wieder fand."

Inferno, I,1–3

I. Im Anfang war eine Frage

Rom, 8. August 2001

Warum dieses schmerzhafte Geheimnis vom Ende aller Dinge? Tiziana hatte während Mutters Krankheit einmal zu mir gesagt: „Für manche ist das Leben eine Landpartie, für andere ein Kreuzweg hinauf zu einem endlosen Golgatha."
Dieser Satz quält mich, formuliert einen Verdacht, den ich mich scheue zuzugeben. Den Verdacht, daß uns, weil wir leben, der Kreuzweg bestimmt ist. Und doch wünsche ich mir, daß all diese Absurditäten – die Kreuzwegstationen – einen Sinn hätten, daß ihr Sinn nicht nur darin bestünde, dem unerbittlichen Näherrücken von Leiden und Tod das Tempo vorzugeben. Aber gibt es eine Lösung für solche Dilemmata, für Realitäten, die einander – wie die Sehnsucht nach dem Leben und die Notwendigkeit des Todes – *per se* ausschließen?
Befreiendes oder hemmungsloses Lachen hat mir nie besonders gelegen; ich glaube den Leuten nicht, die sagen, sie müßten sich amüsieren. Ich kenne das Glück, das dem Schmerz widersteht. Bloße Fröhlichkeit zerbricht, sie ist nicht von Dauer. Sie hat nicht selten etwas Gezwungenes. Einzig der Schmerz betrifft alle; allenfalls die einen bewußt und die anderen unbewußt.
Die einen lernen von klein auf, daß sie mit der ganzen und wirklich der ganzen Wahrheit rechnen müssen, die anderen sehen nur ihre eigene kleine Welt und machen es sich einfach mit der Kalkulation. Die einen verschmähen ihr Mittagessen auf Kosten von Kindern, die Tausende von Kilometern entfernt

28

Hungers sterben. Eine bloße Laune läßt unzählige Gesichter der Traurigkeit und des Todes gegenwärtig werden. Du wächst mit diesen Gesichtern auf und weißt, daß sich an deinem Tisch unsichtbare, aber reale Kostgänger verbergen, denen du gerechterweise einen Tribut der Beteiligung zollen mußt.

In der Grundschule hatte ich Klassenkameraden, die sich Sorgen um ihre nachmittägliche Skigymnastik machten: Ich erinnere mich noch an ihre Gesichter und ihre Namen. Zu Hause hatte ich viele kleine Geschwister, und wir spielten, so gut es eben ging, Tennis auf der Friedhofsallee; unsere Sorge waren die Bälle, die regelmäßig in den Zypressen hängenblieben. Diese Dinge erlebten wir als absolut normal, ja mit der Unbekümmertheit, wie sie für Kinder typisch ist. Erst als ich älter wurde, begriff ich, daß sie tatsächlich in einer Psyche wurzeln, die immer in der Lage ist, zuweilen unsägliche Vergleiche und Schlußfolgerungen zu ziehen: Warum hat er den Schnee und ich nur den Kies der Allee?

Mit den ersten Verantwortlichkeiten kommen die ersten Entscheidungen. Der eine wird von seinem Vater oder von dessen Freunden unterstützt oder nimmt einfach das, was das Leben ihm bietet. Uns dagegen begleitete stets eine Ungewißheit, die zwar nicht unbedingt schwer ins Gewicht fallen mußte, aber unsere Zukunft allein dadurch schon belastete, daß sie eben eine Ungewißheit war. Wir mußten uns arrangieren, ohne daß jemand nachhalf.

Waren wir diejenigen, die nichts begriffen haben? Die stolz, verschlossen, stur gewesen sind? Haben wir es selbst verschuldet, dieses Gefühl, alles alleine machen zu müssen, das sich nach und nach in unseren Herzen festgesetzt hat, bis es alle Zukunftspläne überschattete?

Wir haben von Jahren des leidenschaftlichen Studiums profitiert. Dinge zu lernen, hat uns immer gefallen; wie geduldige Minenarbeiter haben wir jeden Stollen unseres wachen Intellekts ausgebeutet. Warum mußten wir auf jemanden stoßen, der geschrieben hat, daß „vieles zu wissen vieles zu leiden" bedeutet? Und vor allem: Warum ist das wahr?

Derselbe Autor schreibt, daß nicht die Stärksten das Rennen machen und daß vor Gericht nicht die Gerechten gewinnen. So ist es nun einmal. Es gibt in dieser Welt keine stringente Logik, *alles ist Eitelkeit.* Wie jener Schriftsteller sagt: ein Nebelstreif, der sich auflöst, sobald die Sonne stärker auf das Gras scheint.

Immer liegt der Tod auf der Lauer, in jedem Augenblick kann er dich treffen: Du bist unterwegs, bist müde und stirbst. Ich habe Männer, Frauen, doch auch Jugendliche und manches Kind auf den Friedhof begleitet. Ich hatte Tränen, die sehr schwer zu trocknen waren. Warum tut der Tod so weh, wenn er wirklich nur eine biologische und natürliche Tatsache ist? Was verbirgt sich hinter diesem Geheimnis des Schmerzes?

Und warum sind wir von Jesus Christus ergriffen worden? Was verbirgt sich hinter dieser anderen Tatsache – *wir haben ihn gekannt* –, die ebenfalls ein Geheimnis bleibt? Er hat uns erwählt und zu seinen Freunden gemacht. Einige meiner Brüder oder meiner Freunde haben dieses Geschenk nicht erhalten. Diese Freundschaft – der Glaube – bleibt auf geheimnisvolle Weise ein Geschenk. Warum wir und sie nicht? Welchen Sinn hat das? Wozu sind wir berufen?

Warum ist der heilige Jakobus auserwählt worden? Warum hat Jesus ihn all seine Herrlichkeit schauen lassen, als er verklärt wurde, und all seine Schwäche, als er ihn am Ölberg in seiner Nähe haben wollte? Was ist das für ein Weg, der zu seinem Grab führt und der dem Leben so ähnlich sein soll? Warum übt der Gedanke, diese Erfahrung zu machen, eine solche Anziehungskraft auf uns aus?

Hier ist es Nacht, windstille Nacht. Merkwürdig, daß um diese Zeit, im August, der *Ponentino* nicht weht. Die Straße ist menschenleer, auch wenn der Verkehr auf der Via Acaia ein unveränderliches Kennzeichen der städtischen Umgebung bleibt. Ich bin allein zu Hause; die anderen beiden Priester sind im Urlaub. Einige erleuchtete Fenster der Wohnhäuser um mich herum leisten mir Gesellschaft. Diese vereinzelten, sternbildartig verstreuten Lichter erhellen die Nacht, helfen den Augen, die Orientierung nicht zu verlieren, nicht haltlos ins leere Dunkel zu starren. Vielleicht ist auch der *Camino* ein erleuchtetes Fenster, das aus dem Dunkel hervorsticht, und vielleicht können unsere Augen etwas erkennen, wenn sie es ansehen.

Rom, 12. August

Diese Hitze verwandelt Rom in eine Wüste. Heute ist der Tag vor Mariä Himmelfahrt, auch die Autos sind von der Straße verschwunden, man hört kein Geräusch. Es ist beeindruckend. Man ist gleichsam in der Schwebe, man wartet darauf, daß das Leben weitergeht wie immer. Ein *Übermaß* an Stille läßt mich in meinem *Innern* nach einem Laut suchen, irgendeinem Wort, das das Schweigen durchbricht. Ich weiß nicht, ob es anderen auch so geht: daß sie in ihrem *Innern* nur ein enttäuschendes Geschwätz aus sich verknotenden Erinnerungen, Eindrücken, Bedürfnissen und Wünschen vorfinden. Dasselbe geschieht mir, wenn ich beten will und mich von allem anderen lösen müßte, um mich in die Gegenwart Gottes zu versetzen. Ich bin zur Zeit so müde und unruhig, daß ich die Stille nicht ertrage, und es lenkt mich auch nicht ab, an etwas anderes zu denken; das Gebet füllt sich mit nutzlosen Worten, die viel mit mir und wenig mit dem Herrn zu tun haben. Das Resultat: Ich fühle mich wieder allein und verlassen. Mir wird bewußt, wie sehr ich die Stille fürchte, wenn sie den Verdacht oder die Furcht einer Leere, einer Abwesenheit ausdrückt. Wenn sie die Möglichkeit birgt, daß hinter ihr eine Verlassenheit lauert: das Ende von etwas oder von allem. In Momenten wie diesen setze ich mich hin, schließe die Augen und versetze mich in meiner Phantasie nach Horn Head in Donegal. Ich gehe hinunter durch die von Erika bewachsenen Heiden, die es dort gibt, während der Wind, der vom Meer her aufkommt, über sie dahinstreicht; ich gehe den Pfad an den Klippen entlang; ich komme an den verfallenen Turm, der über dem Abgrund zu schweben scheint; ich setze mich hin und zünde mir die Pfeife an. Ich blicke aufs Meer hinaus, und alle Gedanken kommen nach und nach zur Ruhe, wie die Wege, die durch die Heide hierherführen. Wie der *Camino* von Santiago, der, weiter im Süden zwar, aber doch im selben Ozean endet, in Finisterre.

Aber hilft mir das?

Ich will nicht wieder ausweichen. Eine *Phantasiewanderung* genügt mir nicht mehr; ich brauche eine ganz reale, echte Pilgerfahrt. Ich muß diese Härte aufbrechen, die in meinem Innern wächst. Ich muß das lange Schweigen wagen, in dem man wandert, wenn man nach Santiago pilgert.

14. August

Das Ziel des *Camino* ist der *Pórtico de la Gloria*. Nur, wenn man ihn berührt hat, ist man den *Camino* wirklich gegangen. An sich ist er nur eine von Statuen geschmückte Mauer. Die Härte, die in meinem *Innern* wächst, besteht aus Mauern, die zwischen *mir* und meinem *Ich*, zwischen mir und den anderen, mir und dem Herrn, mir und den Fragen aufgerichtet werden, die mich schon immer begleiten. Innere und verborgene Mauern, die darauf warten, daß wie durch ein Wunder eine Bresche in sie hineingeschlagen wird, die einen Durchgang öffnet. Mit einer gewissen Verwunderung denke ich, daß das Ende des *Camino* kein beliebiges Monument, sondern ein Durchgang der Gemeinschaft ist. Das ist er, denn er führt zum Haus eines der Freunde Christi, zu einem Ort, an dem Christus selber wohnt. Und wenn der *Camino* wirklich Durchgänge, Türen öffnet, auch in meinen Mauern? Wenn ich Christus auch jenseits meiner zu Breschen gewordenen Mauern finden würde? Ich muß aufbrechen, ich muß es versuchen.

Der *Pórtico* ist von Statuen geschmückt. In jedem Menschenwesen ist ein Stück davon, denn jeder ist ein Reliquiar von mehr oder weniger heiligen Personen, denen er begegnet ist, die sich seinem *Innern* eingemeißelt oder im Vorbeigehen dort einfach Spuren hinterlassen haben. Wird der Weg mir helfen, diesen Gesichtern Namen zu geben? Mich schließlich auch ihnen gegenüber zu Hause zu fühlen und stolz zu sein auf den Weg, den wir zurückgelegt haben, um uns nun hier einzufinden, so wie wir sind?

Deshalb will ich nach Santiago gehen und jenen *Pórtico* berühren – dort ankommen als ein Pilger, der den *Camino* zu Fuß gegangen ist.

Jasna Gora, 18. September

Gestern war der Tag von Auschwitz. Wenn man unter der Aufschrift „Arbeit macht frei" hindurchgeht, die über dem Gitter angebracht ist, gelingt es einem nicht, sich diese Hölle bis ins letzte vorzustellen. Die Wege, an denen die verschiedenen Blocks liegen, sind nun leer und gepflegt. Und in den Blocks gibt es einige Zeugnisse dieser Hölle: die abgeschnittenen Haare, die Koffer, die Brillen, die Kinderkleider. An den Wänden die Fotos der

Häftlinge, alle mit demselben Gesichtsausdruck und demselben Schrei: „Was geschieht mit mir? Warum muß ich sterben?" Augen aus einer anderen Welt. Aus der Hölle. Aus ihnen spricht ein Schmerz, der trennt, ein Abgrund, der ihr Leid vom ganzen übrigen Leben scheidet. Niemand kann diesen Abgrund überspringen oder diese Trennung überwinden. Das macht jene Augen so verzweifelt – und unsere, mit denen wir ihren Blick erwidern. Es gibt keine Brücken, über die wir sie erreichen könnten. Es kann keine mehr geben. Sie sind nicht mehr, sie sind ausgelöscht, verbrannt, zu Staub geworden durch das Rasen eines unbezähmbaren Hasses, und der Staub hat keine Stimme, er spricht nicht.

Wie immer, wenn sich ein großes und unerträgliches Schweigen auftut, suche ich nach Worten, nach Lauten, die es durchbrechen. Immer wieder denke ich nur das eine: daß *nach Auschwitz Gott entweder nicht existiert oder wir nicht mehr auf ihn verzichten können.*

Ich halte die stumme Belagerung dieser Blicke nicht aus. Ich gehe hinaus. Da sind die Mauer der Erschießungen und der Todesblock. Dann kommt man zu dem Bunker und der Zelle, in der Kolbe gestorben ist. In einer anderen in der Nähe hat ein Häftling ein Kruzifix an die Wand geritzt. Christus am Kreuz. Alles hier ist absurd, alles bedarf einer Erklärung, und wäre es auch nur die Andeutung einer Antwort. Warum hat hier drinnen jemand einen Gekreuzigten gezeichnet? Was wußte er?

Wie beschließen, nach Birkenau zu fahren, wo der Zug ankam, die Krematorien standen und die Selektion stattfand. Es ist riesengroß. Hier auf dem Bahnsteig am Gleis entlang ist Edith Stein ausgestiegen, die sofort für die Gaskammern bestimmt wurde. In der Nähe von dem, was von den Krematorien übrig ist, liegen heute Steine, genau an der Stelle, wo die Asche abgeladen wurde. Vielleicht liegt auch ihre Asche hier, vermischt mit den Überresten Tausender und Abertausender von Männern, Frauen, Kindern. An einer bestimmten Stelle habe ich den Kopf gehoben und in der Ferne die Silhouette einer kleinen Bergkette gesehen. Unwillkürlich bin ich ergriffen, weil mir der Bericht von Liana Millu, einer Überlebenden, in den Sinn kommt:

Einen Sonntagnachmittag habe ich noch ganz deutlich im Gedächtnis; es wurde nicht gearbeitet; zwischen dem Bereich der Baracken

und dem der Krematorien war ein großer, mit Gras bewachsener
Platz. Und ich sehe mich an jenem Sonntag auf dem Boden aus-
gestreckt, wie ich eine violette Bergkette anstarre, die sich gegen
den Horizont abzeichnet. Ich dachte an nichts, doch ich fühlte eine
Faszination, als ob von den fernen Bergen her etwas zu mir käme;
und ich begriff, daß ich zwar im Schatten der Krematorien lag,
doch daß jenseits der Ebene und jenseits der Berge noch etwas war.
Kurz gesagt, mir erschloß sich ganz selbstverständlich der Sinn des
Mysteriums.

Der selbstverständliche Sinn des Mysteriums.

23. Oktober

Ich sage mir, daß es gut ist, sich auf alles vorzubereiten. Ich weiß
und habe mich davon überzeugt, daß die Ankunft in Santiago
eine Gnade sein wird, die nicht von meiner Tüchtigkeit und meiner physischen Leistungsfähigkeit abhängt. Doch auch wenn
diese ganz gewiß nicht ausreichend sind, können sie doch helfen.
Schon vor anderthalb Jahren habe ich begonnen, Diät zu halten,
um mindestens dreißig Kilo abzunehmen und keinen nutzlosen
organischen Rucksack mitzuschleppen. Seit diesem Jahr habe ich
beschlossen, jede Woche Tischfußball zu spielen und sooft ich
kann mit Francesco und Valeria auf dem „Biscotto di Caracalla"
zu laufen. Und ich habe mich in einem Fitneßstudio angemeldet.

II. Die Frage ist Fleisch geworden

… und hat *in* mir gewohnt.

Wie ich gefürchtet und geahnt habe, ist er nun da, der *Schmerz über das Ende aller Dinge* mit seinen unerträglichen Begleitern: Bestürzung und Leere. Wie immer hatte ich diesem unerwünschten, aber mächtigen Gast außer einem vollkommenen Schweigen nichts entgegenzusetzen. Die wenigen, vielleicht einzigen nützlichen Worte habe ich in C. S. Lewis' *Über die Trauer* und in den *Offenbarungen der göttlichen Liebe* der heiligen Juliana von Norwich gefunden und abgeschrieben.

23. März

Es gibt ein Davor und ein Danach. Seit dem 14. Januar gibt es ein Davor und ein Danach. Vater ist plötzlich gestorben. Ich bin nicht imstande, irgend etwas darüber zu denken oder zu schreiben. Nicht nur über den Tod, sondern darüber, wie er gestorben ist. Seit jenem Tag lebe ich „danach", und dieses Danach ist eine verwirrte, orientierungslose Zeit. Der Tod des Menschen, der dir das Leben geschenkt hat, überflutet dein Herz mit allem Übel und läßt nichts als Trümmer zurück. Alles, wirklich alles erscheint nun in einem ganz anderen Licht. Wer bin ich jetzt? Wohin gehe ich? Hat es jetzt, da ich begriffen habe, daß wir tatsächlich nur auf der Durchreise sind, überhaupt einen Sinn, noch länger hier zu bleiben? Wohin ist mein Vater gegangen?

11. April

Wie recht ha: Lewis! Niemand hat mir je von der *Trägheit des Schmerzes* erzählt. Die kleinsten Dinge sind zu einer Last geworden: allein der Gedanke, dieses Tagebuch zu führen oder ins Fitneßstudio zu gehen. Was nützt es, etwas aufzuschreiben, das ich ohnehin nicht beschreiben kann? Das Schreiben soll einen ablenken, und rein theoretisch braucht ein unglücklicher Mensch Ablenkung, etwas, das ihm hilft, nicht nachzudenken. Natürlich. Doch ein Mensch, der in einer kalten Nacht erschöpft in seinem Bett liegt und gerne eine zusätzliche Decke hätte, steht auch nicht auf, um sie zu holen, sondern klappert lieber weiter mit den Zähnen. Man kann verstehen, daß alleinstehende Menschen nachlässig werden; und schließlich schmutzig und abstoßend. Lewis ist mein Spiegelbild.

Das ist auch von ihm: Zwischen mir und der Welt ist eine Art unsichtbares Tuch. Ich bin es müde, den Sinn dessen begreifen zu wollen, was die anderen mir sagen. Oder vielleicht bin ich es müde, mich dazu zu motivieren. Dennoch will ich Leute um mich herum haben. Auch ich fürchte die Momente, in denen ich zu alleine bin. Aber sie sollen sich miteinander unterhalten, nicht mit mir. Manchmal versucht etwas in meinem *Innern* mir ganz unvermittelt weiszumachen, daß ich nicht leide oder daß ich zwar leide, aber nicht so schrecklich. Schließlich sind die Eltern ja nicht alles im Leben eines Menschen.

Im Grunde − so fährt dieses Etwas dann fort − gibt es sogar Kraftquellen, die man in solchen Situationen entdecken kann. Im Grunde − der abscheulichste Satz von allen − „muß das Leben weitergehen". Mit der Zeit kommt jeder über solche Dinge hinweg. Aber ja, ich werde damit fertigwerden. Ich bin sogar in der Lage, mir nicht anmerken zu lassen, was ich in meinem *Innern* fühle. Für kurze Zeit kommen einem solche Argumente überzeugend vor. Doch dann trifft einen die Erinnerung wie ein Dolchstoß, und alle Vernunft ist dahin.

Und wo ist Gott? Wenn jede andere Hilfe leer und fruchtlos ist, geh zu ihm − und was findest du? „Eine Tür, die vor deiner Nase zugeschlagen wird, und innen das Geräusch eines sich zweimal im Schloß drehenden Schlüssels", schreibt Lewis. Für mich ist das Schweigen der Verdacht einer Abwesenheit, die Furcht, verlassen zu sein. Je länger du wartest, desto größer wird es. Das übliche, unerträgliche Schweigen. Und die üblichen Sätze, die man sagt, um es zu brechen: „Auch Christus hat dieses Schweigen erlitten, auch er hat geschrien: *Warum hast du mich verlassen?*" Ich weiß. Aber wird es dadurch leichter?

Ich darf nicht zuviel auf diese Weise über dieses Thema sprechen. Wenn ich es tue, erscheint auf dem Gesicht dessen, der mir zuhört, kein Schmerz, keine Liebe, keine Angst, kein Mitleid, sondern jener tödliche Dämmstoff der Verlegenheit.

21. April

Wozu ist das Schreiben gut? Vielleicht nur dazu, den Geist daran zu hindern, daß er monoton immer wieder um diesen einzigen Gedanken kreist. Kind zu sein hat seine Grenzen, genauso wie es meiner Meinung nach Grenzen hat, „ein Fleisch" zu sein; das sagt auch Lewis: Die Probleme des anderen, seine Ängste, seine Leiden kannst du dir niemals wirklich ganz zu eigen machen. Die tiefsten Schmerzen und Ängste kann man den anderen nicht vermitteln; die anderen empfinden sie nicht so wie man selber, und letztlich bleibt man allein. Dem Geist gelingt es vielleicht, sich ein bißchen in deine Lage zu versetzen, dem Körper gar nicht. In all diesen Jahren habe ich nicht sein, sondern mein Unglück gespürt. Und er nicht meins, sondern seins. Wir waren auf verschiedenen Straßen unterwegs. Diese Wahrheit ist nichts anderes als der Anfang jener Trennung, die sich mit dem Tod vollzieht. Diese Trennung trifft alle.

Da ist noch ein anderer Satz, der mich wütend macht. Er ist am Eingang zu unserem Dorffriedhof in den rechten Torpfosten eingemeißelt: „Nicht tot, sondern lebendig in unserer Erinnerung". Das hieße zu glauben, daß man die Toten bei sich behalten kann, vielleicht, indem man sie einbalsamiert, wie es die Frauen mit dem Leichnam Jesu getan haben. Der Engel tadelte sie dafür: „Weshalb sucht ihr den Lebenden bei den Toten?" Uns ist offenbart worden, daß die Toten leben werden, aber uns ist nicht gesagt worden, daß sie durch die Kraft unserer Erinnerung leben werden, die früher oder später nachlassen und irgendwann – spätestens dann, wenn wir selber sterben – ganz verschwinden wird.

Diese Inschrift macht mich wütend, weil ich versuche, meinen Vater einzubalsamieren, auch wenn ich weiß, daß ich ihn dadurch nicht ins Leben zurückholen kann. Als er noch am Leben war, haßte ich seine Unordnung, seine überall verstreuten Notizzettel, die Masse an ausrangiertem Kram und nutzlosem Zeug, die er anhäufte, als ob er uns damit ärgern wollte. Jetzt, wenn ich unerwartet auf etwas stoße, was er geschrieben hat, erschrecke ich und bringe es nicht über mich, dieses Stück Papier zu vernichten: Er ist mein Vater. Er wird nie wieder etwas schreiben. Nach jenen Zeilen hat alles aufgehört.

28. April

Ich würde so gerne jemanden fragen, der ebenfalls seinen Vater oder seine Mutter verloren hat, ob es ihm gelingt, für sie zu beten, wie er in der Vergangenheit für andere Verstorbene gebetet hat. Ich bete jeden Tag für die Verstorbenen, die ich gekannt habe, und für jene, für die ich die Messe feiere. Doch wenn ich versuche, für Vater zu beten, gerate ich ins Stocken, übermannt von dem Bewußtsein, daß er nicht mehr da ist. Es kommt mir so schrecklich unwirklich vor, ich habe den Eindruck, von etwas zu sprechen, das nicht existiert, das keinen Sinn hat und ungerecht ist, zutiefst ungerecht.

Die Wahrheit erweist sich im Angesicht des Todes, das ist wahr. Man kann nie wissen, mit welcher Überzeugung man an etwas glaubt, so lange seine Wahrheit oder Falschheit nicht zu einer Frage von Leben und Tod geworden ist. Lewis sagt: Nehmen wir ein Seil. Du kannst leicht sagen, daß es heil und stabil ist, so lange du es nur benutzt, um damit einen Koffer zuzubinden. Aber stell dir vor, du würdest über einem Abgrund hängen. Würdest du nicht vorher herausfinden wollen, wie sicher du dich darauf verlassen kannst? Dasselbe gilt für die Menschen, für mich. Und für den Glauben. Wie es scheint, kam mir der Glaube, der mich für die anderen Verstorbenen hat beten lassen, nur deshalb stark vor, weil es für mich nie sehr wichtig gewesen ist, weil es für mich nie verzweifelt wichtig gewesen ist zu wissen, ob diese Verstorbenen noch da sind oder nicht. Und doch war ich vom Gegenteil überzeugt.

Ich meine, daß es zu etwas führt, wenn ich solche destruktiven Dinge denke. Hoffe ich vielleicht, daß meine Empfindungen weniger heftig sind, wenn ich sie als Überlegungen tarne? Sind all diese Notizen, die ich mir mache, nicht vielleicht die absurden Verrenkungen eines Menschen, der nicht akzeptieren will, daß man im Leid eben nichts anderes tun kann als zu leiden? Der noch immer davon überzeugt ist, daß es doch ein System geben muß, um Leiden in Nichtleiden zu verwandeln? Vielleicht verstehe ich das Evangelium und Jesus jetzt besser, wahrheitsgemäßer. Der Gedanke, daß Jesus das, was ich durchmache, und das, was Vater durchgemacht hat, ebenfalls durchgemacht hat, gibt mir ein wenig Frieden zurück – und eine wirre, aber immense Hoffnung. Ich weiß nicht, wie ich es sagen soll, aber es ist so. Zum ersten Mal begreife ich die Tragweite der ganzen Sache, die Erlösung, um die es geht. Nur und gerade deshalb, weil Schmerz und Furcht, Anspannung oder besser: Erwartung einander so ähnlich sind, lebe ich in der Erwartung, daß an einem bestimmten Punkt irgend etwas geschehen wird. Santiago gibt dieser Erwartung zumindest ein Ziel. Der Schmerz nutzt sich ab, weil er dem Leben ein dauerndes Gefühl der Vorläufigkeit verleiht. Wozu etwas beginnen? Ist es denn der Mühe wert, da doch alles endet? Und gleichzeitig ist es unmöglich, stehenzubleiben. Ich gähne, ich trödle herum, ich rauche zuviel: Wenn ich einen Tabakladen sehe, gehe ich hinein und suche nach immer neuen Zigarillos. Früher hatte ich immer zu wenig Zeit. Jetzt habe ich anscheinend zuviel.

Ich kann nicht anders: Ich muß die Zeit, die nun frei geworden ist, dazu nutzen, um darüber nachzudenken, um zu begreifen, was geschieht, während wir leben. Ich muß nach Santiago gehen. Heute weiß ich, daß mich Jemand schon seit einer ganzen Weile in diese Richtung lenkt und darauf vorbereitet, dorthin zu gehen.

3. Mai

Auch heute morgen bin ich mit dem falschen Fuß aufgestanden, das geht nun schon seit drei Monaten so. Nach diese Nächten ist alles in ein unbestimmtes Gefühl des Irrtums und der Leere gehüllt. Ich habe schreckliche Alpträume, an die ich mich danach nicht erinnere, die ich nicht erzählen könnte, doch die Atmosphäre und die Dinge darin riechen nach Tod. So ist es auch jetzt. Beim Rasieren sehe ich in den Spiegel und habe den Eindruck, daß eine Last mich niederdrückt. Ich fühle mich nicht in der Lage, mich an den Schreibtisch zu setzen; nicht einmal der Straßenverkehr löst eine Reaktion in mir aus, abgesehen von der grenzenlosen Melancholie, die mich überkommt. Was hat die Welt? Warum ist alles so schwerfällig geworden, so verbraucht? Dann fällt es mir wieder ein.

Gott sei Dank hat für mich der Frühling von Santiago begonnen. In 23 Tagen breche ich auf.

4. Mai

Ich bereite mich weiterhin auf Santiago vor und komme deshalb oft hierher, in die Kirche *Sant'Agostino a Campo Marzio*, wo Caravaggios Pilgermadonna hängt. Ich liebe es, dieses Bild zu betrachten: die Jungfrau mit dem Kind auf dem Arm und die zwei Pilger, die vor ihr knien. Zu meiner Vorbereitung gehört auch, daß ich, ehe ich aufbreche, die Wallfahrt zu den Sieben Kirchen mache. Jeden Tag wird mir die unermeßliche Gnade zuteil, in einer heiligen Stadt zu leben: Rom ist eine Schmuckschatulle, vollgestopft mit Glaubenszeugen. Wenn ich mit dem Moped unterwegs bin und die Gelegenheit dazu habe, besuche ich immer einen von ihnen: Pippo Buono in der *Chiesa Nuova*, Ignatius in *Il Gesù*, Aloysius in *Sant'Ignazio*, Bartholomäus auf der Tiberinsel, Philippus und Jakobus in *Santi Apostoli*, Petrus und Paulus in ihren jeweiligen Basiliken, Agnes an der *Piazza Navona*, Paul vom Kreuz und Giovanni und Paolo auf dem *Celio*, Sebastian an der *Appia Antica*, Nennolina in *Santa Croce in Gerusalemme*, Laurentius im *Campo Verano*, die große Katharina in *Santa Maria sopra Minerva*, Cäcilia in Trastevere, Benedikt Labre in *Santa Maria dei Monti* und so fort. Hier in der Kirche des heiligen Augustinus liegt zum Beispiel die heilige Monika, seine Mutter, die man von Ostia hergebracht hat.

Ich füttere den Apparat, der das Altarbild beleuchtet, mit Münzen, aber ich habe nie genug, um die Zeit auszufüllen, die ich damit verbringe, die Personen auf dem Gemälde zu betrachten. Ich

komme nicht nur deshalb her, weil es die Madonna der Pilger –
und damit „meine" Madonna – ist, sondern auch, weil ich mir
gerne vorstelle, daß der Pilger, der da vor der Gottesmutter kniet,
mein Vater ist. Caravaggio hat Maria auf der Leinwand nicht auf
einem Thron sitzend, mit kostbaren Gewändern und königlichen
Insignien dargestellt; sie herrscht über niemanden, und sie hat
auch keine Engel oder Heiligen, die ihr als Krone dienen; sie steht
einfach nur in der Tür des Heiligen Hauses, neigt sich den Pilgern
entgegen und zeigt ihnen Jesus.

Die beiden tauchen aus dem Halbschatten auf; sie sind gezeichnet von der Erschöpfung und Mühsal des Tag für Tag, Schritt für
Schritt zurückgelegten Weges. Jedesmal finde ich neue, erhellende
Details: heute zum Beispiel die schmutzigen, lehmigen Füße des
Mannes und die zerrissene Haube der Frau, die mit dem Licht kon-
trastieren, das vom Leib der Madonna ausstrahlt. Vielleicht ist es
der Sinn der Menschwerdung selbst, der von diesem Licht erhellt
wird: Jesus wird jedem dargeboten, der ihn wie ein Pilger sucht,
der die Härte und den Schmutz der Erde erfahren hat. Und das geschieht nicht in einem theatralischen oder spektakulären Kontext,
sondern in ganz gewöhnlichen und alltäglichen Situationen, die
in jedermanns Reichweite liegen. Wenn ich hier gewesen bin und
wieder gehe, trage ich immer eine gewisse Zärtlichkeit in meinen
Innern. Und auch der Sinn des Rosenkranzes auf dem *Camino* wird
mir klarer; all diese Ave-Marias sind die Arme der Muttergottes.

9. Mai

Heute morgen habe ich ein Buch aufgeschlagen, das mein Leben
geprägt hat und das ich immer wieder einmal in die Hand nehmen muß. Ich muß nur ein wenig darin blättern, und schon zieht
es mich hinaus aus den Sümpfen meiner fixen Ideen. Es sind die
Offenbarungen der göttlichen Liebe von Juliana von Norwich, einer „Klausnerin" aus dem 14. Jahrhundert: ein wirklicher und
echter Schatz. Hier ein Auszug, mit dem ich mich auf den *Camino*
vorbereite:

Aber der Heilige Geist, der immerdar in unserer Seele wohnt, be-
wahrt uns und bringt durch seine Gnade Frieden in die Seele und

41

erleichtert sie und macht sie gehorsam dem Willen Gottes. Auf diesem Gnadenweg führt uns unser gnädiger Herr beständig, so lange wir in diesem unbeständigen Leben wandeln (...)

In dieser Offenbarung sah ich auch, daß die Barmherzigkeit nur Liebe und immer wieder Liebe ist. Das heißt, die Barmherzigkeit ist ein gnadenvolles Wirken in Liebe, und ein Übermaß von Mitleid ist dabei. Barmherzigkeit erhält uns, und Barmherzigkeit wendet alles zum Guten. Barmherzigkeit und Liebe lassen zu, daß wir irren, und je mehr wir irren, desto tiefer sinken wir, und je tiefer wir sinken, desto mehr sind wir dem Tode verfallen. Denn wir müssen sterben, wenn wir Gott, der unser Leben ist, nicht sehen und fühlen. Unser Irren ist furchtbar, und unser Fall ist schmachvoll, und unser Sterben ist peinvoll.

Aber das holde Auge des Mitleids und der Liebe wendet sich nicht von uns weg, und das Wirken der Gnade hört nicht auf. Ich sah die Barmherzigkeit und die Gnade, die, jede auf ihre Weise, in ein und derselben Liebe wirken. Die Barmherzigkeit ist so mitleidig wie eine Mutter in ihrer zarten Liebe. Die Gnade aber ist erhaben wie die königliche Herrlichkeit, und zwar in der nämlichen Liebe.

Die Barmherzigkeit schützt und duldet, sie erquickt und heilt, und alles geschieht aus inniger Liebe. Die Gnade aber samt der Barmherzigkeit erhebt und gibt reichen Lohn, der alles übertrifft, was wir für unsere Liebe und Mühe verdient haben. Sie überflutet alles und offenbart in Gottes wunderbarer Freundlichkeit den erhabenen Reichtum seiner göttlichen Herrlichkeit. Das geschieht aus dem Übermaß der Liebe; denn die Gnade verwandelt unsere schlimme Verfehlung in reichlichen, ewigen Trost; unseren schmachvollen Fall in eine glorreiche und herrliche Auferstehung; unser kummervolles Sterben zu heiligem, segensreichem Leben.

Wahrlich, ich sah: wie unsere Widerspenstigkeit uns hier auf Erden Pein, Scham und Kummer bereitet, so wirkt die Gnade im Himmel soviel Trost, Ehre und Seligkeit, daß wir, wenn wir dahin gelangen und jene süße Belohnung empfangen, die die Gnade uns bereitet hat, ewig unserm Herrn danken und ihn segnen und uns freuen werden, daß wir jemals Trübsal erduldeten. Dann werden wir Gottes heilige Liebe recht erkennen, wenn wir zuvor Schmerz erlitten haben. Als ich alles dieses sah, mußte ich zugeben, daß die Barmherzigkeit und die Verzeihung Gottes unsern Kummer mäßigt und ihn ganz zunichte macht.

15. Mai

Vor neun Jahren habe ich meine erste Messe zelebriert. Ich habe den Eindruck, allmählich ernst machen zu müssen. Wird es jemals einen Moment geben, in dem ich sagen kann: „Jetzt verstehe und lebe ich das, was ich empfangen habe, richtig"? Wie alle Werke und Worte Gottes sind die Sakramente Wellen eines immer gleichen und immer anderen Ozeans; sie spenden ein immer gleiches und immer anderes Leben, das man ein wenig umklammert und festhält, das aber in Wirklichkeit mehr ist, als man fassen kann, und das uns zwischen den Händen zerrinnt wie das Wasser des Meeres:

Ich halte es nicht lange aus, ohne das Meer zu sehen
So stelle ich mir die Ewigkeit vor: ganz Leben, bis in die Tiefe

Welle auf Welle, immer dasselbe Wasser
doch offen und geheimnisvoll. Mein Leben indes ist so:

immer am Strand im Begriff, Segel zu setzen.

Die beiden letzten Zeilen sind eine gute Beschreibung meines Gemütszustands an diesem Jahrestag, in diesen Tagen vor meiner Abreise, die für den letzten Sonntag im Mai geplant ist. Von all meinen Bemühungen, mich auch physisch auf die Wallfahrt vorzubereiten − Fitneßstudio, Laufen, Tischfußball − ist nichts übriggeblieben, im Gegenteil: Ich fühle mich schwerfälliger und steifer in meinen Bewegungen, doch das macht mir keine Sorgen. Die Vorbereitung hat sich in meinem Innern abgespielt: Sie gipfelt in einer Beichte, die ich unmittelbar vor meinem Aufbruch ablegen werde. Es setzt mich nach wie vor in Erstaunen, wie viele Dinge mich auf Santiago hinweisen. Zeitungsartikel, Menschen, Bücher, Fernsehsendungen in diesen Monaten − häufig ging es um den *Camino*. Als ob eine unsichtbare Hand mich auf Kurs halten würde. Das letzte Ereignis war die Entscheidung meines Bruders Mario, der sich nach langem Hin und Her dazu durchgerungen hat, mit mir zu gehen.

Im Begriff, Segel zu setzen, schaudere ich, vor allem dann, wenn − bei der Beichtvorbereitung − mein gesamtes bisheriges Leben an mir vorüberzieht. Wie groß wird in diesen Augenblikken das Mysterium! Hineingewoben sind Schmerzhaftes, Freudenreiches, Glorreiches, wie die Gezeiten eines unsichtbaren Rosenkranzes, dessen Perlen uns durch die Finger gleiten, während wir leben. Wenn es einen Schlüssel gibt, der dieses Mysterium aufschließt, kann er nur transzendent und souverän sein, doch zugleich auch ganz vertraut und mit dem verwoben, was ich in meinem *Innern* bin. Eine Antiphon im Advent kündet den Messias an als „Schlüssel zum Hause Davids". Und in der Geheimen Offenbarung hat Jesus denselben Namen: Er öffnet, und niemand kann schließen, er schließt, und niemand kann öffnen. In den Erzählungen der mittelalterlichen *Quests* brachen die Ritter auf, um den Gral zu suchen: Ich breche auf, um diesen Schlüssel zu suchen.

25. Mai

Die Vorbereitungen des letzten Tages sind jene typischen Dinge, die man vor jeder Abreise immer im letzten Augenblick erledigt: Sachen, die man noch in den Rucksack pressen, der Fahrschein, den man noch kaufen, die Leute, von denen man sich noch verabschieden muß. Ich habe mich auf das Wesentliche beschränkt: Der Rucksack, den ich mitnehme, ist ein Rucksäckchen, so klein, daß er die Heiterkeit von Maura und Valentina erregt hat, zwei Mädchen aus der Gemeinde, die in Léon zu uns stoßen wollen. Mario hat einen größeren, und ich verlasse mich darauf, daß er noch ein bißchen Platz hat, um mein Meßgewand oder zumindest meine Sandalen zu verstauen. Wo ich das Brevier oder das Meßbuch unterbringen soll, weiß ich nicht, aber das ist kein Grund, sie zu Hause zu lassen. Heute ist es warm, hier ist schon Sommer. Ich hoffe nur, daß es in den Pyrenäen nicht so viel regnet. Alles andere ist mir egal. Ich mußte noch einmal zum Bahnhof Termini, denn als ich vor einem Monat da gewesen war, hatte man mir irrtümlich ein Ticket nach Barcelona verkauft. Ich bekomme mein Geld zurück, und sie stellen mir eine neue Fahrkarte aus.

Der Abschied ist das schwerste: nicht nur, weil er von der Hoffnung auf ein Wiedersehen verwässert ist (ich hasse Abschiede ...), sondern auch, weil man zu allen dasselbe sagt. Dadurch verliert der Augenblick etwas von seinem Reichtum, und der Gemütszustand, den ich mir in den letzten Wochen mühsam erarbeitet habe, droht sich zu verflüchtigen. Mich ergreift eine ungewohnte Zärtlichkeit, während ich hier vor dem geöffneten Fenster an meinem Computer sitze: genau wie damals, vor neun Monaten, als ich begonnen habe, diese Aufzeichnungen niederzuschreiben. Ich sehe dieselben erleuchteten Fenster der Wohnhäuser um mich herum, ich höre dieselben Stimmen, die mit einem trockenen Echo zu mir hereindringen, ich spüre dieselbe leichte Samstagabendstimmung. Und ich kann nicht umhin, an die Lichter zu denken, die in den vergangenen Monaten für mich angezündet worden sind, um meine Nacht zu erhellen, um meinen Augen Halt zu geben, damit sie sich nicht im leeren Dunkel verlieren. Das hellste dieser Lichter war paradoxerweise der Tod meines Vaters.

Jetzt ist der *Camino* kein Wunsch mehr: Er ist „etwas", das morgen früh beginnt, wenn mich eine Karawane von Freunden nach Perugia begleiten und man uns im Dom während der Messe der Bruderschaft die *Credenciales* aushändigen wird.[1] Ich lehne mich hinaus und blicke empor zu jenem erleuchteten Fenster, das der *Camino* für mich ist; gespannt und heiter und keineswegs ängstlich. Diese harten Monate haben mich befreit, haben mich für alles bereit gemacht, was passieren könnte. Am Vorabend seiner Fußwanderung nach Lourdes und in dem Gedanken, daß es ein Samstagabend war und – zu ebenjener Stunde, da er sich schlafen legte – andernorts „das Leben" begann, schrieb Davide: „Ja, auch hier ist das Leben. Das Leben ist im Begriff, neu zu beginnen".[2] Dankbar, bewußt, friedvoll und gelöst fühle ich, daß es genau so ist. Auch für mich. Ja. Das Leben ist im Begriff, neu zu beginnen.

---

[1] Das *Credencial* ist das Dokument, das den Wanderer als Pilger ausweist und in dem die zurückgelegte Wegstrecke an jeder Etappe mit einem Stempel *(Sello)* beglaubigt wird.

[2] Davide Gandini, Il Portico della Gloria, Bologna 1996, S. 27.

Zweiter Teil

Das freudenreiche Geheimnis

„Ich aber bleibe immer bei dir".

Ps 73,23a

„Die Segel hißt mein Geistesschifflein jetzt
zu beßrer Fahrt und läßt ein wildes Meer,
durch das ich es gesteuert hab, zurück."

Purgatorio, I,1–3

Erster Abschnitt

„Du hältst mich an meiner Rechten"

Von Rom nach Boissano, Sonntag, 26. Mai

Kaum bin ich aufgewacht, durchrieselt mich ein *Freudenschauer*. Eine ungewohnte Freude: Sie verblüfft mich, macht mich sprachlos. Doch das Schweigen, das mich umgibt – und das so anders ist als das schmerzliche Schweigen der vergangenen Monate – trägt ein Wort in sich, das es bricht, einen Gedanken, stark wie eine ausgestreckte Hand, die dir beim Aufstehen helfen will: „Herr, ich danke dir, daß du mich für würdig befunden hast, nach Santiago aufzubrechen!" Etwas in meinem *Innern* drängt mich vorwärts, ich darf keine Zeit verlieren. Rasch mache ich mich fertig, räume alles auf, kontrolliere zum x-ten Mal meinen Rucksack und schnüre ihn zu. Ich gehe aus dem Haus, es ist Sonntagmorgen. *Nach Santiago! Nach Santiago!*, skandiert ein unsichtbarer Hammer in mir. Ich überquere die Via Acaia und bin schon auf der Piazza Galeria, wo ich die anderen treffen soll. Es ist niemand da. *Nach Santiago! Nach Santiago!* Es ist wirklich wahr, ich breche auf, mit dem Rucksack und allem, was dazugehört. Nach und nach treffen alle ein, genauso glücklich wie ich: Wir frühstücken im Café an der Ecke und brechen auf.

In Perugia haben wir uns am Palazzo dei Priori verabredet, wo – in der Sala dei Notari – gerade das Jahrestreffen der Bruderschaft im Gange ist. Neben dem Tor steht Mario und begrüßt mich. Es beeindruckt mich, ihn so zu sehen, in schwarzem Dreß,

48

mit einem grünen T-Shirt; er scheint noch wehrloser und verletzlicher als sonst. Trotz seiner 28 Jahre sind die Gedanken, die Seele und die Erfahrungswelt meines Bruders noch die eines kleinen Jungen. Ich setze mich zu meiner Schwester Roberta. Es macht sie offenbar nervös, daß sie nicht versteht, was die Referenten sagen, die sämtlich aus dem Ausland kommen. Ich bilde mir ein, mehr zu verstehen als sie, doch nachdem ich es versucht habe, schweife ich ab, lege den Kopf in den Nacken und bewundere den Saal. Ich bin kurz davor, mich in schläfriger Trägheit zu verlieren, als Davide ans Rednerpult tritt: Er spricht von einer Verletzung, die am Anfang der Pilgerschaft – und am Ursprung des Menschseins – steht und den Pilger nach Wegen suchen läßt, um sie zu heilen. Wer sich zu Fuß auf Pilgerschaft begibt, entscheidet sich, auf einem guten Weg ans Ziel zu gelangen, und setzt eine Bewegung in Gang, „die nie wieder enden wird". Seine Worte wirken auf mich, als hätte er Salz in jene Wunde gestreut: Ich reagiere, ich setze mich innerlich wieder in Bewegung.

Wir gehen zur Messe in den Dom. Draußen auf dem Platz sieht Stefano meinen Rucksack, hebt ihn hoch und sagt: „Das schaffst du nie." Ich versuche ihn vom Gegenteil zu überzeugen, doch seine Sicherheit schüchtert mich ein. Ich fürchte, daß ich zuviel Gepäck habe; dieses „Das schaffst du nie" quält mich. Dabei war ich so überzeugt, nur das Allernötigste eingepackt zu haben. Wir wollen nach der Messe noch einmal darüber reden. Nach der Kommunion werden die startbereiten Pilger aufgerufen: Vor den Stufen des Presbyteriums versammelt sich eine kleine Gruppe. Die ersten *Credenciales* werden einem Jungen und zwei Mädchen ausgehändigt (eine von ihnen, Evangelica, hat eine wirklich bemerkenswerte Figur), die schon von Acquapendente aus zu Fuß gehen wollen. Dann rufen sie Mario auf, anschließend mich. Ich gehe an meinen Platz zurück. Wieder und wieder sehe ich verzückt auf das Stück Papier in meiner Hand, die Phantasie schlägt Purzelbäume, schon sehe ich Stempel in allen Farben und „den" Stempel, unten links, den ich in der *Oficina dos Peregrinos* erhalten werde, wenn ich in Santiago angekommen bin. *In Santiago!*

Als wir den Dom verlassen, umgibt uns eine Wärme und ein Licht, das man nur als sommerlich bezeichnen kann. Dort, auf dem Kirchplatz, lernen Mario und ich einen *Hospitalero*[3] aus Castrojeriz kennen, dem wir von unserer Abreise erzählen. Beim Abschied verabreden wir uns für ein paar Wochen später. Die Begeisterung, die nach dem Verlassen der Kirche ein wenig abgeklungen war, flackert jäh wieder auf. *Castrojeriz?* Ich weiß, daß das unmittelbar vor unserer *Ermita* San Nicolás in Puente Fitero liegt, aber hier einem *Hospitalero* von dort zu begegnen, ist etwas ganz anderes. Heute morgen hat es begonnen: das beständige Hinübergleiten aus dem Reich von Einbildungskraft und Phantasie in die Wirklichkeit eines konkreten Ereignisses, das in diesem Moment geschieht und ein präzises Gesicht und präzise Umrisse bekommt. Das Geschichte wird.

Durch Stefanos Worte beunruhigt, leere ich auf einer Bank meinen Rucksack aus, und wir gehen noch einmal die Dinge durch, die zu Hause bleiben können. Letztlich sind es nur die, die sowohl Mario als auch ich eingepackt haben und die wir statt dessen auch gemeinsam benutzen können (Seife, Badeschlappen), und die, die Stefano für überflüssig hält (Meßbuch und Brevier). Was die angeht, lasse ich mich aber nicht umstimmen und behalte sie. Endlich ist der Rucksack fertig.

Dann ist die Wehmut wieder da: Wir müssen uns in Bewegung setzen, wir sind hier, um fortzugehen. Wir treffen Davide zu einem Gespräch über die Pilgerschaft, die gleichzeitig auch der Abschied von unseren Freunden sein wird. Über den *Camino* sagt Davide, daß er ein echtes „Fremdsein" voraussetzt, daß er zu Fuß, nach Möglichkeit allein und in tiefer Ehrfurcht vor den jeweils eigenen Orten, Zeiten und Rhythmen des Gehens zurückgelegt werden muß. Maide, eine befreundete Pilgerin, erzählt von ihrer Tante, die, als sie im Sterben lag, zu denen, die sie pflegten, gesagt hatte, sie werde sie auf dem Weg nach Santiago treffen; und daß man während der Pilgerschaft wirklich jene geheimnisvolle Einheit aller Getauften erlebt, die *Gemeinschaft der Heiligen* heißt. Es ist unmöglich, nicht an Vater zu denken. Werde ich ihn wirklich auf dem *Camino* wiedersehen? Wird er dort sein? Wird er bei uns sein? Ist es dieser Gedanke

---

[3] So heißen die Gastleute, die die Pilgerherbergen am *Camino* betreiben.

oder die Tatsache, daß wir aufstehen, um fortzugehen, der mich zum Weinen bringt? Ich weiß es nicht. Als ich mich von meinen Schwestern verabschiede, breche ich in Tränen aus. Zum Glück hilft Mariano mir aus der Verlegenheit: „Es ist immer dasselbe, du bist einfach nicht der Typ fürs Abschiednehmen …" Klar; es ist jedesmal dasselbe, dieses Schluchzen: die Angst, zu verlassen und verlassen zu werden.

Mit Davide gehen wir die Gasse zum Parkplatz hinunter: Ich werfe einen Blick zurück auf die Gruppe und winke ihnen allen noch einmal zu. Dann beschließe ich, mich nicht mehr umzudrehen. Mario sagt nichts, vielleicht ist auch er von Gefühlen überwältigt. Wir schultern unsere Rucksäcke und machen uns auf den Weg zu Davide nach Hause. Einfach so. Die Reise ist ermüdend, schweigsam. Die Pilgerfahrt hat begonnen. Ohne es geplant zu haben, fahren wir mit dem Auto ein Stück an der Frangicena entlang, der alten Route der Pilger, die von Norden nach Rom oder von Süden nach Santiago unterwegs waren. Viele Kilometer vor Genua beginnt der Stau der Sonntagsausflügler. Wir nutzen die Verzögerung für den Rosenkranz. Nach 21 Uhr kommen wir an, gerade rechtzeitig, um Davides Sohn Giacomo noch zu sehen, und lassen uns aufs Sofa fallen. Unser Freund möchte noch einmal raus, eine Pizza essen gehen oder einfach nur sitzen und reden, doch ich habe heftige Kopfschmerzen, und die Nackenverspannungen drücken mir aufs Gehirn. Ich strecke mich auf dem Bett aus und bin einige Augenblicke später eingeschlafen. Zu viele Emotionen.

Von Boissano nach Nizza, 27. Mai

Heute morgen sind wir unten in Loano mit meinem Freund Don Elio verabredet; er ist extra hergekommen, um uns zu sehen. Wir treffen ihn an der Strandpromenade, über die der Wind dahinfegt. Nachdem wir in einer Bar Zuflucht gesucht haben, lassen wir die Erinnerung an die Wallfahrt nach Santiago wiederaufleben, die wir vor drei Jahren mit zwei Gruppen aus unseren jeweiligen Gemeinden unternommen haben – anläßlich des letzten Heiligen Compostelanischen Jahrs, das immer dann gefeiert wird, wenn der 25. Juli auf einen Sonntag fällt. Damals habe ich das alles zum ersten Mal mit eigenen Augen gesehen: den *Camino*, die gelben Pfeile, die Pilger, die zu Fuß unterwegs waren. Wie schnell die Zeit vergangen und wieviel seither passiert ist! Doch was ist das für eine Sehnsucht, die mich vor drei Jahren gepackt hat und an der sich meine Hoffnung aufrichtet! Jetzt sitze ich auf der Terrasse des Hauses, mit Blick aufs Meer und auf die Zitronenbäume, die überall wachsen. Elio ist gerade abgefahren, Mario und ich wollen noch ein wenig reden. Ehrlich gesagt redet er sehr wenig; er hat nie viele Worte gemacht, vielleicht, weil er intelligent ist. Wir erzählen Tina, Davides Frau, von unserer Pilgerfahrt. Sie ist Ärztin und bespricht mit uns, welche Medikamente wir mitnehmen sollen; sie besteht darauf, daß wir auch Imodium und Paracetamol einpacken. Sie geht mit uns ins Dorf, um die Sachen zu besorgen; bei der Gelegenheit lassen wir am Bahnhof unsere Fahrkarten überprüfen. Der Beamte gibt uns eine letzte, neue und wieder andere Auskunft zu Fahrplänen und Tickets – allem Anschein nach ist die Strecke nach Lourdes das Stiefkind der französischen Eisenbahn. Wir haben den deutlichen Eindruck, daß es weder leicht noch selbstverständlich ist, nach Lourdes zu kommen.

Als Davide von der Arbeit zurückkommt, erzählt er uns, daß die Autobahn nach Ventimiglia nach einem Unfall gesperrt ist. Es ist 19 Uhr, der Zug soll um 21 Uhr abfahren; wir entschließen uns, mit dem Wagen über die Via Aurelia zu fahren, Giacomo will mitkommen. Die Chancen, den Zug noch zu erwischen, stehen fünfzig zu fünfzig. Ich betrachte das Problem von allen Seiten: Mutter und Luca sind im Rahmen einer von Don Mariano organisierten Wallfahrt in Lourdes und erwarten uns morgen früh um acht. Dieser Zwischenfall kann das mit ihnen vereinbarte Programm über den Haufen werfen. Ganz davon zu schweigen, daß ich Davide und seine Familie, die alle einen langen Tag hinter sich haben, zu dieser Verzweiflungsfahrt zwinge.

Ich beobachte Mario häufig, den immer schweigsamen, und ebensohäufig sehe ich aus dem Autofenster, während der Tag in der Dämmerung verlischt. Es ist so merkwürdig, mit Mario, Davide, Tina und Giacomo hier zu sein. Seit Vater nicht mehr da ist, steckt ein Nagel fest in meinem Innern: Wir sind auf der Durchreise, die Landschaft um uns herum und die Reisegefährten wechseln ständig, zuweilen rastlos. Was nicht vergeht, ist

die Straße und das Wandern, das Vorwärtsgehen, dem Ende der
Straße entgegen. Ja, dem Ende der Straße. Und wenn am Ende der Straße wirklich nur der Tod stünde?

Davide erklärt Giacomo, daß wir zu seinem Freund, dem heiligen Jakobus, gehen wollen, und fragt ihn: „Was sollen unsere
Freunde dem heiligen Jakobus von dir ausrichten, wenn sie bei
ihm ankommen?"
„Ein wunderschönes ...", ich erwarte, daß er uns etwas sagt",
was er sich wünscht, ein kleines Schwesterchen zum Beispiel, aber
er sagt: „Ein wunderschönes Gebet!" „Ein wunderschönes Gebet?" fragt sein Vater. „Ein wunderschönes Gebet", bekräftigt er.
Hinter San Remo fahren wir wieder auf die Autobahn. Der Zug
nach Ventimiglia ist weg, und wir müssen direkt nach Nizza fahren. Inzwischen ist es stockdunkel, und von der Côte d'Azur sehen wir nur die Beschilderung und die Tunnel. Wir kommen in
Nizza an, und wir kommen auch am Bahnhof an, doch der Zug
ist vor drei Minuten abgefahren. Am Schalter bestätigt man uns,
daß dies der letzte Zug nach Lourdes gewesen ist. Wir müßten am
nächsten Morgen um zehn den Zug nach Toulouse nehmen und
von dort um vier Uhr nach Lourdes weiterreisen. Düpiert verlassen wir den Bahnhof. In unserer hilflosen Wut sind wir kurz
davor, absurde Entscheidungen zu treffen wie die, mit Davide
zurückzufahren, um fünf Uhr in der Frühe aufzustehen, wieder herzukommen und von hier aus den Zug zu nehmen, damit
wir nicht über Ventimiglia reisen müssen, wo wir den Fahrplan
nicht kennen. Nach einigen Augenblicken kommen wir wieder
zur Besinnung. Genauer gesagt, wir erholen uns von der Erschütterung, die wir zum ersten Mal empfinden, die aber jeder, der
aufbricht, in seinem Rucksack mit sich trägt. Die Erschütterung,
sich an einem unbekannten Ort mitten unter unbekannten Leuten zu befinden, deren Sprache man nicht gut spricht, und am
liebsten wieder dort sein zu wollen, wo einem die Umgebung und
die Menschen vertraut sind. Ich sehe ein Hotelschild, und wir
entscheiden uns, dort zu schlafen. An der *Réception* verabschieden wir uns von Davide, Tina und Giacomo. Davide versucht uns
Mut zu machen nach all diesen unvorhergesehenen Ereignissen,
und sagt etwas, dessen Wahrheit sich uns erst auf der Pilgerschaft
erschließen wird: „Der *Camino* hat begonnen, und nun ist er es,

der entscheidet, wie die Dinge sich entwickeln." Mario scherzt: „Er hat begonnen und wird niemals enden." „Er wird niemals enden", bestätigt Davide ernst. Wir gehen aufs Zimmer. Ich will Mario helfen, die Situation einzuordnen, und trällere eine Arie aus *Die Macht des Schicksals,* die erste Begegnung zwischen dem Pater Guardian und Leonore: „Or siam soli, siam soli". *Siamo soli –* wir sind allein! Die Pilgerschaft, das Fremdsein hat begonnen. Für Mario ist es sogar das erste Mal, daß er in einem Hotel übernachtet, und er scheut sich, in Bettwäsche zu schlafen, die vor ihm schon andere benutzt haben. Ich nutze das Bad für die erste Pilgerwäsche und breite die Kleidungsstücke im Zimmer zum Trocknen aus. Nach den Abendgebeten beschließen wir, um sieben Uhr aufzustehen. Der Bahnhof ist gleich auf der anderen Straßenseite, doch die Angst, auch diesen Zug zu verpassen, verhält sich umgekehrt proportional zu der Entfernung, die wir zurücklegen müssen.

Von Nizza nach Lourdes, Dienstag, 28. Mai

Wir stehen auf wie geplant und machen uns rasch für das Frühstück fertig: Im ersten Stock gibt es ein Buffet mit allem, was das Herz begehrt. Ich greife mir einen Teller und fange an, ihn zu beladen; Mario aber ist wie betäubt und be-*greift* nicht, was er jetzt zu tun hat. Ich zeige es ihm, und als wir an unserem Tisch ankommen, ähneln wir zwei Flüchtlingen, die mit ihrer Nußschale monatelang über das Meer geirrt und schließlich irgendwo gestrandet sind. Wir müssen das tun, denn wir werden kein Mittagessen haben. Gut gesättigt nehmen wir unsere Rucksäcke, zahlen, verabschieden uns und sitzen nach nicht einmal fünf Minuten auf einer Bank auf dem Bahnhof an Gleis eins. Die Überdachung und die ganze Architektur dieses Ortes erwecken in mir den Eindruck, gerade mitten in einem der berühmtesten Gemälde von Monet gelandet zu sein, *La gare Saint-Lazare.*

Mario gibt keine Ruhe, ehe wir auf Gleis vier angekommen sind, wo der Zug nach Toulouse abfahren soll. Es sind noch eineinhalb Stunden bis zur Abfahrt. Mein Bruder beginnt umherzulaufen. Es war vorauszusehen, daß all diese neuen Eindrücke sich in ihm anhäufen und das, was er eifersüchtig in seinem Innern archiviert, schließlich zum Überlaufen bringen würden. Er ist beeindruckt von der großen Zahl der Nichteuropäer, die er sieht, und von der Masse der Reisenden. Wer wie er ein Leben führt, das nur von den Bürozeiten und der Arbeit geregelt wird, hat keine Ahnung davon, daß die Welt größer ist als der Schreibtisch, an den er sich jeden Morgen setzt.

Noch eine Stunde und zehn Minuten bis zur Abfahrt. Ganz zwanglos entspinnen sich die Gesprächsfäden zwischen uns. Nach und nach schlingen sich unsere Lebensläufe wieder ineinander und machen die Zeit, die wir miteinander verbringen werden, zu einer guten Gelegenheit. Gemeinsam entwirren wir die Geschichten unserer Familie und der Freunde im Dorf, die Dinge, die im letzten Jahr geschehen sind, die Trauer um Vater. Und weil wir Brüder sind, verstehen wir uns sofort, wir haben dasselbe Vokabular, dieselbe Art, etwas einzuschieben, dasselbe erstickte und fast asthmatische Lachen, dieselben Zielscheiben für unsere Sticheleien. So vergeht eine Stunde. Und in diesem belebten Bild *La gare de Nice* sind wir beide, wie wir da mit unseren Rucksäcken auf der Bank sitzen, die ruhenden Pole, die sich nicht bewegen, während alle anderen einsteigen, aussteigen, laufen, Koffer schleppen.

„Schau", sage ich zu Mario, „wir beide sind keine Reisenden, wir sind zwei Pilger. Das Warten auf den Zug ist für uns etwas anderes, und die Zeit hat eine andere Bedeutung. Wir sind keine Pendler, die dasselbe tun wie jeden Morgen, und wir haben auch keine bestimmten Dinge zu erledigen. Unsere Zeit steht uns zur Verfügung, um nach Santiago zu gehen."

Ich sage diesen Satz so dahin, ohne viel von jener Wahrheit zu ahnen, die alle entdecken, wenn sie den *Camino* gegangen sind: Auf Pilgerschaft bekommt die Zeit eine andere Qualität. Es wird möglich, das Leben zu genießen.

Wegen einer Schulklasse, die erst noch untergebracht werden muß, fährt der Zug mit zehnminütiger Verspätung ab. Wenn das gestern abend passiert wäre, hätten wir unseren Zug problemlos gekriegt. Doch so ist es nun einmal: „Der *Camino* entscheidet alles selbst." Langsam fahren wir aus dem Bahnhof heraus: Es geht los! Plötzlich kommt das Meer in Sicht. Das Licht, das von außen hereinfällt, ist blendend und scharf wie ein Säbelhieb. Die Farben und die Farbkontraste sind klar und lebhaft. Hinter Nizza halten wir in Antibes und in Cannes. Dann erreichen wir Marseille. In dieser

Stadt ist der Katholizismus zur zweiten Religion nach dem Islam geworden. Ich erzähle Mario – der das schon weiß – von Santiago *Matamoros*, und wir diskutieren über diese arabischen Migrationen, die in der europäischen Geschichte nichts Neues sind. Unser Gespräch wird unterbrochen von einer anonymen SMS:

Selig der Mensch, der seine Kraft auf den Herrn setzt und in seinem Herzen die heilige Reise beschließt.

Ja. Diese Landschaften der Camargue sind ein Stückchen Seligkeit, das allerdings von der Geschwindigkeit des Zuges rasch verzehrt wird. Gelbe Ginstersträucher überall, am Horizont die aufgewühlten, blaugrauen Wellen des Mittelmeers; in der Nähe von Arles ein rotes Meer aus Klatschmohn, soweit das Auge reicht. Wir kommen an Tarascon und Montpellier vorbei. Dann verläßt der Zug die alte Via Tolosana und fährt Richtung Narbonne. Und dann fährt er gar nicht mehr. Der Lautsprecher verkündet einen Motorschaden, der so bald wie möglich behoben werden soll.

„Der *Camino* entscheidet alles selbst", wiederholen wir, um uns aufzuheitern und für dieses x-te Hindernis eine beruhigende und vernünftige Erklärung zu finden. Wenn wir bis zu diesem Zeitpunkt noch nicht begriffen hätten, daß wir erst dann wirklich Pilger sind, wenn unsere Planung restlos über den Haufen geworfen ist, dann hätten wir hier in Narbonne noch eine Nachhilfestunde erhalten. Endlich fährt der Zug weiter. Wenn Gott will, werden wir in Toulouse ankommen, aber wir werden auf dem Abfahrtsplan keinen Zug mehr finden, der uns nach Lourdes bringt. Ehe wir die Flinte ins Korn werfen und uns auch heute wieder ein Hotel suchen oder einen Bus oder ein Taxi nehmen, frage ich einen Schaffner. Und der sagt uns, nachdem er uns erst nutzlos hierhin und dorthin hat rennen lassen, wir sollten uns beeilen, denn auf Gleis eins führe gleich ein Zug nach Pau.

Wir beeilen uns, so gut es mit den Rucksäcken eben geht, doch wir schaffen es. Kaum sind wir eingestiegen, schließen sich die Türen. Endlich hat der *Camino* etwas entschieden, das voll und ganz unseren Beifall findet!

Nach Santiago!, sage ich wieder vor mich hin. Neben einer beruhigenden älteren Dame finde ich einen Platz für Mario und zwei Plätze weiter einen für mich selbst, so daß wir uns sehen können.

Er scheint mir wieder sehr fremd. Zu fremd. Liegt es vielleicht an diesem Waggon voller Pendler, die von der Arbeit kommen und von deren Gesprächen man praktisch nichts versteht? Die Landschaft, die am Abteilfenster vorbeifliegt, ist grün und hügelig; am Horizont sieht man die ersten Gipfel der Pyrenäen. Die ältere Dame versucht mehrmals, mit Mario ins Gespräch zu kommen, doch der gibt sich, was sie betrifft, übertrieben unaufmerksam. Er murmelt irgend etwas, sie versucht es aufs neue und gibt dann auf. Mario ist sichtbar erschöpft, lächelt jedoch erleichtert und wirft mir einen Blick zu, der etwa folgendes heißen soll: „Noch mal Glück gehabt! Nicht nur, daß ich kein Wort verstanden habe, ich hätte auch noch Französisch sprechen müssen!" Ein sehr distinguiert wirkender Mann kommt vorbei; er trägt eine Mappe unter dem Arm und fragt jeden, ob er nicht zufällig in Pau ein Auto mieten wolle. Ich bedanke mich, wir brauchen keins. Er kommt zu Mario und fragt ihn dasselbe. Ich sehe, wie mein Bruder unglaublich rot wird, in einer Art Flüstern, das eine Antwort sein soll, kaum merklich die Lippen bewegt und ihm seine Fahrkarte entgegenstreckt. Ich habe meinen Spaß an dieser Szene: Er hat überhaupt nichts von dem verstanden, was der Mann gesagt hat, und glaubt, es sei der Schaffner. Der andere wiederholt seine Frage langsamer, und Mario hält ihm statt einer Antwort weiter seine Fahrkarte hin. Er nimmt sie, vielleicht weil er denkt, daß darauf irgend etwas Interessantes steht, gibt sie ihm dann jedoch sofort zurück und erklärt ihm zum dritten Mal, daß er Autos verleiht. Doch Mario hat offenbar noch immer nicht verstanden, daß der Herr in Anzug und Krawatte nicht der Schaffner ist! Kaum ist er weg, versucht die alte Dame sehr höflich, Mario zu erklären, was der Mann gewollt hat. Erschöpft beschließt Mario, sich dumm zu stellen, und hofft, daß man ihn dann in Frieden läßt. Sobald der Platz neben mir frei wird, stürzt er sich darauf, um ihr zu entkommen. Die alte Dame jedoch hält ihn offenbar für eine seltsame oder schwierige Persönlichkeit; sie läßt ihn nicht aus den Augen: Sobald er sich vorbeugt und in ihr Blickfeld gerät, sieht sie ihn durchdringend und voller Besorgnis an.

Am Bahnhof werden wir von Don Mariano und einer Lehrerin, *Professoressa* Macchietti, erwartet; im *Christ Roi* treffen wir Mutter und Luca. Mutter ist glücklich: Lourdes tut ihr gut. Nach dem Abendessen gehen wir gemeinsam zum Rosenkranz. Auf dem

Weg zur Basilika geht der für Lourdes so typische leichte Nieselregen auf uns nieder, und ich schlage vor, die Prozession *aux flambeaux* von der Terrasse aus anzusehen. Wir gehen durch das Seitentor, und je näher wir kommen, desto deutlicher liegt die Basilika vor uns, aus hellem Stein und mit den beiden Rampen, die sie wie zwei Arme einfassen. Ich bin mehrmals in Lourdes gewesen, ein Jahr lang auch als Krankenträger, doch immer, wenn ich diesen Platz betrete, habe ich wieder dasselbe Gefühl: nach Hause zu kommen. Wir gehen zur Grotte. Der Gave fließt ruhig unterhalb der Balustrade entlang, und in dem Bereich vor dem Ort, wo die *Immaculata* erschienen ist, sind nur wenige Menschen. Wir knien uns nieder, auf den Boden, für unbestimmte Zeit. Es ist die erste Etappe unseres *Camino,* unser erstes *visitandum est,* wie die alten Führer die Orte klassifizierten, die man während der Wallfahrt unbedingt besuchen sollte. Mit all der Vertrautheit und Unmittelbarkeit, die dieses Heiligtum mir eingibt, bitte ich die Muttergottes, mir, Mario, Luca, Mutter und allen Menschen, die ich auf dem *Camino* in meinem *Innern* trage, ihr Herz zu schenken, das so schön ist, so rein, so makellos, so voller Liebe und Demut. „Ein reines Herz kann Gott schauen", und das ist die Gnade, hier in der Zeit und dort in der Ewigkeit. Wir reihen uns in die Schlange ein, um den Felsen der Grotte zu küssen. Auch das ist etwas, das ich mit Ruhe tun kann, mit äußerstem Vertrauen. Ich erkläre Mario und Luca, daß die Prozessionen, der Gang zum Ort der Erscheinungen und auch das Bad im Wasser der Quelle nur dem einen Zweck dienen: der Gottesmutter zu gehorchen, zu tun, was sie sagt. Ihren Anweisungen zu vertrauen und sie mit der größtmöglichen Zuversicht zu leben wird uns helfen, gehorsam zu sein, unser Herz und unser Bewußtsein dem Unvorhersehbaren zu öffnen, der sich zeigen wird, wie und wann Er will. Wie es der heiligen Bernadette am 11. Februar vor so vielen Jahren geschah.

„Der Wind weht, wo er will; du hörst sein Brausen, weißt aber nicht, woher er kommt und wohin er geht. So ist es mit jedem, der aus dem Geist geboren ist." Während wir uns entfernen, denke ich an dieses Jesuswort. Der Wind bläst heftig und scheint von überallher zu kommen. Woher kommt und wohin bringt uns dieser andere Wind? Über die technischen Details unseres Unternehmens, die mehrfachen Verspätungen, den Zeitplan für unseren Aufbruch morgen denke ich nicht mehr nach. Selbst die Bedrängnisse der vergangenen Monate erscheinen mir nun, da ich vor der Grotte ins Gebet versunken bin, in einem anderen Licht: Meine Schmerzen verschmelzen mit jenen unermeßlichen Schmerzen, die hier gleichsam zu Hause sind, und mit den Schmerzen der ganzen leidenden Menschheit.

Wir treffen Mutter auf der Terrasse wieder, wo keine architektonische Barriere uns vor dem Wind schützt. Das, woran wir nun teilnehmen, gehört zur täglichen Chronik des Wallfahrtsorts: die heiteren Kranken, das erlöschende Tageslicht und die Flammen der *Flambeaux,* die entzündet werden und sich wie ein Band aus Lichtern auf uns zu bewegen, der Rosenkranz und die Gesänge zu Christus, dem Licht der Welt. Ob das das „wunderschöne Gebet" ist, um das Giacomo uns vor unserer Abreise gebeten hat? Die Prozession löst sich auf, und ich stoße zu Don Mariano, der mich am Eingang der Basilika erwartet. Er will unbedingt zwei Stöcke besorgen, einen für Mario und einen für mich, und sie uns morgen während der Pilgersegnung am Ende der Messe überreichen. Wir durchforsten die Geschäfte, die die Straßen im Zentrum verpesten, bis wir zwei echte Pilgerstäbe finden und sie nehmen, nicht ohne auch noch einen Rosenkranz mit zehn Perlen zu erwerben, den man leicht in die Tasche stecken und unterwegs benutzen kann.

Nachdem wir auf dem Zimmer zum zweiten Mal gewaschen haben, unterhalten wir uns. Wir beschließen, morgen für mich einen größeren Rucksack zu kaufen und den anderen, der sich schon während der Reise als zu klein erwiesen hat, nach Hause zu schicken. Wir machen das Licht aus. Der Rucksack. Santiago. *Nach Santiago!,* wiederhole ich ungläubig. Morgen ist der große Tag.

Von Lourdes nach Bruges, Mittwoch, 29. Mai

Ich schreibe in das Notizbuch, das Stefano mir vor der Abreise geschenkt hat, während wir unsere Mittagspause auf dem Mäuerchen links von der Brücke von Betharram verbringen. Es ist drei Uhr am Nachmittag und wir sind drei Stunden gelaufen, die ersten jener Stunden, die uns noch von Santiago trennen. Gerade haben wir die Brötchen gegessen, die sie uns im Hotel mitgege-

ben haben, und während Mario sich ausstreckt, um seinen Beinen Erholung zu gönnen, nutze ich die Zeit, um dieses Tagebuch
weiterzuführen.

Um sechs waren wir in der italienischen Pilgermesse. Ich habe
mit Don Mariano konzelebriert. Nach der Kommunion sind Mario und ich für den Segen vor den Altar gerufen worden. Don
Mariano, der uns den Segen erteilte, war womöglich sogar noch
ergriffener als wir:

O Gott, du hast Abraham aus seinem Land herausgeführt
und ihn auf allen seinen Wegen behütet.
Gewähre diesen deinen Söhnen denselben Schutz.
Stärke sie in Gefahr, behüte ihre Schritte.
Sei ihnen ein kühler Schatten in der Hitze des Tages,
schützender Mantel gegen die Kälte.
Trage sie in Ermüdung, und verteidige sie in jeder Not.
Sei ihnen ein fester Stab gegen den Sturz
und ein Hafen, der die Schiffbrüchigen aufnimmt.
Laß sie unter deiner Führung mit Sicherheit ihr Ziel erreichen
und gesund und wohlbehalten nach Hause zurückkehren.
Nehmt diese Pilgerstäbe, die Zeichen eurer Pilgerschaft,
damit euch die Gnade zuteil werde, geläutert,
unversehrt und als bessere Menschen
an die Schwelle Santiagos zu gelangen
und, wenn ihr euren Weg vollendet habt,
in vollkommener Gesundheit heimzukehren.
Durch Christus, unseren Herrn. Amen.

Dann fügte Don Mariano spontan hinzu: „Und gib, o Herr, daß
wir alle, die sie begleiten und ihr Leben teilen, auch an den Gaben Anteil haben dürfen, die du ihnen auf dieser Pilgerreise
schenkst."

Nicht viele Worte, doch nun, da ich sie mir wieder ins Gedächtnis rufe, wird mir bewußt, daß sie eine Realität deutlich machen,
die nicht vernachlässigt werden darf. Wir sind nicht hier, um ein
einsames Abenteuer zu vollbringen, dessen wir uns im Nachhin-
ein rühmen können; wir werden den *Camino* nicht gehen, um
einen exzentrischen Urlaub zu machen oder uns im Vergleich mit
denen, die zu Hause bleiben und dies nicht tun können, wie Hel-

den zu fühlen. Wir sind auch für sie hier, denn unsere Lebensläufe gehen – im Guten wie im Schlechten – beständig ineinander
über. Wir sind auch mit ihnen hier. Etwas an diesem Ruf, aufzubrechen, sich Zeit zu nehmen für die Wallfahrt nach Santiago,
geht auch sie an. Mario hat es auf den Punkt gebracht, als wir
Lourdes gerade verlassen hatten: „Es macht mich nachdenklich,
daß wir diesen ganzen Weg zu Fuß zurücklegen wollen und von
einem Ort aus aufbrechen, der voller Leute ist, die nicht gehen
können." Genauso ist es. Wir sind keine Günstlinge des Schicksals, die sich über den Schmerz oder die Mühsal des Lebens erhe-
ben; wir selbst sind Teil dieses Lebens.

Für mich mit meiner Abneigung gegen Abschiede war das Frühstück furchtbar traurig, denn nach dem Essen würden Mutter,
Luca, Don Mariano und die Lehrerin abreisen. Dann würde auch
die letzte Verbindung zu unserem alltäglichen Leben reißen. Mutter hat uns gute Ratschläge gegeben, mir vor allem, weil ich „größer" bin als Mario und deshalb auch „vernünftiger" sein sollte:
„Verausgabe dich nicht, ruht euch aus, wenn ihr müde seid; ihr
dürft die Schwierigkeiten nicht unterschätzen; seid immer vorsichtig, schlaft nicht im Freien, an der Straße." Beinahe hätte ich
erwartet, daß sie auch das sagen würde, was sie jeden Morgen
sagt, wenn wir aus dem Haus gehen: „Bekreuzigt euch, bevor
ihr geht." Doch ich denke daran, jeden Abend eine SMS mit dem
Namen des Dorfs zu schicken, in dem wir angekommen sind; sie
haben sich eine Spanienkarte in die Küche gehängt und verfolgen
unseren Weg. Wir haben sie zu den Bussen begleitet, die sie zum
Flughafen bringen, und wir haben gewinkt, bis die Busse den
Weg zum Wallfahrtsbezirk hinab verschwunden waren.

Vor dem Einkaufen sind wir zur Beichte gegangen. Ich habe einen
Priester aus Vittorio Veneto gefunden, dem ich in aller Ruhe von
meiner Pilgerreise und der *Generalbeichte* erzählen konnte, die
ich ablegen wollte. Die Worte, die mir dieser Priester mitgegeben
hat, waren sehr *väterlich* und als Geleit für unseren Aufbruch geradezu ideal. Er hat uns versprochen, in den nächsten Tagen für
uns zu beten. Als ich herauskam, war Mario mit seiner Beichte
schon fertig. Wir gingen hinaus auf den Platz. Es regnete immer
noch, doch unsere Schritte waren nun viel schneller und leichter als auf dem Herweg. Nachdem wir einen größeren Rucksack

von 65/70 Litern gekauft hatten, gingen wir zum Hotel zurück. An der *Réception* schenkte man uns zwei Keramikmuscheln, allerdings ohne Löcher für eine Schnur; wir können sie nicht an unsere Rucksäcke binden, sondern nur in die Tasche stecken. Von der Post aus gingen wir zum Wallfahrtsbezirk. Jetzt war alles bereit. Jetzt konnte es losgehen. Wir gingen durch den Haupteingang und über die *Esplanade* bis zum Pilgerbüro, um uns unseren ersten Stempel abzuholen. Wir hatten einige Mühe, unsere Regenponchos und die durchnäßten Rucksäcke abzulegen; man sah, daß wir wirklich noch ganz am Anfang standen. Eine freundliche Sekretärin drückte uns den Stempel ins erste Kästchen und trug unter „Initium peregrinationis, loco, die, mense, anno" „Lourdes, 29 mai 2002" ein. Er hat begonnen, unser *Camino* hat begonnen! Wir sind zur Grotte gegangen, um zu beten und uns an der Quelle zu waschen. Hinter der Brücke über den Gave und der *Pratérie* auf der gegenüberliegenden Seite führt ein Tor auf die Straße nach Lestelle-Betharram. Ein letzter Blick zurück zur Grotte; ein Kloß im Hals; und die Entscheidung, eine letzte SMS zu senden: „Wir sind jetzt von der Grotte losgegangen. Selig, wer auf den Herrn vertraut und in seinem Herzen die heilige Reise beschließt." Danach schalten wir das Handy aus. Es ist Mittag. Nachdem wir ein kurzes Stück die Straße entlanggegangen sind, passieren wir das Schild mit dem diagonalen roten Strich, das uns sagt, daß wir Lourdes verlassen haben. Die ersten Schritte! Die Straße verläuft am Gave entlang, der links von uns fließt. Der Regen und der Verkehr zwingen uns, hintereinander zu gehen, zumindest bis zum Ortsende von Peyrouse, dem ersten Dorf an unserem Weg. Am Ortsende hatten wir die erste Begegnung mit den Hunden. Es waren zwei, und sie schnappten nach uns. Zum Glück hatten wir den Stock: Mario holt aus, entschlossen, ihn auf den Schädel des Tieres krachen zu lassen. So mutig werde ich nie sein, im Gegenteil: Als sie sich uns nähern, weiche ich zurück, und sie greifen mich an, weil sie meine Angst wittern. Hinter Saint Pé de Bigorre wurde die Straße allmählich mühsam und eintönig. Mario brummte, er sei müde und seine Muskeln fingen an zu „ziehen", als in der Ferne der *Calvaire* des Wallfahrtsorts Betharram auftauchte: unser zweites *visitandum est*. Wir sind in Aquitanien, im *Département* der Atlantischen Pyrenäen, wie auf dem Willkommensschild zu lesen ist. Ich kenne die „Missionare von Betharram"; das muß ihr Mutterhaus sein. Ah, Mario ist gerade aufgestanden. Er will nachsehen, ob es möglich ist, sich den zweiten Stempel für unsere *Credenciales* zu holen.

Er kommt mit einem Stempel zurück, der die Form einer Jakobsmuschel hat. Er sagt, die Kirche sei schön, es gebe einen Heiligen, zu dem man beten, und einen Missionspater, mit dem man Italienisch sprechen könne. So hat er den Stempel also bekommen: Er hat jemanden gefunden, der unsere Sprache spricht! An der Kreuzung nach Asson biegen wir links ab. Ich bemerke, daß Mario langsamer wird. Wie besessen redet er ständig davon, daß er furchtbaren Durst hat. Er denkt, daß ich dann auch Durst bekomme und anhalte. Aber es gibt nicht die Spur einer Bar oder einer *Source*, nicht einmal in Asson, wo eine Brücke ist und Mario die Gelegenheit nutzt, sich der Länge nach auf die Brüstung zu legen. Es regnet weniger, das ist besser. Mario legt sich auf jede Bank, an der wir vorbeikommen. Wir gehen weiter, Richtung Bruges. Je weiter wir gehen, desto weniger spricht er. Immer wieder drehe ich mich um und frage ihn etwas, doch am Ende breitet er nur noch die Arme aus oder gibt mir einsilbige Antworten. Jetzt hat er den Tick, mich ständig zu fragen, wie viele Kilometer es noch bis zum Dorf sind. Ich dagegen mache mir Sorgen, wo wir schlafen werden, denn bis zur nächsten ausgewiesenen Übernachtungsmöglichkeit sind es von Bruges aus noch einmal zwanzig Kilometer.

Der Rhythmus unserer Schritte beginnt sich spürbar zu verlangsamen. Oft bleibe ich stehen, um auf Mario zu warten; die Strecke ist brutal für ihn, ich fürchte, daß er es nicht schafft. Ich verstehe nun, warum die physische Vorbereitung des gerade vergangenen Jahres so wichtig war. Um halb sieben taucht das Ortsschild auf – und daneben der Hinweis auf ein unverhofftes *Bed & Breakfast,* das von zwei Engländern geführt wird und am Hauptplatz liegt. Ich drehe mich um, um meinem Bruder die freudige Nachricht mitzuteilen, doch er breitet wieder nur die Arme aus. Man könnte ihm alles sagen, er würde immer nur auf diese Weise reagieren. Er ist vollkommen erledigt.

Das Dorf ist trostlos. Das einzige Lebewesen, dem wir begegnen, ist ein Mann, der uns als *Pélerins de Saint-Jacques* identifiziert. Die Unterhaltung mit ihm ist mühsam; ich spreche wenig

Französisch, und Mario, der es sehr viel besser kann als ich, ist nicht in der Lage, viel zu sagen. Wir gehen zu dem Haus, von dem wir annehmen, daß es das richtige sein muß, doch wir entdecken kein Lebenszeichen. Ich klopfe, öffne die Tür, frage laut: „Darf ich ...?", doch es ist niemand da. Hier wird alles renoviert. Mario ist mir nicht gefolgt, natürlich: Er liegt vor der *Mairie* auf der ersten Bank, die er gefunden hat. Eine Frau kommt aus einem Geschäft heraus, in dem sie gerade eingekauft hat; ich möchte Mario dazu bringen, sich bei ihr zu erkundigen, aber es wäre grausam, ihn jetzt aufstehen zu lassen. Also mühe ich mich mit meinem, nun, sagen wir „elementaren" Französisch ab, das ebenso reich an Gesten wie arm an Vokabeln und an Verben ist, die über „sein" und „haben" hinausgehen. Auch die Frau antwortet mir mit einer Geste: Sie zeigt mir einen riesenhaften Hund und eine andere Frau, die sich mit meinem Bruder unterhält. Er ist gerade von seiner Bank aufgestanden. Die Frau ist die Eigentümerin des *B & B*. Sie hat unsere Rucksäcke gesehen und den Grund unseres Aufenthalts erraten. Jetzt bittet sie uns herein. Der Hund versucht mich zu zerfleischen, als ich durch den Hintereingang gehe, und mit Mario macht er es genauso. Erst dem Ehemann der Frau gelingt es, ihn zu beruhigen.

Ich betrete die Küche und frage mich, wie zwei Engländer in diesem Dorf gelandet sind. Sie heißen Jack und Sue, sind sehr freundlich und bieten uns gleich Tee und Kaffee an – auf englisch. Dieses Detail sollte man nicht übergehen. Mario kommt herein und steuert direkt auf einen Sessel zu, der rechts vom Eßtisch steht, obwohl die Frau mich bereits gebeten hat, dort Platz zu nehmen, um mir den Kaffee servieren zu können. Mein Bruder scheint die Anwesenheit anderer Personen nicht wahrzunehmen – geschweige denn die Tatsache, daß wir in einem fremden Haus zu Gast sind! – und zeigt sich von seiner schlechtesten Seite. Mit letzter Kraft nimmt er den Rucksack ab, läßt sich in den Sessel sinken und verlangt „water, water". Sue stellt ihm ein Glas hin, er greift danach und hat es in wenigen Augenblicken in sich hineingeschüttet. Sofort bringt sie ihm ein zweites, dem es ebenso ergeht, bis schließlich eine ganze Kanne kommt. Er zieht sich seine Schuhe und die nicht gerade wohlriechenden Strümpfe aus und präsentiert zwei Füße, die die Spuren eines eintägigen Kampfs mit den Schuhen und dem Asphalt an sich tragen. Die Frau vermutet, daß er unerträgliche Schmerzen haben muß, denn nur so läßt sich ein derartiges Verhalten erklären. Während ich meinen Kaffee schlürfe, lenke ich Sue mit Fragen ab, deren Antworten ich nicht vollständig verstehe. Mario sehnt sich danach, aufs Zimmer zu gehen. Im oberen Stockwerk gibt es drei Räume, einer davon hat einen Elektroofen. Wieder einmal wird uns bewußt – diesmal aufgrund der spürbar gesunkenen Temperaturen –, daß wir in den Pyrenäen sind und den Ofen deshalb brauchen werden. Der Holzboden hat Ritzen, durch die die kalte Luft in regelrechten Schüben eindringt. Ich rufe Mario.

Kaum hat er das Zimmer betreten, fällt er aufs Bett und beginnt immer heftiger zu zittern. Er bittet mich, ihn zuzudecken und ihm das Fieberthermometer zu geben. Es geht ihm schlecht, ihm ist kalt. Ich stelle den Ofen so hoch ein, wie es geht, hole eine Daunendecke vom Doppelbett in einem der Nachbarzimmer, lege sie doppelt und stopfe sie unter ihm fest – doch ihm ist immer noch kalt. Er bittet mich, ihm den Pullover anzuziehen und eine weitere Decke zu holen. Ich messe Fieber: 39°. Sofort gebe ich ihm ein Paracetamol, um das Fieber zu senken. Wir können uns diese plötzliche Krankheit beide nicht erklären; er hat kein Kopfweh, kein Bauchweh, keine anderen Symptome als diesen starken Schüttelfrost. Ich versuche ihn zu beruhigen, „vielleicht ist es eine Art Sonnenstich." „Aber es hat doch den ganzen Tag geregnet", entgegnet er weinerlich. Er ruft mir beunruhigende Episoden aus der Vergangenheit ins Gedächtnis. „Du schwitzt sehr stark", bemerke ich. „Das ist der Todesschweiß", antwortet er mit geschlossenen Augen. Ich erstarre: Das waren die letzten Worte, die unsere Oma zu Mutter gesagt hatte, ehe sie an einem Schlaganfall starb. Aus meiner Praxis als Seelsorger weiß ich, daß, wenn ein schwerkranker Mensch seinen Tod ankündigt, dieser meist unmittelbar bevorsteht.

Ich lasse mir meine Angst nicht anmerken, ich behalte den beruhigenden Tonfall bei, ich spiele die Sache herunter. Doch weil der Gedanke des Todes seit Monaten mein ständiger Begleiter ist, verzerrt sich alles, bauscht sich auf und versetzt mich in Schrecken. Um ihn abzulenken, schlage ich vor, ein bißchen Musik zu hören – Sue hat mir angeboten, die Stereoanlage in der Veranda zu benutzen. Ich sehe, daß bereits eine CD eingelegt ist, ich schalte das Gerät an, und es erklingt, unendlich traurig, deprimiert und deprimierend, ein *Requiem*. Das kann einen schon erschüttern.

Ich nehme mir mein Handy und rufe Mariano an, um mir ärztlichen Rat zu holen, doch es gibt kein Netz. Ich gehe in die anderen Zimmer: nichts. Ich gehe hinaus auf den Hof: auch nichts. Ich gehe auf den Dorfplatz: nichts zu machen. Wie ein verrückter Wünschelrutengänger laufe ich mit vorgehaltenem Handy bis zur Kirche. Um es kurz zu machen: Bruges ist von keiner Mobiltelefongesellschaft erfaßt. Mit wachsender Besorgnis gehe ich zurück und bitte Sue um die Erlaubnis, ihren Hausanschluß zu benutzen. Zum Glück erreiche ich Mariano sofort, und nach vielen Fragen kann er mich beruhigen: „Das ist nur die Müdigkeit; wenn es etwas anderes wäre, hätte er andere Symptome. Gib ihm ein fiebersenkendes Mittel und laß ihn schlafen."

Ich gehe wieder nach oben zu meinem Bruder. Ich öffne die Tür, und die Hitze verschlägt mir fast den Atem. Ich berichte ihm, was Mariano gesagt hat, er brabbelt mit geschlossenen Augen etwas vor sich hin. Ich schlage ihm vor, heiß zu duschen: „Du wirst sehen, dann entspannen sich die Muskeln, und es geht dir besser. Allerdings ist es im Badezimmer kalt; ich stelle den Heizofen hinein, dann kannst du gehen, wenn du möchtest." Ich nehme mir das Gerät, öffne die Tür und gehe ins Bad, doch der Kontrast zwischen Sauna (das Schlafzimmer) und Grönland (das Badezimmer) löst bei mir einen Magenkrampf und denselben Schüttelfrost aus, an dem mein Bruder leidet. Ich denke an tausend Dinge gleichzeitig, während ich unter die Decken schlüpfe und Mario das Federbett wegziehe: daß mir einfach nur kalt ist, daß diese Zugluft tödlich ist, daß mir das zum ersten Mal passiert, daß es mir recht geschieht, weil ich meinen Bruder in dieses merkwürdige Haus geschleppt und zu diesem unmöglichen Vorhaben überredet habe, daß ich hoffentlich nicht auch 39° Fieber habe ... Mario seinerseits erholt sich jetzt. Jetzt, wo er sich um mich kümmern muß, faßt er Mut und kämpft gegen seine Erschöpfung an.

Jetzt ist er es, der schreibt, während ich diktiere, unfähig, auch nur einen Quadratzentimeter Haut unter dem Deckbett hervorzuschieben, ohne von neuen Kälteschauern geschüttelt zu werden. Zum Glück scheint das Schlimmste überstanden, und wir lachen wie die Verrückten, während wir die Ereignisse noch einmal Revue passieren lassen, um die Zusammenfassung ins Notizbuch zu schreiben.

Wir haben fast 25 Kilometer zurückgelegt. Wie haben es Davide 1992 und Stefano im vergangenen Jahr nur geschafft, am ersten Tag 42 Kilometer zu gehen, ohne daß sie dieselben verheerenden Auswirkungen zu spüren bekommen haben, wie wir sie gerade erleiden? Es gibt zwei Möglichkeiten: entweder, sie haben den Bus genommen und sind ganz bequem nach Iseste gefahren, oder sie haben wie Popeye Spinat gefrühstückt. Den Spruch des Tages diktieren uns die weisen Worte eines antiken Sprichworts: „Am Morgen erkennt man den Tag." Will heißen: Gott steh uns bei, denn wenn es uns in den nächsten Tagen nicht besser ergeht, dann bleibt Santiago ein unerfüllbarer Wunsch.

Von Bruges nach Iseste, Donnerstag, 30. Mai

Wir erwachen vollkommen ausgeruht und frisch und haben fast vergessen, in was für einem erbärmlichen Zustand wir noch vor wenigen Stunden waren. Wir stoßen die Fensterläden auf: Vor uns liegt der Dorfplatz von Bruges, und die oberen Stockwerke der Häuser werden vom Licht der ersten Morgensonne beschienen. Die Luft ist frisch und reinigt unser Zimmer von der Traurigkeit der Nacht. Wir gehen hinunter in die Küche und reden ein wenig mit Jack über den vergangenen Abend, während Sue uns ein typisch englisches *Breakfast* serviert. Wir erzählen den beiden von unserem Plan, später einen Führer für Pilger zu schreiben, die wie wir von Lourdes aus aufbrechen wollen und nicht wissen, wie sie sich die Etappen einteilen, wo sie schlafen oder wo sie essen sollen.

Jack zeigt mir auf einer Karte den alten Pfad, der genau an ihrer Haustür vorbei und durch ihre Straße, die Rue des Écoles, hindurchführt und in Mifaget endet. Sue, die keinen Stempel für die *Credencial* hat, malt uns einen mit Filzstift. Wir tauschen unsere Adressen aus, zahlen, packen unsere Rucksäcke und brechen mit Jack zusammen auf, der so freundlich ist, das erste Stück des Weges „bis zur Brücke" mit uns zu gehen. Nach einigen hundert Metern kommen wir dort an: an der ersten einer langen Reihe von Brücken, über die der *Camino* führt. Einige davon sind so berühmt – wie die von Puente la Reina oder von Puente y Hospital de Órbigo –, daß sie dem Dorf, in dem sie liegen, sogar den Namen gegeben haben, andere, wie die aus Stein, vor der wir nun stehen, sind weniger bekannt, aber genauso wichtig. Während wir uns verabschieden, bellen einige Hunde, vielleicht in derselben Absicht. Im Scherz kündige ich unserem Freund an, daß ein Kapitel des zukünftigen Pilgerführers den Hunden und der Frage gewidmet sein wird, wie man sich gegen ihre Angriffe zur Wehr setzt. „Die Hunde sind viel freundlicher, als ihr denkt. Ihr werdet eure Meinung über sie im Lauf eurer Reise bestimmt noch ändern", prophezeit er uns.

Der alte Pfad ist länger als die direkte Verbindung über die Asphaltstraße, erweist sich aber von Anfang an als bezaubernd. Wir gehen es langsam an, ohne Hast, um die schmerzenden Muskeln aufzuwärmen. Hinter einer kleinen Burg und ein paar Häusern – die von abermals nicht sehr wandererfreundlichen Hunden bewacht werden – sehen wir ein überaus liebenswertes Exemplar auf uns zukommen, das uns scheinbar erwartet hat und uns sogar entgegenläuft. Verglichen mit dem, was wir bisher gewohnt waren, verhält dieser Hund sich sehr untypisch: Er bellt nicht, ist friedlich, wedelt mit dem Schwanz, will gestreichelt werden; er läuft abwechselnd hinter uns her und voraus, so als ob er uns begleiten wolle. Gut gelaunt wie wir gerade sind, denken wir sofort an Jacks Worte, für die Ciccio – so haben wir ihn genannt – der lebende Beweis zu sein scheint. An den Weggabelungen bleibt er stehen und wartet auf uns; wenn wir zögern und unsicher sind, setzt er sich an den Anfang der Straße, der wir tatsächlich folgen müssen. Allmählich glauben wir, daß dieses Tier ein Zeichen des Himmels ist; ich zitiere die Bibel und erinnere Mario daran, daß auch Tobias auf seiner Suche nach Geld und Frau von einem Hund begleitet wurde. Am Ende einer Geraden, die quer über eine Weide führt, kommen wir an eine Kreuzung. Der Karte zufolge müßten wir rechts abbiegen. Ciccio dagegen läuft nach links unter das Schild mit dem Straßennamen. „Komisch", denke ich und wende mich nach rechts. Er bellt, läuft hinter mir her und stupst mich mit der Schnauze an, bis ich das Schild lese. Ich lese es und lese es dann noch einmal laut für Mario: *Chemin de Saint-Jacques de Compostelle.* Woher zum Teufel weiß dieser Hund, daß wir nach Santiago wollen? Uns überkommt eine jähe Welle

des Optimismus und der Wanderlust, die alles Mißtrauen fort-
schwemmt: Mit einem Schlag sind wir zu Entdeckern geworden
und gehen einen neuen Weg nach Santiago, den die Masse der
Pilger nicht kennt und der uns von diesem Wunderhund geof-
fenbart worden ist!

Um auf Nummer Sicher zu gehen, frage ich Mario: „Meinst du,
wir sollen ihm folgen?" „Ja, das meine ich", sagt er im Brust-
ton der Überzeugung. Wir machen uns auf den Weg, aber weil
man nie vorsichtig genug sein kann und wir allmählich lernen,
daß man bei der Wahl der Straßen genau aufpassen muß, frage
ich eine Frau, die gerade dabei ist, Wäsche aufzuhängen, ob dies
wirklich der Weg zu unserem Zielort „Lourbe-St. Christau" ist.
Sie scheint uns nicht ganz verstanden zu haben, zeigt aber mit
der Hand in die Richtung, in die Ciccio bereits vorgelaufen ist.
Nach dieser Häusergruppe führt der gepflasterte Weg über einen
wunderschönen Hügel. Ciccio läuft hinauf, und wir folgen ihm.

Unsere Phantasie überschlägt sich: „Wenn wir diesen Weg gehen, müssen wir vielleicht gar nicht über Asasp-Arros und Sarrance ...", „wir können die Berge umgehen ...", „wir kommen
sofort nach Borce ...". Es ist kaum vorstellbar, wie leichtgläubig
wir sind. Wir sind Anfänger und haben die Wahrheit des *Camino*
noch nicht akzeptiert, das Gesetz des *Camino:* daß es gut ist, mit
beiden Beinen auf dem Boden zu bleiben und sich nicht in Phan-
tastereien zu flüchten, für die man doch nur eine gesalzene Rechnung bezahlen muß.

Nach einigen Stunden kommen wir zum Hof eines Bauernhau-
ses. Als die beiden Wachhunde anschlagen, kommt der Besitzer
heraus. Zuversichtlich, ja übermütig begrüße ich ihn, frage nach
der Richtung und erwarte, daß er mir vielleicht Borce als nächsten Ort nennt. „Nein", antwortet er, „dieser Weg führt nach
Lourdes, nicht nach Lourbe." „Aber es ist doch der Jakobsweg",
entgegne ich beunruhigt. „Ja, aber für die, die vom Somport
nach Lourdes gehen. Ihr müßt bis zur Kreuzung gleich hinter
dem Dorf zurück und dann rechts abbiegen." Das ist genau die
Straße, die wir genommen hätten, wenn Ciccio uns nicht in die
Irre geführt hätte.

Der Gauner ist inzwischen verschwunden. Als wir hinunterge-
hen, sehen wir ihn im Hof eines kleinen Hauses mit seinem Herrchen spielen. Als wir wieder an die unselige Kreuzung kommen,

ist es nach Mittag, und schon bald muß Mario sich ausruhen. Links von uns verläuft nun eine endlos scheinende Straße an den Bergen entlang: Allein von dem Anblick werden ihm schon die Beine schwach. Mir wird bewußt – und Mario macht mich darauf aufmerksam –, daß ich keine auch nur annähernd realistische Vorstellung davon habe, wie viele Kilometer man in welcher Zeit schaffen kann: Wie lange werden wir beispielsweise brauchen, um zu Fuß 20 Kilometer zurückzulegen? Was bedeutet es, drei Wegstunden „vergeudet" zu haben? Das Auto und die anderen mechanischen Fortbewegungsmittel haben uns dieser Fähigkeit beraubt. Zwanzig Autominuten entsprechen fünf Stunden Fußweg. Und dann ist es auch nicht dasselbe, ob man eine Wanderung macht oder zu Fuß auf Pilgerreise ist. Die Wanderung hört an einem bestimmten Punkt auf, aber als Pilger ist man immer unterwegs. Nicht genau zu wissen oder nicht zu sehen, wo man ankommen muß, macht die Sache noch komplizierter. Es ist erschütternd, in dieses Maß von Zeit und Raum einzutreten: Wir müssen unseren inneren Zeitmesser justieren und alle Parameter neu einstellen.

Das endlose Stück Straße ist gerade lang genug, um uns zu der Weggabelung zu bringen, die in die asphaltierte Straße von Bruges nach Louvie-Juzon einmündet; das ist nichts, verglichen mit dem, was uns noch erwartet, doch Mario wird mit jedem Schritt müder. Die Schilder nach Louvie sagen uns, daß es bis dorthin noch 16 Kilometer sind. Wir kommen an einen Picknickplatz mit einem Brunnen, Tischen und Bänken. Sobald wir sie sehen, strekken wir uns auf den Tischen aus. Es ist inzwischen sehr heiß, und der Schatten dieses stillen Ortes ist der reinste Segen. Wie ich da so der Länge nach ausgestreckt auf dem Tisch liege, wird mir bewußt, daß ich ein unfaßbares, erhabenes Glücksgefühl empfinde. Ich hebe den Kopf und blicke umher: Da ist nichts Außergewöhnliches, das diese Freude erklären könnte. Mir ist nur plötzlich ganz deutlich bewußt geworden, daß ich ein Pilger bin, der gemeinsam mit einem anderen Pilger an einem beliebigen Tag irgendwo in Frankreich an einer Landstraße liegt.

Doch es kommt mir vor, als wäre Sonntag; seit drei Tagen habe ich den Eindruck, einen langen Sonntag zu erleben. Richtiger wäre es, von einem „Tag des Herrn" zu sprechen: einer Zeit, die ihm gewidmet ist, doch auch einer Zeit, die er sich gewünscht hat, um uns frei und glücklich zu machen. Das, was wir hier erleben, ist eine Art *Zauber:* Alles erscheint so schön! Es ist wie eine Art Feiertagslaune, in der einem einfach alles gefällt – *„Nach Santiago!* Wir gehen wirklich nach Santiago!"* Ich sehe in den strahlendblauen Himmel über mir. Mir kommen die Worte einer außergewöhnlichen Französin, Madeleine Delbrêl, in den Sinn. Sie schreibt in *Wir Nachbarn der Kommunisten:*

Es gibt Leute, die Gott nimmt und beiseite stellt.
Andere gibt es, die läßt er in der Masse, die zieht er nicht „aus der Welt zurück".
Es sind die Leute, die eine gewöhnliche Arbeit verrichten, eine gewöhnliche Wohnung haben und gewöhnliche Ledige sind. Leute, die gewöhnliche Krankheiten, gewöhnliche Traueranlässe haben. Leute, die ein gewöhnliches Haus bewohnen und gewöhnliche Kleider tragen. Es sind Leute des gewöhnlichen Lebens. Leute, die man in einer beliebigen Straße antrifft.
Sie lieben ihre Tür, die sich zur Straße hin öffnet, wie ihre der Welt unsichtbaren Brüder die Tür lieben, die sich endgültig hinter ihnen geschlossen hat.
Wir anderen, wir Leute von der Straße, glauben aus aller Kraft, daß diese Straße, daß diese Welt, auf die uns Gott gesetzt hat, für uns der Ort unserer Heiligkeit ist.
Wir glauben, daß uns hier nichts Nötiges fehlt, denn wenn das Nötige fehlte, hätte Gott es uns schon gegeben.

„Diese Straße ist der Ort unserer Heiligkeit." „Nichts Nötiges fehlt uns." „Wir haben gewöhnliche Krankheiten und gewöhnliche Traueranlässe." „Wenn das Nötige fehlte, hätte Gott es uns schon gegeben." Vielleicht sind es diese Erkenntnisse, die in meinem *Innern* der Freude Raum geben, während ich mit meinen Füßen über den Asphalt *dieser Straßen* wandere, die uns letzten Endes nach Santiago bringen werden.

Von dort, wo wir uns gerade befinden, sind es noch sieben Kilometer bis nach Louvie, und wir wollen sogar noch bis nach Lurbe-St. Christau kommen. Mario faßt die Gedanken zusammen, die ihm durch den Kopf gehen, und platzt heraus: „Ehrlich gesagt kann ich verstehen, daß manche sich an einem bestimmten Punkt entschließen, den Bus zu nehmen." „Schon am zweiten Tag?" frage ich überrascht. Er breitet die Arme aus. Das Déjà-vu dieser Geste macht mir Sorgen: Ich hoffe und bete inständig, daß sich die Szenen von gestern nicht wiederholen, zumindest nicht, ehe wir Louvie-Juzon erreicht haben. Es ist nach wie vor warm. Über einige kleine Serpentinen gelangt man hinunter ins Dorf; wir gehen an der Kirche vorbei und machen auf dem Platz Halt, wo vor der Post unter Bäumen einige Bänke stehen. Es ist vier Uhr, und wir haben noch nicht zu Mittag gegessen. Uns ist vor Hunger schon ganz flau. Als ich sehe, daß Mario die Beine ausstreckt und nicht die geringsten Anstalten macht, sich um etwas zu essen zu kümmern, wird mir klar, daß wir heute nicht mehr sehr weit gehen werden: Ich habe aus der Tragikomödie von gestern gelernt. Außerdem liegt Iseste nicht weit von hier, wo sowohl Stefano als auch Davide übernachtet haben, und wir haben den Namen der *Chambre d'Hôte*. Ich gehe einmal um den Platz, um uns etwas zu essen zu besorgen. Es gibt eine Apotheke, eine Bar und eine *Charcuterie*. Ich entscheide mich für letztere, weil ich durch das Schaufenster eine Theke sehe, die denen der Geschäfte ähnelt, in denen man in Rom Pizzastücke kaufen kann. Und tatsächlich: Als ich, von der Türklingel angekündigt, das Geschäft betrete, sehe ich Pizzableche. Die Frau bedient gerade eine Kundin, sie unterhalten sich über dies und jenes; ich nutze die Gelegenheit, um mir im Geist den Satz zurechtzulegen, mit dem ich sie um die Pizza bitten werde, und warte. Ich weiß, was mir bevorsteht: Es gibt außerhalb von Italien einfach keinen Ort, an dem man eine anständige Pizza bekommt. Das Beste, was man im Ausland erhoffen kann, ist, daß sie eßbar ist, doch unter den gegebenen Umständen würde das auch völlig ausreichen. Als ich an der Reihe bin, habe ich meinen Satz vergessen, ich fange an zu stottern und zeige mit dem Finger auf die Pizza, die ich möchte; dann halte ich die Handflächen etwa zwanzig Zentimeter weit auseinander, um ihr die Größe des Stückes anzuzeigen, das ich brauche. Es ist mir unangenehm. Die Frau bietet mir an, sie aufzuwärmen. Sie schiebt sie in den Ofen, während eine andere Frau, vermutlich die Schwester, kommt, um sie abzulösen. Auch sie ist freundlich. Sie fragt mich, woher ich komme und wohin ich gehe. Sie ist gerührt, als sie von unserer Pilgerreise erfährt, und ihre Schwester auch.

Sie kommt gerade mit der aufgewärmten Pizza zurück, von der ein beunruhigendes rötliches Öl tropft. Sie wünschen mir alles Gute für die Reise, bitten mich, für sie zu beten und schenken mit eine Dose mit Schweineleberpastete, der Spezialität des Hauses. Ich zeige Mario die Dose, und wir teilen sie. Die Pizza als fetttriefend zu bezeichnen, wäre noch untertrieben.

Wir gehen weiter und überqueren die Brücke von Iseste; auf der anderen Seite des Gave gibt es wieder kleine Gärten und Bänke, doch diesmal zwinge ich Mario, sich nicht dort niederzulassen, sondern statt dessen mit mir die *Chambre d'Hôte* zu suchen, deren Adresse wir haben. Sie ist ganz in der Nähe der Brücke; Frau Aznar kommt uns schon entgegen. Wir erklären ihr, daß wir ihre Adresse von Stefano haben; sie erinnert sich noch ganz genau an die wahnsinnigen Schmerzen, die er an allen Gliedern (oben wie unten) hatte, als er hier ankam. *„Spae e gambe spacae,* Schultern und Beine zerschlagen" – mit diesen Worten wirft Mario seinen Rucksack aufs Bett, und es ist nicht ganz klar, ob er damit unseren Freund oder sich selber meint.

Das Bad in unserem Zimmer ist mit einem kleinen Elektroofen ausgestattet, der überaus nützlich ist, um unsere Kleidung zu trocknen. Ich dusche sofort und wasche. Als ich fertig bin, liegt Mario im Bett unter der Decke und ist schon eingeschlafen. Ich sehe auf die Uhr: Es ist fünf vor sechs; draußen hört man die Glocken einer Herde, die in den Stall zurückkehrt. Ich schicke die SMS nach Hause, knipse das Licht aus und sinke in den Schlaf. Dann ruft allerdings noch Luca an, ich weiß nicht, um wieviel Uhr, und fragt, ob wir vielleicht doch unter einer Brücke schlafen, wie er vermutet. Ich beruhige ihn: Es geht uns gut, und wir sind so gut untergebracht wie eben möglich. Ich drehe mich auf die andere Seite, um weiterzuschlafen, und stelle fest, daß Mario sich nicht einmal bewegt hat. Ich denke an gestern abend: die Macht des *Camino!*

Von Iseste nach Sarrance, Freitag, 31. Mai

Wie müde man auch ist, irgendwann ist man auch des Schlafens müde. Um viertel vor sieben sind wir auf den Beinen und packen mit ruhiger Unsicherheit unsere Rucksäcke: die Handgriffe des

Aufbruchs sind für uns Mechanismen, die noch nicht automatisch ablaufen und geölt werden müssen, um so zu funktionieren, wie sie sollen. Wir suchen den Frühstücksraum und treffen dort auf den Mann von Frau Aznar, Jean. Ich nutze die Gelegenheit, um mit seiner Hilfe die heutige Route zu überprüfen, während Mario loszieht, um unsere *Credenciales* abstempeln zu lassen. Wir müssen bis Araudy gehen, dort an einem Champion-Supermarkt links abbiegen und dann geradeaus weitergehen. „Wie viele Kilometer sind das?" erkundige ich mich. Das Ehepaar ist sich nicht einig: Er antwortet vierzehn, sie zwanzig. Mario ist wieder da, er murmelt: „Wart's ab, das sind mindestens fünfundzwanzig."

Wir brechen um acht Uhr auf und gehen am Gave entlang, der heute morgen unruhig fließt. Wir finden keine geöffnete Kirche für unser Morgengebet, und so beginnt jeder mit seinem Rosenkranz. Wir erreichen Araudy und den Supermarkt, hinter dem die Straße D 918 beginnt; sie verläuft durch Wiesen und Wälder und führt dem Hinweisschild zufolge nach St. Christau-Mauléon. Die Grillen zirpen, die Vögel zwitschern oder gurren. Ihre Rufe leisten dem Herzen und dem Schweigen Gesellschaft und versetzen uns in eine heilsame Benommenheit, die die Kilometer und die bösen Gedanken frißt. Am Straßenrand wachsen und blühen die Blumen, die im Frühling die Wiese hinter unserem Haus bevölkerten: die weißen Margeriten, die himmelblauen „Madonnenäuglein", die gelben „Löwenmäulchen", die Trollblumen, der Wiesensauerampfer, die Ranunkeln. Rasch überschlage ich im Geist die vergangenen Jahre und komme zu dem Ergebnis, daß ich mich seit meinem Eintritt ins Priesterseminar nicht mehr so lange mitten in einer Frühlingswiese aufgehalten habe. So blind das Vergessen ist, so schnell vermag das Sehen dem Gedächtnis wieder auf die Sprünge zu helfen. Blitzartig kehrt die Erinnerung an die Maiandachten zurück, als wir in das Kirchlein am Abzweig nach Tréville gingen, um dort den Rosenkranz zu beten und anschließend in Wiesen wie diesen zu spielen, bis es dunkel wurde. Manchmal kam Don Mario am 31. Mai, damals wie heute das Fest Mariä Heimsuchung, um die Messe zu feiern. Ich erinnere mich sogar noch genau an den Antwortpsalm aus dem Hohelied. Seine Worte halten die Erinnerung an Momente fest, die den auf diesem Weg erlebten ähneln:

Sieh da, er kommt. Er springt über die Berge, / hüpft über die Hügel. Der Gazelle gleicht mein Geliebter, / dem jungen Hirsch. Ja, draußen steht er / an der Wand unsres Hauses; er blickt durch die Fenster, / späht durch die Gitter. Der Geliebte spricht zu mir: / Steh auf, meine Freundin, / meine Schöne, so komm doch! Denn vorbei ist der Winter, / verrauscht der Regen. Auf der Flur erscheinen die Blumen; / die Zeit zum Singen ist da. Die Stimme der Turteltaube / ist zu hören in unserem Land. Am Feigenbaum reifen die ersten Früchte; / die blühenden Reben duften.

„Auch uns sucht der Herr heute heim", denke ich, „die Zeit zum Singen ist da, vorbei ist der Winter. *Steh auf, meine Freundin, meine Seele.* Steh auf und geh, vorbei ist der Winter, auf der Flur erscheinen die Blumen." Worte eines alten Frühlings, die ein Geheimnis in sich zu tragen scheinen, ein Vorgefühl des Sommers, der sich gerade erst andeutet, mehr wie eine Erinnerung. Sie kündigen jemanden an, der uns entgegeneilt, *über die Berge springt, über die Hügel hüpft.* Ich erinnere mich nicht bloß an ein vergangenes Zeitalter: Ich bereite mich auf einen Besuch vor, der, so Gott will, bevorsteht.

Nach zweieinhalb Stunden legen wir eine Pause ein, dann wieder eine nach weiteren zwei Stunden, gegen halb eins; es ist besser so, denn dann können die Beine sich ausruhen. Niemand kommt vorbei, es herrscht ein unbeschreiblicher Friede. Wir spüren ein erstes Hungergefühl und beschwichtigen es mit einem Festmahl aus Walderdbeeren, die überall an der Straße wachsen oder zumindest in Reichweite sind. Mario erklärt mir, daß nur die, die nach unten hängen, genießbar sind und es verdienen, gegessen zu werden. Die anderen sind wäßrig und schmecken nach nichts. Der Wald endet, und der Weg wird zu einem schwarzen Asphaltband, das durch Hügel, Weideland, Häuser mit Gärten und Hunden und Gemüsegärten führt. Es ist so warm, daß die Asphaltdecke der Straße unter unseren Pilgerstäben nachgibt. Wir erreichen St. Christau: Rechts weist ein Schild auf ein erstes Kurhotel hin, und weiter unten auf der linken Seite hat ein weiteres Hotel geöffnet. Stefano hatte uns allerdings ein drittes Hotel empfohlen, das genau in der Ortsmitte liegt. Nach wenigen hundert Metern entdecken wir auf der linken Seite ein Zeichen des französischen Jakobswegs, sogar mit einer stilisierten Muschel.

Mein Herz macht einen Satz! Vor lauter Glück fange ich an zu singen: Während ich warte, bis mein erhitzter Bruder mich eingeholt hat, pfeife ich ihm ein Stück aus Comencinis Pinocchio vor, das von Lucignolo. Gemeinsam gehen wir weiter über den Asphalt, der Blasen wirft. Das dritte Hotel liegt mitten auf der großen Kreuzung von Lourbe und ist seit wenigen Tagen geschlossen: „Betrieb eingestellt". Kommentar überflüssig. Noch glimmt ein Fünkchen Hoffnung, denn Stefano schreibt in seinen Anweisungen, daß das Hotel „in der Nähe der Kirche" liegt, also kann es gar nicht dieses hier sein; und so ermutigen wir uns gegenseitig, weiterzusuchen. Mario schleppt sich nur noch vorwärts. Ich möchte die Sache überprüfen und umkehren, ohne ihn unnötige Wege gehen zu lassen, doch die Kirche liegt weiter im Ortsinneren, als ich vermutet hatte. Sie ist offen, ein Junge und eine Frau sind mit Putzen beschäftigt. Ich warte, bis sie den Staubsauger abschalten, und nutze die Gelegenheit, ein wenig im Halbdunkel vor dem Allerheiligsten zu verweilen. Ich versuche den beiden unsere Notlage klarzumachen, um ihr Herz zu erweichen und wenigstens ein Brötchen rauszuschlagen, damit wir nicht auch noch einen Umweg machen müssen, um uns etwas zu essen zu besorgen. Sie nehmen sich nur eben die Zeit, mir zu sagen, daß das Restaurant an der Straße nach Asasp „peut-être", das heißt „vielleicht", geöffnet ist, schalten umstandslos den Staubsauger wieder ein und nehmen von neuem ihre Arbeit auf.

Mario will nichts vom Weitergehen hören, aber wir haben keine Wahl. Er hat nicht ganz unrecht, ich verstehe ihn: Auch mein Kopf brutzelt wie ein Ei in der Pfanne, und im Gegensatz zu ihm habe ich nicht einmal einen Hut. Wir kehren langsam um, trinken systematisch aus jedem Brunnen, den wir finden können, und stoßen schließlich unmittelbar vor der Brücke nach Asasp rechts auf eine Straße mit einem Schild zu einem stillgelegten Bahnhof. Wenn ich die beiden richtig verstanden habe, geht es hier lang. Es ist die richtige Straße, das Restaurant ist da, aber die Küche ist geschlossen. Der Wirt ist mehr darauf bedacht, einige schon recht angeheiterte Stammgäste zum Trinken zu ermuntern als uns bei der Essenssuche behilflich zu sein. Wie zwei begossene Pudel verlassen wir das Lokal. Wir müssen uns aber auf jeden Fall im Schatten des Vordachs ein wenig ausruhen. Um uns herum steht die Luft, alles ist in blendendes Licht getaucht. Es ist sehr heiß. Ungewöhnlich heiß für die Jahreszeit. Das Mädchen vom Restaurant kommt heraus; sie hat Mitleid und rät uns, es auf der anderen Seite der Brücke zu versuchen, dort sei noch ein Lokal. Unter den Worten, die sie uns spendet, erkennen wir *Compostelà*. Dieses Wort läßt in unserem Innern etwas einrasten: wir machen uns wieder auf den sonnenbeschienenen Weg; wir überqueren den Gave und kommen nach Asasp-Arros, wo wir auf die Bar zusteuern, *Chez Lulu*.

Im Lokal „gibt es nichts zu essen". „Hattest du etwas anderes erwartet?" „Vielleicht ist es besser so: Es ist ziemlich schmutzig und nicht sehr einladend ..." „Vielleicht kommen wir denen ja auch merkwürdig vor ..." „Vielleicht gibt es weiter vorne etwas zu essen ..." „Vielleicht gibt es im Zentrum ein Pilgerheim ..." „Jedenfalls ist das die alte Via Tolosana, wir sind endlich auf dem klassischen *Camino*, im Aspe-Tal ..." *Nach Santiago! Nach Santiago!*

Ich reiße mich aus meinen Gedanken, die mir durch den Kopf gehen, während ich auf den verlassenen Billardtisch starre, der im Halbschatten steht, und auf den Orangensaft warte, den wir bestellt haben. Wir leeren jeder eine kleine Flasche, dann noch eine. Das kommt uns teuer zu stehen: Am Ende zahlen wir beide acht Euro. Eine Dummheit. Lulù – der Name sagt schon alles – sagt uns, daß wir in Sarrance, sechs Kilometer weiter, mit Sicherheit einen Schlafplatz finden werden. Sechs Kilometer – eineinhalb Stunden ohne Pause. Wir gehen über die Staatsstraße weiter. Die ersten Schilder nach Saragossa! Mit Pausen und Trinkstopps an den Brunnen haben wir über den Daumen gepeilt schon sechs Kilometer zurückgelegt; ich mache mir Sorgen, daß Mario früher oder später zusammenbricht. Ich frage ihn. „Meine Beine tragen mich, und das ist schon ein Wunder", antwortet er. Je länger wir gehen, desto weniger brennt die Sonne. Nach einiger Zeit ist es sogar angenehm, in der Frische des Spätnachmittags durch diese felsigen Gebirgsausläufer zu wandern. Als wir rechts das Ortsschild sehen, wechseln wir instinktiv die Straßenseite und kommen an ein Hotel, das oberhalb des Dorfes liegt, *Hôtel Restaurant Labay*. Ich bleibe stehen und frage mich, ob wir uns nicht lieber etwas in der Nähe der Kirche suchen sollten. Mario rückt mir den Kopf zurecht: „Machst du Witze? Ich denke gar nicht daran!" Madam Labay, die uns hat kommen sehen, als sie gerade hinausgehen wollte, um die Blumen zu gießen, macht auf dem Absatz kehrt und wartet am Eingang auf uns. Ich erkundige mich nach den Preisen, nach den Zimmern, nach dem Abendessen. Sie zögert einen Moment und antwortet dann mit der Geschwindigkeit einer Maschinengewehrsalve. Mario übersetzt, doch ich muß trotzdem noch einmal nachfragen, denn außer den Preisen und dem freien Doppelzimmer hat sie noch einige Details erwähnt, die mir entgangen sind. Wir einigen uns auf Halbpension, also Abendessen und Übernachtung. Die Dusche (das war das Detail ...) ist auf dem Flur und kostet noch einmal zwei Euro.

Wir gehen hinein. Einrichtung, Atmosphäre, Lampen, Bilder, alles versetzt uns ans Ende der fünfziger Jahre. Als wir dagegen die auf Hochglanz gebohnerte Holztreppe hinaufgehen und das Zimmer betreten, habe ich den Eindruck, mit Pier Giorgio Frassati einen Ausflug ins Gebirge zu machen: ein Korridor mit Separées in Holz, die Tapete, die – wunderschönen – Betten aus massivem Nußholz, der Waschtisch auf dem Zimmer, die Leinenhandtücher, die Kleiderhaken an der Wand, all das dreht die Zeit um mindestens achtzig Jahre zurück. Ich öffne die Fensterläden, und vor mir liegt das Panorama des abendlichen Aspe-Tals zur Ruhestunde. Nachdem wir die zusätzlichen Euro für die Dusche entrichtet und uns fertiggemacht haben (noch immer gibt es keine Blasen zu verarzten), gehen wir zum Essen hinunter. Alles ist sehr schlicht, der Tisch ist gedeckt, aber es gibt kein Tischtuch. Die Tür zur Straße hin steht offen, und man hört das Geläut der Kühe, die in den Stall zurückkehren; ansonsten sind wir allein, wir beide, und machen uns über den ersten Korb mit Brot her, den die Tochter uns gebracht hat. Nach Lourdes ist dies das erste Abendessen, das wir an einem Tisch und mit Messer und Gabel einnehmen. Aber warum haben sie gezögert, als wir gefragt haben, ob sie ein freies Zimmer hätten? Hier ist absolut niemand außer uns. Wollte sie den Preis hochtreiben? „Ein Geizkragen!" bemerkt mein Bruder lapidar; er ist noch ganz erschüttert von den zwei Euro für die Dusche. Während sie uns eine Suppe serviert, die schon von der Tür her duftet und vom ersten Löffel an schmeckt, wirft uns die Tochter tieftraurige Blicke zu, die ich nicht erwidern kann, ohne selbst traurig zu werden. Pflichtschuldigst loben wir das Essen, doch das Lob ist aufrichtig: Selten haben wir eine so gute Gemüsesuppe gegessen und lassen uns sehr gerne noch einen

Nachschlag geben. Dann kommt der zweite Gang: eine Platte mit Ofenkartoffeln, darüber zwei Grillkoteletts. Das alles gibt uns Kraft und Trost: Der *Camino* hat beschlossen, uns für die Strecke, die wir heute zurückgelegt haben, zu belohnen. Wir gehen noch ein paar Schritte vor die Tür, nur bis zur Bank auf der anderen Straßenseite, denn Mario möchte sofort schlafen gehen.

Obwohl wir erst vor zwei Tagen losgegangen sind, habe ich schon jegliches Zeit- und Raumgefühl verloren. Mario lacht mich aus, als ich davon träume, daß wir in Kürze Orte erreichen werden, die in Wirklichkeit für uns zwei Fußgänger noch sehr, sehr weit entfernt sind. Er hat recht: Ich mache mir das Verhältnis von Zeit und Entfernung nicht klar, ich kann es nicht berechnen. Der Rhythmus, in dem wir uns vorwärtsbewegen, und die Geschwindigkeit sind so ungewohnt. Wir sind in eine andere Dimension eingetreten, die uns von der gewohnten Welt mit ihren üblichen Zeitplänen und Räumen isoliert. Überraschend ist allerdings, daß ich auch diese Dimension als meine eigene erkenne. Hier finde ich meine Vergangenheit – Erlebnisse, die ich gehabt, Bücher, die ich gelesen, Filme, die ich gesehen habe – und all das wieder, was mich zu dem hat werden lassen, der ich bin. Etwas geschieht, etwas Altes und zugleich Neues: eine Freude, die ich schon lange nicht mehr gefühlt habe. Die ich in den letzten Monaten in dem Leben, das ich gelebt habe, und in den Dingen, die über uns hereingebrochen sind, nicht mehr finden konnte.

Nach dem Brevier knipse ich das Licht aus und lege mich diagonal in das riesige Bett. Ich genieße es, in der sauber duftenden Leinenbettwäsche zu schlafen. Das ist eines jener unbeschreiblichen Gefühle, aus denen die Lebensfreude besteht. Wir hören Schritte auf dem Flur – eindeutig der nervöse Gang von Madame Labay –, die sich unserer Zimmertür nähern. Ich sage Mario, daß er aufstehen muß, falls sie klopft, denn ich habe nur meine Unterhose an. Man hört das trockene und laute „Klick" eines Lichtschalters; dann entfernen sich die Schritte wieder und verhallen auf der Treppe nach unten. „Sie ist gekommen, um das Licht auszumachen, das du angelassen hast", sage ich vorwurfsvoll. „Sie ist eben ein echter Geizkragen", gibt er zurück.

Die letzte Mainacht des Jahres senkt sich herab; noch immer hört man im Hintergrund das Bimmeln von Kuhglocken. Wohlwollend umfängt die barmherzige Schläfrigkeit der Nacht die

Hoffnungen, die der Weg heute in mir geweckt hat. Werde auch ich eine entscheidende, die erhoffte Begegnung haben? Wird dieses ungewollte Exil, in dem ich mich befinde, ein Ende haben? Ich bin verwirrt, weiß nicht, was ich sagen soll. Ich vertraue mich den letzten Worten des *Salve Regina* an, das ich bete, während ich die Decke hochziehe und das Kissen zurechtstopfe: *Und nach diesem Elend zeige uns Jesus, die gebenedeite Frucht deines Leibes.*

Von Sarrance nach Borce, Samstag, 1. Juni

Dank des wunderbaren Abendessens und hervorragender Betten fühlen wir uns am nächsten Morgen wie neugeboren. Das Frühstück allerdings, für den Pilger eine besonders wichtige Mahlzeit, ist nicht auf demselben Niveau. Nachdem wir unsere Rucksäcke gepackt haben, gehen wir hinunter, um uns unseren Stempel abzuholen, und lernen, daß er auf französisch *Tampon* heißt. Wir verabschieden uns von Madame Labay und ihrer Tochter und brechen auf. Es ist acht Uhr. Die Sonne steht noch tief, und es wird eine Weile dauern, bis sie hinter den Bergen sichtbar wird.

In weniger als zwei Stunden erreichen wir Bedous. Wir finden eine *Boulangerie* und kaufen ein Hörnchen, das wir unterwegs essen. Wir gehen in die Kirche, um das Allerheiligste zu grüßen und unsere Morgenandacht zu halten. Dann gehen wir gut gelaunt auf der Staatsstraße weiter. Gegen Mittag entdecken wir auf der anderen Seite einer Brücke, die über den Gebirgsbach führt, einen Hinweis auf den Fußweg für Pilger und versuchen ihm zu folgen. Wir sind noch keine zehn Schritte gegangen, als Mario seine Füße in das kalte Wasser halten will, das neben uns fließt: Kälte ist bekanntlich ein exzellentes Mittel gegen überhitzte Füße. Wir gehen auf dem Pfad weiter, der nicht immer gut zu erkennen und zwischen feuchtem, hohem Gras verborgen ist; stellenweise scheint er sogar absichtlich versperrt worden zu sein. Ich höre einen Schrei, drehe mich um und sehe, wie Mario mit seinem Pilgerstab eine Schlange tötet und, damit nicht genug, ihr auch noch den Kopf abreißt. Als wir dann auch noch auf eine Herde weidender Schafe treffen, die nicht die geringsten Anstalten machen, uns passieren zu lassen, ist sonnenklar, daß die asphaltierte Straße diesem Hindernisparcours unbedingt vorzuziehen ist. Wir gehen zurück bis zum anderen Ufer des Gebirgsbachs. Schließlich taucht Borce auf. Am Anfang der Siedlung steht die kleine alte Kirche zum heiligen Jakobus mit einem daran angeschlossenen Pilgerheim. Unsere erste echte *Albergue*. Die Frau in der Bar gibt uns die Schlüssel und kassiert acht Euro pro Person für die Übernachtung; dann macht sie uns den *Tampon* in unsere *Credenciales*. Sie teilt uns mit, daß wir die einzigen Gäste sind und deshalb die Tür von innen abschließen sollen. In dem kleinen Laden kaufen wir fürs Abendessen ein und lassen uns auch noch zwei Baguettes mit einem phantastischen Brie bestreichen.

Im Pilgerheim nehmen wir uns ein Zweibettzimmer, wechseln uns mit dem Duschen und Wäschewaschen ab und hängen die Wäsche dann draußen direkt vor der Tür über ein Metallgestell. Da wir allein sind, können wir uns so einrichten, wie wir es für am besten halten. Wir feiern sogar die Messe im Zimmer. Die Kirche zum heiligen Jakob ist entweiht und in ein Museum umgewandelt worden, und die Pfarrkirche ist geschlossen. Morgen müssen wir über den Somport, und wir wollen nicht das Risiko eingehen, daß wir keinen Platz und keine Zeit finden, um zu zelebrieren: Es ist *Fronleichnam*.

In der ersten Lesung aus dem Buch Deuteronomium heißt es: „Du sollst an den ganzen Weg denken, den der Herr, dein Gott, dich während dieser Jahre geführt hat. Er wollte dich erkennen lassen, daß der Mensch nicht nur von Brot lebt, sondern daß der Mensch von allem lebt, was der Mund des Herrn spricht."

Nach der Messe liege ich ausgestreckt auf dem Bett. Durch die Scheibe des Mansardenfensters kann ich den Himmel sehen. Ich versuche, mich an den „Weg dieser Jahre" zu erinnern – dieser nicht ganz zehn Jahre, die ich nun Priester bin. Ich denke zurück an die Jahre im Seminar und an die, in denen ich noch zu Hause gewohnt habe und die durch die Eindrücke der letzten Tage und die Gespräche mit Mario wieder lebendig geworden sind. Habe ich verstanden, daß man „nicht nur von Brot lebt"? Bin ich unterwegs gewesen? Wenn ich an die Ausgangssituation denke, könnte ich diese Frage mit Ja beantworten, denn ich bin nicht dort stehengeblieben, wo ich war. Doch wie oft bin ich zurückgegangen und umgekehrt: Auf Anhieb kommt mir die eine oder andere Umkehr in den Sinn, was beweist, daß es sich nicht um bloße Erinnerungen handelt.

Und jetzt, heute? Mein „Weg" ähnelt einer Flucht, wie der des Elias, als er vom Karmel floh, nachdem er die Propheten Baals getötet hatte. Der *Camino* ist auch aus diesem unbestimmten, aber zwingenden Bedürfnis heraus entstanden: dem Bedürfnis aufzubrechen, loszulassen, ein neues Kapitel aufzuschlagen, indem ich weit weggehe, an einen Ort, wo mich niemand kennt und wo ich die Möglichkeit habe, an nichts und niemanden zu denken, niemandem und über nichts Rechenschaft zu geben. Es ist mir genauso ergangen wie dem Prophet: Auch ich habe den Tod herbeigerufen, das Ende von allem; auch ich habe mir gewünscht, daß der Herr käme, um mich zu holen, mich mit sich zu nehmen, der Qual des Absurden ein Ende zu bereiten und so dem *schmerzhaften Geheimnis vom Ende aller Dinge* einen Sinn, eine Lösung zu verleihen. Damit wäre wenigstens klar gewesen, daß das Leben endet, weil er kommt, um uns zu holen. Und statt dessen? Wie Elias hat er mich hiergelassen. Das einzige, was geschah, war, daß ein Engel kam, um ihn aus dem Schlaf zu wecken, in dem er sterben gelassen werden wollte, und ihn ein geheimnisvolles Brot essen ließ, das ihm die Kraft gab, vierzig Tage und vierzig Nächte bis zum Gottesberg Horeb zu wandern. Es ist also nicht gesagt, daß der Herr nicht da ist, nur weil er nicht gekommen ist, um mich zu holen: Vielleicht will er mich noch weiterwandern lassen, und vielleicht gibt er mir eine Nahrung, mit der ich es schaffen kann. Das ist das Wesen der Eucharistie: *Wegzehrung* zu sein.

Aber wohin gehe ich? Wohin wird der Herr mich führen? Ich weiß es nicht genau. Ich stelle fest, daß diese ersten Tage des *Camino* jenen Jahren ähneln: die Begeisterung, die Illusionen, die falschen Führer, die Monotonie der Asphaltstraße, der Anspruch, mich zu verausgaben, zurechtzukommen oder die Erschöpfung zu vermeiden, die Gegensätze. Und jeden Morgen die Messe, die *Wegzehrung*. Träge zieht eine Wolke vorüber. Ich bete und hoffe, daß die Pilgerschaft sich nicht wirklich als eine Flucht erweist und daß sie mir hilft, ein wenig mehr zu verstehen; meine Schritte nicht zu verlangsamen, immer wieder bewußt ja zu sagen. Ein Ja, das dich voranbringt, auch wenn du müde bist und eigentlich nur in Ruhe gelassen werden willst.

Die Frau aus der Bar kommt und teilt uns in einem Englisch, das mein eigenes Radebrechen noch übertrifft, mit, daß gleich zwei weitere Gäste ankommen werden, ein englisches Ehepaar mit zwei Hunden. Hunde, ja genau: Ich hatte auch dauernd das Gefühl, daß noch etwas fehlte! Wir planen die Etappe des morgigen Tages: Wecken um fünf, Aufbruch, sobald die Rucksäcke gepackt sind. Deshalb müssen wir heute abend früh ins Bett. Wir gehen hinunter, um unsere Wäsche einzusammeln, und erleben die Ankunft unseres ersten Pilgers in Fleisch und Blut: Es ist ein Mann mittleren Alters, mit Schnurrbart, Geheimratsecken, Halbglatze, dunklen, listigen und äußerst lebhaften Augen und sehnigem, athletischem Körperbau. Ein Spanier. Seine Redeweise fasziniert uns. Er ist heute morgen in Oloron aufgebrochen. Wir erklären ihm, wie die Bezahlung vonstatten geht und wie er an den *Sello* kommt: unsere ersten Worte auf spanisch. Wir sehen ihm hinterher, wie er zur Bar hinüberläuft, und Mario sagt: „Ein echter *Gringo*, findest du nicht?" Ich mache ihn darauf aufmerksam, daß *Gringo* die Bezeichnung der spanischsprachigen für die englischsprachigen Amerikaner ist. Nichtsdestotrotz heißt unser neuer Weggefährte von jetzt an nur noch *El Gringo*. Nachdem wir allein in der Küche zu Abend gegessen haben, legen wir uns schlafen, nicht ohne vorher noch einmal die Ereignisse des Tages zu besprechen: Wir sind beide müde, fremd, aber unerklärlich glücklich. Nicht friedlich oder zufrieden: glücklich.

Wenn ich einmal eingeschlafen bin, ist normalerweise nichts imstande, mich wieder aufzuwecken. Nur wenn ich unruhig bin, weil ich zu einer ungewohnten Zeit aufstehen muß, öffnet sich das Tor meines Bewußtseins etwa eine Stunde vor der festgesetzten Zeit und wartet darauf, daß der Wecker klingelt. Deshalb werde ich wach, als ich Marios Schritte höre, der ganz vorsichtig und geräuschlos aufgestanden ist, um zur Toilette zu gehen. Ich sehe den Schein der Taschenlampe, die vor ihm herleuchtet, ich höre, wie er leise auf Zehenspitzen die Treppe hinuntertappt. Doch all seine Mühen sind umsonst, denn er hat die Hunde der beiden Engländer vergessen, die sich genau gegenüber der Badezimmertür zum Schlafen niedergelegt haben. Die beiden Tiere springen ihn an, bellen wild, „Schhh, schhhhh ...", versucht er sie zu beschwichtigen. Ihr Herrchen greift ein, ein Pfiff, ein Schrei, dann Kriegsgeheul, bis schließlich wieder Stille einkehrt. Als Mario ins Zimmer zurückkommt, können wir uns vor Lachen nicht halten.

Ich weiß nicht, wie lange ich nicht mehr so gelacht habe, gemeinsam mit meinem Bruder, der mir alles erzählt und Einzelheiten hinzufügt, die ich nicht habe sehen können. Etwas kommt zurück in diesen Episoden, in denen er sich als Tolpatsch oder Pechvogel oder beides erweist. Wer weiß, was ihm morgen passiert. Was *uns* morgen passiert, in wenigen Stunden. Am Tag des Schreckens.

Von Borce nach Canfranc-Estación, Sonntag, 2. Juni

Das Klingeln des Handys reißt uns aus dem kurzen Schlaf, den wir nach dem Zwischenfall mit den Hunden noch gefunden haben. Es ist fünf Uhr, das Dachfenster ist ein dunkles Quadrat, das noch kaum heller ist als die dichte Schwärze im Zimmer. Ich könnte Davide zitieren und sagen, daß „ich mich nicht im mindesten für diesen Aufbruch begeistern kann". Verblüfft folge ich Mario, der im Gegensatz zu mir von heiligem Eifer ergriffen zu sein scheint und mich sogar antreibt, schnell zu machen und „keine Zeit zu verlieren". Um zwanzig nach fünf brechen wir auf; ich fühle mich wie in einem Traum, alles bewegt sich in Zeitlupe. Am Brunnen in der Nähe des Pilgerheims füllen wir unsere Trinkflaschen auf und verlassen das Dorf in Richtung Staatsstraße.

Überall hört man die Stimmen der Vögel, die aufwachen und uns Gesellschaft leisten; zahllos, vielfältig und unnachahmlich. Dieses Konzert ist auch etwas, das ich lange nicht gehört habe: Das Morgenlied der erwachenden Natur kündigt die Ankunft der Sonne an. Die Straße ist menschenleer, und während wir hinaufgehen, dämmert es. Dann geht die Sonne auf. Alles ist friedlich und unberührt. Der Berg, der vor uns liegt, gibt uns einen Eindruck von der Anstrengung, die wir heute auf uns nehmen müssen. Wir haben noch nicht gefrühstückt. Am Ortsende von Urdos – dem letzten Dorf vor dem Somport – weiten sich unsere Nasenflügel bei dem köstlichen Duft von ofenfrischem Brot, nein, *Buttercroissants.* Ein Balkon mit weit geöffneten Türen und im Innenraum – Traumbild! – ein Bäcker bei der Arbeit, umgeben von einem Meer von Kohlehydraten, die er Portion für Portion in den Ofen schiebt. Ich zwinge Mario, ihn um Brot zu bitten, und er fordert uns auf, hereinzukommen. Wir wissen bloß nicht, wie. Ich versuche meinen Bruder zu überreden, daß er zurückgeht und fragt, wo der Eingang ist, und er tut dasselbe mit mir. Jeder versucht dem anderen den Schwarzen Peter zuzuschieben. „Wir lungern hier nicht weiter auf der Straße herum. Da können wir genausogut weitergehen!" Und so geschieht es. Mario macht auf dem Absatz kehrt und geht weiter die Straße hinauf. Ich folge ihm, stumm und zornig. Wo und wann werden wir etwas zu essen finden? Wenn ich nichts im Magen habe, werde ich fürchterliche Kopfschmerzen bekommen. Als die Straße wieder eben wird, hole ich ihn ein, und wir bleiben stehen; ich will ihn ausschimpfen, aber dann müssen wir beide lachen.

Im Lauf des Tages wird die hauchzarte Atmosphäre des Morgens zur Erinnerung; die Sonne und die Autos gönnen uns keine Pause. Die Straße führt endlos bergauf, die Pilger müssen die Serpentinen der alten Staatsstraße erklimmen. Der Aufstieg wird zu einem Ausflug ins Herz des Pyrenäennationalparks: überall Wälder, kleine Seen, Wasserfälle. Hinter jeder Kurve hat die Natur ein anderes Gesicht. Ich kann nicht anders: Ich spüre tief in mir ein Gefühl der Dankbarkeit: „All das ist für uns." All das, was wir sehen, haben wir nicht gemacht, wir bekommen es geschenkt. Die Schöpfung ist ein Geschenk, das uns zuteil wird, und wir selbst gehören dazu. Auch uns selbst haben wir geschenkt bekommen, wir haben uns nicht selbst gemacht. Die Schlußfolgerung bewegt mich: Wir sind gewollt und aus dem Nichts gezogen wie diese Schönheit, die uns in unserem *Innern* froh macht.

Wir legen immer häufiger Pausen ein; die Straße ist womöglich noch steiler geworden. Die noch schneebedeckten und sonnenbeschienenen Berggipfel scheinen zum Greifen nahe. Wir sind seit sieben Stunden unterwegs und schleppen uns nur noch vorwärts; der vom Fasten ausgehungerte Magen brütet gerade die gefürchteten und vorhersehbaren Kopfschmerzen aus. Entsetzt blicken wir auf die Meilensteine: Es kommt uns vor, als wären wir schon eine gewaltige Strecke gelaufen, doch sie verkünden uns unbarmherzig, daß wir erst einen Kilometer zurückgelegt haben. Die ersten rötlichen Felsen und Felswände werden sichtbar, wie sie für den Somport typisch sind: Es kann nicht mehr weit sein bis zur Grenze. Doch wir wissen nicht, wohin wir schauen sollen, wir wissen nicht, wo dieser vermaledeite Hügel ist; alle eventuellen Schätzungen von Zeiten und Entfernungen verlieren sich in hoffnungsloser Unbestimmtheit. Er muß ganz in der Nähe sein. „Aber du kommst nie an ...", lamentiert mein Bruder. Nach einem weiteren kleinen Stück müssen wir anhalten. Erschöpft legen wir uns auf eine karge, von spitzen Steinen übersäte Wiese am Straßenrand. Die Gipfelsonne ist gnadenlos. „Guck mal!" ruft Mario, „noch ein Pilger!" Ein Herr mittleren Alters kommt uns entgegen, lächelnd, mit Rucksack, eine Muschel auf der Brust. Er ist Deutscher und von Le Puy aus aufgebrochen. Verglichen mit der Müdigkeit, die wir seit dem Morgengrauen verspüren, und der inneren Haltung, mit der wir den *Camino* begonnen haben, scheinen mir seine Energie und seine Fröhlichkeit unglaublich. Alles, was wir ihm sagen können, ist, daß wir einen Mordshunger haben. Er zieht ein halbes Baguette aus dem Rucksack und gibt es uns. Wir ahnen, daß das der einzige Vorrat ist, den er bei sich hat, und lehnen ab. Er zeigt uns ein Blatt, auf dem er ein „Santiagolied" gedichtet und komponiert hat, und singt es uns vor. Natürlich auf deutsch: Wir verstehen nichts außer dem Refrain *Ultreya! Alleluja!*, mit einem R, das so saftlos ist, daß sich uns die Haare sträuben. Ohne daß wir uns dessen bewußt werden, wird die Last der Müdigkeit leichter – dank der Augen und der Fröhlichkeit dieses Pilgers: Der *Camino* besteht also aus Begegnungen wie dieser, er ist nicht einfach nur das, was am Ende dieser Plackerei auf uns wartet. Er ist heute morgen „von Accous" aus losgegangen. Accous? Mir kommt *El Gringo* in den Sinn, den wir den ganzen Morgen nicht gesehen haben: Wer weiß, wann er uns überholt hat. Gestern war er in einer einzigen Etappe von Oloron nach Borce gegangen. Das bedeutet, daß alle schneller sind als wir. Ein Holzwurm beginnt an mir zu nagen: „Wir müssen auch mehr schaffen." Ich muß diesen Holzwurm im Auge behalten, sonst macht er sich noch über unsere Holzbeine her.

Ein wenig aufgeregt, weil die Grenze nun so nah ist, machen wir uns wieder auf den *Camino*. Der Deutsche geht voraus, wie elektrisiert, und verschwindet allmählich aus unserem Blickfeld. Ein Schild taucht auf, „Espagne 400 mt", unser Herz macht einen Satz. Hinter der Kurve werden die verlassenen Grenzerhäuschen sichtbar: Spanien! Für mich ist das ein überaus feierlicher Moment: Ich möchte ihn sofort unsterblich machen, irgend etwas Besonderes tun, das ihn für immer in die Geschichte eingehen läßt. Mario, in seiner nüchternen Art, überschreitet die Grenze völlig unbefangen und steuert entschlossen auf das einzige offene Restaurant zu: „Gleich, gleich … mach dir keine Sorgen …", schreie ich und versuche ihn zurückzurufen. Dann betrete auch ich spanischen Boden. Und bin glücklich.

Rechts von uns liegt nun der Anfang des aragonesischen *Camino*. Das Tal des Aragón liegt majestätisch vor uns. Die Brust weitet sich, und das nicht nur wegen der guten Luft. Doch nun ist es an der Zeit, auch unsere Mägen zu weiten. Als wir im Restaurant bestellen, fragen wir nicht einmal nach den Preisen, so hungrig sind wir. Wir essen wie wilde Tiere. Nachdem wir uns notdürftig gesäubert haben, kaufen wir zwei *Conchas,* um sie an unseren Rucksäcken zu befestigen, lassen uns die *Credenciales* stempeln, zahlen und gehen. Nach der Kühle des Restaurants ist die Sonne angenehm warm; ich binde mir das Halstuch um, schultere den Rucksack, und dann gehen wir los, um die Grenze unsterblich zu machen. Wir sind 1658 Meter über dem Meeresspiegel. „Ist dir eigentlich klar, wie weit wir schon gekommen sind?" frage ich Mario bewegt.

Auf einer Säule lesen wir, daß Santiago 858 Kilometer von hier entfernt liegt. *Santiago!* Ich möchte die Dankbarkeit zum Ausdruck bringen, die in meinem Innern aufsteigt; ich falle auf die Knie und küsse den ersten gelben Pfeil auf dem Asphalt der *Carretera* und die erste Stufe des Pfads – GR 65.3 –, der ins Tal hinabführt. Ich stehe wieder auf, und wir beginnen mit dem Abstieg. In mir klingen alle möglichen Lieder, die schönsten, die ich kenne, all die Musikstücke, die ich mir anhöre, wenn ich der Freude durch Musik Ausdruck verleihen will. Ich suche mir eine aus, die Musik zu Pupi Avatis Film *Ein Schulausflug,* und pfeife sie pausenlos vor mich hin: Wie die Kinder aus diesem Film lasse ich mich bewußt und bereitwillig verzaubern. Ich kann mir selbst nicht glauben, ich kann nicht fassen, daß ich hier bin. Wieder greift der Wind nach uns, während wir über einen Damm aus festgestampfter Erde gehen: Der *Camino* führt über den Bergkamm, rechts und links gähnt der Abgrund. Wir spüren keine Gefahr, im Gegenteil: Mario erzählt mir, daß er einen solchen Weg, der zwischen zwei leeren Räumen schwebt, häufig in seinen Träumen sieht. Wieder ein Traum, der Wirklichkeit wird.

Der Pfad schlängelt sich durch die Wildnis; vom Hochland des Somport geht es hinab in Täler, die die Spuren menschlicher Besiedlung aufweisen. Wir erreichen Canfranc-Estación, wo wir im Pilger-*Albergue* übernachten wollen. Er heißt *El Pepito Grillo* und liegt am Ortsanfang. Tatsächlich, da ist er, gleich links; doch er öffnet erst in zwei Stunden. Wir setzen uns auf die davorstehenden Bänke. Der Himmel zieht sich zu, und ich habe keine Lust, auf diese Weise zwei Stunden zu verschwenden. Wir entscheiden uns für ein Gasthaus mit einem Stern, dann können wir die Wäsche waschen und uns sofort schlafen legen. Ich habe Bruges noch nicht vergessen und möchte nicht, daß die kalte Gebirgsluft meinem Bruder schadet. Und mir auch nicht.

Nebenan ist ein Hotel, das unseren finanziellen Möglichkeiten entspricht. Wir nehmen ein Zimmer, waschen uns, machen die Wäsche und ruhen. Als wir wieder aufwachen, gehen wir in einem echten spanischen Geschäft unsere Einkäufe erledigen. Die Waren haben unwiderstehliche Namen, die irgendwo zwischen unserem Dialekt und dem Italienischen angesiedelt sind; manche davon habe ich in Italien noch nie gesehen, zum Beispiel Tintenfische in der Dose oder die tiefschwarzen Sepien *en su tinta*, in ihrer eigenen Tinte. Wir wollen sie schon auf der Straße probieren, doch da beginnt es ganz unvermittelt zu regnen. Also packen wir unseren Proviant wieder in die Tasche und flüchten uns im Laufschritt in ein offenes Restaurant. Durch die Rauchschwaden hindurch, die uns beim Eintreten die Sicht behindern, können wir gedeckte Tische erkennen. Ich frage die Frau am Tresen, ob wir etwas essen können, und sie sieht mich an, als wollte sie mich fragen: „Was, um diese Uhrzeit?" Es ist halb neun, die anderen Gäste trinken gerade in aller Ruhe ihren Aperitif. Wir hatten schon gehört, daß man in Spanien später ißt als bei uns, aber wir hatten es noch nicht selbst erlebt. Wir setzen uns und bestellen, das heißt, wir sprechen einfach nach, was die Kellnerin bei der Aufzählung der zur Wahl stehenden Gerichte zuletzt gesagt hat. Mario stellt fest, daß er eine Eiersuppe, Beefsteak und Kartoffeln bestellt hat; ich habe Stockfischsuppe und Kartoffeln. Vor allem die Eiersuppe verdient Erwähnung. Als ich sie vom Teller meines Bruders probiere, der sie, nachdem er einen Löffel gegessen und dann darin herumgerührt hat, zurückgehen läßt, geht es mir wie ihm: Ich muß an die Suppen unserer Oma in Villanova denken, die immer so schmeckten, als hätte sie einen Topf fetter Hühnerbrühe über einen sizilianischen Salzberg geschüttet und vor dem Servieren aufgewärmt.

Villanova! Wie viele Erinnerungen drängen sich in meinem Kopf, während ich meine Stockfischsuppe esse und beobachte, wie Mario mit seinem Löffel spielt: Opa und Oma, die Herbst- und Winterabende in Omas Küche gemeinsam mit unserem Vater, der Abend vor Allerseelen, wenn – wie sie selbst es glaubte und uns erzählte – die Verstorbenen in Prozession um den Friedhof herumgehen und der zuletzt Verstorbene das Kreuz trägt und den Zug anführt. Der Glockenturm läutete wie bei Begräbnissen auf unbestimmte Zeit, und all das schuf eine Atmosphäre der Unerbittlichkeit: das Leben, der Tod, die Dunkelheit. Und immer wenn wir zum Abendessen bei ihr blieben, die immer gleiche Suppe auf dem Tisch, unerbittlich wie der Tod. Es tut mir leid und erfüllt mich mit bitterer Traurigkeit, daß das alles zu Ende ist und daß es auf diese Weise geendet hat. Es tut mir weh, daß auch meine Kindheit unerbittlich zu Ende ist, jene Zeit, in der mich die Vorstellung reizte, über die vom Dunkel bedeckten Felder zu laufen, um in der Prozession der Toten meinen Opa und Onkel Mario wiederzusehen. Mein Bruder ist nach ihm benannt; er war gerade geboren, als ich dieses Abenteuer mit den Toten plante. Und jetzt sind wir beide hier, Tausende von Kilometern von zu Hause und von Villanova entfernt, und denken an etwas, das unwiederbringlich verloren ist. Ja, es gibt kein Zurück: Wir müssen weitergehen, genau wie hier auf dem *Camino*. Und das – das verstehe ich jetzt von innen heraus, nachdem ich den Somport erreicht und überschritten habe – ist nichts Schlimmes: Es bringt uns dem glücklichen Ziel entgegen.

Ja, das Ziel. Ein Ziel, das größer ist als der Tod.

Wir gehen hinaus und atmen endlich eine weniger krebserregende Luft als die im Restaurant. Nach den letzten Nachtgebeten verhalte ich mich still, bleibe eingetaucht in diesen ungewohnten Gemütszustand aus Müdigkeit, Stolz, vielen Erinnerungen, einigen Plänen. Hier auf dem *Camino* ist die Stille nicht länger eine dunkle und unangenehme Leere, die gewaltsam mit irgend etwas gefüllt werden muß. Sie ist zu einem Teppich geworden, auf dem sich mit kleinen Schritten des Lichts die Freude auf mich zubewegt. Dieses Licht ist die Spur des Lebens.

Von Canfranc-Estación nach Jaca, Montag, 3. Juni

Mario klagt über Schmerzen in den Beinen, die aber normal sind. Wir haben uns schon daran gewöhnt, daß jeder Tag damit beginnt und endet, daß man sich eines bestimmten Körperteils in ganz besonderer Weise bewußt wird. Wir gehen zügig los und halten Ausschau nach gelben Pfeilen und einer geöffneten Bar, in der wir frühstücken können. Auf dem Gehsteig stehen Kinder mit Ranzen, die auf den Schulbus warten; er kommt an, hupt, und eine Frau rennt atemlos über die Straße, um ihn nicht zu verpassen. Alltägliche Szenen. Ich glaube, die Freiheit, auf den Bus oder die Straßenbahn zu warten, ist unbezahlbar.

In der Bar Thania trinken wir zwei *Cafés con leche*. Es gibt keine Hörnchen, die wir hineintunken könnten, oder anderes Frühstücksgebäck, sondern Oliven, eingelegte Knoblauchzehen, russischen Salat, Muscheln und Kartoffelomeletts. Ein Gast ißt sie zu seiner Milch. Wir gehen weiter in der Hoffnung, noch etwas Italienischeres zu finden, das wir uns zwischen die Zähne schieben können. Eine Tasse Milch ist ein bißchen wenig, um einen Wandervormittag zu überstehen; in Anbetracht der Tatsache, daß wir nicht wissen, wann wir zu Mittag essen werden, bräuchte es da zumindest noch eine zweite. Gleich hinter der Siedlung verläuft der *Camino* über einen Gebirgspfad, was auch die Schwierigkeiten erklärt: Steine, steile Abhänge, kratzende Dornen, Steigungen. Mario beschwert sich über dieses Auf und Ab, das ihm die Knie kaputtmacht; er will die *Carretera* nehmen, die auf der anderen Seite des Aragón parallel zum *Camino* verläuft. Ganz zu schweigen davon, daß sie kürzer ist als der *Camino* und nicht alle Windungen und Steigungen der Berge mitmacht. Die Angst, den Weg zu verlassen, veranlaßt uns jedoch dazu, hierzubleiben.

In Villanúa legen wir eine Pause ein: wieder eine Erinnerung an das Dorf unserer Oma und die Gedanken von gestern abend. Wir betreten die Bar; sie ist voller Arbeiter, die hier salzige Kuchen frühstücken, die wir allenfalls zu Mittag essen würden. Wir nehmen *Café con leche* und zwei sehr große, sehr gute *Brioches*. Als wir weitergehen, ist es schon wieder heiß; wir folgen ein Stück der *Carettera,* die neben dem *Camino* verläuft. Verglichen mit den Gipfeln der Pyrenäen, die wir hinter uns gelassen haben, sind die kleineren Hügel, die wir nun hinaufsteigen, durchaus machbar. Je weiter wir kommen, desto stärker wird mir bewußt, daß der gefürchtete Holzwurm, schneller gehen zu müssen, der sich am Somport in mir eingenistet hat, von *innen* her an mir nagt. Ich lege ein Tempo vor, als ob es darum ginge, die Etappe des Tages so schnell wie möglich zu absolvieren, und als wäre Marios Erschöpfung ein lästiges Ärgernis.

An einer Weggabelung bleiben wir unsicher stehen: kein Pfeil, nur ein gelbes „X" auf der rechten Seite. Wir gehen dort entlang, finden jedoch keine weiteren Markierungen. Erst nach einer halben Stunde erkenne ich, weil die Sonne darauf scheint, auf einem Felsen sehr weit unter uns ein gelbes Zeichen. Wir kehren zurück und finden einen Pfeil. Jetzt wissen wir es: „X" bedeutet „nicht hier entlang". Wir bringen den Pfeil wieder so an, daß man ihn besser sieht, und gehen weiter bis nach Castiello de Jaca, wo wir in die Hauptstraße des Dorfs, die *Calle de Santiago,* einbiegen und dann auf die Staatsstraße stoßen; wir überqueren sie und folgen wieder unserem Weg, der auf der anderen Seite weiterführt. Der *Camino* beschenkt uns erneut mit einer beeindruckenden Aussicht; es ist sehr heiß. Noch immer sind wir nicht in Jaca; dennoch behalten wir unser zügiges Tempo bei. Wir sprechen nicht, um Kräfte zu sparen.

Das ist auch noch etwas, was ich erwähnen möchte: Einen Großteil der Zeit verbringen wir schweigend. Der Weg ist so anstrengend, daß er keine Gespräche duldet, mit denen man nur seinen Atem verschwendet. Die Dialoge finden im Innern statt, Gedankenkunststücke ohne logischen Faden, ohne stimmige Schlußfolgerungen. Vermutlich die übliche Folge des Schweigens, das dieses vorhersehbare innere Plappern hervorbringt; doch dieses hat zuweilen auch eine räumende Wirkung: Einmal an die Oberfläche gekommen, werden bestimmte Erinnerungen oder Gedanken von den Strapazen des Weges gleichsam abgestoßen. Auch heute bleiben wie schon gestern und an den anderen Tagen nur manche Episoden meines vergangenen Lebens in meinem *Innern* zurück – und mit ihnen der Eindruck, die Personen, die an ihnen beteiligt waren, nun mit anderen Augen zu sehen. Das geschieht insbesondere während des Rosenkranzes. Es kommt auch vor, daß ich mich ganz plötzlich an Sätze aus dem Evangelium oder der Heiligen Schrift erinnere: Sie brechen instinktiv hervor wie spontane Reaktionen auf das, was ich sehe oder denke. Seit dem Somport geht mir zum Beispiel ein Vers aus dem Buch Kohelet

im Kopf herum: „Nie wird ein Auge satt, wenn es beobachtet".
Hier auf dem *Camino* können sich die Augen nicht satt sehen an
Blumen, Hügeln, Farben, Licht, Menschen oder Hinweisen auf
Santiago. Immer gleiche Bestandteile, die ein immer anderes *Sehen*
hervorbringen. Ein *Sehen*, das niemals langweilig wird, weil es
das Leben im *Innern* wieder aufweckt. Verglichen mit dem Gefühl
des Erstickens, das ich noch vor einer Woche zu Hause hatte, ist
es hier so, als ob der Geist langsam wieder zu Atem käme, weil
er am Leben der Geschöpfe teilhat, die ihm begegnen. Nicht nur
die menschlichen, sondern auch die „anderen", nichtmenschli-
chen: die Felsen der Berge, das Wasser, das fließt und erfrischt,
die Hunde, die dich anbellen, weil (und darüber hatte ich noch
nie nachgedacht, weil ich immer der Vorstellung verhaftet war,
daß es genau umgekehrt ist) sie Angst vor dir haben, die Vögel,
die singen, die Blumen mit ihrem außergewöhnlichen Zusammenspiel von ganz einfachen Farben, das reifende Korn ... all das
fließt ein in den langsamen Rhythmus unserer Schritte und gehört schließlich zu mir.

In der Ferne werden, so glauben wir zumindest, die von modernen Wohnhäusern verunstalteten Hügel von Jaca sichtbar. Schon
bald befinden wir uns auf einer Straße, die geradewegs in die
Stadt führt; viele der Steine unter unseren Füßen sind jetzt mit
der Muschel versehen. Sofort suchen wir die Kathedrale; sie ist
ganz in der Nähe, aber geschlossen. Sie übt eine unwiderstehliche Faszination aus, die ich gut kenne: Es ist eine romanische Kathedrale. „Schau", rufe ich Mario zu, „el románico del Camino!"
„Bemerkenswert", antwortet er, trocken und einsilbig wie immer.
Es ist halb vier am Nachmittag, und wir haben noch immer nicht
zu Mittag gegessen. Wir finden eine kleine Bar mit allem, was das
Herz begehrt. Wahllos zeigen wir auf ein paar Dinge, immer in
der Befürchtung, wieder etwas mit Ei zu erwischen. Als wir die
Bar verlassen, ist die Kathedrale geöffnet, und wir gehen hinein.
Sofort ist er da, der *Zauber* der Romanik. Die Romanik des *Ca-
mino*.

Wir nehmen unsere Rucksäcke ab und stellen sie an die letzte
Säule des Kirchenschiffs, begrüßen El Gringo, der auch schon da
ist und den Kopf in den Nacken gelegt hat, setzen uns und geben
dem Drang des Ortes nach, in Schweigen und innerer Sammlung
zu verharren. Anders als die nach der Zeit des Humanismus auf-

gekommenen Kunststile, in denen der Mensch stärker und zuweilen aufdringlich präsent ist, gibt es in der Romanik nichts, was von der Begegnung mit Gott ablenkt. Diese Linien und Formen sind von einer feierlichen Schlichtheit und so angeordnet, daß sie Schönheit, Frieden, Stille verbreiten – und ein großes Gefühl der Freiheit. Der Geist dieser Architekten muß vom *Mysterium* durchdrungen gewesen sein. Man begreift, weshalb der Mensch, wenn er das tiefe Wesen der Dinge – *das Mysterium der Dinge* – erfaßt, keine langen, innerlich zusammenhängenden Reden hält, sondern schweigt. Die Romanik ist ein wortkarger, fast schweigsamer Stil. Der Barock oder der Neoklassizismus sind lange und auch ideologische Vorträge: Die Romanik bringt das innere Schweigen dessen zum Ausdruck, der *das Mysterium* erfahren hat. Diese Steine und dieser Raum sind erfüllt von einer sehr einfachen Macht, die aus dem inneren Schweigen kommt, aus der Ruhe dessen, der sich mit den Dingen begnügt, so wie sie sind, weil er in ihnen die Werkzeuge der Begegnung mit einer anderen Dimension der Dinge erkannt hat, die sie ahnen lassen. So denke ich in meinem Innern, während ich diese Kunst bewundere. Und es überrascht mich nicht, daß dieses ruhige Denken über sich selbst hinauswächst und Gebet wird. Ich bitte darum, daß auch mein Beten romanisch wird und der aufdringlichen Präsenz meiner Probleme, meiner Sorgen, meiner Unwürdigkeiten gegenüber weniger duldsam ist.

Wir verlassen die Kirche und suchen das Pilgerheim, das um fünf öffnet. Als wir um diese Uhrzeit wiederkommen, treffen wir außer dem Gringo drei andere Pilger, die wir noch nicht kennen. Es ist das erste Mal, daß wir vor einem Pilgerheim Schlange stehen. Wir warten, daß die anderen sich vorstellen und ihre Rechnung bezahlen, um zu sehen, wie man das macht und was man sagen muß: Für uns sind all diese Prozeduren neu. Wir bedienen uns bei den Informationsprospekten, die auf einem Tisch ausgelegt sind, lesen alle Hinweise auf dem Schwarzen Brett und erfahren, daß um acht Uhr am Abend in der Pfarrkirche zum heiligen Jakobus eine Messe mit Pilgersegnung stattfinden wird. Wir sind an der Reihe: Wir legen unsere Papiere und die *Credenciales* für den Stempel vor und bezahlen die Rechnung. Wir erkundigen uns nach den Pilgerheimen für den nächsten Tag, weil wir noch unsicher sind, wie weit wir gehen wollen: Arrés oder Berdún? Die junge Frau überlegt nicht lange: „Arrés", denn dort ist „ein *echtes* Pilgerheim" mit einem berühmten *Hospitalero*. Wir gehen hinauf in den ersten Stock und hören schon das Plätschern der Duschen. Um halb acht verlassen wir unser Zimmer, um zur Messe zu gehen. Im *Comedor* sitzen die anderen Pilger mit den Lebensmitteln, die sie sich zuvor im Supermarkt gekauft haben, und essen zu Abend. Das ist eine Erfahrung, die uns noch fehlt: in einem *Albergue* die Küche zu benutzen und in dieser besonderen Atmosphäre mit anderen Pilgern gemeinsam zu Abend zu essen. Wir wissen noch nicht einmal, wie der Gringo wirklich heißt.

In der Kirche wird gerade der Rosenkranz gebetet. Ich suche und finde die Sakristei; sie ist vollgestopft mit Statuen, Möbelstücken und Häkeldeckchen. Der Priester kommt, und ich frage ihn höflich: „¿Se puede concelebrar?" „¡Pueeeedeeeees, pueeeeedeeeees, pueeeedeeess ... seeeeguuuurooooo!" singt er und wedelt mir mit dem Humerale vor der Nase herum. Ich muß lächeln, er hat etwas von einem Werbespot. Auch während der Messe muß ich hin und wieder lächeln, wenn ich die vertrauten Worte auf spanisch höre. *Todopoderoso* heißt zum Beispiel „allmächtig"; *tomad y comed* „nehmt und eßt"; *tomad y bebed todo de él* „nehmt und trinkt alle daraus"; *por los siglos de siglos* „von Ewigkeit zu Ewigkeit", und so weiter. Am Ende der Messe gehe ich wegen des Stempels noch einmal in die Sakristei. Es ist der dritte, den wir hier in Jaca bekommen; der italienische Pilgerausweis wird nicht reichen, und so bitte ich den Priester um zwei weitere *Credenciales*. Als wir hinausgehen, ist die Kirche menschenleer. Wir suchen uns ein Lokal, um etwas zu essen, und stellen fest, daß Jaca größer ist, als es auf den ersten Blick den Anschein hatte. Ein Rundgang würde sich lohnen, aber wir sind müde und haben keine Lust, Touristen zu spielen. Wir essen schnell etwas, um möglichst früh wieder ins Pilgerheim zurückzukehren und zu schlafen.

Als wir dort ankommen, ist es zehn Uhr, und alle schnarchen, daß sich die Balken biegen. Ein deutscher Pilger schießt mit seiner außergewöhnlichen atmosphärischen Aktivität den Vogel ab. Mit Mario ist es unmöglich, nicht zu lachen, auch wenn wir versuchen, nicht jedesmal von neuem laut herauszuplatzen, wenn uns wieder einer dieser markerschütternden Ausbrüche überrascht. Es ist Zeit, ins Bett zu gehen, und so schließen wir uns ihrem Schnarchkonzert an. Dem der nichtdeutschen Pilger.

Von Jaca nach Arrés, Dienstag, 4. Juni

Wir müssen nicht vor halb acht aufstehen, doch seit sechs Uhr herrscht ein ständiges Kommen und Gehen, Türen werden zugeschlagen, Plastiktüten knistern, Absätze klappern über den Boden. Ich frage Mario, ob auch er im Halbschlaf jemanden hat italienisch sprechen hören. Er zeigt mit dem Daumen hinter sich, auf einen Herrn mittleren Alters und einen Jungen, die sich unterhalten. Vater und Sohn, Italiener. Sie bemerken uns nicht. Mario ist sich wegen des Akzents absolut sicher, daß es Friulaner sind.

Ein Blick aus dem Fenster zeigt, o weh, einen bleigrauen, dunklen, dunklen Himmel, der Regen verspricht. Nur wenige Augenblicke später bricht ein Gewitter los, mit ohrenbetäubendem Donner, der zwischen den Fluren und dem Innenhof des Pilgerheims widerhallt. Wir packen trotzdem unsere Rucksäcke und warten darauf, daß der Regen nachläßt, ehe wir uns auf den Weg machen. Es ist lästig und auf die Dauer unerträglich, nicht weitergehen zu können und hier herumzusitzen. Sobald die Tropfen nicht mehr ganz so dick sind, gehen wir hinunter und brechen auf. Wir sind die letzten, die den *Albergue* verlassen. Heute werden wir zum erstenmal die kleinen Karten der berühmten *Guida Rossa* benutzen, die Mario fotokopiert und verkleinert hat. Hinter Puente La Reina de Jaca werden wir uns entscheiden müssen, ob wir nach rechts oder nach links, das heißt nach Leyre oder nach Arrés gehen; und vorher werden wir noch darüber nachzudenken haben, ob wir das berühmte Kloster San Juan de la Peña besuchen, ein weiteres bedeutendes *visitandum est.*

Unterwegs finden wir keine geöffnete Bar, in der wir frühstükken könnten, nur eine kleine, familienbetriebene und bestens ausgestattete *Panadería,* in der wir zwei riesige Teilchen kaufen. Wir verzehren sie wie zwei Diebe, die ihre Beute verschwinden lassen: im Schutz eines Balkons, denn in der Zwischenzeit hat es wieder angefangen, wolkenbruchartig zu regnen. Regenponchos und Mützen werden auf eine harte Probe gestellt. Ganz zu schweigen von den Brillen, die ständig beschlagen sind; ein einziger Tropfen, der langsam am Glas herunterläuft, genügt schon, um die Sicht zu behindern. Außerdem ist es richtig kalt. Wir folgen den Muscheln, die uns zu einem Kreisverkehr führen, von dem die Straße nach Puente La Reina de Jaca, das heißt die *Carretera Nacional 240* abgeht. Der heftige Platzregen und unser leichtes Schuhwerk veranlassen uns, lieber die Asphaltstraße als den Fußpfad zu wählen. Die Autos, die über diese gerade Strecke fahren, spritzen uns von Kopf bis Fuß naß. Unser Reisebericht wird knapp und einsilbig: „Regen, Regen, Regen." „Lastwagen kommen, beschleunigen und scheinen auf uns zuzufahren." „Spritzer." „Der Regen peitscht uns ins Gesicht." „Tropfen fallen vom Hut." „Der Poncho wird immer nasser und läßt das Wasser durch." „Regen. Eine Gerade aus Regen und Pfützen. Sonst nichts." „Die Landschaft ist ein Tal der Tränen." „Wir können nicht miteinander reden, wir müssen im Gänsemarsch gehen, einer hinter dem anderen." „Ich weiß nicht mehr, wohin mit dem Stab und meinen Armen: in den Poncho oder raus aus dem Poncho." „Der Pilgerstab ist so naß, daß er mir ständig aus der Hand rutscht: Er behindert mich." „Wie lange sind wir schon unterwegs?" „Wieviel Uhr ist es, Mario?"

Endlich kommt das *Hôtel Aragón* in Sicht und daneben der Wegweiser zum Kloster. Es ist üblich, daß die Pilger, die San Juan besuchen, den Rucksack im Hotel lassen und ihn auf dem Rückweg dort wieder abholen. Eilig suchen wir unter dem Eingangstor Schutz. Wir sind klatschnaß und durchgefroren. Wir gehen hinein, um einen Kaffee zu trinken; im Kamin brennt ein Feuer, an dem wir uns aufwärmen können. Das alles kommt mir bekannt vor. Wir gehen hinaus und sehen in den Himmel; er ist noch grauer als vorher und gießt unermüdlich seine Wassermassen über der Erde aus. Wir wechseln Pullover und Strümpfe; auch wenn sie nicht lange halten werden, sind wir doch wenigstens für die Zeit, die wir hierbleiben, trocken. Wenn wir planen, was wir tun oder wieviel und wie wir gehen wollen, müssen wir – soviel haben wir schon gelernt – auf der Grundlage der gerade verfügbaren Informationen sofortige Augenblicksentscheidungen treffen. Mag sein, daß es im weiteren Verlauf des Wegs noch einen besseren Platz gibt, an dem wir bleiben können; mag sein, daß die Sonne überhaupt nicht mehr zwischen den Wolken durchkommt;

mag sein, daß das Essen weniger kostet oder die Landschaft schöner ist, um Fotos zu machen: Trotz alledem mußt du dich vorher entscheiden, denn es kann eben auch sein, daß das alles nicht so ist, und du kannst nicht zurückkommen und deine Entscheidung widerrufen. Vielleicht liegt es daran, daß wir auf dem *Camino* noch Anfänger sind, jedenfalls geht uns das auf die Nerven, wir diskutieren, wir fühlen uns als Verlierer, wenn die zuvor getroffene Entscheidung sich hinterher als verbesserungsfähig erweist. Doch nach und nach finden wir uns auch damit ab: Unterwegs sein heißt, sich mit dem anfreunden, was im jeweiligen Moment möglich ist, auch wenn es nicht immer das Beste oder das absolut Schönste oder das ist, was du dir für dich gewünscht und vorgestellt hast. Wenn wir das akzeptiert haben, sind wir Pilger. Wie Davide in Nizza gesagt hat: Man muß sich auf den *Camino* „verlassen".

Mit diesem Glauben setzt der Pilger sich mit einem an Fatalismus grenzenden Vertrauen allem aus, was ihm widerfährt; er läßt sich von der Straße und von dem beherrschen, was Tag für Tag auf dieser Straße passiert. Vom Regen, der nicht enden will, kann er beispielsweise lernen, daß Anstrengungen und Ziele sich dem Wetter anpassen müssen. Bei diesem Wolkenbruch können wir nicht zum Kloster gehen. Die Entscheidung fällt uns schwer, aber wir treffen sie.

Vater und Sohn aus Italien kommen an, wir stellen uns vor; auch sie sind erledigt, an ihren Schuhen klebt der Schlamm in dicken Klumpen, und sie sind völlig durchnäßt. Sie wundern sich über unsere sauberen, nicht lehmverkrusteten Schuhe und die Idee mit der *Carretera*. Darauf waren sie gar nicht gekommen. Sie sind am Somport aufgebrochen und kommen wirklich aus dem Friaul. Wir verabreden uns für später und gehen weiter. Die Straße ist eine unendlich lange Gerade. Einige Kilometer weit sind die Felder und der Straßenrand links von uns übersät von Millionen kleiner Schnecken. So etwas habe ich noch nie gesehen. Vielleicht haben die Pestizide und Unkrautvernichter bei uns dafür gesorgt, daß ein solches Spektakel unmöglich geworden ist. Wir hören auch wieder die Vögel singen. Wider alle Hoffnung hoffend wage ich mit Mario eine Prognose: „Wie sagt Leopardi?" „Wie sagt er denn?" *„Vorüber ist des Sturmes Drang, / ich hör' der Vögel Festgesang.* Du wirst sehen, bald hört es auf zu regnen, sonst würden sie nicht so singen. Deshalb strecken die kleinen Schnecken auch ihre Fühler aus." „Schön wär's,", antwortet er lakonisch. Ich glaube wirklich daran, doch nach weiteren Kilometern unter prasselndem Regen, Vogelgezwitscher und kleinen Schnecken mit ausgestreckten Fühlern muß ich zugeben, daß meine Vorhersage nicht fundiert war. Schlimmer, sie wird sogar von zwei Blitzen, die sich in geringer Entfernung von uns im Boden entladen, mit durchschlagender Beweiskraft widerlegt. Das Dröhnen des Donners ist furchteinflößend. Doch was tun? Hier ist nichts, wo man Zuflucht suchen könnte, kein Haus, kein Schutzdach, nichts. Wir müssen weiter durch diesen Ozean aus Regen hindurchsteuern. Die Straße geht weiter, schnurgerade und trügerisch: Hinter jeder Anhöhe scheint sie zu enden und nimmt doch stur weiter ihren Verlauf dem Horizont entgegen.

Endlich künden die Schilder das nahegelegene Puente La Reina de Jaca an. Wieder gehen wir den Aragón entlang und überqueren ihn auf der Suche nach einem Ort, wo wir etwas essen können. Wir kommen in ein Dorf und entdecken auf der rechten Seite ein Restaurant, dessen *Aparcamento* von Lastwagen aller Art zugeparkt ist. Die Gäste sitzen rauchend unter dem Vordach am Eingang und sehen uns an, ohne etwas zu sagen. Wir lassen unsere Pilgerstäbe und Regenponchos zum Abtropfen draußen und gehen hinein. Der Temperaturunterschied ist beträchtlich, das Lokal gedrängt voll. Tolpatschig wie er ist, schiebt Mario seinen Rucksack mehrere Male hin und her, ehe er ihn endlich stehen läßt, und läuft dabei ständig Gefahr, ihn auf jemanden fallen zu lassen oder versehentlich das Tischtuch vom Tisch zu ziehen. Er muß dringend zur Toilette: Dieser ganze Regen hat unbestreitbar harntreibende Wirkung. Wir bestellen das *Menu del día* mit einer abschließenden Überraschung: wir dachten eigentlich, wir hätten *Café con leche* bestellt, doch wir bekommen einen Teller gewürzten Milchreis. Alles in allem nicht schlecht; zum ersten Mal seit Borce haben wir wieder Fleisch gegessen. Wir zahlen, grüßen und gehen.

Nachdem wir wieder über die Brücke gegangen sind, sehen wir ein Hinweisschild nach Arrés: noch dreieinhalb Kilometer. „Wir gehen dort entlang, einverstanden? In einer Stunde sind wir da", sage ich. „So Gott will, noch sind wir nicht angekommen", korrigiert mich Mario. Die asphaltierte Straße führt zu einer Ebene, die bei Sonnenschein zauberhaft sein muß und von der Ortschaft Berdún gekrönt wird, die wie ein Nest oben auf einem Hügel klebt. Um zu unserem *Albergue* zu gelangen, müssen wir allerdings einen Fußpfad hinaufgehen, der sich heute mit all dem Wasser, das aus den Bergen kommt, in einen Abflußkanal verwandelt hat. Der Aufstieg ist anstrengend. Der Weg ist von Hecken und Büschen überwuchert, die sich als perfekte Wassersprenger erweisen. Die Kratzer und Schürfwunden, die wir davontragen, kann man gar nicht mehr zählen. An einigen Stücken kommen wir durch den vielen Schlamm nur noch rutschend vorwärts. Von hier aus weitet sich das Panorama: Mit einem Blick umfängt man die letzten Pyrenäenausläufer und die ersten Landschaften von Navarra. Rechts von uns liegt Berdún, und jener helle Fleck da oben könnte das Kloster von Leyre sein.

Als Gott und der *Camino* es wollen, kommen wir in Arrés ein, das plötzlich vor uns auftaucht: ein kleines Dorf aus Stein. Eine *Hospitalera* empfängt uns sehr herzlich; sie fordert uns auf, unsere Rucksäcke nach unten zu bringen, in das Zimmer auf der linken Seite, in dem niemand ist. „Ein Wunder, es ist kein Deutscher da!" sage ich zu Mario. „Dummkopf, sei ruhig", antwortet er mir; „hast du's noch nicht kapiert? Immer wenn du einen Wunsch äußerst, passiert genau das Gegenteil!" Ich lächle herablassend zu diesen abergläubischen Vorsichtsmaßnahmen. In dem Moment betritt ein neuer Pilger den *Albergue,* ein Deutscher, nein, ein „deutschsprachiger Schweizer" – keine Ahnung, wo er plötzlich herkommt. Mario macht mir Vorwürfe: „Wenn wir ersticken, ist es deine Schuld!"

Im Zimmer gegenüber sind alle Pilger untergebracht, die wir schon aus Jaca kennen. Wir ziehen die Sachen aus, die zum Trocknen aufgehängt werden müssen; sobald wir fertig sind, gehen wir hinauf, bewaffnet mit *Credencial* und Brieftasche. Ein völlig verlotterter Mann geht vorbei, mit unglaublichen Hosenträgern, die eine nicht minder unglaubliche Hose halten. Wir machen uns lustig über dieses Erscheinungsbild eines „Altachtundsechzigers", ohne auch nur im mindesten zu ahnen, daß er der berühmte *Hospitalero* ist, von dem wir schon gehört haben. Das Pilgerheim ist nicht groß, es besteht nur aus diesen sechs Zimmern, die das schlechte Wetter in einen bunten *Souk* verwandelt. Ein Mann, den wir noch nie gesehen haben, und eine Pilgerin planen die morgige Etappe und tauschen Informationen aller Art aus, wobei sie über den Streckenverlauf die unterschiedlichsten Vermutungen anstellen. Diese Sache mit der Etappenplanung habe ich nicht verstanden: Der *Camino* ist komplett ausgeschildert, es gibt keine Möglichkeit, sich zu verirren. Das einzige, was man sich vorher überlegen muß, ist, wo man übernachten will, doch ansonsten wüßte ich nicht, welche Varianten man noch mit Hilfe einer Landkarte erforschen müßte. Ganz zu schweigen davon, daß wir – schon in Nizza – gelernt haben, uns auch, was den Zielort angeht, nicht allzusehr festzulegen, denn man weiß nie, was der Tag bringt.

Die *Hospitalera*, die uns empfangen hat, bringt uns das Wechselgeld und die *Credenciales* und lädt uns ein, uns zu setzen und etwas Heißes zu trinken. Sie erkundigt sich, wie es uns geht, ob wir Medikamente oder einen Arzt brauchen, ob der Weg uns anstrengt. Auf dem falschen Fuß erwischt, stammeln wir etwas Beruhigendes, uns ist nur ein wenig kalt. Also serviert sie uns zunächst eine Platte mit Keksen, dann Kaffee und Milch; schließlich kommt sie wieder, um zu sehen, ob wir noch mehr wollen. Unten im Waschraum treffe ich *El Gringo,* und diesmal lasse ich mir die Gelegenheit nicht entgehen und frage ihn nach seinem Namen: „¡Manolo! Das bedeutet Emanuel." Kurz vor sieben ruft der zerzauste *Hospitalero* namens Luis die Pilger zum Ritual des *Sello* zusammen. Zu sagen, daß er sich über die Anwesenheit eines Priesters freut, wäre untertrieben. Über den Stempel schreibt er mit Füller: „Priez pour nous à Compostelle. Luis". Er hat strahlende Augen. Er spricht fünf oder sechs Sprachen, und ich kann nicht hören, welche davon seine Muttersprache ist, auch wenn das, was er mir in die *Credencial* geschrieben hat, es mir eigentlich hätte verraten müssen. Er erzählt mir, daß er Franzose ist, aus Obersavoyen, und daß er dieses Pilgerheim eröffnet hat, nachdem er in den Ruhestand gegangen war. Er führt uns in die Küche, wo das Abendessen auf uns wartet.

Mögen Gott und Santiago Luis für dieses Abendessen segnen.

Wer den *Camino* gemacht hat, weiß vielleicht, wie man sich fühlt, wenn es den ganzen Tag über gewittert und wie aus Kübeln gegossen hat, das heißt, wenn ein Kilometer scheußlicher war als der andere und man die Schwelle der Traurigkeit schon längst überschritten hat, bis man am Abend verstört und melancholisch ankommt, weil einen ein übermächtiges Gefühl der Sinnlosigkeit gepackt hat. Eine Küche zu betreten und festzustellen, daß jemand für dich den Tisch gedeckt und dich erwartet hat, daß jemand sich freut, dich zu sehen, obwohl du ihn nicht einmal kennst, ist etwas, daß selbst der schmachvollsten und allem Anschein nach nutzlosesten Plackerei ihre Würde zurückgibt. Es stimmt, daß ein inneres Leitmotiv den Rhythmus deiner Schritte bestimmt: „Nach Santiago! All das nehme ich auf mich, um nach Santiago zu kommen!"; doch es gibt andere und viel bequemere Möglichkeiten, dorthin zu gelangen, wenn das das einzige Ziel wäre, um das es geht. In dieser Küche dagegen hält der Camino ein Geschenk für jeden bereit, der den täglichen Fußmarsch ernst nimmt: weil er ahnt, daß die Beschwerlichkeit kein Mißgeschick ist, das es zu vermeiden oder auf ein Minimum zu reduzieren gilt, sondern ein Weg, um sich von der Neuartigkeit entwaffnen und überraschen zu lassen, mit der ein Anderer dein Dasein verändern will. Indem er dich beispielsweise begreifen läßt, daß Er für dich sorgt, auch wenn du es vergessen hast oder daran zweifelst.

Es gibt eine Gemüsesuppe nach einem Geheimrezept dieses Pilgerheims. „Ich dachte, daß ihr nach diesen ständigen Bocadillos mit Queso oder Jamón etwas weniger Festes mit mehr Gemüse braucht", erklärt Luis: „die Zutaten sind so abgestimmt, daß sie dem Pilger das unverzichtbare Magnesium liefern". Und wirklich, die Suppe ist gut und sehr nahrhaft. Der zweite Gang ist ein Gericht mit Gemüse, Käse und Béchamelsauce und liegt deutlich schwerer im Magen als die Suppe. Und schließlich gibt es Flan, hausgemachten Karamelpudding, einen typisch spanischen Postre. Wir erzählen, wie unser Camino bisher gelaufen ist. Wir sprechen über die verschiedenen Pilgerheime und die Personen, die man unterwegs trifft; einige Pilger sind Habitués: Sie können vergleichen, urteilen und die besten Ratschläge geben. Ich stelle fest, daß der Camino eine gut verankerte, gut organisierte Sache ist. Nur wir, die wir ihn zum ersten Mal gehen, erleben das ständig Neue, Erstaunliche; die anderen dagegen sehen auch Negatives, das der Veränderung bedarf. Jedenfalls lassen dieses Abendessen und die Geschichten, die dabei erzählt werden, zwischen uns ein unmittelbares Einverständnis deutlich werden. Dazu gehört unter anderem, daß alle mehrere Sprachen sprechen oder mit anderen Sprachen vertraut sind, auch wir Italiener. Das sind die bewegenden Folgen der Pilgerschaft: Wir sind Teil einer großen und historischen Familie. Die Melancholie des Regens und des schlechten Wetters verflüchtigt sich.

Immer wieder gibt Luis irgendwelche Gedanken zum besten und hält die Unterhaltung in Gang. „Wir leben wie im Evangelium", erklärt er, „mit euch nehmen wir Jesus auf, der gesagt hat, *ich war fremd, und ihr habt mich aufgenommen.*" Als Jacqueline ihm die vor dem Abendessen geplanten Etappen aufzählt, sagt er zu ihr: „Du denkst, daß du den *Camino* machst, aber in Wirklichkeit macht er dich." „Das mußt du aufschreiben", sagt Mario zu mir, „das paßt zu dem, was Davide gesagt hat: *der Camino entscheidet.*" Genauso natürlich, wie er über Jesus gesprochen hat, lädt Luis uns in die Kirche des Pueblo zum Nachtgebet ein: „Nur wer möchte, es dauert ein paar Minuten." Nach dem kurzen Weg sind wir naß bis auf die Haut, aber es lohnt sich. Luis' Stimme geht in die Tiefe: Er liest das Einfache Gebet des heiligen Franziskus, der heute abend ein italienischer Pilger auf dem Weg nach Santiago ist – genau wie wir. Als wir zum Albergue zurückkehren, regnet es noch immer.

Mario macht sich Sorgen: „Was tun wir, wenn es morgen auch regnet? Und was machen wir mit den feuchten Sachen?" fragt er mich. „Was tun wir?" frage ich zurück. Wir sinken in die Betten und wickeln uns in unsere *Mantas*, die aufgrund der Feuchtigkeit die Düfte aller Pilger ausströmen, die vor uns hiergewesen sind. Michael kommt auch. Er ist von seiner Heimat am Bodensee aus zu Fuß aufgebrochen und wird morgen auf jeden Fall weitergehen: Er will nach Finisterre. Finisterre! Ob wir dort jemals ankommen?

Von Arrés nach Sangüesa, Mittwoch, 5. Juni 2002

Wir wachen von dem Lärm der aufbrechenden Pilger auf. Sobald ich begriffen habe, wer ich bin und wo ich bin, werfe ich einen Blick aus dem Fenster, um zu sehen, wie das Wetter ist. Es regnet, genau wie gestern. Luis möchte, daß wir auch bei ihm frühstükken – unter anderem einen Spezialjoghurt, den er jeden Morgen zubereitet. Der Tisch biegt sich, es gibt alles, was das Herz begehrt, und die Portionen entsprechen den Bedürfnissen der Pilger, für die – das haben wir am eigenen Leib erfahren müssen – das Frühstück die wichtigste Mahlzeit des Tages ist. Wir hoffen auf besseres Wetter und fragen ihn, ob für den weiteren Verlauf des Tages anderes Wetter vorhergesagt ist: *„El caaampoo* [Pause] *necesitaa"*, antwortet er trocken und bedauernd. Wir fragen ihn, wieviel wir für seine Gastfreundlichkeit zu zahlen haben. „Gib soviel du willst und kannst: Was du nicht gibst, wird ein anderer geben." Luis ist schon eine Erinnerung, während wir ihn noch ansehen. Er verabschiedet sich mit einem, intensiven, endgültigen Blick. Er heftet seine strahlend blauen Augen auf mich und sagt: „Ich wünsche dir, daß du findest, was du suchst."

Worte, die mir auf der heutigen Etappe als Wegzehrung dienen. Das Wetter ist scheußlich, es regnet heftig, dazu bläst ein kalter Wind. Wir gehen hinunter, auf die Ebene zu. Stefano hatte uns diese Gegend als die schönste Landschaft beschrieben, durch die er jemals hindurchgegangen ist, herrlich, ruhig, sonnig und, soweit das Auge reicht, der erholsame Anblick von bebauten Feldern. Wie sich die Wahrnehmung eines Ortes verändert, je nachdem, ob man ihn bei gutem Wetter oder bei Regen zum erstenmal sieht! Für uns gilt heute jedenfalls: *„El caaampoo* [Pause] *necesitaa."*

Der hervorragend ausgeschilderte *Camino* verläuft sachte ansteigend und wieder abfallend an einigen kleinen Dörfern entlang. Die Hügel sind lehmig, und durch den Regen ist der Weg sehr beschwerlich, wir schlittern mehr, als daß wir gehen, und versuchen uns mit dem Stab im Gleichgewicht zu halten. Wir finden die Straße nach Artieda nicht. Ein gelber Pfeil taucht auf, und wir biegen in eine *Carretera* ein. Wir suchen unter einem Stalldach Schutz, wo *El Gringo* sich an Brot und Salami gütlich tut. Wir setzen uns zwischen die Pfützen auf eine Art Tisch zu ihm, der darauf besteht, uns etwas anzubieten: Er schneidet zwei große Scheiben Salami ab und bricht den Brotlaib in mehrere Stücke. Wir plaudern über dies und das und über die Aussichten für die heutige Etappe. Er wird in Ruesta eine Pause einlegen und dort über den weiteren Weg entscheiden; er möchte heute abend noch bis nach Sangüesa kommen, „aber das ist so weit, 47 Kilometer, ich weiß nicht, ob ich das schaffe." Mit dieser Kilometerangabe rückt ein mögliches Etappenziel für uns in weite Fernen.

„Und wir, was machen wir?" frage ich Mario. „Hinter Ruesta gibt es keine Übernachtungsmöglichkeiten mehr", antwortet er und blickt von seinem Pilgerführer auf. Zwei Mountainbiker kommen vorbei und grüßen. Wir gehen weiter durch die Felder, es regnet immer noch. *„El caaampoo* [Pause] *necesitaa."* Manolo überholt uns wenig später, wir überholen Vater und Sohn, die angehalten haben, um eine Kleinigkeit zu essen. So geht es weiter, mitten in dieser aragonesischen Landschaft, bis der *Camino* wieder ansteigt und einen kleinen Hügel hinaufführt, auf dem Ruesta liegen muß, ein „pueblo abandonado". Und tatsächlich kommen eingestürzte Dächer, verfallene Häuser und ein verlassener Turm in unser Blickfeld. Die Unterkunft ist kein wirklicher *Albergue* für Pilger, sondern ein Agrotourismushof, der auch Pilger aufnimmt. Die Atmosphäre ist entschieden anders als in Arrés, wir werden rasch abgefertigt. Als wir sagen, daß wir kein warmes Mittagessen, sondern nur zwei Brötchen haben wollen, lassen sie uns draußen essen. Wir beschließen, nach Sangüesa weiterzugehen.

Sofort wird der Weg sehr steil, der lange Anstieg ist enorm anstrengend. An jeder Kurve hoffen wir, daß der Weg wenigstens für kurze Zeit wieder eben wird, doch es geht immer nur weiter bergauf, ohne die geringste Unterbrechung. Die nicht enden wollende Steigung laugt uns aus und zieht uns die schwärzesten Gedanken aus Hirn und Mund. Und es regnet. *„El caaampoo* [Pause] *necesitaa",* wie gehabt. Wann und wie Gott und der *Camino* es wollen, endet der mörderische Anstieg und fällt zur Ebene hin wieder ab. Klar zeichnet sich in der Ferne ein heiß ersehntes Dorf ab. „Ob das Sangüesa ist?" frage ich. „Weißt du, wieviel Uhr es ist?" gibt Mario zurück: „Halb sechs. Vor acht sind wir noch nicht einmal in Sichtweite von Sangüesa." „Ach was, du wirst schon sehen, es ist doch Sangüesa, und wir waren schneller als das Licht."

An meiner Art zu wandern ist etwas falsch, vielleicht liegt es an einem Gefühl, mit mir selbst im Wettstreit zu liegen, dem Bedürfnis, mich zu beeilen, dem Anspruch, die zurückzulegende Strecke schnell hinter mich zu bringen. Ich weiß nicht, woran das liegt: vielleicht an der Gewohnheit, Pflichten schnell zu erledigen; oder an der Müdigkeit, die die Zwischenschritte ignorieren will; an dem Bedürfnis nach Resultaten. Dabei fühlt man sich hier in jedem Augenblick wieder auf sein wirkliches Maß zurechtgestutzt: in seinen Ansprüchen und Möglichkeiten, in dem, was man wirklich ist, in der Auffassung vom Pilgerdasein, das auch aus dem Weg und nicht nur aus der Ankunft besteht und deshalb viel reicher und schöner ist, als man es sich vor dem Aufbruch vorstellen kann.

Ich weiß nicht – und frage mich –, ob dieses Problem nicht darauf beruht, wie ich den Glauben bisher gesehen habe. Was die Straße des Lebens betrifft, die jeder Mensch gehen muß, nimmt der Glaube durch die Gnade die Antworten und Wahrheiten vorweg, die andere erst nach einem langen, zuweilen gewundenen oder unzusammenhängenden Weg finden. Das ist so, wie wenn man in ein Flugzeug steigt, das einen umgehend dorthin bringt, wo andere erst nach langer Zeit und vielen Mühen ankommen. Vielleicht geschieht auch bei der Weitergabe des Glaubens etwas Ähnliches: Ich nehme die Schlußfolgerungen vorweg und überspringe die nötigen Zwischenschritte. Der Pilger dagegen kann keine Zwischenschritte überspringen, er muß jeden Schritt mit seinen eigenen Beinen tun, und keiner wird ihm erlassen; es gibt kein Flugzeug, das ihn rasch an den Bestimmungsort bringt. Kommt daher vielleicht auch meine Erschöpfung? Oder besser gesagt die Tatsache, daß es mir so schwerfällt, und die Überraschung angesichts dieser Tatsache? Und auch die subtile Faszination, die das Böse auf den ausübt, der es gerade wegen der Lehren des Glaubens und derer, die ihm vorausgegangen sind, bisher gemieden hat? Dieselbe Faszination, die dich dazu verlockt, den mit gelben Pfeilen markierten Weg zu verlassen und eine ganz eigene Straße zu entdecken, selbst auf die Gefahr hin, daß sie dich vom Ziel wegführt?

Der Abstieg ist leicht und schnell, wir halten an, um Atem zu schöpfen und die Kapuzen auszuziehen, denn es hat aufgehört zu regnen, und ein Sonnenstrahl wagt sich hervor. Als wir ins Tal kommen, informiert uns ein Schild darüber, daß wir über eine echte Römerstraße gehen, eine gepflasterte *Calzada,* die nun wieder ansteigt und zu dem Hügel führt, auf dem die Häuser stehen. Das Dorf ist klein und verwahrlost, es gibt nicht einmal ein Ortsschild. Auf dem Platz, der verlassen ist wie alle Plätze und Wege, über die wir bisher gegangen sind ("Wo sind die Spanier eigentlich den ganzen Tag?"), treffen wir einen Mann, den wir nach dem Namen des Dorfes fragen. „Undués de Lerda", antwortet er. „Es ist nicht Sangüesa, gehen wir weiter." Doch Mario braucht eine Pause. Wir strecken uns hinter dem letzten baufälligen Haus auf einer – klatschnassen – Wiese am Rand des *Camino* aus. Mein Bruder gesteht, daß ihm die Beine und Füße sehr wehtun: Dieses Auf und Ab ist Gift für ihn; er beschreibt und nennt einige Symptome, die auf eine Sehnenentzündung hinweisen könnten. Ich begreife, daß er gerne hierbleiben möchte: „Sollen wir hierbleiben?" „Versuchen wir weiterzugehen", erwidert er.

Mario hat einen starken Willen und eine große Unempfindlichkeit gegenüber Schmerzen. Problematisch wird es dann, wenn diese erschöpft sind und er sich zu der sturen Verzweiflung oder den typischen katastrophalen Prognosen eines Menschen hinreißen läßt, der keine Hoffnung mehr hat. In solchen Momenten ist ein leicht erklärbares Kopfweh das untrügliche Anzeichen eines Gehirntumors; die Häufigkeit der Pipipausen ist ganz sicher auf eine Prostataerkrankung zurückzuführen; und jeder Muskelkrampf wird zu einer Sehnenentzündung. Deshalb kann ich nur schwer einschätzen, ob es ihm wirklich schlecht geht oder nicht. Er reißt sich zusammen, und wir können weitergehen, nehmen aber lieber die *Carretera,* die ebenfalls nach Sangüesa führt und wenigstens ebener ist als der Fußweg. Um auf sie zu gelangen, müssen wir quer über die Felder gehen. Die Straße ist menschenleer und seit kurzem asphaltiert und stinkt in der warmen Sonne nach Teer.

„Sehr merkwürdig, daß hier niemand vorbeikommt", bemerke ich, während ich mit meinem Pilgerstab Zeichen in den noch frischen Asphalt in der Mitte der Straße ritze. „Bleib links, sonst überfallen sie dich gleich und bringen dich um", prophezeit er mir mit seinem gewohnten Optimismus. „Ob Sangüesa hinter den Hügeln da auf der linken Seite liegt?" frage ich ihn. „Ja", antwortet er, „es liegt dahinten." „Woher willst du das wissen?" rege ich mich auf. „Du wirst schon sehen", sagt er beschwichtigend.

Nach nicht einmal einem Kilometer ist die Straße zu Ende. Wir sind müde und legen uns wieder ins Gras. Wir sind seit acht Uhr heute morgen unterwegs, aber keiner von uns denkt daran, zum Dorf zurückzukehren. Links unter uns sehen wir den *Camino* mit seinen Pfeilen und einigen blaugelben Schildern mit Muscheln, doch um dorthin zu gelangen, müssen wir erneut durch die Felder gehen. Mario will weiter in Richtung auf die Hügel laufen, hinter denen seiner Meinung nach Sangüesa liegt, doch ich bin nicht damit einverstanden. Ich bin mir sicher, daß er blufft; er hat immer noch nicht kapiert, daß wir auf keinen Fall den mit den gelben Pfeilen markierten Weg verlassen dürfen. Ich pfeife die Melodie von Lucignolo, während es wieder zu regnen anfängt („El caaampoo [Pause] necesitaa"), fasse mir ein Herz und beschließe, daß wir über den Camino gehen. „Und wenn sie mit dem Karabiner auf uns schießen?" fragt Mario. „Wer denn?" frage ich zurück und lasse meine Blicke trostlos über die Einöde schweifen, die uns umgibt. „Aus den Häusern da oben", er zeigt auf die Hügel. „Los, beweg dich", treibe ich ihn an. „Und wenn sie die Hunde auf uns hetzen und sie uns in die Waden beißen? Dann bekommen wir Tollwut und Schaum vor den Mund und sterben hier mitten auf den Feldern", schlägt er vor. „Beweg dich, es regnet", sage ich und gehe voraus. Wir fassen eine Jakobswegmarkierung als Ziel ins Auge und beginnen mit der Felddurchquerung. Daß wir ständig in den Schlamm einsinken, ist ermüdend: den Schuh wieder herauszuziehen, erfordert mit jedem Mal mehr Kraft. Um das Getreide nicht zu zertreten, gehen wir an den Brombeerhecken entlang, die uns dauernd stechen und zerkratzen. Und das mit den Hunden hätte Mario besser auch nicht gesagt ... Endlich erreichen wir nach einer letzten Anstrengung bei der Überquerung eines Bewässerungskanals den Camino, der sich durch die noch immer grüne Landschaft schlängelt. Nur noch wenige Schritte, dann stehen wir vor einer Grenzstele: „Navarra – Nafarroa".

Es regnet weniger stark, und die Straße ist wirklich schön. Vor unserem Aufbruch hatte ich mir den Camino genauso vorgestellt, wie er sich jetzt auf diesem Stück vor Sangüesa präsentiert: mitten in den Feldern gelegen, eben, ein landwirtschaftlicher Weg, Schweigen, wir beide allein, vor uns der weite Horizont, von Zeit zu Zeit Schilder mit Muscheln oder gelbe Pfeile, die uns zeigen, daß wir in die richtige Richtung gehen. Mir kommt in den Sinn, daß ich das, was ich hier erlebe, nicht verdient habe. Aber was erlebe ich eigentlich? Hier auf der Straße?

Unser Ziel ist noch immer weit entfernt, und die Räume, in die wir eingetaucht sind, lassen die Entfernung noch größer erscheinen. Die beiden Radfahrer aus Artieda überholen uns und grüßen erneut. Wir bleiben häufig stehen. Marios Gesicht ist schmerzverzerrt, und mir tun die Hüften furchtbar weh: Ich habe das Gefühl, als ob sie sich aus meinem Körper ausklinken wollten. Ich erkläre ihm, daß ich bei jedem Zwicken „Nach Santiago!" denke, um mir Mut zu machen. „Und das funktioniert?" fragt er mich. „Na ja, ein bißchen schon, bis es das nächste Mal noch heftiger zwickt." Wir gehen durch Erbsenfelder. Da wir allein auf der Welt sind und niemand uns bei unserer Untat beobachtet, setzen wir uns an den Rand des Feldes und nehmen uns ein paar Hülsen, um sie zu probieren. „Uah, die sind noch nicht reif", ich spucke aus. „Besser als nichts, einige sind gut", antwortet Mario, der sich ein paar genommen hat. Mein Bruder ist mein Bruder, und als wir wieder aufstehen, um weiterzugehen, gibt er mir die besten, die er gefunden hat. „Hier, iß du sie", sagt er schlicht. In diesem Augenblick denke ich, wie oft ich in den vergangenen Tagen zusammengebrochen wäre, wenn er nicht dagewesen wäre. Wie ich mich in meiner Traurigkeit und in meinen Gedanken verloren hätte, wenn ich sie nicht mit ihm geteilt hätte. Wie ich mich verrannt und über unvorhergesehene Ereignisse geärgert hätte, wenn ich sie nicht auch ihm zuliebe hätte überwinden müssen. Diese unreifen Erbsen geben mir mehr Kraft als jede andere Nahrung, weil er sie mir geschenkt hat. Und weil er sie mir so geschenkt hat.

Wir kommen immer langsamer voran. Diese vermaledeite Stadt kommt einfach nicht in Sicht. Wir werden nie ankommen. Automatisch bewegen wir uns vorwärts, während die Sonne nun endgültig hinter den Hügeln verschwindet. Es wird merklich kühler. Rechts hinten werden Häuser sichtbar, vielleicht ein Kirchturm, aber die Ansiedlung ist zu klein, es kann nicht unser Etappenziel sein. Wieder fahren die beiden Radfahrer aus Artieda an uns vorbei. „Sie werden uns den letzten Platz im Pilgerheim vor der Nase wegschnappen", heult Mario anklagend und der völligen Erschöpfung nahe. Häuser tauchen auf, kleine Fabriken, Wachhunde, Menschen. Alles erinnert an eine Peripherie, aber man kann noch nicht erkennen, von welcher Stadt. Unvermittelt beginnt die innerstädtische Beschilderung: Wir sind tatsächlich in Sangüesa, können es aber nicht glauben. Als wir zur Plaza de Toros kommen und die Stierkampfplakate lesen, gibt es keinen Zweifel mehr. Wir sind seit über elf Stunden unterwegs: Es ist halb neun Uhr abends. Wir finden das Pilgerheim, doch es ist geschlossen. Die Schlüssel muß man sich bei den Schwestern im Seniorenheim am Ende der kleinen Gasse holen, die am *Albergue* entlang verläuft. Wir sinken auf unsere Betten, um zu *descansieren,* ehe wir zum Abendessen gehen. El Gringo trifft ein, er ist genauso erschöpft wie wir. „Wir müssen verrückt gewesen sein. Wie weit sollten wir morgen kommen?" frage ich Mario, der wahnsinnige Schmerzen in den Füßen, genauer gesagt, am Spann hat und ein Schmerzmittel nehmen will. „Nach Monreale", antwortet er. Die Friulaner kommen an, die Augen sind ihnen aus den Höhlen getreten, so sehr haben sie sich angestrengt bei dem Versuch, noch jemanden zu überholen. Wir schlafen ein. Beim Aufwachen fühle ich mich, als ob mein Körper nur noch aus dem Rumpf bestehen würde, während die Hüften einschließlich der Beine rechts und links von mir liegen und ihren eigenen Geschäften nachgehen. Mario – seit Bruges ein allabendliches Ritual – mißt Fieber. Er hat jedesmal Fieber, das aber jeden Tag um ein paar Zehntelgrad zurückgeht. Wir ziehen wieder los, um uns etwas zum Abendessen zu suchen. Es ist sehr kalt, mein Bruder geht schutzsuchend hinter mir. Der Wind fährt uns zwischen die Kleider wie eine Klinge aus Eis, die über die Haut streicht; wir sollten unser Abendessenproblem so schnell wie möglich lösen. Wir betreten das erste Lokal, das wir finden; es liegt in der Nähe der Kirche zum heiligen Jakobus: Ein Schild verspricht schmackhafte Gerichte zu moderaten Preisen. Noch erfreulicher ist jedoch die Wärme im Innenraum und die junge Frau, die uns sehr freundlich begrüßt. All das gibt uns Kraft, und wir fühlen uns gleich besser. Im *Comedor* ist außer uns nur noch ein Herr, der alleine ißt und dabei wie hypnotisiert auf den Fernseher starrt. Es läuft ein Quiz namens *Pasapalabra,* dasselbe wie unser italienisches *Passaparola:* Was hat es nur auf sich mit dieser Medienglobalisierung? Die Sache ist schnell erklärt: Der Sender ist der berühmte *Telecinco,* ein Schwesterunternehmen von *Canale cinque,* der in unserem Land im großen und ganzen dasselbe Programm ausstrahlt. Wir kehren zum Pilgerheim zurück und stellen uns der übermächtigen Kälte der Nacht. Wir machen uns zum Schlafen fertig; ich nehme ein Antibiotikum gegen die Zahnschmerzen, die einen meiner Bakkenzähne heimtückisch überfallen haben.

Nach der Komplet und vor dem Einschlafen denke ich an die außergewöhnliche Etappe von heute, insbesondere an das Stück vor Sangüesa, das mir das Herz geweitet und mir wieder einmal bewußt gemacht hat, daß auch ich nun ein Santiagopilger bin. Wie eine Litanei wiederhole ich die letzten Worte der heiligen Klara, ehe sie für immer einschlief: „Ich danke dir, Herr, daß du mich geschaffen hast."

Unser seliger Schlummer wird von einem höllischen Lärm unterbrochen: Jemand brüllt und hämmert gegen die Tür, vermutlich ist er ohne Schlüssel draußen geblieben. Wir liegen hellwach im Dunkeln und lauschen, und als der Junge die Tür öffnet, erkennen wir die unverwechselbare Redeweise von El Gringo, der sich bei uns allen für die Störung entschuldigt. Mit gutem Grund, denn in den *Albergues* sind die Nachtstunden heilig und unantastbar.

Von Sangüesa nach Monreal, Donnerstag, 6. Juni

Als wir um sieben Uhr aufstehen, sind wir mit die letzten. Draußen ist es kalt, und als wir zum Schwesternhaus gehen, um die Schlüssel abzugeben, genügt der kurze Weg schon, um uns zu Eis erstarren zu lassen. Nachdem wir rasch fürs Mittagessen eingekauft haben, gehen wir in die Kirche zum heiligen Jakobus, wo die Messe gerade begonnen hat. Das Gebäude ist wunderschön: Die nüchterne Romanik wird nur leicht durch den *Retablo* in der Apsis beeinträchtigt, der großartig, aber ein wenig überladen ist; in der Mitte thront die Gottesmutter, überragt vom heiligen Jakobus; er wird von einigen frommen Pilgern verehrt, die kaum anders gekleidet sind als wir beide, die wir unten in den Bänken sitzen. Die anderen Meßbesucher sind Familienmütter und -großmütter in Schürzen oder schwarzer Witwenkleidung. Seitlich vom Altar steht eine Herz-Jesu-Statue in einem Meer aus Blumen und Kerzen. Der Juni ist der Verehrung des Heiligsten Herzens Jesu geweiht, und um dieses Thema geht es auch in den Meßtexten und in der Predigt. Die Messe ist sehr kurz, vor neun Uhr sind wir schon wieder auf der Straße.

Wir folgen den Pfeilen, die uns durch die ganze Hauptstraße führen; hier finden wir auch eine Bar, in der wir frühstücken können. Es geht sehr lebhaft zu, alle kennen sich und begrüßen sich wie alte Freunde; die Stammgäste stellen sich an den Tresen, und die Frau dahinter bedient sie, ohne überhaupt noch nach ihren Wünschen fragen zu müssen. Auf dem Boden liegen bereits die Abfälle, die für diese Plätze in Spanien so typisch sind: Zigarettenkippen, Papier, Zahnstocher und andere Dinge, die die Gäste fallenlassen, während sie am Tresen stehen. Wir brechen wieder auf und gehen sehr langsam, um die Wadenmuskulatur aufzuwärmen und das erwachende Alltagsleben von Sangüesa zu genießen. Gegen den Horizont zeichnen sich, von Windmühlenreihen gekrönt, die Hügel von Navarra ab. An einem Punkt erkennt man eine grüne Oase: den Ort, an dem der heilige Franziskus auf seiner Pilgerreise nach Santiago zum ersten Mal Halt machte. Noch ein *visitandum est*. Diese Gegenwart des heiligen Franziskus ist eine Konstante, die man im Auge behalten sollte.

Nach einigen Kilometern haben wir Schuhe und Strümpfe ausgezogen, strecken die Füße in die Luft und teilen uns gegenseitig die Eindrücke dieses Tages mit, der sich dem Ende zuneigt. Zumindest scheint es mir so. Die „Zeitwahrnehmung" ist in den Debatten zwischen meinem Bruder und mir ein heißdiskutiertes Thema, ähnlich wie meine Prognosen zu den Wegzeiten, die Trainingserfolge, die man erzielt, wenn man jeden Satz mit „So Gott will" beginnt, das Unterlassen jeglichen Versuchs, die Mühe, die wir auf uns nehmen, zu bagatellisieren. „Keiner hat mir gesagt oder angedeutet, daß es so hart werden würde; vielleicht denken sie, daß überhaupt niemand mehr Lust hätte, nach Santiago zu gehen, wenn sie einem die Wahrheit sagen", mutmaßt Mario. Für mich liegen die Dinge anders: Es stimmt, daß mir die Beine wehtun, wenn wir ankommen, aber meine Beschwerden sind eher psychologischer oder spiritueller als physischer Natur. Obwohl heute auch mein Spann unerträglich schmerzt.

Worauf weisen diese inneren Beschwerden hin? Was soll mir bewußt werden?

Nach und nach finde ich mich damit ab, daß ich weder selbstlos noch willig bin, kein Mann des Gebets, nicht aus einem Guß, nicht lauter, und daß es einen Kampf, eine Schlacht zu schlagen gilt: einen wirklichen und echten Weg, um all das zu werden. Dieser ganze Fußmarsch, all das, was in meinem *Innern* geschieht, reißt mich gewaltsam aus einem Delirium der Unschuld: Ich muß gehen, ich bin noch nicht angekommen; das ist eine notwendige Anstrengung, die ich akzeptieren und auf mich nehmen muß. Vorhin, als ich von dem Hügel mit den Windmühlen herabgestiegen bin, kamen mir wie schon öfter in diesen Tagen Don Quichotte und andere literarische Figuren in den Sinn, bis ich schließlich an Gandalf, dem Zauberer aus *Der Herr der Ringe*, hängenblieb. Es erstaunt mich, daß ein so herausragendes Wesen wie er wandert, reitet, kämpft, gefangen wird und sich darin nicht von den anderen Gefährten unterscheidet. Warum? Ein Zauberer hat magische Kräfte. Er könnte mit der bloßen Macht seines Denkens und seiner Kenntnisse agieren und allem mit einem Zauberspruch aus dem Weg gehen. Statt dessen nimmt auch er die Mühsal auf sich. So ist es auch in der konkreten Geschichte Jesu gewesen: Gott ist Mensch geworden, hat unsere Mühsal kennengelernt und ist den Weg eines jeden Menschen gegangen.

Das Heil besteht in der Gemeinschaft zwischen Gott und Mensch, die sich in der wahren Gottheit und der wahren Menschheit Jesu verwirklicht hat. Als wahrer Mensch besaß Jesus wahre menschliche Freiheit, die allen Bedingtheiten einer historisch situierten und bedingten Freiheit unterworfen war. Als wahrer Gott ließ Jesus keine formlose, unendliche Realität, sondern das Abbild Gottes in der Geschichte sichtbar werden. Diese Einheit ist „unvermischt und ungetrennt".

Wenn Jesus nicht unterwegs gewesen wäre, Mühsal auf sich genommen und sich für eine Richtung entschieden hätte, wäre er kein wahrer Mensch und wäre seine Menschennatur eine Maskerade gewesen. Wenn Jesus einen göttlichen Willen erfüllt hätte, der keine Grenzen, aber auch keine konkrete Form gehabt hätte, hätte er das, was er selbst erschaffen hatte, für nutzlos erklärt und Gott und den Menschen an die beiden entgegengesetzten Pole desselben Daseins gestellt, ohne daß es zwischen ihnen irgendeine Verbindung gegeben hätte. Dann aber wären wir nicht erlöst worden, sondern allein geblieben und verlorengegangen. Wenn Gott das Leben des Menschen nicht so geliebt hätte, daß er es zu seinem eigenen machte, hätten wir auch weiterhin Religionen und Heilsformen gepflegt, die aus äußerlichen Riten und inneren Gefühlen bestanden und damit nichts zu dem hinzufügt, was der Mensch und das Leben schon von sich aus und von Natur aus sind: ein – so erlebe ich es hier – Delirium der Unschuld; ein Weg, der seine Bestimmung und seinen Sinn nicht kennt; ein Ideal, das auf das Maß der unmittelbaren Realisierbarkeit reduziert ist. Jesus nachzufolgen heißt dagegen, so lange zu gehen, bis man wird wie er, bis man kraft seiner Einheit mit uns am Leben Gottes selbst Anteil hat.

Alles, was wir sind, wird von Ihm angenommen, verwandelt und geteilt. Er respektiert uns – unvermischt und ungetrennt – als das, was wir wirklich sind: Mühsal, Begrenztheit, die Notwendigkeit, zu gehen und stehenzubleiben, die Hoffnung, daß die gewählte Straße die richtige ist, die schmerzenden Füße, die Niederlagen. Der Weg zum Heil führt über eine Mühsal, die man annehmen und erfüllen muß. Ist auch unsere Einstellung zu dem, was in der Welt gut und schlecht ist, Teil dieser Mühsal, die man akzeptieren muß? Und der maßlose Anspruch, das Unkraut gemeinsam mit dem guten Weizen auszurotten? Ich habe in diesen Tagen viel über das Böse in der Welt nachgedacht, und bin angesichts der Probleme, ihrer Ausmaße, ihrer grundlegenden Ungerechtigkeit, ihres empörenden Triumphs von Hoffnungslosigkeit überwältigt worden. Hier geht es dir gut, du bist glücklich; aber wie viele Menschen auf der Welt können das von sich sagen? Gandalf sagt:

Unsere Sache ist es nicht, die Welt durch alle Zeiten zu steuern, sondern in den Jahren, auf die wir beschränkt sind, zu tun, was wir können, um das Übel auf den uns bekannten Feldern auszujäten.

„Wir sind Fremde in einer feindlichen Welt, in einen Kampf verwickelt, den wir nicht gewinnen können, wir können nur Pilger sein, *Viatores"*.[4] Denn der Sieg ist schon errungen, aber nicht von uns, nicht durch unsere Anstrengungen: durch den Tod und durch die Auferstehung Jesu. Das Evangelium sagt, daß er nun an unserer Seite geht, so wie er am Abend des Ostertags an der Seite des Kleopas und seines Freundes ging. Unsere Augen sind – wie ihre – nicht in der Lage, ihn zu erkennen. Oder vielleicht doch?

---

[4] Paolo Gulisano, Tolkien. Il mito e la grazia, Mailand 2001, S, 46.

Woher käme sonst dieser geheimnisvolle Friede, den ich hier erfahre, vermischt mit physischer Müdigkeit und schmerzlichen Erinnerungen? Der Friede dessen, der „die Welt besiegt hat" und sie nicht mehr fürchtet? Der mit seiner Auferstehung den *Camino* durchschritten hat und für immer aus der Finsternis und dem grundlegenden Übel des Todes herausgeführt worden ist? Wenn es so wäre, dann wäre der *Camino* nach Santiago ein Bild dafür. Ein geradezu sakramentales Bild, das die österliche Gnade nicht nur darstellt, sondern auch etwas von ihr geschehen läßt. Menschwerdung, Leiden, Sterben und Auferstehung Christi sind die wichtigsten Ereignisse unseres Glaubens. Die Mysterien, deren Zeuge der heilige Jakobus gewesen ist: der sichtbar gewordene Leib des Lebenswortes, seine Verklärung, die blutige Todesangst am Ölberg, die Auferstehung. Vielleicht dient dieser Gang zum Grab eines Apostels dazu, in uns den Glauben des Jakobus, den Glauben der Apostel wieder lebendig werden zu lassen, die an der Seite Jesu gegangen sind, der wahrer Gott ist und wahrer Mensch.

Nach der Pause fällt uns das Weitergehen unendlich schwer. Wir zahlen – mit Wucherzinsen – den Preis für die gestrigen Anstrengungen. Das Auf und Ab ist wie immer Gift für Mario, der über unerträgliche Schmerzen klagt und sich nach einer *Carretera* sehnt. Die Sonne verschwindet hinter tiefschwarzen Wolken und taucht wieder auf; ein kalter Wind kommt auf. Als wir uns vergewissert haben, daß die asphaltierte Straße unten rechts nach Monreal führt, entscheiden wir uns für diese Strecke. Ich mache mir große Sorgen um Mario und beobachte ihn ständig aus den Augenwinkeln; er hat begonnen zu hinken. Hinter einem *Merendero* halten wir an und setzen uns auf eine kleine Mauer an der Straße. Schweigend betrachte ich die Hügel vor uns. Links läuft die Straße auf die übliche trügerische Anhöhe zu; rechts von mir sitzt Mario mit undefinierbarem Gesichtsausdruck. Ich sehe auf meine Schuhe, starre auf den Asphalt, mustere die Markierungen, wer weiß, wo Santiago liegt, niemand kommt vorbei, man hört nur die Zikaden, weit und breit gibt es keine Häuser, nichts. Plötzlich, schlagartig, kommt mir alles absurd und sinnlos vor, ich habe den Eindruck, daß wir diese ganze Mühsal umsonst auf uns nehmen, uns vergeblich durch eine unbekannte und unbewohnte Landschaft schleppen, die an uns und unseren Bedürfnissen nicht das geringste Interesse hat. Ich stammle: „Weißt du eigentlich, wo wir sind?" Wir lachen, keuchend und krampfhaft. Wohin hat es uns verschlagen? Was tun wir hier, an diesem Ort, zu dieser Zeit? Die ewigen Fragen, soweit das Auge reicht.

Als wir uns wieder auf den Weg machen, ist die Straße das übliche schnurgerade Asphaltband, das nur von Hügeln unterbrochen wird, um sich dann, sobald diese überwunden sind, erneut bis zum Horizont zu erstrecken. Immer wieder fahren Lastwagen an uns vorbei, ohrenbetäubend und stinkend und mit dem unvermeidlichen Fahrtwind, der Mario jedesmal unter den Hut fährt und ihn wegzuwehen versucht. Ich weiß nicht, wie lange wir unterwegs sind. Die immer gleiche Landschaft (Straße, Hügel, Horizont, *Merenderos,* Straßenschilder, mörderische Lastwagen, Schilder mit der Aufschrift „coto privado de caza" oder einem beunruhigenden „adestramiento de perros" ...) lassen auch das Verstreichen der Stunden gleichförmig werden. Bis am Ende einer unendlichen Geraden der *Nacional* etwas zu erahnen ist, das die Silhouette von Monreal sein könnte. Langsam nähern wir uns; die Füße sind zerschunden, der Wille strengt sich nur noch an, weil das Ende seiner Anstrengungen abzusehen ist. Mario ist unsäglich müde, immer wieder muß ich an den ersten Tag denken, und auch in seinem Hirn scheint dieselbe Erinnerung herumzugeistern und bricht sich plötzlich Bahn mit den Worten: „Bruges ist fern und nah." Als das Schild mit dem Hinweis auf die Endstation „Monreal" auftaucht, können wir es nicht glauben. Wir biegen in die *Calle Mayor* ein; sie führt von der mittelalterlichen Brücke zur Kirche, in deren Nähe der *Albergue* liegt. Wir lernen Ursula kennen, ein deutsches Mädchen, das ganz allein auf dem *Camino* unterwegs ist. Nach und nach treffen auch El Gringo, die Friulaner und ein spanischer Junge mit einem Halstuch ein. Wir waschen uns und die Wäsche und hängen sie zum Trocknen über das Geländer rechts vom Pilgerheim, wobei wir die von zu Hause mitgebrachten Wäscheklammern einweihen.

Ich frage die anderen, wo sie zu Abend essen; sie antworten, daß es ein *Hostal* an der Straße gibt, das aber zu teuer sei; deshalb wollen sie sich in dem kleinen Laden in der Nähe des Pilgerheims etwas zu essen kaufen. Ich erzähle es Mario, der mich

115

mit müdem, gedankenverlorenem und trägem Blick ansieht. Ich schlage ihm vor, die letzte Etappe des aragonesischen Jakobswegs zu feiern. Es ist jedoch noch zu früh, um im *Hostal Unzué* am Kilometer 18 der Straße von Pamplona nach Jaca zu essen. Niemand ist unterwegs. Gegenüber liegt eine menschenleere Werkstatt, und dasselbe Bild bietet sich uns in den anderen umliegenden Innenhöfen. *Wo sind die Spanier eigentlich den ganzen Tag?* Also probieren wir den kleinen Laden aus, einen Ort aus den fünfziger Jahren mit einer älteren Frau, die uns ohne jede Hast bedient. Die Preise an den Regalen sind mit kleinen roten Einschiebezahlen ausgezeichnet, und man bekommt alles, von Gemüse bis hin zu Friedhofskerzen. Doch wir sind die letzten, die anderen waren vor uns da, und das Brot ist ausverkauft. Wir müßten zu einer *Panadería* weiter vorne in derselben *Calle* gehen. Ich frage Mario, was er essen will, bekomme jedoch nur ein unverständliches, zusammenhangloses und widersprüchliches Gebrabbel aus ihm heraus: Er besteht darauf, daß er gegrilltes Beefsteak essen will, doch das gibt es hier nicht. Ich schlage ihm vor, Milch, Kaffee und Kekse für unser morgiges Frühstück zu besorgen und im *Hostal* zu essen. Das machen wir, es ist besser so: Über das hinaus, was seine Füße und Beine quält, will ich meinem Bruder nicht noch weitere Probleme aufhalsen.

Im *Hostal* hat Mario an allem etwas auszusetzen. In Wirklichkeit ist das *Menu del día* gar nicht teuer, und wir essen gutes Fleisch. Nur die Bedienung ist frostig, und das in jeder Hinsicht: Als das Obst kommt, müssen wir aufpassen, daß wir die Pfirsiche nicht fallenlassen, denn sie sind so hartgefroren, daß wir Gefahr liefen, uns die Füße zu brechen. Wir zahlen und gehen und geben acht, daß wir uns nicht auf den Magen treten, denn der schleift auf dem Boden, weil die Pfirsiche ihn mit ihrem Gewicht nach unten ziehen. El Gringo und der Junge mit dem Halstuch wollen uns einen Kaffee spendieren. Wir reden angeregt über Fußball. Morgen spielt Spanien gegen Paraguay, und ich bin sicher, daß Paraguay ein gutes Jahr hat. „Frankreich, Frankreich ...", prognostiziere ich. „Italien, Italien", hofft mein Bruder.

Als wir ins Pilgerheim zurückkehren, ist es noch hell. Es ist zehn vor zehn, das sind die längsten Tage des Jahres. Als ich bei den Brüdern in Ard Mhuire in Donegal in Nordirland war, ging im Juni erst um zehn Uhr abends die Sonne unter. Dank Helligkeit können wir unsere Rucksäcke packen und uns bettfertig machen, ohne Licht anzumachen und Ursula und die Friulaner zu stören, die bereits friedlich schnarchen. Die letzten beiden kommen auch, und kurze Zeit später schlafen wir alle oder sind kurz davor.

Es liegt etwas Schwüles in der Luft. Während ich die optimale Schlafposition suche, werfe ich noch einmal einen Blick im Zimmer umher: Wir sind nur wenige hier im *Albergue,* sieben insgesamt. Doch die Atmosphäre ist merkwürdig, nein, nicht merkwürdig: drückend. Ich kenne sie genau: es ist die Atmosphäre des Abschieds. Es ist die letzte Etappe des *Camino Aragonés,* und uns alle erwartet morgen ein lärmendes Durcheinander: Die *Albergues* und die Wege, die wir bisher immer leer und still vorgefunden haben, werden von Dutzenden von Pilgern aus Roncesvalles überschwemmt sein. Aber woher kommt diese niederdrückende Last der Dinge, die zu Ende gehen? Der Personen oder Dinge, an denen man hängt und die dann zu Ende gehen müssen?

Von Monreal nach Puente la Reina, Freitag, 7. Juni

Auf dem *Camino* geht man praktisch vollständig angezogen ins Bett, deshalb sind Aufstehen und Ankleiden im Prinzip dasselbe. Wir schnüren unsere Rucksäcke zu. So beginnt der neue Tag, und kaum ist er angebrochen, greift schon die Melancholie nach ihm: Der erste Streckenabschnitt neigt sich seinem Ende zu. Wir gehen hinunter, um zu frühstücken. Die Friulaner sitzen uns gegenüber; ihre Gespräche scheinen aus dem Reich der Träume zu uns zu dringen, das wir gerade verlassen haben: „Wenn wir in diesem Tempo weitergehen, sind wir in etwas weniger als zwanzig Tagen in Santiago", wetten sie. „Sie sind verrückt", meint Mario. „Nein", korrigiere ich ihn: „sie sind *Runners,* Läufer; der Sinn ihres *Camino* besteht darin, vor jemandem herzulaufen." Mario beobachtet sie mit gerunzelter Stirn. Ich bete zu Gott, daß er nicht mit dem Vorsatz losgeht, die beiden *Runners* nun seinerseits zu verfolgen oder etwas in der Art: Das wäre, was den Gesundheitszustand seiner Beine betrifft, eine völlige Fehleinschätzung seinerseits. Und damit noch weitaus besorgniserregender als die

Gliederschmerzen selbst. Statt dessen geht er nach oben, kommt mit unserem Wäschesack zurück und beginnt vor den Augen von Vater und Sohn in aller Ruhe die Wäsche zu waschen. Die beiden schultern ihre Rucksäcke und gehen los; sie wollen uns in Puente de la Reina wiedertreffen. „Ja, ja, wartet auf uns", ertönt Marios Stimme aus dem Off; er ist völlig ins Waschen versunken. Ich nutze die Gelegenheit, um mein Brevier zu beten; ich setze mich auf den Vorplatz der geschlossenen Kirche. Es ist kalt; das merke ich auch daran, daß mein Atem wie an einem Herbst- oder Wintermorgen kleine Wölkchen bildet. Ich winke El Gringo und den anderen aufbrechenden Pilgern zu. Endlich kommt auch Mario aus dem Pilgerheim; die Wäsche hat er zum Trocknen über seinen Rucksack gehängt. Wir gehen los.

Von der Höhe des Weges aus sieht man die Ebene nach Pamplona hin, ja, man sieht sogar Pamplona, das nicht allzu viele Kilometer von hier entfernt sein muß. Mario verspürt und beklagt sofort heftige Beinschmerzen. Eines seiner Beine zieht er nach. Der Karte von *La Guida Rossa* zufolge beträgt die heutige Etappe etwa 23 Kilometer; doch als wir die Kilometerangaben auf verschiedenen Karten zusammenzählen und vergleichen, kommen wir zu dem Ergebnis, daß es möglicherweise mehr als 26 sind. Mario will immer wieder anhalten und findet dafür mit großem Geschick die unterschiedlichsten Gründe: die Felder zu betrachten, seine Blase zu entleeren, den Poncho aus- oder anzuziehen, denn das schöne Wetter hat sich noch nicht endgültig durchgesetzt und wird immer wieder durch Regentropfen beeinträchtigt. Und noch viele andere Überlegungen, die nicht alle in diesem Tagebuch wiedergegeben werden können. Der Himmel ist bleigrau, als wir in Sichtweite der Burg von Tiebas ankommen. Es ist Zeit fürs Mittagessen. Um ins Dorf zu gelangen, müssen wir eine extrem steile Straße hinaufklettern, über die ständig Lastwagen fahren, die Kies transportieren. Dieses kurze Stück Asphalt wird für mich zu einer nicht enden wollenden Qual. Ich weiß nicht, was meine Bewegungen so schwerfällig macht oder mich mit dieser Abneigung gegen alles erfüllt, was ich tue: Mario, dem es schlecht geht, der ungnädige Himmel, die Kälte, die Steigung, der Rucksack, die Lastwagen, mein Ärger darüber, daß ich heute noch nicht die Messe gefeiert habe, alles, was schief oder zu langsam geht. Kurz, heute ist nicht mein Tag.

Als wir durchs Dorf gehen, kommen wir wieder ein bißchen zu Atem. Wir finden kein Geschäft, das geöffnet wäre, und auch keine Menschen, bei denen wir uns erkundigen könnten. Nur Hunde, die offenbar schon bellen, wenn sie nur den Luftzug spüren, den unser Vorbeigehen verursacht: Mario hat mir nämlich strengstens untersagt, wenn wir an Häusern vorbeigehen, die von den *Perros* bewacht werden, den Pilgerstab auf den Boden aufzusetzen, damit sie uns nicht hören. Vergebliche Liebesmüh. Nach einem traurigen Mittagessen in der Bar des Dorfes machen wir uns um viertel nach eins wieder auf den Weg. Ich sage es noch einmal, Mario hat sichtlich Schmerzen. Hinter Tiebas müssen wir uns entscheiden, ob wir über Biurrun oder über Olcoz weitergehen. Wir biegen links ab.

Sogleich verläuft der *Camino* an der Autobahn entlang. Hier bleibt mein Bruder stehen: Er kann nicht mehr und will um jeden Preis wissen, was er hat. Wir rufen Mariano an, um eine telefonische Diagnose zu erhalten. Doch wie um Himmels willen soll unser Freund die Situation eines Patienten nachvollziehen, den er, wie in diesem Fall, nicht einmal sieht?

Wir gehen weiter bis Puente und wollen dort entscheiden, was zu tun ist. „Aber wenn es eine Sehnenentzündung ist, gibt es nur eine Therapie: Du mußt dich ausruhen", gebe ich Mario zu bedenken. Er antwortet nicht, macht nur eine Handbewegung: dieselbe, mit der man eine lästige Fliege verscheucht, die um einen herumschwirrt. Sehr langsam gehen wir unter der Autobahn hindurch und an Gärten vorbei, alle *coto privado de caza*. Jetzt, hinter Olcoz, führt der *Camino* mitten durch die Felder und über schlammigen, mühseligen Untergrund. Meine Gedanken sind nicht weniger mühselig: Mir kommen – begleitet von Verdruß, Scham und Zorn – alle Personen in den Sinn, mit denen ich mich im Grunde nie wirklich ausgesöhnt habe; die Erinnerung an sie versetzt mir seelische Nadelstiche. All die Situationen, in denen die Gelenke des Lebens sich verrenkt haben. Ich bete, so gut ich es in diesem Moment und in diesem Gemütszustand eben kann, aber ich bete wirklich für sie und für mich: daß diese mühselige Straße des Grolls bald enden möge. So bald wie möglich.

Mario stöhnt und zieht das Bein nach, ich kann es nicht erwarten, daß diese Qual endlich aufhört, daß wir endlich ankommen. Dauernd muß ich mir und Mario mit dem Pilgerstab den

Schlamm von den Schuhen kratzen. Schließlich taucht in eher größerer Entfernung ein Dorf auf, das Anorbe sein müßte: Dann ist es nicht mehr weit nach Eneriz, und von dort aus gelangt man sofort nach Eunate. Aber ob wir dort jemals ankommen werden? Als Gott es will, erreichen wir in strömendem Regen Eneriz. Wir setzen uns auf eine Bank; nach kurzer Zeit trifft Ursula ein; wir wechseln einige Worte mit ihr. Sie muß bald nach Hause, denn ihre Ferien sind zu Ende. „Was wir für ein Glück haben", sage ich zu Mario, der eigens gekündigt hat, um dieses Wallfahrt machen zu können.

Vielleicht liegt es daran, daß wir eine kürzere Etappe als die gestrige erwartet hatten, vielleicht haben wir auch wirklich an Tempo verloren, jedenfalls erscheint uns die heutige Strecke wie ein nicht enden wollendes Labyrinth. Endlich erkennen wir in der Ferne die achteckige Kuppel von Eunate. Es hört auf zu regnen, während wir uns von hinten auf das berühmte romanische Kirchlein zubewegen, ein *visitandum est,* umgeben von Pfützen, die uns mit schlammigem Wasser bespritzen, und den Autos einiger Touristen. Das Bauwerk ist von bescheidener Größe, aber wunderschön: umgürtet von einem kleinen Kranz offener Arkaden, mit einem achteckigen Zentralbau, einer kleinen Apsis und einem Türmchen. Verschiedene Einflüsse sind erkennbar: die Decke ist maurisch, die Apsis zisterziensisch, die Gesamtkomposition romanisch geprägt. Jedenfalls ist es heute eine Marienkirche, und deshalb thront über dem Altar eine Marienstatue. Ihr Gesicht ist sehr heiter, die Augen sind weit geöffnet, und ihre Arme halten den segnenden Jesus: die heilige Maria von Eunate. Ihre Haltung erinnert an die Pilgermadonna von Caravaggio. *Doch wie weit ist Rom von hier entfernt …*

Wir setzen uns; ich nehme den Rosenkranz zur Hand, um die letzten Geheimnisse des Tages wenigstens teilweise zu beten. Wenn wir nicht so müde wären und wenn ich mir wegen Mario und seiner Sehnenentzündung nicht so große Sorgen machen würde, wäre dies ein sehr friedlicher Ort. Ich bitte die Gottesmutter, daß sie uns helfen möge, auch im Kleinen Gottes Willen zu tun und im Rahmen unserer Pilgerfahrt die richtigen Entscheidungen zu treffen. Ein Schild informiert uns darüber, daß es noch vier Kilometer bis Puente la Reina sind. Die Neuigkeit verzehnfacht meine Kräfte. Ich hänge mir den Fotoapparat um den Hals, um den feierlichen Moment zu verewigen, da der Pilger an jenem Punkt steht, wo die beiden Wege – der französische, der von Roncesvalles herabkommt, und der aragonesische vom Somport – sich kreuzen und sich vereinigen. Wir gehen weiter durch den Regen und schleppen uns über den nach wie vor schlammigen Weg, der mal bergauf und mal bergab führt. Die ganze Zeit über halte ich Ausschau nach dem Denkmal, das meiner Meinung nach eigentlich jeden Augenblick auftauchen müßte. Doch da ist nichts außer Schlamm und Morast. Mit einem Mal taucht rechts von uns die Rückseite der Statue auf. Ich habe Mühe, sie zu erkennen: Ich hatte Fotos gesehen und geglaubt, sie läge inmitten von Wiesen und der französische *Camino* sei ein Schotterweg, der an ihrer Vorderseite vorbeiführe. Tatsächlich steht sie mitten im Gewühl einer äußerst verkehrsreichen *Carretera*. Mit einem Schlag vergesse ich alle Beinschmerzen, lasse Mario stehen und laufe hinüber, um sie zu grüßen. Wieder und wieder lese ich mit lauter Stimme die Inschrift auf dem Sockel und rufe sie meinem Bruder zu: „Y desde aquí / todos los caminos / a Santiago / se hacen uno solo." Wir sind da! Wir sind angekommen! Ah, Puente la Reina!

Dort hinten liegt das Dorf, und das da am Horizont könnte das Pilgerheim der *Padres Reparadores* sein. Da kommen uns zwei völlig durchnäßte englische Pilger entgegen, die gerade bei den Patres waren: Das Pilgerheim ist voll. Sie werden im *Albergue dos Peregrinos* übernachten, das vom Hotel hier an der Kreuzung zur Verfügung gestellt wird. Am Eingang gibt es den *Sello* und eine Liste, wie in den bisherigen Pilgerheimen auch; an der Recepción sagt mir eine äußerst liebenswürdige Dame, daß noch Plätze frei sind und daß die Übernachtung sechs Euro kostet. „Es gibt auch noch freie Hotelzimmer", fügt sie hinzu, „mit Dusche und Bad." Ich will schon ablehnen, da fällt mein Blick auf meinen Bruder, der gerade mühsam heranhumpelt und sich bei jedem Schritt auf seinen Stock stützt. Er ist durchnäßt von Schweiß und Regen, seine Augen flehen stumm um Erbarmen. „Gut, ich nehme ein Doppelzimmer", antworte ich instinktiv und ohne mich um die Kaufkraft des Euro zu kümmern. „Warum geben wir soviel Geld aus?" fragt mich Mario beunruhigt, während wir mit dem Aufzug nach oben fahren. „Weil wir uns auf diese Weise besser ausruhen können, es werden keine Leute da sein, die um sechs Uhr aufstehen, und wir werden morgen früh bis acht Uhr schlafen können. Du mußt dich ausruhen. Wir müssen uns ausruhen." Das Zimmer ist schön, und nachdem wir die Rucksäcke abgestellt haben, fühlen wir uns federleicht. Wir verstreuen unsere Kleidung im Zimmer, waschen uns und sinken in die Betten. Ich erledige ein paar Anrufe: einen nach Hause und einen bei Davide, dem ich das Unbeschreibliche zu erklären versuche, das ich in meinem Innern fühle. Überrascht höre ich mich sagen: „Es ist ein ganz merkwürdiges Gefühl, man fühlt sich liebgehabt." „Das ist Gottes Hand auf deinem Herzen", antwortet er.

Mario cremt sich den Spann mit Salbe ein, und ich verarzte ihm die kleinen Blasen, die er sich vermutlich aufgrund der regennassen Strümpfe gelaufen hat. Er hat starke Schmerzen und kann nicht aufstehen. Er sagt, daß er nichts essen will; er will im Bett bleiben, er hat keinen Hunger, er möchte nur etwas Eis für die Füße. Ich gehe hinunter und in den *Comedor* des Hotels – ein vornehmes Restaurant mit höflichen Kellnern: In meiner Pilgerkleidung fühle ich mich fehl am Platz –, wo ich ein hervorragendes Abendessen bestelle: Außer der *Ensalada mixta* nehme ich eine *Sopa de pescado* und Kalbslendenschnitzel mit *Roquefort*-Sauce. Während ich dieses zarte und sehr, sehr gute Fleisch esse, also etwa zwanzig Minuten nachdem ich mich an den Tisch gesetzt habe, wird mir klar, daß mein Unbehagen nicht nur von meiner Kleidung herrührt, die nicht zum Ambiente paßt: Es kommt auch von *innen*. Ich denke daran, daß Mario dieses Fleisch auch genossen hätte, denn es vergeht kein Tag, ohne daß er mich daran erinnert, daß man auf dem *Camino* Fleisch essen muß – besonders dann, wenn wir keins bekommen haben oder nicht in der Lage waren, es auf spanisch zu bestellen. Ich denke, daß ich noch nicht daran gewöhnt bin, alleine zu essen, obwohl das nun häufiger geschieht, seit ich in Rom bin. Zu Hause war es ein Zeichen dafür, daß irgend etwas nicht stimmte, wenn man alleine oder schweigend aß. Es verdrießt mich, die anderen zu sehen, die Gesellschaft haben, sich unterhalten, gemeinsam entscheiden, was sie essen wollen. Es ist das erste Mal seit unserem Aufbruch, daß ich von meinem Bruder getrennt bin. Blitzartig wird mir klar, daß *Mario mir fehlt.*

Ich beeile mich mit dem Essen, um bald wieder bei ihm zu sein. Ein Satz aus dem Buch Genesis hallt in meinem Kopf wider, während ich versuche, den Kloß hinunterzuschlucken, der sich bei diesem einsamen Abendessen in meiner Kehle gebildet hat; jenen Satz, den Joseph, nachdem sein Vater Jakob ihn auf die Weide von Sichem geschickt hatte, zu dem Mann sagte, der ihn gefragt hatte: „Wen suchst du?": „Ich suche meine Brüder", antwortete er. Einen Augenblick lang sehe ich völlig klar: Auch ich suche meine Brüder, meine Geschwister. Ich habe sie schon immer gesucht, seit ich als ganz junger Mann ins Seminar eingetreten bin und das Verhältnis zu ihnen an Intensität verloren hat. Ich habe sie gesucht, als ich im Seminar niemanden fand, mit dem ich das, was ich war, und das, was ich dachte oder tun wollte, von Grund auf teilen konnte. Wahrscheinlich habe ich sie auch in den Freundschaften gesucht, die ich in diesen Jahren geschlossen habe und von denen ich annahm, daß sie diese Leere füllen könnten, die mich heute abend bedrückt. Hat der Herr deshalb gewollt, daß Mario mich auf dem *Camino* begleitet, obwohl ich eigentlich vorhatte, allein herzukommen? War das die Lektion, die ich lernen sollte? Sofort bitte ich um die *Cuenta* und zahle, gehe an der Bar vorbei, wo ich zwei Wassereis für Marios Füße kaufe, und gehe aufs Zimmer. Mario ist eingedöst. Ich mache ihm einen Umschlag, indem ich das Wassereis zerstampfe und es ihm in einer kleinen Tüte auf die schmerzende Stelle lege. Als ich ihn bitte, mir den zweiten Fuß entgegenzuhalten, damit ich dort dasselbe tun kann, stelle ich fest, daß er das zweite Eis gerade heißhungrig verspeist. Wir lachen. Dann strecke auch ich mich auf dem Bett aus. „Ist dir eigentlich klar, wie weit wir schon gekommen sind?" frage ich ihn. „Puente La Reina!" ruft er aus, zufrieden und stolz. Ich möchte ihm etwas von dem erzählen, was ich bei Tisch gedacht habe, aber er ist plötzlich eingeschlafen. Ich schalte das Licht aus, während die Regentropfen gegen die Scheibe trommeln und mich veranlassen, mir das Bettuch und die Decke unters Kinn zu ziehen. Wie es wohl morgen laufen wird … Mir kommt ein Stück aus einem Lied in *Der Herr der Ringe* in den Sinn, wo von einer Kreuzung die Rede ist, an der Straßen und Wege zusammenlaufen und hinter der man weitergeht, genau wie an diesem Punkt des *Camino,* an dem wir inzwischen angekommen sind:

Die Straße gleitet fort und fort,
Weg von der Tür, wo sie begann,
Weit überland, von Ort zu Ort,
Ich folge ihr, so gut ich kann.
Ihr lauf ich raschen Fußes nach,
Bis sie sich groß und breit verflicht
Mit Weg und Wagnis tausendfach.
Und wohin dann? Ich weiß es nicht.

Ich weiß es nicht, aber Gott weiß es. Er weiß, wer ich bin, und er weiß, was ich wirklich brauche. Das ist eine der Gewißheiten, die der *Camino* meinem *Innern* einprägt. Deshalb lege ich mich trotz aller Sorgen und Ängste *in Frieden nieder und schlafe ein.* Für heute abend ist das mehr als genug. Gottes Hand auf meinem Herzen ist eine Liebkosung.

Zweiter Abschnitt

„Du leitest mich nach deinem Ratschluß"

Von Puente la Reina nach Estella, Samstag, 8. Juni

Als ich aufwache, bin ich frisch und ausgeruht. Mario dagegen zögert, er will nicht aufstehen. Ich fürchte, daß er irgend etwas sagt wie „es geht mir schlecht, wir können nicht weitergehen" ... „Wollen wir hierbleiben?" schlägt er vor. Da, er hat es gesagt. Wir versuchen herauszufinden, ob das möglich ist; Fazit: Wir sammeln die im Zimmer verstreuten Sachen zusammen, packen unsere Rucksäcke und gehen hinunter. Wir treten hinaus auf die Straße, auf den *Camino,* der uns zu der berühmten Brücke führen wird. Königin Munia, die Frau von Sancho III. von Navarra, hat sie im 11. Jahrhundert erbauen lassen. „Bestimmt kommen wir durch die Ortsmitte", vermutet Mario. „Bestimmt"; die gelben Pfeile führen immer über die wichtigsten Sehenswürdigkeiten einer Stadt oder eines Ortes. *El tiempo está nublao,* aber es gibt ermutigende Sonnenstrahlen. Mario bewegt sich sehr viel besser als gestern und gibt es sogar selber zu. Die traditionelle Etappe von Puente endet in Estella, das heißt in etwas mehr als 22 Kilometern. Eine Entfernung, die nicht allzu anstrengend sein dürfte. Doch auch dieses Ziel werden wir wie alle übrigen nur erreichen, „so Gott will". Das ist sicher, und deshalb gehen wir es ganz gelassen an. Von der geschlossenen Kirche des Gekreuzigten biegen wir in die *Calle Mayor* ein, die gerade Straße, über die der *Camino* verläuft und an der die kleine Stadt im Laufe der Jahrhunderte gewachsen ist. Puente ist das perfekte Beispiel für ein Dorf, das durch den Pilgerweg entstanden ist, und die Hauptstraße (eben die erwähnte *Calle Mayor*) begleitet den Pilger in das Dorf hinein und wieder hinaus. Wir finden eine *Cafetería-Panadería*, die uns mit ihrem Kuchen und Kaffeeduft an zu Hause erinnert. Wir bestellen zwei Teilchen, die auffälligsten, dazu zwei *Cafés con leche*, und setzen uns an einen der kleinen Tische. Im Sekundenbruchteilen ist alles verschwunden. Ich rede Mario zu, sich noch etwas zu bestellen, „weil du gestern abend gar nichts gegessen hast", wie ich ihn erinnere, „und Kraft brauchst". Also nimmt mein Bruder zwei weitere Teilchen und noch einen Milchkaffee. Diese traumhaften Brioches bekommen gemeinsam mit dem Abendessen von Madame Labay einen Ehrenplatz in meinem Gedächtnis. Während wir essen, kommt eine … kleine, aber umfangreiche Familie von Pilgern herein: Der Vater wiegt mindestens 200 Kilo, die Frau 150, und die Tochter sicherlich um die zwei Zentner. Dem Akzent nach müssen es Iren oder Amerikaner sein. Tatsache ist, daß wir aufstehen und gehen müssen, um nicht zwischen unserem Tisch und ihren Rückenlehnen zerquetscht zu werden.

Wir tauchen wieder ein in das brodelnde Leben auf der *Calle*. Auch heute morgen ist es kalt, aber wenigstens regnet es nicht, und alles wird vom Sonnenlicht erhellt. Kurz nach der Cafeteria finden wir nach der Hälfte der Straße die Kirche zum heiligen Jakobus, wo die Statue des Santiago *Beltza*, des „schwarzen" Jakobus verehrt wird: Wir gehen hinein, um unser Morgengebet zu verrichten. Danach wollen wir versuchen, etwas für Marios Füße zu bekommen. Die Apotheke am Marktplatz ist geschlossen, obwohl heute Werktag ist. Schon bald sind wir am Ende der *Calle* und damit am Anfang der Brücke. Was soll ich sagen? *Die Brücke!* Auch diese wenigen Meter des *Camino*, die über dem Wasser des Flusses Arga schweben, sind mir seit Jahren bekannt. Von hier aus sind wir vor drei Jahren mit den Jugendlichen aus der Pfarrei zur ersten Etappe des Jakobswegs aufgebrochen, die wir zu Fuß gemacht haben. Und so wie unsere Füße haben in Hunderten von Jahren Millionen von Füßen diese Brücke überquert, die ein obligatorischer Bezugspunkt für alle ist, die wie wir den sogenannten *Camino Francés* gegangen sind. Doch wir können Puente noch nicht verlassen, wir müssen an Marios Füße denken. Auf der rechten Seite sehen wir ein Apothekenschild. Mit leidendem

Gesichtsausdruck zeigt Mario der Apothekerin seinen geschwollenen Fuß. Wir rattern die Namen einiger Salben herunter, und sie – mit Pilgerleiden bewandert, wie sie zweifellos ist – verordnet, ohne zu zögern, „Voltaren!" „Bueno, el Voltaren, por favor", bitte ich. Wir hoffen auf ein pharmazeutisches Wunder, als wir die Apotheke verlassen. „Wer weiß, ob es das richtige Medikament ist", seufzt Mario.

Wir beschließen, ihn zu verarzten, nachdem wir die Brücke überquert haben. Ich gehe voraus und habe das Gefühl, daß Munia, die Königin, an meiner Seite einherschreitet. Auf der anderen Seite warte ich auf Mario, der langsam geht und der Situation wie gewöhnlich ihren Zauber nimmt. Ich verarzte ihn mit dem Voltaren und nehme vorweg, was wir als nächstes sehen werden: „Cirauqui und die römische Straße, was hältst du davon?" „Hauptsache, wir kommen rechtzeitig, um uns in einer Bar das Spiel Italien gegen Kroatien anzusehen", so sein bescheidener Wunsch.

Wir gehen weiter über den *Camino*. Abgesehen vom Zeitplan und einigen Veränderungen in der Beschilderung ist alles genau wie vor drei Jahren. Das erste Dörfchen hinter Puente ist Mañeru. Zum wiederholten Male stellen wir fest, daß die Pfeile unweigerlich am Friedhof des Dorfs vorbeiführen. „Was soll das bedeuten?" fragt Mario. „Weißt du noch, was Davide in Perugia gesagt hat? Der *Camino* wird von den Lebenden und den Toten beschritten, denn hier kommen alle vorbei, die auf dem Weg ins Paradies sind." „Oder der *Camino* ist wie das Leben, und früher oder später begegnet dir der Tod", fügt er hinzu. „Ja, sicher, wir denken jeden Tag an ihn." Die weiße Mauer des kleinen Friedhofs reflektiert das Licht, durch das schützende Gitter kann man die Gräber sehen. Wir verlangsamen unsere Schritte, während wir vorbeigehen. Wie jedesmal denken wir an Vater und beten leise ein *Herr, gib ihm die ewige Ruhe*. Der Wind wird stärker und bläst uns ins Gesicht.

Um uns daran zu erinnern, daß auch der Tod zu dieser Pilgerfahrt gehört, die das Leben ist. Nach dem Weg findet der Tag Erfüllung in der Ruhe; das Licht des Tages weicht der Dunkelheit der Nacht; so weicht der Tod dem Leben. Wir sind auf dieser Erde unterwegs, um ausruhen zu können, um immer bei Gott bleiben zu können. Leben und Tod, ihre Verknüpfung und ihr „wundersamer Zweikampf" sind eine Unwägbarkeit, über die im Bereich des Abstrakten nicht viel gesagt werden kann. Im konkreten Bereich allerdings liegen die Dinge anders. Ich weiß, daß ich hier bin und für Vater bete: Ich möchte die Gnade der Vergebung für ihn erwirken, den Nachlaß der Sünden. Und für mich bitte ich darum, daß es mir gelingt, mit diesem schmerzhaften Geheimnis zurechtzukommen, mit dem ich mich nicht abfinden kann. Seit mittlerweile fünf Monaten hat das Wort „Tod" für mich eine präzise, sehr konkrete Bedeutung, die auch dem Wort „Leben" einen anderen Sinn gegeben hat.

Vielleicht ist das der Grund dafür, daß ich in diesen Tagen der Pilgerschaft sehr darum bemüht bin, das zu identifizieren, was in mir sich dem Leben entgegenstellt, was tot ist oder zum Tode führt. In der Begrifflichkeit des christlichen Glaubens heißen der Kampf gegen das Böse und der Tod, der Leben und Gutes hervorbringt, *Buße*. Tatsächlich besitzt der *Camino* eine Dimension der Buße, über die ich in diesem Pilgertagebuch auch etwas schreiben möchte und die sich nicht auf die Opfer oder Entbehrungen reduziert, die man hinnehmen muß und an die man banalerweise gemeinhin denkt, wenn man das Wort „Buße" hört. Alles entsteht daraus, daß man Dinge, die man schon vor drei Jahren gesehen hat, heute mit anderen Augen sieht. Was heute neu ist im Vergleich zu damals, ist ein klares Bewußtsein dessen, was auf dem Spiel steht, ein sehr starkes und sehr zartes Bedürfnis nach einem neuen Lebensentwurf, das von dem Wunsch bestimmt ist, sich zu verändern, eine Seite umzublättern, ohne Wenn und Aber das Böse anzuerkennen, das man erlitten und getan hat, um ein Gut zu suchen und zu wählen, das von Dauer ist, das dem Tod widersteht und das Böse in Gutes verwandelt. Dieses Gut kann nur Jesus sein: das heißt einer, der *gestorben und auferstanden, gekreuzigt und verherrlicht* worden ist. Jetzt wieder dort entlangzugehen, wo ich bereits gewesen bin, läßt mich das, was auf dem *Camino* täglich geschieht, besser begreifen: Es vergeht kein Tag, ohne daß man an ein Ereignis aus der näheren oder ferneren Vergangenheit erinnert wird oder zurückdenkt; Personen, die mir etwas oder denen ich nichts oder nur wenig gegeben habe; Situationen, die in sich eine Einladung zu dem Versuch darstellten, nach dem Evangelium zu leben, eine Einladung, die ich jedoch aus Furcht, Unwissenheit oder bewußtem Einverständnis mit der Sünde ausgeschlagen habe, die ich damit wissentlich beging. Ich sehe dieselben Dinge mit verändertem Blick. Deshalb beginne ich den Rosenkranz, jeden Abschnitt des Rosenkranzes, täglich mit diesen Worten: „Zur Sühne für meine Sünden und als Buße für mein bisheriges Leben bitte ich dich Herr *aus der Tiefe* meines Elends, daß ich dich liebe. Und du, *komm mir zu Hilfe, eile mir zu helfen.*"

Hinter dem Friedhof beginnt ein zauberhafter Spaziergang mit der Silhouette von Cirauqui im Hintergrund, das wie ein mittelalterliches Juwel in den Ring der umliegenden Hügel eingefaßt ist. Wir machen von der Straße aus ein Foto. In Wirklichkeit möchten wir das festhalten, was wir in unserem *Innern* tragen: diesen tiefen und geheimnisvollen Frieden, von dem ich durchdrungen bin, den diese Pilgerfahrt, die wir machen, mir schenkt. Ein *büßender* Friede, in den die Geduld hineingewoben ist, die das tägliche Unterwegssein uns lehrt, und die Hoffnung, in Santiago anzukommen. Geduld und Hoffnung lassen uns alle Mühen und Schwierigkeiten ertragen. Statt die Traurigkeit und Entmutigung zu verstärken, läßt die Art und Weise, wie ich mir hier meiner selbst und meiner Vergangenheit bewußt bin, in mir den Wunsch nach größerer Demut und Gottesnähe aufkommen, weil ich erkenne, daß ich seiner und seiner Barmherzigkeit bedarf. Ich spüre, daß die Wunden, die durch das *schmerzhafte Geheimnis,* meine Mißerfolge und meine bösen Taten, die ich niemandem anlasten kann, verursacht worden sind, nichts mit diesem Bedürfnis, sondern mit einem stolzen Bild zu tun haben, das ich mir von mir selbst gemacht habe und das in sich zusammengestürzt ist. Ich spüre, daß in dem Maß, in dem dieser geheimnisvolle Friede wächst, auch ein heiteres Mißfallen an der Sünde zunimmt, das sich rasch in den Wunsch verwandelt, mich zu bessern und nicht blockiert, gelähmt oder stumm zu sein. Unter Stummheit verstehe ich die Unfähigkeit zu beten, die ich jedesmal verspüre, wenn ich mir vorwerfe, etwas getan zu haben, das in den Augen Gottes böse ist. Doch die verzweifelte Hartnäckigkeit, mit der ich hier auf dem *Camino* bete, lehrt mich, daß man in jedem Fall mit dem Herrn sprechen muß. Buße tun heißt, ihm zu sagen: „Ich habe das Recht und das Bedürfnis, mich nicht von dir zu entfernen, sondern mich dir zu nähern, dir, der du gesagt hast: *Nicht die Gesunden brauchen den Arzt, sondern die Kranken. Und: Ich bin gekommen, um die Sünder zu rufen, nicht*

die Gerechten. Darum lernt, was es heißt: Barmherzigkeit will ich, nicht Opfer. "
Das einfache Leben auf dem *Camino* hilft uns, eine Illusion zunichte zu machen: den Anspruch, sauber, gekämmt, ordentlich und selbstzufrieden vor den Herrn zu treten und ihn selbst dadurch in Erstaunen zu versetzen. In Wirklichkeit stinken wir immer, sind schmutzig, verschwitzt und müde, genauso wie wir glücklich und heiter sind und uns von dem, was wir erleben, begeistern lassen. Wir sind arme Geschöpfe, und dieses „arm" verrät kein Bedauern: Es ist die heitere und friedbringende Zustimmung zu einer Wirklichkeit, die unser Leben ist, unser konkretes Leben. Ohne diese Zustimmung würde ein tödlicher Irrtum in uns Fuß fassen, eine pharisäerhafte Unreife. Kurz gesagt: Jedesmal wenn wir glauben, daß wir sauber, gekämmt, ordentlich und selbstzufrieden vor den Herrn treten, glauben wir auch, ohne seine Barmherzigkeit auskommen zu können. Und genau in diesem Moment haben wir den Weg der Buße verlassen: Wir sind am Friedhof stehengeblieben, statt weiterzugehen. Hat Jesus etwa nicht gesagt, die Pharisäer seien wie *übertünchte Gräber?* Nichts tötet das Leben so sehr wie dieser Stolz. Läßt der Herr deshalb manche Sünden zu, die wir ausmerzen wollen, um bessere Menschen zu werden? Weil er weiß, daß wir, wenn er sie nicht zuließe, Gefahr liefen, anmaßend zu werden, auf die anderen herabzuschauen und zu vergessen, daß nicht wir die Urheber unseres vom Tod gezeichneten Lebens sind?

Noch immer bläst uns ein kalter Wind ins Gesicht. Über wogende Felder gelangen wir nach Cirauqui. Auch dieses Dorf ist wie ausgestorben, keine Menschenseele ist unterwegs. Wir kommen auf den Hauptplatz, wo unter einem Bogen der *Sello* für die *Credencial* bereitliegt. „Hat denn hier in der Nähe keine Bar geöffnet?" fragt Mario. Ich gehe hinauf, um auch auf dem Platz vor der Kirche San Román nachzusehen. Kein einziges Lokal. Um uns vor dem Wind zu schützen, setzen wir uns zum Essen unter den Bogen. Von hier aus führt der Weg bergab zu den Überresten der berühmten römischen Straße. Wir verlassen das Dorf und gehen über die *Calzada Romana,* einen der letzten praktisch vollständig erhaltenen Abschnitte der Straße aus der römischen Kaiserzeit, aus der sich der *Camino de Santiago* entwickelt hat. Der Boden erinnert an die *Appia Antica* in der Nähe meines Zuhauses in Rom, ein Stück hinter dem Grabmal der Cäcilia Metella. Wir entscheiden uns, unserer Neugierde nachzugeben, und rufen Stefano an, während wir über die Brücke der römischen Straße gehen: Italien verliert gerade mit 2:1. Schockiert von der Niederlage unserer Nationalmannschaft gelangen wir an den Rand der Nationalstraße. Hier halten wir einen Moment inne und blicken zurück auf den Weg, den wir gerade hinuntergegangen sind und der die Spuren so vieler Schritte jenes Volks von Pilgern trägt, die seit Jahrhunderten wie wir zum Grab des heiligen Jakobus wallfahren. „Wer weiß", denke ich laut, „vielleicht ist auch der heilige Jakobus auf diesem Weg nach Galizien gekommen." Ohne zu wissen, warum, muß ich an Madame Labay denken; alles scheint vor Jahrhunderten geschehen zu sein, kurz nachdem der heilige Jakobus hier vorbeigekommen ist. Um auf dem *Camino* zu bleiben, müssen wir die *Nacional* überqueren, doch kein Auto hält an oder verlangsamt sein Tempo, um uns auf die andere Seite zu lassen. Wir müssen eine ganze Weile warten, ehe es uns gelingt. Die Landschaft um uns herum ist karg; zwei junge Pilger überholen uns, Holländer oder Engländer, wie es scheint. Einer von ihnen hat einen Walkman und hört unglaublich laut Technomusik, der andere kann nur mit Mühe Schritt halten.

Endlich begrüßt uns Estella mit den Überresten der Heiliggrabkirche. Gleich dahinter liegt auf der rechten Seite die alte Brücke über den *Río Ega* und links der *Albergue dos Peregrinos*. Die Atmosphäre ist ganz anders, als wir es gewohnt sind: Das Pilgerheim ist groß, voller lärmender Leute, die wir nicht kennen, knallender Türen und Durcheinander. Es sind noch Betten frei, drei Euro pro Pilger, außerdem zwei Euro fünfzig für das Frühstück am nächsten Morgen. Es ist niemand da, den wir kennen oder wiedererkennen, nur drei oder vier Pilger, die wir schon einmal gesehen haben, nein, fünf: die kleine, dicke Familie aus Puente – der Vater scheint zu schmelzen wie ein Stück Butter in der Pfanne – und die beiden Jugendlichen mit dem Walkman, die uns hinter Cirauqui überholt haben. Schade! Wir haben all unsere aragonesischen Mitpilger verloren! Man weist uns ein Etagenbett an der Treppe zum zweiten Stockwerk an, „da hält uns das Kommen und Gehen aus beiden Zimmern wach", prognostiziert mein Bruder mit seinem üblichen, vorausschauenden Optimismus. Wir waschen uns und *descansieren*. Durchs Treppenhaus dringt die Kälte von draußen zu uns herein; zum Glück kommt eine *Hospitalera* vorbei und fragt, ob wir zusätzliche Decken benötigen. Gott segne sie: Ich habe keinen Schlafsack mitgenommen, weil wir laut Stefano „vor Hitze sterben" würden. „Dieser Platz gefällt mir nicht", murrt Mario, „er ist unfreundlich." Ich nehme mir mein Brevier für die Lesehore an diesem Samstag der neunten Woche *per annum* und finde einen Absatz des heiligen Thomas, der mir hilft, die aufsteigende schlechte Laune zu verjagen und mich daran zu erinnern, warum wir hier sind, in diesem „unfreundlichen" *Albergue:* wir gehen den *Camino,* Bild Christi, der das Leben ist:

Der Weg ist Christus, und deshalb sagt er: „Ich bin der Weg." Und da dieser Weg zum Ziel führt, fügt er hinzu: „Ich bin die Wahrheit und das Leben"; und so ist er gleichzeitig Weg und Ziel. Weg gemäß der Menschheit, Ziel gemäß der Gottheit. Denn wo dieser Weg ankommt, ist das Ende der menschlichen Sehnsucht. Nun sehnt sich aber der Mensch vor allem nach zweierlei: erstens nach der Erkenntnis der Wahrheit, die seiner Natur eigen ist. Zweitens nach der Dauer im Dasein, das die gemeinsame Eigenschaft aller Dinge ist.

In Christus findet sich sowohl das eine wie auch das andere (…) Wenn du also überlegst, welchen Weg du nehmen sollst, dann nimm Christus, denn er ist der Weg: „Hier ist der Weg, auf ihm müßt ihr gehen" (Jes 30,21). Augustinus sagt: „Geh durch den Menschen, und du gelangst zu Gott." Es ist besser, auf dem Weg zu hinken (ich lächle und denke an Mario), als festen Schrittes von der Straße abzukommen. Wer auf der Straße hinkt, kommt vielleicht nur langsam voran, aber er nähert sich dem Ziel. Wenn du überlegst, wohin du gehen sollst, dann folge Christus. Wenn du überlegst, wo du bleiben sollst, dann bleib bei Christus. Folge Christus, wenn du sicher sein willst. Du kannst dich nicht verirren, denn er ist der Weg.

Um halb acht brechen wir auf, um in San Pedro de la Rúa die Messe zu besuchen. Wir gehen durch die *Rúa Curtidores* bis zu dem kleinen Platz, wo die Treppe zur Kirche hinaufführt. Es bläst ein eisiger Wind, und als wir oben angekommen sind, öffnen wir rasch die Tür und suchen im Innern Schutz. Die Tür öffnet sich erneut, und eine Frau mit Down-Syndrom tritt ein, die uns bemerkt und uns nicht mehr aus den Augen läßt. Ich gehe in die Sakristei, um zu fragen, ob ich konzelebrieren darf, während die Leute in den Bänken wie schon in Jaca anfangen, den Rosenkranz zu beten. Der Priester kommt und erkundigt sich nach dem Papst und seiner Gesundheit, nach meinem Studium, nach meiner Pfarrei. „Wir haben nicht so eine schöne Kirche", sage ich in seiner Sprache, „wir haben nur eine *Barraca*." Bei den Gedenkbitten des eucharistischen Hochgebets wird mir das Mikrophon zugeschoben, und ich muß auf spanisch weitermachen. Alles geht gut, ich erwecke zumindest den Eindruck, es lesen zu können, bis ich den Namen des Bischofs nennen muß, den ich nicht kenne; als ich danach frage, ist der Zauber gebrochen, denn von diesem Moment an verhaspele ich mich immer wieder. Nach der Kommunion kündigt der Priester die Segnung der Pilger an und improvisiert eine Ermahnung an uns alle, die wir den *Camino* gehen. Dann beginnt er mit dem Gebet, das uns nunmehr schon seit Lourdes begleitet *(O Gott, du hast Abraham aus seinem Land herausgeführt / und ihn auf allen seinen Wegen behütet ...)*, und zu unserer Überraschung beten es alle Anwesenden – die wahrscheinlich regelmäßig hier die Messe besuchen – auswendig und mit lauter Stimme mit. Dieser Chor von Betenden gibt einem das Gefühl, in den Segen aller eingeschlossen zu sein. Wir kennen sie nicht, sie kennen uns nicht, aber sie beten für uns. Wir gehen zurück in die Sakristei, und die Frau mit dem Down-Syndrom kommt herein. Sie erkennt mich und stellt sich vor; dann hält sie mir eine lange Rede, von der ich praktisch nichts verstehe. Als sie eine Pause gemacht hat, ahne ich, daß sie mich etwas gefragt hat. Ich bin verwirrt, und es ist mir unangenehm, daß ich ihr nicht antworten kann. Offenbar hat sie mein Unbehagen richtig gedeutet, denn sie nimmt ein Paßfoto von sich aus ihrem Portemonnaie und sagt mir, ich solle es nehmen und bei mir tragen, damit ich an sie denke. „¡Seguro, seguro!" antworte ich. Ich gebe ihr einen Kuß auf die Wange und sie tut dasselbe bei mir. „¡A Santiago!" sage ich und drücke ihr fest die Hand.

Im *Albergue* herrscht noch immer ein großes Durcheinander. Erst um zehn ist Zapfenstreich, und die Lichter gehen aus. Über meinem Kopf brennt die Notbeleuchtung, in deren schwachem Licht ich meine Eintragungen beende. Ich plaudere noch ein wenig mit Mario; wir reden über den Tag. Er hat die Karte gründlich studiert und überlegt, welche Anstrengung er seinen

Beinen zumuten kann; er meint, wir könnten morgen bis nach Torres del Río kommen. „Wo das Pilgerheim von Carmen Pugliese ist, stimmt's?" frage ich. „Ja, genau." „Also werden wir morgen deine Füße wenigstens mit jemandem verarzten, der italienisch spricht." „Ja, das können wir versuchen." Und diese Aussicht ist der Hauch der Zuversicht, der uns über alle Müdigkeit hinwegträgt und uns in den erholsamen Schlaf sinken läßt, den wir so nötig brauchen.

Von Estella nach Torres del Río, Sonntag, 9. Juni

„Wir müssen ganz früh nach unten gehen." „Geh dich schnell waschen, dann mußt du nicht anstehen." Und: „Das Geheimnis besteht darin, frühmorgens aufzubrechen." Ich liege im Bett, meine Augen und meine Gedanken bewegen sich bedächtig im Halbdunkel, und es fällt mir nicht schwer, die Quelle dieser Weisheit zu erraten: Es ist Mario, der mit unerwartetem Eifer und Elan bereits aufgestanden ist und seinen Rucksack packt. Solche Ermahnungen habe ich in diesen Tagen oft gehört, jedesmal dann, wenn wir darüber diskutiert haben, wie wir die Anstrengungen des Weges verringern könnten. Auch wenn wir einige gute Ideen gehabt hatten (darunter die gute Idee schlechthin, nämlich morgens früh aufzubrechen, solange es noch kühl ist), haben diese doch nichts gegen die Probleme mit Marios Füßen ausrichten können: „Was nützt es, früh loszugehen, wenn du dich dann für den Rest des Tages nur noch dahinschleppst?" Wir lachen.

Wir sind mit die ersten im *Comedor,* doch er füllt sich rasch mit schreienden, lärmenden und lachenden Pilgern, die den Gesprächsfaden dort wieder aufnehmen, wo sie ihn gestern abend hatten fallen lassen: *'na gran caciara,* wie man in Rom sagen würde. Eine Gruppe von Franzosen mittleren Alters sticht heraus; sie sind übertrieben laut und benehmen sich wie Touristen, die sich darüber aufregen, daß die Kellner sie nicht gut genug bedienen. „Das sind echte Pseudopilger", bemerkt Mario und prägt damit ein perfektes Oxymoron. Als wir den *Albergue* verlassen, ist es halb sieben.

Der Morgen ist entschieden kalt, fast herbstlich. Wir folgen der Hauptstraße bis zu einem Kreisverkehr, wo der *Camino* nach einer *Gasolinera* rechts abbiegt und bergauf führt. Der übliche Rosenkranz. Mario humpelt sichtlich, und die, die uns überholen, lassen es ihn spüren. In Ayegui, wo noch alles schläft, zwingt ein Schild uns zu einer Entscheidung: Rechts kommt man nach Azqueta; links macht man einen Umweg über Irache, wo eine berühmte *Fuente* ist, die Wein und Wasser liefert. „Zweifellos ein *visitandum est*", raten wir einem anderen Pilger und biegen selbst links ab. Vor uns sind einige lärmende Franzosen, die sich im Laufschritt vorwärtsbewegen. „Siehst du?" sage ich zu Mario, „wir haben wieder *Runners* getroffen. Sie gehen so schnell, daß sie an der Quelle vorbeilaufen werden, ohne anzuhalten." Innerhalb der Einzäunung einer Winzergenossenschaft kosten wir einen trockenen Rotwein, der alles andere als schlecht ist.

Wir gehen weiter nach Azqueta; es ist ganz nah, obwohl es auf der Karte weiter aussah. „Die Karten täuschen", sagt Mario mit Leidensmiene: „Man achtet besser auf die Kilometerangaben als auf die eingezeichnete Strecke. Mußt du mal?" fragt er mich dann. „Ich nicht", sage ich und sehe ein Hotel auf der linken Seite. „Willst du hier anhalten?" nehme ich ihm das Wort aus dem Mund. „Ja. Außerdem können wir hier noch einmal frühstücken: Ich brauche mindestens noch zwei Tassen Milchkaffee, sonst schaffe ich es nicht." Das mit dem Frühstück stimmt. Aber ich möchte nicht gerne anhalten, denn ich stelle mir vor, daß alle, die nach uns in Estella aufgebrochen sind, hinter uns sind und uns überholen und daß wir dann in den nächsten Pilgerheimen kein Bett bekommen werden. Mir wird bewußt, daß ich gerade einen bösen Gedanken hatte, der eines Pilgers unwürdig ist. Mario hat mich durchschaut und sagt: „Kann es sein, daß du auch ein *Runner* geworden bist?" „Nein, nein. Laß uns hineingehen."

Wir gehen eine Treppe hinunter in die Hall des Hotels, und ich bestelle am Tresen zwei *Cafés con leche* und zwei Hörnchen. Ich setze mich. Von hier aus kann ich durchs Fenster auf die Straße sehen und unschwer feststellen, daß sich meine Prophezeiung bewahrheitet: Ganze Scharen von Pilgern ziehen am Hotel vorbei, und bei jedem, der vorbeizieht, versetzt es mir einen Stich.

Wir gehen in einem guten Rhythmus weiter. Der *Camino* führt nun bergauf bis zu einer Hochebene unterhalb des *Alto de los Largos:* ein weites Plateau inmitten von Hügeln, die sich bis zum Horizont fortsetzen. Wieder kommt mir die Musik von *Ein Schul-*

ausflug und die von Lucignolo auf die Lippen. Mein Pfeifen kann die unermeßliche Stille kaum unterbrechen. Als ich aufhöre und wieder nur das Geräusch unserer Schritte auf der Straße zu hören ist, wirkt das wie ein Szenenwechsel in einem Film. Aber worin spielen wir eine Hauptrolle, hier, auf dem *Camino?* Was treibt uns, die Bühne dieser Hochebene zu betreten? Die Bibel ist die Geschichte von Menschen, die bereit waren aufzubrechen, ihr Zuhause zu verlassen und auf Gott zu vertrauen, der sie aufgefordert hat, an eine ungewisse Verheißung zu glauben. Das, was sie auf ihrer Pilgerreise erlebten, machte sie zu Verbündeten und Freunden Gottes. Und durch jenen Glauben, der sie dazu trieb, aufzubrechen und sich von der Straße verwandeln zu lassen, konnten wieder andere gerettet werden. Gottes Wirken beginnt immer mit wenigen, manchmal sogar nur mit einem Menschen; und durch jene wenigen oder jenen einen werden alle anderen gerettet. Was zählt, vor allem am Anfang, ist das Unterwegssein. Das Ziel liegt wie ein wohlgehütetes Geheimnis in den Händen Gottes.

Das unerwartete Panorama und die Stille lassen die Brust weit werden. Der Wind weht heftig, aber die Sonne bescheint unsere Schritte auf der Fahrstraße, die vor uns liegt. So geht es etwa zwölf Kilometer weit, drei Stunden ohne Pause. Ich gehe und bin *innerlich* von dem unbeschreiblichen Stolz eines Menschen erfüllt, der weiß, daß das, was er tut, ihn mit einer grenzenlosen Wirklichkeit verbindet. Wir kommen an zwei Zypressen und setzen uns in ihren Schatten, um die Füße meines Bruders zu verarzten. Niemand kommt vorbei, wir sind in jene zeitlose Dimension eingetreten, die für die intensivsten Abschnitte des *Camino* typisch ist. Ich denke an viele Dinge gleichzeitig und an nichts im besonderen. Hier ist wirklich gut sein, diese Synästhesie ist ein Gottesgeschenk. Ich denke daran, wie schön es wäre, wenn wir immer in solcher Harmonie mit dem Leben, mit der Welt, mit unseren Weggefährten wären; mit dem, was wir tun wollen, und mit dem, was wir in diesem konkreten Augenblick tun. Diese Sehnsucht nach der Schönheit der Dinge und der Harmonie des Lebens muß eine Spur sein, die der Herr in uns hinterlassen hat. Die Sehnsucht nach einer vollkommenen Freude. Dann kommt die Zeit für Gespräche: Kommentare zu unserem Pilgerweg, Pläne für die nächsten Tage, Gedanken, die einem unterwegs kommen.

„Wie geht es deinen Füßen?" frage ich ihn. „Momentan ganz gut", antwortet er. „So Gott will", beeilt er sich hinzuzufügen. Inzwischen ist es warm, sehr warm. Ich binde mir ein Tuch um den Kopf, und wir beginnen mit dem Abstieg nach Los Arcos. Wieder kommen wir durch eine *Calle Mayor*. Es ist Sonntag, gegen eins: Die Leute, die uns in der *Calle* begegnen, kommen aus der Messe, und es herrscht eine typische dörfliche *Festtagsstimmung*. Die Straße ist angenehm kühl und schattig, und die Einwohner haben offenbar ein sonniges Gemüt. Wir finden ein erstes Pilgerheim und gehen hinein, um uns den Sello zu holen. Besser gesagt, Mario geht hinein; ich bleibe draußen und passe auf die Rucksäcke auf; vom Balkon aus winken mir die beiden Jugendlichen mit dem Walkman zu, die einen Joint rauchen. Der Platz und die Kirche Santa Maria sind phantastisch. Zwischen dem 15. und dem 16. Jahrhundert hat Los Arcos eine wirkliche Blütezeit erlebt, weil es als Grenzstadt zwischen Navarra und Kastilien den Schutz zweier Königreiche genoß, ohne Steuern zahlen zu müssen. In diesen Jahren des ungetrübten Wohlstands wurde auch die Kirche erbaut. Wir verlassen den Ort und legen uns gleich hinter dem Bogen Philipps IV. unter den Glockenturm, der uns ein kleines Stückchen Schatten spendet. Nach den Wolkenbrüchen in Aragonien habe ich mit der Sonne nicht wirklich ein Problem. Vor uns ist ein kleiner Wasserlauf, und jenseits desselben liegt das Kulturzentrum, in dem sich der in unserem Führer erwähnte *Albergue* befindet.

„Was tun wir?" frage ich Mario. „Schaffst du es bis Torres?" „Ich glaube schon", antwortet er. „Und außerdem: Schau mal", und er zeigt mit dem Finger auf Pilger, die nicht am *Albergue* halten. „Ich habe schon mehrere gesehen, die weitergegangen sind. Wenn wir hier trödeln, fürchte ich, daß wir bei Carmen keinen Platz mehr bekommen werden." „Ja", antworte ich, „wir müssen mit jemandem reden, der italienisch spricht und dir hilft. Weißt du noch? Stefano hat gesagt, daß es bei ihr einen Masseur gibt." „Schön wär's", sagt er in gedehntem Tonfall, pessimistisch wie immer.

Wir schultern unsere Rucksäcke und gehen sehr langsam weiter Richtung Torres. Es ist tatsächlich nicht die günstigste Zeit zum Wandern: Die Sonne brennt uns auf die Köpfe. Doch hier, gleich hinter Los Arcos, betreten wir das Spanien unserer Träume:

Kornfelder, Sonne, Olivenbäume, ein staubiger Schotterweg. Verglichen mit dieser kargen Landschaft kommt uns die eben gesehene sorglose Üppigkeit von Los Arcos wie belangloser Flitterkram vor. Die *Dürre, die sich rund ins Unendliche wellt, sieht aus wie ein Meer, das plötzlich Stein geworden ist in dem Augenblick, da ein Umschwung des Windes es hochgepeitscht hat zu* kaum bewegten *Wogen.* Nur die bebauten Felder, die ordentlichen Reihen der Olivenbäume und der schnurgerade Straßenverlauf verraten die Anwesenheit des Menschen, ansonsten ist hier niemand, nichts regt sich, nicht die leiseste Windböe. „Großartig, oder?" „Ja", lacht Mario. Mit einem Schlag werden wir euphorisch. Es herrscht eine solche Sommerhitze, daß nur Tiere sie ertragen könnten, oder vielleicht nicht einmal die Tiere; wir sind darüber so froh, daß wir aus voller Kehle zu singen beginnen. Ich halte an, weil ich ein dringendes Bedürfnis verspüre, und stelle mich, mühsam das Gleichgewicht haltend, in einen kleinen Graben, der zwei Kornfelder voneinander trennt. Mein Bruder geht langsam weiter. Ich tue, was getan werden muß, und habe dabei das quälende Bewußtsein, daß mich in der näheren und weiteren Umgebung praktisch jeder sehen kann. Als ich fertig bin, beschleunige ich meine Schritte, um Mario einzuholen. Die Sonne blendet uns, der Schotter auf der Straße ist geradezu unverschämt weiß. Wir beginnen zu ahnen, daß auch Torres, wie vorher schon Sangüesa, sich in einer Senke unterhalb der Horizontlinie verkrochen haben muß und verborgen bleiben wird, bis wir direkt davorstehen. Endlich wird jenseits des *Río Linares* das Dorf sichtbar, in dem wir übernachten werden; die von den Templern erbaute Grabeskirche ist gut zu erkennen. Wir überqueren die Brücke. Wir stoßen auf einen Waschplatz und eine *Fuente,* an der wir unseren Durst stillen, ohne uns jedoch wie sonst auf die Mauer zu setzen, denn aus dem Zement ragen *spitze Flaschenscherben.* Seite an Seite nehmen wir dann unseren Weg durch die bergauf führenden − und furchtbar schmutzigen − Gassen von Torres wieder auf, das hier nicht besonders einladend wirkt.

Wir gehen seitlich an der Kirche vorbei (überflüssig zu sagen, daß sie geschlossen ist) und finden zunächst ein Restaurant und dann auf der linken Seite das Pilgerheim. Endlich sind wir bei Carmen. Begrüßt werden wir jedoch von Jonathan, einem kanadischen *Hospitalero.* Ein freundlicher und zuvorkommender

Mensch, nach allem, was wir verstehen, Anhänger einer indischen oder buddhistischen Spiritualität. Wir fürchten, daß wir im falschen *Albergue* gelandet sind, doch er beruhigt uns und sagt, wir wären am richtigen Ort. Carmen ist unten im Restaurant. Wir belegen unsere Betten mit Beschlag und beginnen mit der Wäsche. Als ich an der Reihe bin, denke ich mir ein System aus, um die Prozedur des Duschens und Waschens abzukürzen: Ich stelle mich in Unterhose und Unterhemd unter die Dusche, lasse alles gut naß werden, seife die Wäsche an meinem Körper gründlich ein, ziehe sie aus, drehe sie auf links und seife sie wieder ein. Während ich mir die Haare und den restlichen Körper wasche, lasse ich die Wäsche einweichen, brause mich ab und spüle dann die Seife aus den Kleidungsstücken, die ich auf dem Boden der Dusche auswringe. Als ich herauskomme, kann ich sofort alles zum Trocknen über die Umzäunung des Pilgerheims hängen.

Als ich zurückkomme, macht Mario ein finsteres Gesicht. „Komm, laß uns zu Carmen gehen", grummelt er. Als wir das Restaurant betreten, erschlägt es mich fast. Es ist nur ein großer Raum mit Steinmauern, Tischen und einer Theke wie in jeder beliebigen Bar überall auf der Welt, dekoriert mit nachgemachten mittelalterlichen Schilden, Fahnen und Waffen. Dennoch beeindruckt er mich tief. An einem Tisch sitzen zwei Jugendliche und eine junge Frau mit Brille und Pferdeschwanz. „Carmen?" frage ich. „Italiener! Willkommen!" antwortet sie. Sie hat ein Paar sehr wache und lebhafte Augen. Sie bringt uns ein Bier, und wir setzen uns hin und warten, bis sie Zeit für uns hat. Mario quält eine ängstliche Hoffnung, und er fragt mich um Rat, was er ihr sagen soll: „Du sagst ihr, was du hast, und du fragst sie, was sie dir rät." Er antwortet nicht, schaut auf seine Knie, und sein Blick ist „ohne Vorwurf, aber voll eines erstaunten Schmerzes, der sich gegen die ganze Ordnung der Welt richtet", die es ihm verbietet, in diesem Moment keine Gedanken und keine Sehnenentzündung zu haben.

Ich betrachte das Lokal ausgiebig und versuche vergeblich herauszufinden, was mich so beeindruckt hat. Carmen setzt sich zu uns und wir plaudern. Sie erzählt uns von ihrer Liebe zu Santiago, die mit einem Foto von der römischen Straße von Cirauqui begonnen hat; mit einer ersten Wallfahrt fortgesetzt wurde, die sie fast ganz allein gemacht hat; die dann über einen Aufenthalt in Santiago führte, wo sie über das Wesen der Pilgerschaft im 19. Jahrhundert forschte; und die schließlich in dem Entschluß gipfelte, diesen *Albergue* zu eröffnen. Wir erklären ihr Marios Problem, und sie informiert uns darüber, daß in den nächsten Tagen ein Arzt im Dorf sein wird und daß ihr Koch pranotherapeutische Fähigkeiten besitzt. „Wenn ihr das ausprobieren wollt ... er bekämpft die Symptome, holt die Hitze heraus, so daß man wieder laufen kann. Aber wenn es eine Sehnenentzündung ist, ist Ruhe die einzig seriöse Therapie." Ich werfe Mario einen Blick zu; er starrt Carmen an und sagt dann mit flehender Entschlossenheit: „Also gut, probieren wir's." Wir gehen in einen anderen Raum, und ich werde Zeuge von etwas, das ich nie zuvor mitangesehen habe. Nach einer kurzen Vorbereitung fährt der Koch über die dick geschwollenen Füße meines Bruders, ohne sie auch nur im geringsten zu berühren. Mit dem Darüberfahren der Hände oder besser: ihres Schattens verschwindet die Schwellung sofort und vollständig. Ich traue meinen Augen nicht. Aber das ist es, was ich sehe. Als er fertig ist, lächelt Mario glücklich: Er hat keine Schmerzen mehr. Er befühlt seinen Spann und das Bein, die auf unerklärliche Weise wieder normal geworden sind, und kann nicht glauben, was er da unter den Fingerkuppen spürt. Der Heiler sagt uns, wir sollten morgen früh zu einer zweiten Behandlung wiederkommen, und rät Mario, den Fuß nicht zu belasten und mit hochgelegten Beinen zu schlafen, um die Flüssigkeiten zirkulieren zu lassen. „Das war so spontan, daß man an ein Wunder glauben könnte", freue ich mich mit meinem Bruder. Doch wir haben mit vermeintlichen Wundern – à la Ciccio, damit wir uns recht verstehen – schon unsere Erfahrungen gemacht und bewahren uns deshalb, was die Wirksamkeit der Therapie angeht, eine vorsichtige Skepsis.

Mario legt sich ins Bett, ich gehe in die Kirche. Das Gebäude erinnert an Santa María de Eunate: mit einem achteckigen Grundriß von außergewöhnlicher Eleganz und erkennbar arabischen Einflüssen. In der Mitte der Apsis hängt ein Kruzifix, das der „Christus mit den vier Nägeln" genannt wird. Stocksteif bleibe ich davor stehen. Ich habe den Eindruck, innehalten zu müssen, um etwas zu begreifen, aber ich weiß nicht, was ich begreifen soll. Als ob mir jemand etwas zuflüstern würde und ich taub wäre, oder noch genauer: als ob er mir etwas zeigen würde, das ich nicht sehen kann, weil meine Augen verbunden sind. Ich schüttele mich; ich kann hier nicht so hölzern stehenbleiben, ich muß irgend etwas tun. Ich nehme den *Sello,* der auf dem Altar bereitliegt, und stemple die *Credenciales* ab. Dann setze ich mich neben zwei spanische Pilger, die angefangen haben, den Rosenkranz zu beten, und bete mit ihnen: „Dios te salve, María, llena eres de gracia, el Señor está contigo ... ruega por nosotros pecadores ahora y en la hora de la muerte nostra. Amen." Sind das die richtigen Worte? Vielleicht ja, denn zu Füßen des Kreuzes standen Maria und der Jünger. Ich bleibe sitzen, auch als der Rosenkranz beendet ist. Hier vor dem gekreuzigten Jesus, so wie sie. Es ist Sonntagabend, die Stunde, zu der der Auferstandene im Abendmahlssaal erschien und seinen Aposteln den Heiligen Geist einhauchte, den er auch vom Kreuz herab ausgehaucht hatte. Sein Leben, das uns zu Kindern der Kirche macht.

Ich kehre zum *Albergue* zurück, und Mario veröffentlicht sein medizinisches Kommuniqué: die Schmerzen sind wieder da, die Schwellung aber nicht. „Was tun wir?" frage ich unglücklich. „Ich weiß es nicht, ich weiß es wirklich nicht", sagt er traurig. „Komm, wir gehen etwas essen und entscheiden danach, was wir tun wollen." Carmen hat uns einen Tisch in der Nähe des Eingangs reserviert. Lächelnd stellt sie einen Rotwein vor uns hin: ein Geschenk des Hauses. Sie läßt uns eine Aufmerksamkeit zuteil werden, die der von Luis in Arrés ähnelt. Wir essen die heiße Knoblauchsuppe, die auch für andere Pilgerheime am *Camino* typisch ist. All das muntert uns auf, auch wenn der Gedanke an Marios Schmerzen sich wie ein steinerner Gast nicht verscheuchen läßt. Unsere freundliche *Hospitalera* spürt den Schleier der Traurigkeit, der zwischen meinen Worten und dem leidenden Schweigen meines Bruders gespannt ist; vielleicht um uns aufzuheitern, kredenzt sie uns einen alten Wein von hervorragender Qualität. Ich nutze die Gelegenheit, um mich bei ihr nach der meditativen Hintergrundmusik zu erkundigen, und sie erklärt mir, daß sie zu dem Konzept ihres Restaurants gehört, das ein Ort sein soll, wo die Pilger sich miteinander unterhalten können. „Aber das hier ist nicht von Hildegard; ihre Sachen sind noch schöner." „Hildegard, die Äbtissin von Bingen?" frage ich. „Ja, kennst du sie?" strahlt sie. „Ich habe sie per Zufall entdeckt. Es kam mir vor, als würden Engel singen." Sie geht mit mir zum

Tresen, sucht und findet die CDs und zieht eine heraus. Dann kümmert sie sich um die anderen Pilger, während ich am Tresen stehenbleibe. Ich nehme das Booklet und suche nach dem Text. Er ist in einem nicht sehr klassischen Latein, und ich versuche ihn zu übersetzen, während ich den Gesängen lausche: „O Feuer des Tröstergeists, / Du lebst in allem, was lebt. / Heilig bist Du, der Du Lebendiges bildest. / Heilig bist Du: Du heilest, was da gebrechlich oder im Elend. Du salbst die Verletzten. / Heilig bist Du: Du hast gewaschen die schwärenden Wunden / O Geisthauch voll Heil und Heiligkeit! / O Feuerbrand der Liebe! / O Lust des Herzens / und Herzenserguß im süßen Dufte der Tugend!" „Was hältst du davon?" fragt mich Carmen vom anderen Ende des Raumes. „Ich weiß nicht, ob mir die Musik oder der Text besser gefällt", antworte ich. Die Musik könnte späte Gregorianik sein: Sie hat einige gregorianische Formen und eine Struktur von wiederkehrenden melodischen Formeln, die sich von der Tonika zur Dominante schwingen, um dann wieder zur Tonika zurückzukehren. Der Text entfaltet sich in einer ganz eigentümlichen Bildlichkeit:

O Quell der Lauterkeit, / in dem sich spiegelt, wie Gott das Fremde sammelt / und heimholt, was noch verloren.
O Schutzwehr des Lebens, / Du läßt alle Glieder hoffen auf Einung. / Du, o Gürtel der Würde, heilige und heile die Seligen!
Sei Schutz und Schirm / für alle, die der Feind gefangen, / mach frei, die noch in Fesseln bangen! / Will Gottes Huld doch das Heil / und nichts als das Heil!
O heilsamer Weg, / der kraftvoll sich Bahn bricht! / Alles durchdringst Du:
die Höhen, die Tiefen, den Abgrund / Du fügest und bindest alles in eins!
Durch Dich wogen die Wolken, wehen auf die Lüfte / die Steine träufeln vom Saft, / Quellen sprudeln hervor, / durch dich quillt aus Erden das erfrischende Grün.
Und immer lehrst du den, der schon gelernt hat, / machst ihn glücklich / und gibst ihm Weisheit ein.
Darum sei Lob Dir, Du Klang allen Lobens, / Du Freude des Lebens / voll Hoffnung und Kraft, / voll des Rühmens, / da Du uns schenkest die Gaben des Lichts!

Mich fasziniert das Bild vom Geist als dem *heilsamen* Weg, der alles durchdringt und jedem Element der Natur Leben gibt. Ich lese weiter in dem Booklet und notiere mir einen Satz, den Hildegard über ihre Musik geschrieben hat: „Die Seele ist Klang; so wie das Wort den Körper bezeichnet, so drückt der Klang den Geist aus, denn die Harmonie verkündet die Gottheit und das öffentliche Wort die Menschheit des Gottessohnes. So vollzieht sich in jedem Gesang diese Einheit aus Leib und Seele durch die Stimme dessen, der singt." Ja, der *Camino* ist dieser Gesang, der die harmonische Einheit aus Leib und Geist schafft, durch die der Geist – der Heilsame Weg – sich Bahn bricht in die Abgründe, die wir selber sind, und *die Gaben des Lichts schenkt*.

Wie schon oft, seit wir losgegangen sind, und wie vorhin in der Kirche vor dem Kruzifix fühle ich mich gleichsam im Innersten meines Bewußtseins dazu aufgefordert, die Dinge, die ich heute gehört, erraten, gesehen und geahnt habe, zu sortieren.

Das erste ist die Kraft, die in diesen Steinen pulsiert, dieselbe, die aus der romanischen Kunst zu mir spricht. Ich denke darüber nach, wer diesen so überaus schlichten Stil erfunden hat: Menschen, die in schwierigen Zeiten gelebt haben, wie Hildegard selbst, wie die Pilger, die in jenen Jahren nach Santiago gekommen sind, oder die Ritter, die Kirchen wie diese hier in Torres errichtet haben. Für sie war der Glaube keine Flucht vor der Welt, sondern eine Art Kampf, ein nüchternes Geschäft, das in einer Zukunft, die sie vielleicht nie zu Gesicht bekommen würden, Ertrag abwerfen würde. Sie hatten denselben Glauben wie Abraham, der aufbrach, ohne zu wissen, wohin er ging, und ohne die versprochenen Nachkommen zu sehen: den nackten und essentiellen Glauben der Pilger, fest wie ein Fels.

Das zweite ist die Anziehung, die diese Art, den Glauben zu leben, auf mich ausübt, weil sie die Einheit zwischen Leib und Seele herzustellen vermag, weil sie die Schwierigkeiten und die Mühsal des Lebens nicht als etwas ansieht, das nicht da sein darf oder nicht da sein sollte, sondern bereit ist, sich mit ihnen zu messen, so wie sie in Wirklichkeit sind, mit ihren Gesetzen und ihren Anforderungen.

Das dritte ist der Wunsch, mit dem Licht des Heilsamen Wegs den Glauben und die Liebe auf andere Art zu leben als bisher und auf das zu beziehen, was ich in Wahrheit bin und was die

Welt und die Zeiten, in die wir hineingestellt wurden, in Wahrheit sind. Mario gibt mir ein Zeichen, daß wir gehen sollen. Ich werde mir diesen letzten Punkt nachher im Bett notieren.

Als wir in den *Albergue* zurückkehren, beschließen wir, uns über diese Geschichte mit den schmerzenden Füßen nicht mehr den Kopf zu zerbrechen. Wir werden morgen eine Entscheidung treffen, genauer gesagt: Wir werden den ganzen Vormittag hierbleiben und hoffen, daß die Nacht nicht nur Rat, sondern auch Heilung bringt. Carmen hat uns gebeten zu bleiben, so lange wir wollen, und sie will uns zum Arzt bringen, wenn es nötig sein sollte. In unserem Zimmer ist niemand außer der dicken Familie. Die Mutter liegt in dem Bett über Mario und schläft bereits: Man fragt sich, wie sie es geschafft hat, da hochzukommen. Die Matratze hängt soweit durch, daß die Sprungfedern fast die Nase meines Bruders berühren. „Gib acht, wenn du aufstehst, daß du dir nicht versehentlich ein Auge ausstichst." „Ich hoffe nur, daß sie nicht pupst", flüstert er besorgt.

Ich beende meinen Tagebucheintrag über den letzten Gedanken, der mir beim Hören der hildegardischen Gesänge in den Sinn gekommen ist und der mir bereits vor Monaten in einem Brief Tolkiens an seinen Sohn begegnet war, in dem er sich über seine Ehe äußerte: Es stimmt, daß der Glaube nicht beschönigt werden darf, und es stimmt, daß er eine Dimension des Kampfes und der Schlacht hat: Aber es kann nie und nimmer sein, daß dieser Glaube Gewalt oder Unterdrückung hervorbringt, denn die Wahrheit kann sich nicht gegen die Liebe, sondern immer nur mit ihr gemeinsam durchsetzen: indem man sich, *von der Liebe geleitet, an die Wahrheit hält,* wie der heilige Paulus sagt. Und es ist auch irreführend, sich die Liebe nur als ein Feuer vorzustellen, das von außen kommt, einen dauernden Überschwang, der die Wahrheit nicht in Betracht zieht, das heißt, die Jahre, die vergehen, das alltägliche Leben, die unvorhergesehenen Hindernisse, die manche Straßen verbarrikadieren, das immer neue und immer gleiche Elend in unserem *Innern.*

Es ist eine Illusion, eine Liebe zu suchen, die mich immer wärmt und vor einer kalten Welt schützt, ohne daß ich mich selbst dazu erziehen muß, immer *weiterzugehen* und nicht immer nur *hier und da herumzustreifen,* von einer Erfahrung zur nächsten, in der Gefahr, am Ende leer oder unzufrieden zu bleiben. Deshalb kann man das Glück und die Liebe nicht auf dem Weg des bloßen Genießens oder der sogenannten Selbstverwirklichung erreichen, denn beides gibt es eben nicht im Reinzustand; sondern immer nur durch ein Stück Verzicht und Leiden, das identisch ist mit der Mühsal der Straße oder den langen Zeiten eines Plans, an dem man berufen ist mitzuwirken. Immer wird da ein Stück Kampf sein, den man mit Mut und Freiheit aufnehmen muß; zwar fühlt man sich getragen, gehalten und gelenkt, aber es bleibt eine Schlacht, die man schlagen muß. Vielleicht ist das, kurz zusammengefaßt, die Lektion von der Bußdimension des *Camino*. Flüsternd sagen wir uns gute Nacht. Morgen ist wieder ein Tag.

Von Torres del Río nach Logroño, Montag, 10. Juni

Ich werde nur schwer wach: Der Gedanke, nicht sofort aufbrechen zu müssen, läßt mich mehrmals eindösen und wieder aufwachen. Mario dagegen ist unruhig, die Nacht hat ihm jegliche Besserung verweigert. Wir bleiben in unseren Betten, drehen uns noch einmal um, nicken ein, wachen wieder auf, während die anderen Gäste des *Albergue* sich einer nach dem anderen verabschieden und aufbrechen. Am Ende bleiben wir allein bei Jonathan zurück, der saubermacht.

Beim Gehen zieht Mario den Fuß nach. Seit gestern sage ich ihm wieder und wieder: „Wenn es schlimmer wird, kommt es nicht in Frage, daß du weitergehst; entweder du nimmst den Bus und wartest in Burgos auf mich, oder du fährst nach Hause." Aus Egoismus und Unternehmungslust – um, wenn ich denn überhaupt ankomme, sagen zu können, daß ich den ganzen *Camino* zu Fuß gemacht habe – kann ich mich nicht dazu überwinden, mit ihm gemeinsam den Bus zu nehmen, aber allein wäre er in Burgos sicherlich aufgeschmissen. Ich bin sehr niedergeschlagen. Er dagegen ist entschlossen: „Wenn ich es mit meinen Beinen bis hierher geschafft habe, sehe ich nicht ein, weshalb ich den Bus nehmen oder sogar nach Hause fahren sollte." „Weil du eine Sehnenentzündung hast, du Dummkopf!" halte ich ihm vor. Diese bitteren Gedanken verderben uns das Frühstück. Carmen besteht darauf, daß wir am Vormittag noch zu ihr kommen. „Wenn ihr euch dazu entschließt, weiterzugehen, dann nehmt wenigstens die *Carre-*

tera, der *Camino* ist hier stellenweise besonders halsbrecherisch: sie nennen ihn *Rompepiernas"*, rät sie uns. Es ist ein Abschied, und pünktlich auf die Minute stellt sich wieder der übliche Knoten ein, der mir die Kehle zuschnürt. Lustlos gehen wir zum *Albergue* zurück. Jonathan hat gerade den Boden gewischt und bittet uns, draußen zu bleiben. Und genau hier kommt uns die Idee, daß wir, wenn wir es bis nach Logroño schaffen, dort ins Krankenhaus gehen und für Mario etwas Vernünftiges tun können. „Gehen wir?" „Wir gehen!" Wir hatten in Torres bleiben sollen, und was tun wir statt dessen? Es ist halb elf, und wir ziehen auch heute wieder los, Richtung Logroño.

Rompepiernas – der Name ist berechtigt. Wir bewegen uns vorwärts wie müde Schnecken, um Marios Schmerzen nicht zu verschlimmern. Dieser Abschnitt des *Camino* ist genau das, was er absolut nicht vertragen kann: ein ständiges Auf und Ab auf einem nicht asphaltierten Weg voller Löcher. „Erinnerst du dich noch an Evangelica? Wie sie es wohl geschafft hat, diese ganze Strecke zurückzulegen?" Verstohlen sehe ich ihn an: Sein Rücken ist krumm, sein Oberkörper tief über den Stab gebeugt, der Kopf ist ihm auf die Brust gesackt, Schweißperlen laufen über sein Gesicht und tropfen ihm vom Kinn. Er blickt auf, weil ich ihm nicht antworte, und ich mache mit dem Daumen das Anhalterzeichen: „So, wie der liebe Gott sie ausgestattet hat, dürfte ihr das nicht besonders schwergefallen sein." Wir lachen.

Wir steigen einen kurzen Abhang hinauf, klettern über die Leitplanke und sind auf der *Nacional 111*. Die Steigung der Straße ist entschieden sanfter als die des Fußwegs. Traktoren fahren vorbei, die Fahrer winken uns zu. Es geht einigermaßen gut. Mario hat starke Schmerzen, scheint die Anstrengung jedoch zu verkraften. Dank des regelmäßigen Straßenverlaufs gerät er weniger außer Atem und seine Schritte werden sicherer. Kurz: Er hält durch. Mit jedem Schritt nimmt die nervliche Anspannung von heute morgen ab, und dabei spielen das Gebet, das schöne Wetter und die Pausen, die wir einlegen, eine wichtige Rolle. Die Landschaft verändert sich, wir kommen durch zahlreiche Weinberge. Wieder und wieder fällt der *Camino* zur Staatsstraße hin ab, um sie dann wieder zu verlassen und bergauf oder bergab durch die Hügel zu führen. Auf diese Weise kreuzen wir die Wege mehrerer Pilger oder können ihre Bewegungen von weitem beobachten. Das Wetter ist eigensinnig: Die Sonne läßt sich hin und wieder blicken, entscheidet sich aber nicht, endgültig durch die Wolken hindurchzubrechen. Nach den Gebeten unterhalten wir uns. Wir singen sogar. Besser gesagt: ich singe, und Mario pfeift die Melodien mit. Als wir Ortolanis *La canzone di San Damiano* anstimmen, haben wir eine junge blonde Frau hinter uns, vermutlich eine Deutsche. Das sehe ich an ihrem kleinen Rucksack und den enganliegenden und unbeschreiblichen schweinchenrosa Leggings, die sie trägt. Allmählich lerne ich es, die Herkunft der Pilger auch an ihren Rucksäcken zu erkennen. Ist ein Rucksack zu voll, ist der Pilger erst vor kurzem aufgebrochen. Ist er zu klein, benutzt sein Besitzer hin und wieder den Bus oder andere Verkehrsmittel. Die funkelnagelneuen Markenrucksäcke gehören in der Regel Italienern oder vielleicht auch Spaniern, die in Sachen Wandern nicht sonderlich erfahren sind. Die Deutschen scheinen am meisten an das Pilgerdasein gewöhnt zu sein; sie sind einfach gekleidet und gut ausgerüstet; ihr äußeres Erscheinungsbild wirkt fast schon ungepflegt oder zumindest so, als ob sie sich nicht allzusehr darum kümmern. Dieser Klassifikation zufolge könnte die junge Frau eine Deutsche sein; ihr Rucksack ist klein, was darauf hindeutet, daß sie Verkehrsmittel benutzt, Kleidung und Aussehen sind entschieden „teutonisch".

Als ich im Liedtext nicht mehr weiterweiß, fange auch ich an zu pfeifen. Als der Fußweg und die Straße sich das nächste Mal treffen, wartet die gute Frau auf uns und hält uns an, um uns zu sagen, daß ihr das Lied nicht mehr aus dem Sinn geht. Sie muß sofort wissen, wie es heißt und worum es darin geht. Wir erklären es ihr, und sie ist sofort Feuer und Flamme: Sie will den Text haben, sie will darüber diskutieren, und sie will verstehen, warum es solche „Vibrationen" auslöst. Wir verabreden uns mit ihr in Viana, wo wir – „God willing" – zu Mittag essen werden.

„Die ist aber leicht zu beeindrucken, wenn sie bei *San Damiano* schon so aus dem Häuschen gerät", sage ich zu Mario und beobachte, wie sie wieder dem *Camino* folgt, der nun links hinunterführt. „Na", erwidert er, „hoffentlich ist das keine von der Sorte, die sich immer so an einen ranhängen." Ich verstehe ihn: So anstrengend, wie der Weg für meinen Bruder ist, wäre es eine echte Belastung, Englisch sprechen zu müssen, zumal er, wenn es bergauf geht, sowieso außer Atem ist; oder Etappen, Pausen,

Gebete mit einer Person organisieren zu müssen, die ihn nicht kennt und seine Probleme nicht von Grund auf versteht. „Mach dir keine Sorgen", beruhige ich ihn, „mir ist es auch lieber, wenn wir für uns bleiben." „Ja, ja", gibt er zurück, „red du nur, ich kenne dich doch." Ich möchte ihm erklären, daß ich nicht einfach nur neugierig bin. Ich glaube daran, daß der *Camino* die Kirche und Europa miteinander verwebt und dank dieses Ineinanderfließens und dieser Vermischung der Völker, die wir hier Tag für Tag erfahren, die tödlichen Wunden der Spaltungen zwischen den Nationen und den Kirchen heilen kann. Ich möchte ihm erklären, daß die Begegnung mit Unbekannten und der Austausch mit ihnen nicht unbedingt ein Unglück ist, das es zu vermeiden gilt, sondern *ein gewaltiges Ereignis* sein kann. Wo habe ich diese Formulierung schon einmal gehört? Ach ja, auch sie stammt von Madeleine Delbrêl. Sie schreibt:

Unsere Füße schreiten auf einer Straße, aber unser Herz schlägt in der ganzen Welt.

Darum einen auch unsere kleinen Taten, in denen wir nicht zwischen Gebet und Aktion unterscheiden können, die Liebe zu Gott und die zu den Brüdern vollkommen.

Daß wir uns seinem Willen anheimstellen, übergibt uns gleichzeitig der Kirche, die dieser selbe Wille immerfort zur Heilbringerin und zur Mutter der Gnade macht.

Jeder gefügige Akt läßt uns Gott in Fülle empfangen und ihn in Fülle verteilen in einer großen Freiheit des Geistes. Dann wird das Leben ein Fest. Jede kleine Unternehmung ist ein gewaltiges Ereignis, worin uns das Paradies geschenkt wird, das wir weiterverschenken können.

Ich bin sicher, daß Mario das früher oder später im Laufe unseres Pilgerwegs verstehen wird. Im Augenblick geht es ihm eben schlecht, und seine Hauptsorge ist nicht Europa, sondern seine Füße und seine Beine. Es ist schon fast Mittag, als Viana vor uns auftaucht. Wie andere Dörfer scheint es ganz nah und ist doch noch weit entfernt. Das Problem besteht darin, hinzukommen. Immer wieder passiert es mir, daß ich – wie jetzt auch –, sobald ich das Ziel vor mir sehe, von ungeduldigem Eifer erfüllt werde und mir vorstelle, die Ankunft beschleunigen zu können und zu müssen. Dann erhöhe ich das Tempo und beeile mich – und stelle schon bald fest, daß ich viel müder und bitterer werde und meine Gedanken ungehindert in meinen Geist einbrechen, der ihnen seine ungeschützte Flanke bietet, weil er alles nach vorne geworfen hat und immer nur schreit, daß wir „ja doch nie ankommen".

Während ich schreibe, sitzen wir auf einer Bank auf der *Plaza de Fueros* in Viana, gegenüber vom Rathaus, einem prächtigen Barockgebäude. Der umbaute Dorfplatz mit der Kirche, hinter der Cesare Borgia begraben ist, dem Brunnen in der Mitte und dem erst kürzlich erneuerten Pflaster wirkt wie ein Salon aus Stein. Ich bitte das Mädchen um Papier und Stift, schreibe ihr den Liedtext auf, und wir probieren es gemeinsam. Mario nimmt sich die Trinkflasche, füllt sie auf und setzt sich neben mich; während er trinkt, verdreht er die Augen und macht komische Zeichen; dann verschluckt er sich und erstickt fast an dem Wasser, das ihm wieder hochkommt. Ich erkenne, daß er mir etwas sagen will, aber ich verstehe nicht, was; ich verstehe nicht, warum er nicht einfach seine Stimme benutzt, um sich mir mitzuteilen.

Das Mädchen heißt Edda, sie lebt seit vierzehn Jahren in Barcelona, stammt aber aus dem Nordwesten Deutschlands. Sie spricht eine Mischung aus Spanisch und Schulenglisch. „Und wie kommt es, daß du hier lebst?" frage ich und bilde mir schon ein, eine zweite Carmen Pugliese vor mir zu haben. „Para que España me equilibra mucho." Verdutzt werfe ich meinem Bruder einen Blick zu. Sie begeistert sich fürs Singen. Und für uns: Immer wieder wendet sie sich an Mario, stellt ihm viele Fragen; es ist offensichtlich, daß sie versucht, ihn ins Gespräch zu ziehen, während er sich immer mehr entzieht. Sie erzählt mir von ihrer religiösen Erfahrung, die von einem Pastor – sie ist reformierte Protestantin – geprägt ist, *„viejo* an Jahren und an Mentalität", der die Jugendlichen aus der Gemeinde vertrieben hat. Das Gespräch setzt sich fort, wobei mein praktisch nicht existentes Spanisch immer neue Verständnisschwierigkeiten verursacht. Mein Bruder gibt immer wieder kleine Schreie in unserem heimischen Dialekt von sich, die soviel heißen wie: „Gib's auf, gib's auf ... *Du kaaaaannst es einfach nicht, du kaaaaanst es nicht ...* " Edda fragt mich, ob ich die achteckige Kirche von Torres del Río gesehen habe, und ich antworte mit ja. „Und hast du auch all diese Energie empfangen?"

Diese Frage hatte ich befürchtet. Da wir der Masse der Pilger-touristen, die den Jakobsweg gehen, weil sie Coelho gelesen oder sich New Age angeschlossen habe, bisher so gut wie möglich aus dem Weg gegangen waren, waren mir auch Themen und Fragen wie diese bislang erspart geblieben. Es gibt Menschen hier auf dem *Camino*, die ihn nicht als christliche Wallfahrt, sondern als Initiations- oder esoterischen Weg begreifen und nach energeti-schen Steinen oder Orten von Gestirnskonjunktionen suchen. In den vergangenen Tagen hatte ich einige dabei beobachtet, wie sie ein wenig abseits gingen, um die in den betreffenden Büchern vorgeschriebenen Übungen zu machen. Sie sagt, daß es weiter vorne einen „letzten Templer" gebe, der die den Adepten der Neuen Gnosis vorbehaltenen Geheimnisse hüte. Wenn man das, was Edda sagt, mit einem Gericht vergleichen müßte, dann wäre es ein Eintopf oder ein Auflauf. Gute und echte Zutaten, die je-doch in einem Verhältnis miteinander vermischt sind, die das Ganze schwer verdaulich machen. Ich kenne und respektiere die Wissenschaften, die sich ganzheitlich nennen und Wohlbefinden und Gesundheit des Menschen erforschen, indem sie ihn als ein einheitliches Ganzes und als Zusammenspiel von Faktoren be-trachten, die zum einen von äußeren, physischen und zum ande-ren von inneren, psychischen Aspekten abhängig sind. Ich weiß, daß die traditionelle östliche Medizin verglichen mit der unsrigen sehr viel stärker das Verhältnis und die Beziehungen zwischen Körper und Geist berücksichtigt und heilt. Aber besteht das Heil, das wir suchen, wirklich darin, daß alle diese Dinge funktionie-ren? Kann man die Seele des Menschen, ihre Beziehung zum My-sterium, aus dem sie stammt, wirklich mit Hilfe dieser kompli-zierten Gedankengänge verstehen, die sie nicht dazu führen, in dem Leben, das sie lebt, ihren Ausdruck und ihr Glück zu finden, sondern in Paralleldimensionen auszuweichen, die den meisten verborgen sind und deren Zweck alles andere als offensichtlich ist? Ich versuche zu verstehen, welche Antworten diese Art von Wissen auf meine Frage nach dem *schmerzhaften Geheimnis* be-reithält. Doch Eddas Worte gehen nicht über den Raum der Kup-pel von Torres hinaus. Wieder fragt sie mich, ob ich diese große Energie wirklich nicht gespürt hätte, als ich da war. Ich antworte ihr, daß ich davon gar nichts gespürt hätte, obwohl ich lange dort gewesen sei und gebetet hätte. „Mich hat der Gekreuzigte sehr beeindruckt, *también"*, füge ich hinzu, „sein Gesicht." Sie hat ihn nicht gesehen; sie war zu sehr damit beschäftigt, beim Anblick der Kuppel zu weinen.

Hm. Ich versuche ihr mit meinem mühsamen Englisch zu erklären, was ich bisher verstanden habe: daß ohne den gekreuzigten und auferstandenen Jesus, ohne die Erlösung unser Leben vielleicht nicht viel anders wäre als das eines Wanderers, der vom Nebel überrascht wird, der die Richtung verloren hat und blindlings weitergeht, auf die ausgetretenen Pfade zurückkehrt, seine Schuhe abnutzt und dabei doch immer am selben Ort bleibt. „Wir sind keine Wanderer, die mit ihren Augen in Kuppeln oder in sich selbst und ihre Energien hineinschauen: *somos peregrinos,* wir sind Pilger. Wir suchen Christus, wir gehen dem Tod und der Auferstehung Christi entgegen." Hat sie mich verstanden? Sie ist so herzlich, so vertrauensvoll, daß mir das Herz schwer wird. Sie wirkt so wehrlos und verloren, eine leichte Beute für einen bösen Wolf. Heimatlos: Die Tatsache, daß sie von zu Hause weggegangen ist, um ihr „Gleichgewicht" zu finden, ist vielleicht ein Hinweis auf eine Verstörtheit, die sie über die Maßen verletzlich und zerbrechlich hat werden lassen. „Bist du verheiratet?" frage ich sie. „Nein, nein", antwortet sie schnell. „*Yo soy un cura,* ich bin Priester", erkläre ich ihr. Sie steckt diese Enthüllung ein, als hätte ich ihr einen Tiefschlag versetzt. Und wendet sich instinktiv an Mario.

Die Verwirrung, die von mir Besitz ergriffen hatte, als ich die Geschichte von den kosmischen Energien in der Kuppel von Torres hörte, verflüchtigt sich langsam wieder. Ich fühle in meinem *Innern* eine seltsame Zärtlichkeit aufsteigen: Vielleicht dient das Leben, das sie gewählt hat, und diese überspannte Suche nach Energien, die sie aufladen, als Pflaster für irgendeine tiefe Verletzung ihrer Seele, die – das ganz sicher – ihre Lebensenergien verbraucht. Dann kommt mir der Gedanke, daß sie Dummheiten und sogar Absurditäten von sich gegeben hat und dennoch nicht verrückt auf mich wirkt: Vermutlich ist das ihr Versuch, sich aus einer vielleicht verzweifelten Situation zu retten, unter der sie leidet. Vielleicht wird auch sie, genauso wie ich, mit jenem *schmerzhaften Geheimnis vom Ende* konfrontiert und hat keine bessere Möglichkeit gefunden, darauf zu reagieren. „Aber können wir uns aus eigener Kraft retten, Edda?" Sie lächelt, sie scheint meine Frage nicht zu verstehen.

151

Wir füllen die Trinkflaschen auf und begeben uns auf die Suche nach dem *Sello* und damit nach dem Pilgerheim, das gleich neben der Kirche San Pedro liegt. Kaum haben wir den *Sello* in unseren *Credenciales*, als Mario auch schon geflüchtet ist. Ich folge ihm. Die plötzliche Besserung seines physischen Zustands kann nur eine Erklärung haben: Er nimmt die Beine in die Hand, um Edda nicht zu begegnen. „Beweg dich, sonst holt die Verrückte uns ein und verfolgt uns mit ihren absurden Geschichten." Doch zwecklos: Sie – voller Energie – stößt zu uns und fragt uns, ob wir gemeinsam weitergehen wollen. Ich möchte ihren Vorschlag nicht einfach brutal ablehnen und schildere ihr deshalb – um sie abzuschrecken – unseren Pilgerstil: „Wir schweigen dauernd, jeder betet für sich, wir gehen in einigen Metern Abstand voneinander, wir halten praktisch nie an." „Ja", jubelt sie mit der Begeisterungsfähigkeit, die wir schon an ihr kennen, „ich möchte das auch so versuchen wie ihr." Mario gibt ein Schnauben von sich, als ob er sagen wollte: „Hab' ich's dir nicht gesagt?" Wir verlassen das Dorf Richtung Logroño. Wir gehen in vollkommenem Schweigen gemeinsam mit unserer Pilgergefährtin, die absolut synchron exakt all das tut, was sie uns tun sieht. Sie setzt sich die Sonnenbrille auf die Nase, wenn wir unsere auch anziehen, sie setzt sich die Mütze auf, wenn auch wir unsere Köpfe bedecken, sie trinkt, wenn wir trinken, sie hält an, wenn wir Pause machen. Und als ich ein wenig zurückbleibe, um wieder einmal *en plein air* dem üblichen Bedürfnis nachzugehen, muß ich ihr mit der Hand ein Zeichen geben, damit sie weitergeht, denn dort, wohin ich gehe, kann sie mir nicht folgen. Die Miene der Ernsthaftigkeit auf ihrem Gesicht erinnert an die Maske des nachdenklichen Kummers. Vielleicht habe ich es mit meinen Ermahnungen zum Schweigen doch übertrieben.

Nach einer Reihe menschenleerer Kreuzungen auf glühendheißem Asphalt wird der Streckenabschnitt wieder zu einem Fußweg. Im Hintergrund kann man auf einem Hügel die Stadt erkennen, während wir noch ein Industriegebiet durchqueren. In Logroño herrscht eine sengende Hitze. Einige Störche fliegen über uns hinweg, andere sitzen auf den Kirchtürmen, klappern mit den Schnäbeln und erfüllen die Luft mit ihrem Ruf. Wir biegen auf die berühmte, große und majestätische Steinbrücke ein; Edda überquert sie mit martialischem Schritt. Das Wasser des

Ebro fließt schnell und breit dahin, ich stimme einen Kanon aus Taizé an, wo es heißt: *El alma que anda en amor ni cansa ni se cansa,* „die Seele, die in der Liebe wandelt, ermüdet nicht und wird nicht müde." Das städtische Pilgerheim ist groß, und es herrscht ein enormer Andrang. Am Empfang werden wir hastig abgefertigt: Wir bekommen die Stempel, zahlen drei Euro und gehen nach oben, um uns zu duschen und auszuruhen. Die Atmosphäre und das Klima sind ähnlich wie in Estella. Während ich darauf warte, daß die Dusche frei wird, lerne ich einen rotblonden irischen Jungen namens Paddy kennen, dem ich von meiner Sehnsucht nach seinem Land und insbesondere nach Donegal erzähle. So eine Überraschung! Er kommt just aus dieser Grafschaft und kennt die Brüder von Creeslough. Ich sage ihm, wie wunderbar ich es finde, hier Iren zu treffen, die die *Peregrinationes pro Christo* des heiligen Kolumban und der anderen Mönche erneuern, die sie im ganzen Europa des Hochmittelalters bekannt gemacht hatten. Er lacht. Kurz darauf spürt er mich wieder auf, als wir beide uns auf unseren Betten ausgestreckt haben; Mario stöhnt ab und zu. Er sagt, daß auf dem Platz ein Fest sei, das man sich *absolutely* anschauen müsse. Ich zerre Mario vom Bett.

Ganz Logroño ist auf den Beinen und feiert seinen Patron, den heiligen Barnabas: Der Platz vor der Kathedrale – Santa Maria La Redonda – ist voller Leute, es gibt einen Markt mit kostümierten Schaustellern, und in der Ferne hört man eine Musikkapelle spielen, die vom ununterbrochenen Läuten der Glocken nur mit knapper Not übertönt wird.

Wir betreten die wunderschöne Kathedrale in der Überzeugung, daß bald eine Messe stattfinden wird. Mario geht den *Sello* suchen. Es ist fast sieben Uhr, und im Kirchenschiff drängen sich überaus elegant gekleidete Gläubige, die versuchen, noch einen Sitzplatz zu erhaschen. Vorne sind Plätze reserviert; als es zur vollen Stunde schlägt, geschieht nichts. Plötzlich erfüllen Orgelklänge das ganze Gotteshaus, während die Musikkapelle draußen immer näherkommt. Mario schämt sich in seinen kurzen gelben Hosen: „Laß uns gehen", bittet er mich verlegen: „Das muß ein Polizistenbegräbnis sein." Ich bestehe darauf, daß wir bleiben. Erst um acht wird in einer Prozession die Statue des heiligen Barnabas hereingetragen, deren Gefolge anschaulich zeigt, was man unter „typisch spanisch" versteht: Fahnen und Kostüme in verschwenderischer Farbenpracht. Das „Deus in adiutorium nostrum intende" der Vesper wird angestimmt. Es findet gar keine Messe statt. Ohne lange zu überlegen, gehen wir hinaus, während die Menge, die in Prozession hinter der Statue hergegangen war, in die Kirche hineindrängt. Draußen hat sich der Zulauf verdoppelt: „Ein ganz schönes Spektakel, diese *Fiesta*, was?" sage ich zu Mario, der die Augen weit aufgerissen hat. Doch er ist heute abend müde und wortkarg, nichts mit *Fiesta*. Wir essen so rasch zu Abend, wie man eine lästige Pflicht erledigt. Dann kehren wir zum Pilgerheim zurück, jedoch nicht ohne Santa Maria del Palacio zu besuchen. Mario bittet mich, mich zu beeilen; er will heute abend nichts mehr sehen „außer meinem Bett im Pilgerheim". Als wir im Zimmer ankommen, schlafen schon fast alle. Wir beschließen, am nächsten Tag sehr früh aufzubrechen, denn sonst sind die vielen, vielen Pilger, die hier übernachten, morgen auch wieder alle vor uns da. Der Stil, den wir unserer Wallfahrt bisher zu geben versucht haben, verändert sich spürbar durch das Leben in Städten wie Logroño und die überfüllten Pilgerheime, und wir wollen dem aus dem Weg gehen und versuchen, in den Pilgerheimen der kleineren Ortschaften zu übernachten, die allerdings auch schneller voll sind. Deshalb muß man frühzeitig ankommen. „Um halb sechs", schlägt mein Bruder vor. Ich weiß, daß ihm im Unterschied zu mir das Frühaufstehen schwerfällt. „Bist du sicher?" frage ich ihn. „Dann hängen wir Edda ab", flüstert er in verschwörerischem Ton. Also packen wir unsere Rucksäcke, damit wir morgen nicht soviel Lärm machen und gleich nach dem Aufwachen losgehen können, ohne daß es jemand bemerkt. Genauer gesagt, ohne daß Edda es bemerkt.

Von Logroño nach Azofra, Dienstag, 11. Juni

Mario wacht um halb sechs auf, weckt mich mit gedämpfter Stimme, und wir machen die Rucksäcke fertig. Im Schutz der Dunkelheit schleichen wir uns in den *Comedor* im unteren Stockwerk, wo schon andere Pilger ganz, ganz leise im Aufbruch sind und in ihren Töpfen Milch und Kaffee erhitzen. Ich komme mir vor wie Arsène Lupin, als ich unhörbar zwei Croissants aus meinem Rucksack ziehe, die wir gestern in Viana gekauft haben. In der Zwischenzeit wirft Mario den Automat für die Heißgetränke an. Der Lärm ist entsetzlich, ich fahre erschrocken zusammen, doch wir müssen es tun, und zwar schnell, bevor Edda herunterkommt. Denn sie hat uns aus dem Zimmer gehen sehen und ist aufgestanden. Wir essen, so schnell wir können. Es fühlt sich an, als hätte ich noch etwas auf den Augen (ein Kissen vielleicht?), während ich Mario ansehe, der in einem blaßgelben Licht vor mir sitzt, wie man es normalerweise von der nächtlichen Beleuchtung in Krankenhausfluren kennt. Ich verbrenne mir die Zunge, als ich wie eine Saugpumpe den äußerst dürftigen *Café con leche* in mich hineinschlürfe, den die mörderische Maschine zubereitet hat. Und das alles, um so früh wie möglich auf der Straße zu sein. Nach wenigen Minuten sind wir, verschlafen, notdürftig gestärkt und noch mit Liegefalten auf den Wangen unterwegs.

Es ist bezaubernd, eine Stadt im Morgengrauen zu durchqueren, wenn sie noch in die unberührte Atmosphäre des Dämmerschlafs getaucht und nicht vom Verkehrslärm verunreinigt ist. Eine schwache Helligkeit herrscht in den *Calles,* durch die wir hindurchgehen, während wir bedachtsam den Muscheln folgen. Eine hauchzarte, ungreifbare Atmosphäre. Logroño erwacht in Gestalt der Straßenkehrer, die die Wege säubern, und der aufbrechenden Pilger. Weil das Frühstück eindeutig unzureichend war, suchen wir eine Bar und finden eine *Panadería,* in der es zwar keine Hörnchen, aber Riesenkekse gibt. Wir nehmen zwei davon, die wir unterwegs knabbern, während wir durch die *Calle Barriocepo* hindurchgehen – unter den durchdringenden Blicken der Politiker auf den Plakaten, die die Wände tapezieren und den Jahrestag der Verwaltungsautonomie feiern, die La Rioja vor einigen Jahren gewährt worden ist. „Wir haben vollkommen vergessen, nach dem Krankenhaus zu suchen", stoße ich plötzlich hervor, als wir durch die *Puerta del Camino* hinausgehen. Unglaublich, dabei waren wir nur deswegen überhaupt hergekommen! „Es geht mir wirklich noch sehr schlecht. Komm, wir suchen eine Bar", sagt er ausweichend. Um diese Uhrzeit wäre es leichter, die klassische Nadel im Heuhaufen zu finden. Doch wie hat uns das passieren können, daß wir nicht mehr an Marios Füße gedacht haben? Es scheint seltsam, aber es ist so: Jeden Morgen hat man in seinem *Innern* den unwiderstehlichen Wunsch, weiterzugehen, koste es, was es wolle. Man vergißt, wie beschwerlich der vorige Tag gewesen ist, man ist vollkommen gepackt, entzündet vom Feuer des *Camino*. Auch heute war es wieder dasselbe, wie an allen anderen Tagen. Sobald man anhält, hat man das Gefühl, Zeit zu verlieren. Wir gehen nun durch die *Calle del Marqués de Murieta*, und da ist sie, auf der linken Seite: die Nadel im Heuhaufen! Eine geöffnete Bar, das *Koala's*. Wir gehen hinein und bestellen das übliche doppelte Frühstück. Von der Nacht sind noch einige betrunkene Gäste übriggeblieben, doch der Wirt achtet nicht auf sie, sondern konzentriert sich ganz auf uns. Während er den Milchkaffee zubereitet, fragt er uns, woher wir kommen, und ist so glücklich darüber, daß die ersten Pilger des Tages Italiener sind, daß er uns zwei kleine Kalender von seiner Bar schenkt, damit wir uns an Logroño und an ihn erinnern, wenn wir in Santiago angekommen sind. „¡A Santiago! ¡Seguro!" verspreche ich ihm.

Als wir die Bar verlassen, überholt uns ein *Runner*-Pilger, dann drei Franzosen. Sie folgen den Hinweisen und biegen links ab, gehen jedoch an einer bestimmten Stelle vor der Schnellstraße nach rechts. Wir folgen ihnen, weil wir glauben, daß die eigentlich vorgesehene Route wegen Bauarbeiten gesperrt ist, denn überall stehen Schilder herum, hier und da sind Grabungsutensilien verstreut, und weiter vorne sieht man Schotterhaufen. Nach einigen hundert Metern bleiben wir alle am Rand der Zementbefestigung einer unter uns verlaufenden Schnellstraße stehen. Die Franzosen kehren um. Auf der anderen Seite der Verkehrsader sieht man Pilger, die dort in aller Seelenruhe unterwegs sind. Wir hätten einfach geradeaus weitergehen müssen, verflixt! Wir streifen durch die Straßen eines noch im Bau befindlichen, vollkommen unbewohnten Viertels: Hier ist niemand, den man fragen könnte. Weiter vorne führt eine Brücke über die Straße. „Nehmen wir die", schlägt Mario vor; „von dort aus werden wir einen Weg finden, um über die Befestigung zu klettern und auf den richtigen Weg zurückzukommen, ohne daß wir die ganze Strecke wieder zurücklaufen müssen." Erst mitten in dem geisterhaften Viertel und schon recht nahe an der Brücke sage ich mir, daß wir naiv sind, daß wir schon wieder hereingefallen sind: Wir hätten aus der Erfahrung lernen müssen, daß man den *Camino* nicht ungestraft verläßt, so genial unsere Ideen auch sein mögen. Und tatsächlich: Als wir die Brücke überquert haben, stehen wir vor zwei Absperrungen, die man unmöglich übersteigen kann, zumal Mario nun wieder sichtlich humpelt. Wir sind gezwungen, am Metallzaun entlang und bis auf die Höhe der Stelle zurückzugehen, wo wir vorhin auf der anderen Seite der Straße angehalten hatten, finden jedoch nirgendwo einen Durchschlupf, der uns weiterhelfen würde. Die Böschung ist extrem steil; wenn wir versuchen würden, da hinunterzukommen, würden wir auf den Motorhauben der Autos enden, die einige Meter unterhalb vorbeibrausen. Wir lachen. Mario ist von der Zuversicht, ein Loch im Zaun zu finden, zu der Frage übergegangen, auf die es keine Antwort gibt: „Und was machen wir, wenn wir nichts finden?" Ja, was machen wir dann? Für den Moment fällt uns nichts Besseres ein, als weiterzulachen.

Und dann, ganz unerwartet, gibt es einen Durchschlupf: Unterhalb der Absperrung, halb verdeckt von Ginsterbüschen, verläuft ein Bewässerungskanal. Wir werfen die Rucksäcke hinüber und zwängen uns unter dem Zaun durch, wobei wir uns winden wie die Würmer in der Köderdose. Als wir endlich auf dem Schotterweg angekommen sind, ist Mario vollkommen erschöpft und will auf der erstbesten Bank eine Pause einlegen; er zieht Schuhe und Strümpfe aus und versucht es mit einer Entspannungsmassage. „Siehst du, wie geschwollen er ist?" fragt er mich. Ich weiß nicht, was ich ihm antworten soll, allein vom Hinsehen wird mir schon ganz anders. Ich wende den Blick ab: Der Camino ist voller Leute und Pilger, die scharenweise an uns vorüberziehen. „Das Geheimnis besteht darin, früh aufzustehen, vor den anderen, stimmt's?" scherze ich, um die Situation zu entschärfen. Wir lachen. Ein Pilger, der sieht, wie mein Bruder mit schmerzverzerrtem Gesicht auf seinen geschwollenen Fuß starrt, ruft ihm zu: „¡Reposo!" Wie eine Batterie gleichzeitig gezündeter Raketen laufen seine negativen Gedanken plötzlich Amok. Er will aufgeben. „Also hör mal", muntere ich ihn auf, „mach dir keine Sorgen, ich bin doch auch noch da. Wir gehen einfach ganz langsam weiter. Irgendwo werden wir schon ankommen." „Ach ja", seufzt er.

Fast ohne es zu bemerken bringen wir einige Kilometer hinter uns, mindestens zehn, durch ausgedehnte Weinberge, wie sie für diese Gegend typisch sind, und Navarrete kommt in Sichtweite. Es ist sehr heiß. „Wir müßten an den Ruinen eines mittelalterlichen Pilgerhospitals vorbeikommen", kündige ich Mario an.

Es ist zu heiß. „Von wegen Ruinen ... *die Ruine"*, antwortet er. „Siehst du nicht, was ich sehe?" Ich blicke mich um, aber ich sehe nur die Straße, die wir überqueren müssen, und die ersten Häuser des Dorfs. „Siehst du sie, oder siehst du sie nicht? Ich sag' nur: *Leggings!"* „Edda?" „Genau die! Also geh gefälligst langsam, oder bleib am besten stehen." Sie muß uns bemerkt haben, denn sie wird langsamer, trinkt, wischt sich den Schweiß, verstellt ihre Rucksackgurte ... kurz, sie trödelt. Sie bleibt bei den Ruinen stehen, setzt sich hin und wartet darauf, daß wir dasselbe tun. Doch wir erweisen uns als echte Feiglinge: Wir winken ihr zu, werfen einen zerstreuten Blick auf die Ruinen und ... gehen weiter. Ganz plötzlich scheint mein Bruder wieder zu Kräften gekommen zu sein. Diese Edda wirkt Wunder.

Das Pilgerheim in Navarrete ist noch geschlossen; es öffnet erst am Nachmittag. Wir setzen uns an einen der Tische des nahegelegenen Cafés, um etwas zu uns zu nehmen. Im Innern der Bar ist es sogar noch heißer als draußen. Ich erkenne zwei Pilger aus dem *Refugio* in Logroño wieder, ein Ehepaar, und versuche mit ihnen ins Gespräch zu kommen. Sie sind aus *Alemania,* das ist alles. Viel mehr Spanisch oder Englisch können sie nicht, und ich kann kein Deutsch, und so müssen wir unsere Beziehung infolge eines beiderseitigen sprachlichen Defizits auf Eis legen. Aufenthalte wie dieser sind wohltuend für die Physis, lösen den Geist und setzen schlagartig die verborgensten Gemütszustände frei, die – es sei denn, man hat freien Zugang zur Welt seiner eigenen Emotionen – sich dem Zugriff normalerweise entziehen und noch einen Augenblick zuvor von der Muskelanstrengung zurückgehalten worden sind. *Wo um Himmels willen sind wir hier eigentlich? Was haben all diese Leute mit uns zu tun? Wo ist unser Zuhause? Wo zum Teufel gehen wir hin?* Und so fort.

Ein beständiger Strom von Pilgern zieht an uns vorüber; viele von ihnen haben wir noch nie gesehen; viele sind mit Rädern unterwegs. Wir sind in eine neue Phase unserer Wallfahrt eingetreten, vor der man uns gewarnt hat: das Gedränge auf dem *Camino* mit seiner lärmigen Atmosphäre, die nichts mit Lebendigkeit zu tun hat. Aber was soll's, auch das wird schon seinen Sinn haben, wenn der Herr es uns erleben läßt. Dennoch läßt es sich nicht leugnen, daß durch die Nähe so vieler fremder Menschen ein subtiles Gefühl der Beklemmung entsteht, ein Bedürfnis zu fliehen, frei zu atmen. Ich muß aufstehen und weggehen. Ich schlage Mario vor, einkaufen zu gehen und unterwegs zu essen. Wir überqueren die *Calle Santiago* und versuchen im Schatten der Häuser zu bleiben, wie Sergio es mir in Sizilien beigebracht hat. Es herrscht eine brüllende Hitze. Wir beschließen, im Schatten eines großen, von einer hohen Hecke umgebenen Baums unsere Mittagspause einzulegen. Hier ist es wunderbar frisch. Dieses belebende Gefühl, das man empfindet, wenn man sich aus der Hitze in den Schatten, vom Durst zum Wasser, vom Staub ins Gras flüchtet, ist, glaube ich, unbeschreiblich. Mario überlegt, wann Edda wohl hier vorbeikommen wird. „Wir könnten uns hinter die Hecke setzen, da ist Platz genug." Er zwingt mich, die Einkäufe zu verstecken, denn er hat heute mehr Hunger als sonst und will unsere Vorräte mit keinem der vorübergehenden Pilger teilen, obwohl diese kleine Geste der Nächstenliebe normalerweise üblich ist und auf Gegenseitigkeit beruht.

Ich strecke die Beine auf dem frischen Gras aus, während Mario sich danebensetzt. Ihn hat eine unerklärliche Lust gepackt, über alles und jeden zu lachen. Wir beginnen zu essen und werfen die Kirschkerne hinter uns. Immer wieder kommen Pilger vorbei, und wir lächeln ihnen zu. Besser gesagt, ich lächle ihnen zu, während Mario voll und ganz damit beschäftigt ist, schnell, schnell die Einkauftüte zu verstecken, seine mahlenden Kieferbewegungen einzustellen und den Bissen im Mund zu behalten. Wir strecken uns aus, um ein nötiges Schläfchen zu halten, doch zwecklos: Kleine Insekten krabbeln um uns herum und über uns hinweg, und die Gräser und Sträucher kitzeln uns am Hals. Wir verschieben den Mittagsschlaf auf später, wenn wir im Pilgerheim angekommen sind. Wir gehen Richtung Nájera und Azofra, wo es, falls wir nicht mehr weiterkönnen, laut Führer ein von Deutschen geführtes *Refugio* gibt.

Gleich darauf habe ich ganz plötzlich ein Déjà-vu. „Sag mal", frage ich Mario, „hast du nicht auch das Gefühl, *soto a piantada* von Opa und Oma in Villanova zu sein?" „Ah, Villanova!" meint er vage. Mir kommen viele Dinge auf einmal in den Sinn, die etwas mit dieser mörderischen Sonne und dieser erholsamen Frische zu tun haben: der Zitronensaft mit Zucker und Wasser, den wir bei uns hatten, wenn wir der Oma im Sommer auf den Feldern halfen und der *soto a piantada,* im Schatten aufbewahrt werden mußte;

und wie sie mir erzählte, daß die Kinder in ihrer Jugend unter die Pflanzungen in den Schatten gelegt wurden, während die Mütter in der prallen Sonne auf den Feldern arbeiteten. Ich sehe mich wieder im Sonnenuntergang auf der unendlich langen Holzleiter stehen, mit der man an die höchsten Äste des Kirschbaums am Ende des Feldes heranreichte, und wie mir die Früchte durch die Finger glitten, so daß ich sie später *soto a piantada* wieder aufsammeln mußte.

„Und die Lilla, erinnerst du dich noch an sie?" frage ich ihn. Er lacht. „Und das Ende, das sie gefunden hat, erinnerst du dich daran auch?" fügt er dann scheinbar gleichmütig hinzu. Armer kleiner Hund. Die unvergeßliche Lilla war Opas und Omas Haustier gewesen; sie folgte ihnen auf dem Fuß, wohin sie auch gingen, zu Hause, durchs Dorf oder über die Felder. Sie geriet Vater beim Grasmähen unter die Sense; er hatte nicht bemerkt, daß sie ihm wie üblich gefolgt war und halbversteckt im Gras saß. „Allzu große Treue zahlt sich auch nicht aus, stimmt's?" meint mein Bruder. „In ihrem Fall war sie sogar tödlich." Selbst wenn man allzu treu ist, kann man nicht sicher sein, daß die Freunde auf einen aufpassen. Das weiß ich genau, leider, und dieses von der Erinnerung an Lilla wieder neu geweckte Bewußtsein versetzt mir im Herzen einen Stich und macht mich traurig. Selbst die treuesten Freundschaften können früher oder später niedergemäht werden, und das geschieht gar nicht einmal unbedingt aus Bosheit, sondern einfach, weil man zerstreut ist oder anderes im Kopf hat und die Gegenwart und Hingabe des anderen nicht gebührend würdigt.

Nach wenig mehr als zwei Stunden kommen wir über eine gerade und breite Straße nach Nájera. Die Sonne brennt noch immer vom Himmel. Wir gehen sehr langsam und gelangen an eine Weggabelung, die auf der anderen Straßenseite von einem *Cuartel Guardia Civil* beherrscht wird. Auf unserer Seite steht eine schattige Bank, neben der eine wunderbare Quelle mit kühlem Wasser sprudelt. Wir setzen uns, hängen uns hin und wieder an den Wasserhahn und trinken, bis wir nicht mehr können. Ich nehme die schmutzige Wäsche aus dem Rucksack und beginne zu waschen; Mario gibt mir seine, und ich wasche sie für ihn, weil er furchtbar müde ist und liegenbleiben will. Während ich die Kleidungsstücke zum Waschen über das Geländer hinter uns hänge, fühle ich mich von

Myriaden von Augen beobachtet. Es herrscht die typische Atmosphäre der mediterranen Dörfer während der sommerlichen *Siesta*, und in meiner Phantasie bedeutet das, daß da ganz sicher jemand ist, der nicht schlafen kann und uns durch die geschlossenen Fensterläden hindurch zusieht. Mario ist furchtbar müde. Ich nutze die Pause, um ihm aus dem Führer etwas über Nájera und die berühmte Kirche Santa Maria La Real vorzulesen. Die Kirchen öffnen jedoch erst um vier; also bleiben wir entweder hier oder gehen weiter nach Azofra und vergessen, was wir gerade gelesen haben. Als wir am tausendjährigen *Refugio* von Nájera ankommen, ist er überfüllt. Die Verantwortlichen sind schon damit überfordert, eine andere kleine Pilgergruppe unterzubringen, und so lassen wir uns nur unseren Stempel geben. Wir bekommen ihn und gehen sofort wieder hinaus auf den glühendheißen Platz. Wir kaufen uns ein Eis und essen es, während wir weiter die Straße entlanggehen, die gleich hinter dem Dorf bergauf führt. Damit findet unser Besuch der geschichtsträchtigen Ortschaft Nájera ein rasches Ende. Ein mörderischer Anstieg unter einer unerbittlichen Sonne und mit einem tropfenden Eis in der klebrigen Hand. Als wir den Hügel erklommen haben, zeigt sich die Straße von einer angenehmeren Seite und führt nun zwischen Feldern, Weinbergen und Schotterstraßen hindurch. Ein überfülltes Auto fährt an uns vorbei und hüllt uns in eine Staubwolke, die einem Wüstensturm alle Ehre gemacht hätte. Ich meine, unter den Insassen zwei französische Pilger wiederzuerkennen, die wir hinter Torres getroffen haben, einen großen Jungen mit Locken und seine Freundin, die wir ihrer Statur und ihres Unterkiefers wegen „das Pferd" genannt haben. „¡Mira, mira!", und ich zeige mit dem Pilgerstab auf das Auto. „Kennst du sie noch?" „Aber klar. Und deshalb schaffen es alle, nur ich nicht; sie nehmen das Auto und lassen sich kutschieren." Schweigen. Die Staubwolke legt sich. „Aber wir sind echte Pilger", sagt er abschließend und rammt seinen Pilgerstab in den Boden.

Wir sind wirklich Pilger: Nach fast zweiwöchiger Pilgerschaft kommt es mir vor, als hätte ich nie in meinem Leben etwas anderes getan. Ich stehe auf, gehe, spreche mit Mario, bete, lese die Messe, denke nach, höre zu, erinnere mich an mein Leben, nehme jede Kleinigkeit wahr, die geschieht, gehe schlafen, denke an Santiago, als ob das schon immer mein Lebensinhalt gewesen wäre.

Heiter zieht sich die Straße dahin, die Sonne sticht, und wir gehen weiter und pfeifen *Lucignolo*, bis wir im Dorf ankommen. Es ist halb sechs. Wir folgen den Schildern zum *Albergue*, die uns nach links und dann über eine Treppe an der Pfarrkirche entlang nach oben schicken. Eine kleine Schar von Pilgern bevölkert den Kirchplatz. Schnell laufe ich hinauf und betrete den *Albergue*, wo großer Andrang herrscht. Einige haben Matratzen auf dem Boden ausgebreitet und sich in der Küche häuslich niedergelassen. Inmitten des Durcheinanders steht ein älterer Herr, der unglaublich schnell spricht. Er bietet uns einen Sitzplatz an und bringt uns zuallererst ein Glas Wasser. Während ich trinke, sehe ich mir die Gesichter der Umstehenden an. Zu meinem großen Schrecken erkenne ich die ganze französische Gruppe wieder. In der Zwischenzeit spricht der ältere Herr weiter und erklärt, alle Plätze des *Refugio* seien besetzt, einige müßten auf dem Fußboden schlafen, aber auch der Fußboden sei inzwischen restlos ausgebucht. Wenn wir wollten, könnte er uns für zwei Euro eine Matratze geben und uns in der Säulenhalle bei der Kirche schlafen lassen. Die Duschen und Toiletten des *Refugio* dürften wir selbstverständlich benutzen. Die Franzosen lachen und tippen sich mit dem Finger an die Stirn: Der Kerl ist verrückt! Ich dagegen denke ernsthaft über seinen Vorschlag nach, und er bringt meine Überlegungen auf den Punkt: Santo Domingo de la Calzada ist weitere fünfzehn Kilometer entfernt, und das wäre nach den vierunddreißig, die wir heute schon gegangen sind, wirklich zuviel. Er reißt mir die *Credenciales* aus der Hand, drückt den *Sello* darauf und trägt die *Fecha* ein, läßt sich die zwei Euro geben, bringt uns nach draußen und zeigt uns die Säulenhalle an der Kirche, wo bereits zwei Herren mittleren Alters ihr Quartier bezogen haben, die kurz vor uns angekommen sind.

Der Mann ist nicht zu stoppen, er redet wie ein Maschinengewehr. Ich frage ihn, ob ich um sieben Uhr in der Kirche die Messe feiern könne: Es stellt sich heraus, daß er seit über fünfzig Jahren der Küster des Ortes ist. Er heißt Arsenio. Er erklärt mir, daß das möglich sei und daß er die Dorfbewohner informieren werde, denn heute sei das Fest des Patrons von Logroño, San Barnabé. Dann gibt er uns noch eine Decke und ein Kissen. Ich verstehe nur ein Viertel von dem, was er mir sagt, wahrscheinlich gibt er uns Tips, wie wir uns am besten für die Nacht einrichten. Im Juli und im August ist die Säulenhalle jeden Abend von Pilgern bevölkert; das Merkwürdige ist, daß wir erst Mitte Juni haben und schon so viele Leute da sind. „Was meinst du? Das ist das Epische, das in die Vorhersehbarkeit des Alltags einbricht", sage ich begeistert zu meinem Bruder. „Ja, ja", gibt er zurück, „ich erinnere dich daran, wenn heute nacht die streunenden Hunde kommen und in deinen Schädel einbrechen." Wir lachen. Wir waschen uns in aller Ruhe und machen dann die Wäsche, die wir auf dem Mäuerchen des Kirchenvorplatzes ausbreiten. Ich nutze die Gelegenheit, um barfuß in die Kirche zu gehen, und genieße in vollen Zügen von Kopf bis Fuß die Kühle, die hier im Innern herrscht. Es ist eine typische spanische Dorfkirche, mit dem unvermeidlichen toten Christus im gläsernen Sarg und der Schmerzhaften Mutter mit ihrem Gewand aus schwarzem, goldbestickten Samt und dem von sieben silbernen Schwertern durchbohrten Herz. Ich trete an den Altar und bereite das Meßbuch vor, indem ich die Lesebändchen an die richtigen Stellen lege. Dann lese ich für mich alle Textstellen des Priesters und übe leise die Aussprache. Um viertel vor sieben kommt Arsenio, frisch rasiert und festlich gekleidet, mit einem sauberen Hemd und seiner guten Jacke. Als ich ihn so sehe, ergreift mich eine seltsame Rührung. Ich folge ihm mit meiner Albe und beginne um Punkt sieben mit meiner ersten spanischen Messe. Außer Mario sind drei weitere Pilger da, aber niemand aus dem Dorf. Deshalb macht Arsenio, der die ganze Zeit über ein breites und glückliches Lächeln auf dem Gesicht hat, alles selbst: Er setzt sich die Lesebrille auf und trägt die Lesungen vor, er antwortet auf die Fürbitten, er ministriert und hält die Hände perfekt gefaltet wie ein Kind bei der Erstkommunion. Als wir in die Sakristei zurückkehren, macht er mir Komplimente dafür, wie ich die Messe gefeiert habe. Dann schließt er die Kirche ab und setzt sich auf die Mauer der Säulenhalle, um mit uns zu plaudern. Vielleicht meint er, daß ich wirklich Spanisch kann, und hält daher eine Unterhaltung für möglich. Er erzählt uns alles: von seinem vierzigjährigen Neffen, der in Deutschland gelebt hat und nun gestorben ist und zwei kleine Kinder hinterläßt; vom Pfarrer Don Ignacio, vom Bischof Don Ramón, der ihn gerne auf dem Seminar haben und einen Priester aus ihm machen möchte;

von der *Fiesta de San Barnabé* in Logroño. Ich frage ihn nach dem Stein hinter ihm, der den „für Gott und für Spanien" Gestorbenen gewidmet ist: „Matados en la guerra civil", antwortet er lakonisch. Dann erzählt er auch von den Dorfbewohnern, die in jenem Krieg ums Leben gekommen sind, und von anderen tragischen Ereignissen aus seiner Kindheit. Dieser Mann ist eine Fundgrube: Immer wieder stößt man beim Zuhören auf neue Goldadern, und er läßt einen freigiebig an seinen Schätzen teilhaben. Das ist ein guter und kluger Mensch; er verkörpert die ländliche Einfachheit und Weisheit in ihrer besten Form. Mario meint dasselbe und beobachtet unseren neuen Freund mit amüsierter Sympathie, während Arsenio weitererzählt. Wenn man die Dinge mit seinen Augen sieht, dann ist in allem eine Aussage oder eine Lehre enthalten. Ich weiß nicht warum, aber ich muß daran denken, daß der alte Arsenio in einigen Jahren sterben und all diese Geschichten niemandem mehr erzählen wird, und daß sie dann niemand mehr so erzählen kann, wie er sie uns gerade erzählt. Ein Teil der Geschichte Azofras, Riojas und Spaniens wird mit ihm sterben. Ein ganzes System von Bedeutungen, die das Leben eines Mannes menschlich, das heißt schön, würdig und interessant gemacht haben, wird verschwinden. „Jeder Mensch ist wie eine Blume des Feldes, wie das Gras, das am Morgen geschnitten wird und schon trocken ist, wenn der Abend kommt", sagt Jesaja. So ist es, genau so, so ist unser Leben. Dies in der Vergangenheit bereits erfahren zu haben, macht dieses Bewußtsein nicht weniger schmerzlich. Ist es noch immer *das schmerzhafte Geheimnis vom Ende aller Dinge,* das hier wieder lebendig wird? Es tut mir weh, und diese ganze Begrenztheit, die uns umzingelt, erfüllt mein *Inneres* mit Schwermut. Mehr denn je sehne ich mich nach Jemandem, der unserem zerbrechlichen Leben Festigkeit gibt, denn sonst wäre es dazu bestimmt, zu verschwinden. Wo werden wir Schutz finden und in Sicherheit sein vor der Angst, nicht mehr zu sein und vergeblich gelebt zu haben? Wo werden unsere Worte aufgehoben und unsere Geschichten wahrgenommen und liebevoll behütet? Wo werden auch die Vergessenen und Ausgegrenzten letztlich herrschen können? Anders ausgedrückt: Wo ist unser Zuhause? Wohin sind wir wirklich unterwegs? Wo werden wir Arsenio und all die Menschen wiedertreffen können, die uns in diesem Leben vorangegangen sind? Wieder einmal klammere ich mich an die Messe, an das Brot, das unsere Wegzehrung ist. Ein Großer dieser Erde, der heilige Johannes vom Kreuz, würde mir dazu folgendes sagen:

Aquesta eterna fuente está escondida | en este vivo pan por darnos vida | aunque es de noche. | Aqui se està, llamando a las criaturas, | y de esta agua se hartan, aunque a oscuras, | porque es de noche. | Aquesta viva fuente que deseo, | en este pan de vida yo la veo, | aunque es de noche.

Verborgen rinnt der Quell, auf daß wir leben, | in dem lebend'gen | Brot, das uns gegeben, | wenn es auch Nacht ist. | Hier ruft er die Geschöpfe, daß sie kommen, | zu stillen sich, von Dunkelheit umschwommen, | weil's in der Nacht ist. | Ersehnter Quell, dich such' | ich nicht vergebens, | ich schaue dich in diesem Brot des Lebens, | auch wenn es Nacht ist.

Mario reißt mich aus meinen Gedanken: „Versuch doch die Rede aufs Abendessen zu bringen, mal sehen, ob er versteht, daß es dafür langsam Zeit wird", schlägt er vor und hofft, daß Arsenio uns zu sich nach Hause einlädt. „¿Y para comer, Arsenio?" unterbreche ich ihn. Er bringt uns zum Restaurant auf der anderen Seite des Platzes, dreht sich um und streckt die Hand aus: „Macht nicht mehr als fünfzehn oder zwanzig Kilometer am Tag. Falls wir uns morgen nicht mehr sehen sollten, wünsche ich euch ¡buen viaje!" „Gute Reise, Arsenio, ¡hasta Luego!" Jawohl: „¡Hasta Luego!", großgeschrieben, bis zu unserem Wiedersehen an jenem *Luego,* wo unser aller Weg und Suche enden werden. „¡Y muchas gracias para todo!"

Im Restaurant nehmen wir das *Menu de los peregrinos.* Die Mahlzeit, die man uns serviert, ist einfach und sehr gut. Eine Frau hat sie zubereitet, die nun, als wir das Lokal verlassen, mit uns gemeinsam hinausgeht. Während ich die *Cuenta* bezahle, sehe ich, wie sie gemeinsam mit zwei Freundinnen am Rand des Platzes eine Bank in den Schatten rückt und ein Schwätzchen hält. Wir schieben den Vorhang aus bunten Plastikstreifen an der Tür des Restaurants beiseite und gehen hinaus, und wieder habe ich den Eindruck, ein Überbleibsel aus meiner Kindheit vor Augen zu haben, eine Szene im Mai: Frauen, die zusammensitzen und sich unterhalten, spielende Kinder, in der Luft der Duft der Lilien. Es ist neun Uhr, und die Sonne steht so wie bei uns um fünf. Wir richten uns in der Säulenhalle zum Schlafen ein. Ein unvergeßlicher Moment, eingehüllt in jenes warme und goldene Licht, das aus dem Westen kommt und so ganz anders ist als das kalte und traurige aus dem Osten. Alles ist so einfach und so außergewöhnlich ... während ich schreibe, schießen hier vor uns unzählige Schwalben durch die Luft. Ich weiß nicht, wann ich das letzte Mal so etwas gesehen habe. Das alles sind Dinge, die mich neu beleben, die mich in meine Kindheit zurückführen, obwohl ich zumindest dem Alter nach das Bewußtsein eines Erwachsenen habe. Die beiden Männer auf der anderen Seite der Säulenhalle kichern wie kleine Jungen; sie amüsieren sich über dieses Nichts von einer Behelfsunterkunft. Es ist, als würde die Pilgerschaft uns lehren, wieder über die kleinen Dinge zu staunen, wie wir es als Kinder getan haben, und die kindlichen Gespräche wieder zum Leben erwecken, die die ersten Entdeckungen begleiten. Sie läßt sie uns wieder neu entdecken, mit derselben Verwunderung wie damals, als wir noch Anfänger in Sachen Leben waren. Langsam bricht die Dämmerung herein, und die Laterne an der Kirche geht an. Ich beende die Gebete für den heutigen Abend und lege einige Stücke Holz auf ein kleines Feuer, daß während der letzten Tage des *Camino* in meinem Innern entzündet worden ist: Nennen wir es „Liebe zu Spanien und den Spaniern". Holzstücke, die Arsenio heißen, Johannes vom Kreuz, Wirt der *Koala's Bar* in Logroño – um nur die von heute zu nennen. Während auf dem Stück Himmel, das der Bogen der Säulenhalle umgrenzt, die ersten Sterne sichtbar werden, denke ich über eine Überzeugung nach, die die Schritte und Gebete von heute gleichsam zusammenfaßt: Was ich auch an Positivem und Negativem in meinem Innern trage, wie tief die Wunden des Menschseins – *das schmerzhafte Geheimnis vom Ende aller Dinge* – und meiner persönlichen Geschichte auch sein mögen, dabei stehenzubleiben oder davon leben zu wollen hieße, zu verkümmern. Ich bin jetzt und hier und so, und ich kann damit zufrieden sein. Ich kann zufrieden sein, ich habe gute Gründe, es zu sein, weil dieses Leben, das mir geschenkt worden ist, wirklich schön ist. Neu – und entscheidend – ist mein Bewußtsein dessen, daß *der Herr macht* und daß man ihn nur machen lassen muß. Er weiß, was er tut, und er führt es zu einem guten Ende, das alles, auch das getane und erlittene Böse, zusammenfügt und wiederherstellt. Daraus entspringen Zuversicht und Vertrauen: Vertrauen darauf, daß der Herr macht, „seine Worte sind Werke", wie Katharina sagt. Es genügt, daß ich nicht stehenbleibe, daß ich meinen Teil dazu tue und weitergehe. Wenn ich Jesus in die Mitte stelle, wie ich es in der Messe ganz konkret jeden Tag tun kann, verliert das, was einschränkt und schmerzt, seine zentrale Bedeutung, und ich kann täglich neu geboren werden. Ich kann täglich wieder Kind sein und staunen wie ein Kind.

Es ist mir schon häufiger passiert, und es geschieht auch jetzt: Während ich dem Herrn im Geist für diese Dinge danken will, wird mir bewußt, wie reich und wie arm unsere Worte sind. Sie sind ein wunderbares Werkzeug, um das, was sonst im Schweigen des Nichts versänke, zu erkennen und erkennbar zu machen und um Brücken zu dem zu schlagen, was andernfalls eine verlorene und unerreichbare Insel bliebe. Zugleich aber können sie die tiefsten Ahnungen verflachen und gleichmachen und das Leben, das sie erzählen oder mitteilen wollen, eingipsen. Es gelingt dir, etwas zu sagen, doch am Ende ist es nur ein winziger Teil von dem, was im Rhythmus unserer Schritte innerlich geschieht: Immer gleich und doch immer verschieden reihen sie sich aneinander wie die Perlen des Rosenkranzes. Mit all der Müdigkeit, die ihn kennzeichnet, und all den Schwierigkeiten, die dafür sorgen, daß man die Bodenhaftung nicht verliert, übt der *Camino* eine unversehrte, geheimnisvolle und unbegreifliche Faszination aus: Insbesondere dann, wenn er zum Ruhm der Dreifaltigkeit gegangen wird. In ihrem Licht ahne ich eine Bestimmung, die wie ein abschließendes „Ja" von jeher für uns gedacht ist – so abschließend, wie jenes Amen, das das Leben der Menschen einem Gebet ähnlich macht.

Das definitive Amen Gottes am Ende unseres immer gleichen und doch immer verschiedenen Rosenkranzes.

Von Azofra nach Grañon, Mittwoch, 12. Juni

Ohne Schlafsack friere ich unsäglich. Seit mindestens zwei oder drei Stunden reibe ich meine Füße aneinander, um etwas von der im Boden der Säulenhalle gespeicherten Wärme abzukriegen. Die beiden Männer mittleren Alters sind schon auf und rollen ihre Schlafsäcke ein. Sie sind im Aufbruch. Ich stehe auf, um im Schutz der Dunkelheit, die die erste Morgenröte noch umhüllt, irgendwo in der Nähe Pipi zu machen, denn wenn ich ins *Refugio* gehen würde, würde ich es riskieren, auf einen der Pilger zu treten, die noch auf dem Küchenboden liegen und schlafen. Doch als ich auf der Höhe der Küchentür bin, geht diese auf, und die Franzosen kommen heraus, reisefertig und angeführt von einem Typen mit Ziegenbart. Sie erinnern mich an jene Spielzeuge, die loslaufen, sobald man sie wieder aufgezogen hat, oder an Rennpferde, unmittelbar nachdem das Gatter hochgezogen worden ist: dieselbe Gangart, derselbe Kampfgeist. Sie ignorieren mich und grüßen nicht zurück. Sie brechen auf wie Verschwörer. *Runners*, Läufer: Für sie besteht der *Camino* darin, zu laufen, die Plätze in den aufeinanderfolgenden Pilgerheimen zu belegen und so schnell wie möglich anzukommen! Den Rest der Zeit verbringen sie in einer Bar oder mit gemeinsamem Nichtstun. Der Sinn ihres Pilgerns ist ebenso dunkel wie der Grund, weshalb sie nicht grüßen: Fast nie wenden sie sich um, wenn sie jemanden überholt haben; er ist für sie nur ein Hindernis, das überwunden werden muß, ähnlich wie beim Springreiten. Und das gilt besonders für uns beide, denn Mario, der sein Bein nachzieht, kann mit ihrem athletischen Ingrimm nicht mithalten.

Ich gehe zur Säulenhalle zurück und berichte meinem Bruder von der Szene. Er hat schon vermutet, daß das *Bärtchen* der Anführer der Gruppe ist. Als wir gepackt haben, füllen wir am Brunnen unsere Trinkflaschen auf und verlassen Azofra in der bezaubernden Stille des anbrechenden Morgens. Nach einem Abzweig nach San Millán de la Cogolla wird der *Camino* zu einer prächtigen Schotterstraße, die mitten durch die Felder führt, während die *Nacional 120* weiter rechts verläuft, wie man an den Lastwagen erkennen kann, die dort hin und wieder vorbeifahren. Also lösen wir uns von der richtunggebenden *Carretera* und schwenken nach links ein, wo uns unser Weg an kultivierten Gutshöfen vorbeiführt. Wieder ein wunderschöner Abschnitt des *Camino*, der das Alleinsein begünstigt und somit ein großes Gefühl der Freiheit in uns weckt. Das Licht erhellt die Dinge und beleuchtet sie unvermittelt, als die Sonne nach langem Zögern schließlich aufgeht. Es ist Zeit für das erste Gesätz des Tages, die glorreichen Geheimnisse.

Seit ich auf dem *Camino* bin und den Rosenkranz bete, geschieht etwas, das ich nie zuvor oder zumindest nicht so intensiv und häufig erlebt habe. Bei jedem einzelnen Ave-Maria denke ich an den Namen der Person oder der Personen, für die ich die Muttergottes um ihre Fürsprache bitte, und das Gesicht der Betreffenden taucht vor meinem inneren Auge auf. Gleichzeitig werden mir seine Geschichte und seine derzeitige Situation unmittelbar bewußt, und ich weiß plötzlich ganz genau und mit allergrößter Klarheit, worum ich bitten oder wofür ich beten soll. Als ob mir jemand die Worte in den Mund legen würde. Ich fühle eine unerklärliche, aber konkrete und sehr enge Verbindung zu diesen Personen, ihren physischen und spirituellen Bedürfnissen. Und einen unwiderstehlichen inneren Drang, für sie zu beten, niemanden zu vergessen, sie der Gottesmutter anzuvertrauen, damit der Heilige Geist und seine Gaben über ihnen ausgegossen werden. Ich fühle die jeweilige Lebenssituation so deutlich, als ob es meine eigene wäre, und ich kann sie so gut verstehen und dem Herrn darlegen, als ob ich von mir selbst und meinen Angelegenheiten sprechen würde. Das geschieht jetzt und jeden Tag, immer wenn ich den Rosenkranz bete. Bei jedem Geheimnis denke ich an jemanden, dem die in diesem Moment des Lebens Jesu oder seiner Mutter enthaltene Gnade helfen könnte. Bei den freudenreichen Geheimnissen bete ich beispielsweise für alle Mütter, die ein Kind erwarten, für Eltern, die sich ein Kind wünschen, für die Kinder, die noch geboren werden sollen. Jetzt bete ich für die, die der Auferstehung bedürfen; die jemanden verloren und alle Hoffnung aufgegeben haben. Und so fort. Auch wenn diese Personen körperlich nicht anwesend sind, gehen sie an meiner Seite. Oder besser: Auch wenn ich mich ihrem Leben entfremdet habe, spüre ich, daß ich in einem anderen Licht doch etwas darüber wissen kann. Klausurschwestern haben mir einmal gesagt, daß der Eintritt in die Zeit und den Raum der Klausur die Beziehung zur sogenannten „äußeren" Welt nicht unterbricht, sondern verwandelt. Immer wieder hatte ich mir erklären lassen, wie sie diese so ganz andere Art, mit uns in Beziehung zu treten, erfahren. Doch in der Regel versteht man eine Sache, die man nicht aus eigener Erfahrung kennt, immer nur bis zu einem gewissen Punkt. Hier jedoch weiß ich genau, was damit gemeint ist. Ich verstehe die Kraft des Fürbittgebets. Und ich verstehe, daß man, um jemandem zu helfen, nicht unbedingt etwas Materielles tun muß.

Gewiß, die erste Stufe der Liebe besteht immer darin, *etwas Konkretes zu tun,* zu geben, was ich habe, um einem Bedürfnis abzuhelfen. Doch dann bemerkt man recht schnell, daß das allein nicht genügt; das Almosen ist eine gute Sache und bleibt eine Pflicht, die nicht vernachlässigt werden darf, doch dabei stehenzubleiben hieße, es zum Selbstzweck werden zu lassen: Man muß sich selbst ins Spiel bringen, sich einsetzen, eine Beziehung des Miteinanders schaffen, aus der dann eine Gemeinschaft des Lebens wird. Das ist die zweite Stufe der Liebe: die *Gemeinschaft des Lebens,* der Zeit, der Dinge, die zu tun sind, der – auch physischen – Räume.

Doch es gibt noch eine dritte Stufe, die ich bisher vielleicht weder verstanden noch gelebt hatte. Gerade weil ich solchen Anteil am Leben dieser Personen nehme, wird mir bewußt, daß die Lösung ihrer Probleme praktisch nie in meinen Händen liegt. Oder besser: Der Friede des Herzens – denn das ist es, was sie suchen und was ich suche – liegt nicht in meinen Händen. Er ist ein Geschenk Gottes, er hängt von ihm und vom Heiligen Geist ab, der mit seinem Wirken genau das erreichen will: ein neues Herz und einen neuen Geist in uns zu schaffen. Man kann sich für dieses Geschenk bereitmachen, aber bekommen kann man es nur, indem man darum bittet. Das ist die dritte Stufe der Liebe, die wir hier einmal *Fürbittgebet* nennen wollen und die kennzeichnend für die seelsorgerliche Liebe ist, das heißt für die Liebe eines Menschen, dem der Herr Seelen anvertraut hat, damit er für sie sorgt.

Mario fängt an sich zu beklagen, das Gehen fällt ihm eindeutig schwerer als gestern. Ich versuche ihn zu trösten, indem ich ihm sage, daß wir heute nur fünfzehn Kilometer zurücklegen müssen. Er muß eine Pause machen; ich sage ihm, daß ich hinter der Kurve auf ihn warten werde, und er geht, nachdem er sich vergewissert hat, daß niemand hinter uns ist, ein Stück in die Felder. Nach einigen Schritten steigt die Straße an und führt über einen Hügel. Ich finde einen kleinen Aussichtspunkt, von dem aus man über das Tal sieht, und setze mich dort hin, um auf Mario zu warten. Das ist einer dieser Momente, in denen ich mich ohne irgendeinen Grund geliebt fühle. Es geht ein leichter Wind, und es herrscht eine erhabene und vollkommene Ruhe. Ein Bibelvers kommt mir in den Sinn: „Hoffe auf den Herrn und sei stark! / Hab festen Mut und hoffe auf den Herrn!" Ich versuche mich an den Wortlaut des ganzen Psalms zu erinnern, so wie ich ihn von einer CD mit Worten des Papstes kenne. Das erste Stück ist mit einer ergreifenden Musik unterlegt und stammt aus Psalm 27:

Der Herr ist mein Licht und mein Heil:
Vor wem sollte ich mich fürchten?
Der Herr ist die Kraft meines Lebens:
Vor wem sollte mir bangen?
Vernimm, o Herr, mein lautes Rufen;
sei mir gnädig, und erhöre mich!
Mein Herz denkt an dein Wort: „Sucht mein Angesicht!"
Dein Angesicht, Herr, will ich suchen.
Verbirg nicht dein Gesicht vor mir;
weise deinen Knecht im Zorn nicht ab!
Ich aber bin gewiß zu schauen die Güte des Herrn im Land der
Lebenden.
Hoffe auf den Herrn, und sei stark!
Hab festen Mut, und hoffe auf den Herrn!

Es kommt mir vor, als hörte ich die damals noch feste Stimme des Papstes, der den letzten Vers wiederholt: „Ja! Hoffe auf den Herrn!" Wieder spüre ich die Sehnsucht, die diese Musik hervorruft. Doch hier ist die Wirklichkeit besser als alle musikalische Suggestivkraft: „Ja, hoffe auf den Herrn ... Vor wem sollte ich mich fürchten? Sei stark ... Ich bin gewiß zu schauen die Güte des Herrn im Land der Lebenden ..." In solchen Augenblicken ist Gott alles. Vergangenheit, Gegenwart, Zukunft. Verheißung und Erfüllung. Wunsch und Besitz. Schmerz und Freude. Gesellschaft und Einsamkeit. Straße und Ziel.

Mein Bruder kommt langsam auf mich zu. „Ein Glück, daß du hinter der Kurve auf mich gewartet hast", ruft er, als er mich fast erreicht hat. Wir lachen und machen uns deutlich langsamer wieder auf den Weg. Mario fällt das Laufen sichtlich schwer; die

Beine tun ihm entsetzlich weh, aber er will trotzdem weitergehen. Seine Sturheit ist schon fast tollkühn und grenzt an Stolz. Ein wirklich nett aussehendes deutsches Mädchen und eine blonde Frau mittleren Alters in Badeanzug und Bermudas überholen uns und unterhalten sich miteinander. Mario mustert die Frau von Kopf bis Fuß. „Und diese Teutonin?" Ich muß es kaum eigens erwähnen, daß die Frau ab sofort nur noch *die Teutonin* hieß. Santo Domingo de la Calzada taucht mit dem Turm seiner Kathedrale am Horizont auf. Doch auch diese Stadt bildet keine Ausnahme und scheint, wie alle, die sich von weitem zeigen, mit jedem Schritt, den man näher herankommt, weiter zurückzuweichen. Am Stadtrand kommen wir an kleinen Fabriken und Erbsenfeldern vorbei. In einem weißen Auto sitzt ein Mann, der offenbar auf die Gärten aufpassen soll. Ich kenne die Leidenschaft meines Bruders für diese Gemüseart, und erwarte nicht, daß er sich von einem Aufpasser einschüchtern läßt, so grimmig der auch gucken mag. Als wir einen gewissen Sicherheitsabstand zwischen ihn und uns gebracht haben (das heißt, als wir an einem Punkt sind, von dem aus wir, selbst wenn der Mann uns bemerken und hinter uns herfahren sollte, auf mindestens drei oder vier verschiedenen Fußwegen entkommen könnten), geht er nonchalant in eines der Felder, plündert es und läßt die Schoten mit der allergrößten Verachtung für die Konsequenzen seiner Tat gut sichtbar auf die Straße fallen. Endlich biegen wir in die *Calle Mayor* ein, die eine Fußgängerzone ist. Ich habe Mario erklärt, warum diese Stadt so heißt, und ihm vom Hühnerwunder erzählt, das sie so berühmt gemacht hat. Domingo war ein Einsiedler, der einen Großteil seiner Zeit darauf verwandte, Pilger aufzunehmen, und auch die Straße (eben die *Calzada)* angelegt hat, die von Nájera hierher und dann weiter nach Redecilla führt. Ein echter Heiliger des *Camino.* Als er im 11. Jahrhundert starb, wurde er hier an seiner Straße begraben. Über seinem Grab erbaute man die Kathedrale. Und in dieser Kirche befindet sich ein Stall mit einem Hahn und einem Huhn zur Erinnerung an das Wunder, das Domingo zugunsten eines jungen deutschen Pilgers – Hugonell – von Gott erwirkte, der zu Unrecht des Diebstahls bezichtigt und aufgehängt worden war. Seine Eltern, ebenfalls Pilger, trafen ihren Sohn noch lebend an, weil der Heilige seine Füße stützte. Sie eilten daraufhin zum Bürgermeister der Stadt, berichteten von dem Wunder und baten um Gnade. „Euer Sohn ist so lebendig wie dieser Hahn und dieses Huhn, die ich gerade esse", antwortete der. Sofort wurden die Tiere wieder lebendig und fingen auf dem Teller an zu krähen und zu gackern. Daher stammt die leicht zu merkende Redensart: „Santo Domingo de la Calzada, donde cantó la gallina después de asada". Auch für uns leicht zu merken: Mario hatte Carmen gefragt, wie man auf spanisch ein gut durchgebratenes Beefsteak bestellt: „Chuleta de ternera muy bien asada".

Das Städtchen ist reizend. Nach soviel Landschaft tut es gut, wieder Paläste und Kirchen zu sehen. Im *Refugio* der Bruderschaft des heiligen Domingo erhalten wir den *Sello;* Pilger, die schon angekommen sind, warten auf ihre Unterbringung: Es ist zehn Uhr morgens. Wir grüßen und gehen wieder hinaus. Eigentlich erwarte ich, daß Mario gleich zur Kathedrale eilt, um den Hühnerstall und das Grab zu besichtigen, doch er schleift mich in eine Bar, um zu frühstücken. Aber er hat recht, wie üblich: Es ist zehn Uhr, und wir haben noch nichts Heißes getrunken. Wir suchen uns ein Straßencafé in der *Calle* gegenüber der Kirche; wir nehmen jeder eine große Tasse *Café con leche* und zwei Hörnchen, die das Mädchen uns, so wie es hier in Spanien üblich ist, auf einem Tellerchen und mit Besteck serviert. Danach hat Mario immer noch Hunger, also gehe ich los, suche eine *Panadería* und kaufe noch ein paar Hörnchen. Die Hauptstraße verläuft parallel zu der Straße, an der die Kirche liegt: eine prächtige *Calle* mit Geschäften aller Art. Darunter auch, ohne daß ich lange Ausschau halten müßte, das gesuchte. In jedem Schaufenster tummeln sich Hühner und Hähne aus allen Materialien und in allen Größen. Ich unternehme eine ausgiebigen Erkundungsgang, erforsche die Gassen, vergleiche die Waren, lausche den Gesprächen der Leute: Die Spanier sind ein stolzes und sympathisches Volk mit sonnigem Gemüt; ihr Singsang macht gute Laune. Im Labyrinth der Gassen finde ich ganz unerwartet ein Geschäft mit Pilgerbedarf: Pilgerstäben, Trinkflaschen und Rucksäcken anstelle von Hühnern und Hähnen. Und Strohhüte zu drei Euro das Stück. Inzwischen scheint die Sonne jeden Tag, da ist ein Hut unerläßlich. Ich nehme einen leichten, hellen, mit einer breiten Krempe. Das ist *mein* Hut: Ich setze ihn auf und trete hinaus auf die Straße. Jetzt habe ich alles, was ein perfekter Pilger braucht.

Ich gehe wieder zu Mario und den Rucksäcken. Um in die Kathedrale hineinzukommen, muß man eine – für Pilger sehr preiswerte – Eintrittskarte kaufen, die auch zum Besuch des Museums für sakrale Kunst berechtigt. Das Museum ist interessant, aber als wir die Kirchentür öffnen, sind wir sprachlos: wunderschön! Ein Schmuckstück, voller kostbarer Details und doch von strenger Eleganz. Alles ist geordnet und schön, schlicht und feierlich. In einem Augenblick sind die Sorgen und Mühen des bis hierher zurückgelegten Wegs vergessen. Es ist dasselbe Gefühl wie auf der Esplanade in Lourdes, in Arrés oder in Torres: der Eindruck, zu Hause zu sein oder zumindest ein Geschenk erhalten zu haben, das eigens für uns reserviert gewesen ist. Die unbeschreibliche und nicht vermittelbare Beklommenheit wird deshalb nicht geringer: Beklommenheit darüber, Tag für Tag in einem fremden Land zu sein und die Frage: „Werden wir es unter diesen Bedingungen überhaupt bis nach Santiago schaffen" keinen Augenblick lang abschütteln zu können. Ich weiß nicht, ob es nicht auch wieder Momente geben wird, in denen ich mich frage, was ich hier tue und ob Marios dauernde und zermürbende Erschöpfung einen Sinn hat. Und doch: Augenblicke wie dieser verbinden den *Camino* auch physisch, materiell mit dem Himmel und nähren das Bewußtsein, etwas Geheimnisvolles und Außergewöhnliches zu erleben. Das Paradox eines Verlusts, der uns bereichert; einer Entwurzelung, die uns überall ein Zuhause finden läßt.

Es geht gar nicht so sehr darum, eine Kirche zu betreten (das ist schon eine Milliarde Mal passiert), sondern sie so zu betreten: als Pilger, die hier den Sinn ihres Unterwegsseins finden. Dieser Sinn besteht darin, im Haus des Vaters anzukommen, einem schönen, hellen, gastfreundlichen Haus, wo es einem gut geht und man alles findet, auch den Frieden. Von Balthasar sagt: „Gott ist keine verrammelte Festung, die wir mit unseren Kriegsmaschinen (Askese, mystische Kontemplation, usw.) erobern müßten, sondern ein Haus voller offener Türen, und wir sind eingeladen, einzutreten." Die Mühen und Schmerzen des Weges lösen sich auf in der Harmonie der Farben und Steine dieser Kathedrale. Wieviel Mühe es wohl gekostet haben mag, sie zu erbauen? Doch das ist das Ergebnis. Wieviel Mühe kostet uns die Wallfahrt, und welche Erschütterungen löst sie aus? Und welches wunderbare Ergebnis werden wir am Ende erhalten? Etwas von dem abschließenden

Meisterwerk haben wir bereits gekostet; doch hier schwingt sich, noch höher als die Bögen und Rippen aus Steinen und Ziegeln, die Hoffnung empor.

Wir machen einen Rundgang durch die Kirche, und als wir etwa auf der Höhe des Heiligengrabs sind, läßt uns das Krähen des Hahns plötzlich zusammenzucken. Mein Bruder lacht, auch weil das Tier gar nicht mehr aufhören will. Wir gehen die Stufen hinunter, die zum Mausoleum des Heiligen führen – ein *visitandum est* – und sprechen, bevor wir wieder hinaufgehen, ein ganz einfaches Gebet: „Heiliger Dominik, du warst ein Freund der Pilger und wolltest ihnen helfen, nach Santiago zu gelangen. Behüte uns: Wir sind zwei Pilger, die beim heiligen Jakobus ankommen möchten. Hilf uns, wenn du kannst." Einfach und authentisch, weil es eine Wahrheit ausdrückt, von der wir in dieser Zeit des *Camino* täglich durchdrungen sind: Ohne die Gnade Gottes richten wir nicht viel aus, können wir den Weg nicht problemlos zurücklegen. Der gute Wille oder das Bemühen allein, so großzügig und selbstlos sie auch sein mögen, sind keine Garantie für irgendein Ergebnis. Am Ziel, in Santiago anzukommen, wird in jedem Fall eine Gnade sein. Das gilt sowohl für den Körper als auch für den Geist. Keiner von uns, der Pilger sein – das heißt einen Weg in seinem *Innern* zurücklegen – will, kann dies alleine tun, ganz gleich, ob sein Wille stark ist oder schwach. Er muß beten, damit der Herr ihn auf seine Schultern nimmt, das heißt, damit er von der Gnade geführt wird. Mit dieser kann er im Rahmen seiner eigenen Kraft zusammenwirken. Dann wird sein Wille gestärkt werden und er kann sogar Wunder vollbringen. Wie beispielsweise das mit dem Hahn und dem Huhn.

Wir treten hinaus auf die *Calle,* in Richtung Grañón, wo es einen *Refugio* gibt, das laut Führer im Turm der Pfarrkirche eingerichtet worden ist. Sechs Kilometer: eineinhalb Stunden. Es ist einfach nur heiß. Der *Camino* ist nun kurvenreich, durchschneidet sonnige Felder und verläuft schließlich entlang der *Nacional 120* „*Camino de Santiago"*. Verödet in der Einöde. Ab und zu fahren Lastwagen vorbei, und wir spüren den Fahrtwind. Der Asphalt zieht Fäden unter unseren Schuhen. Jetzt, wo ich auch einen Hut habe, wird mir klar, in welche Verlegenheit man durch die vorbeifahrenden LKWs gebracht wird: Der Luftsog will mir meine neue Errungenschaft gleich wieder vom Kopf reißen. Wir erreichen das Dorf und gehen auf den Kirchturm zu. Wie üblich ist niemand auf den *Calles* – außer, o weh, dem Bärtchen, der an der Bar neben der Kirche einen großen Krug Bier in sich hineinschüttet. „Oh neiiiiiiiiin", brüllt Mario. Ich winke dem Franzosen zu: keine Reaktion. Sie tun nichts Böses, aber ihre Anwesenheit entwickelt sich zu einer Art Mobbing. Der *Refugio* liegt auf der zweiten Etage des Kirchturms. Eine *Hospitalera* nimmt uns in Empfang. Sie stellt sich vor, „María Ángeles. ¡*Bienvenidos!*", und streckt uns die Hand entgegen. Im Salon wird ein Hängeboden sichtbar, wo andere Pilger, die vor uns gekommen sind, schlafen werden: ein großartiger Platz mit Sessel und Kamin und einem großen Tisch, an dem sie uns einlädt Platz zu nehmen, nicht ohne uns vorher in der Küche ein Glas frisches Wasser serviert zu haben. Weitere *Hospitaleros* kommen dazu, Brasilianer, mit ausgeprägt nasalem portugiesischem Akzent. Sie decken für uns. „Bekommen wir hier Mittagessen?" fragt Mario ungläubig. Die Antwort kommt in der konkreten Form von Suppentellern und Salat. Unsere Gedanken schweifen nach Arrés.

Wir entscheiden uns für einen Schlafsaal im unteren Stockwerk; Mario rollt den Schlafsack aus, ich breite *Mantas* über die Matratze. Danach wasche ich mich nach meinem bewährten System und gehe mit der Wäsche, meinem Brevier und dem Tagebuch hinaus in den Hof. Ich hänge die Kleidungsstücke über den Zaun und strecke mich müßig im Gras aus. Mario stößt zu mir: „Absolute Ruhe, den ganzen Nachmittag über", ordne ich an. Der Hof füllt sich mit Pilgern, die nichts zu tun haben. Das Bärtchen gibt in der lustigen Runde den Ton an und ist von Freundinnen umringt, die bereitwillig über jeden seiner Witze lachen. „Franzosen!", lautet Marios Kommentar. Es stört ihn, daß sie einen solchen Lärm veranstalten, dessen dröhnender Widerhall, von den Mauern des Hofes vervielfacht, die Luft erfüllt. „Ich wüßte doch gerne, wie sie heißen", grummelt er dann nach einiger Zeit. „Warum?" erkundige ich mich. „Ich möchte es eben einfach wissen ..." „Wir könnten morgen eine große Etappe einlegen, bis nach San Juan de Ortega", fährt er dann fort, „neununddreißig oder vierzig Kilometer schätzungsweise." Uff. Ich weiß nicht, was ich davon halten soll. Mario gibt sich abwechselnd als Joe Temerario und als Ugo Fantozzi. „Wir werden sehr früh aufbrechen müssen. Um sechs. Am besten brechen wir vor sechs auf, dann lassen wir die Franzosen hinter uns." Ich bremse ihn: „Wir können später darüber nachdenken. Jetzt ruhen wir uns erst einmal aus." Um halb neun werden wir zum Abendessen gerufen. Mario sucht die zwei Plätze aus, die der Küche am nächsten sind, und wir sitzen den beiden Männern gegenüber, die mit uns in der Säulenhalle in Azofra übernachtet haben. Unmittelbar darauf schwärmen die Franzosen aus und sichern sich die Plätze, an denen sie einander gegenübersitzen können. Eine von ihnen setzt sich rechts neben mich, und nicht einmal jetzt erwidert sie meinen Gruß. „Die wird dir während des ganzen Essens den Rücken zukehren", wettet Mario. Als unsere sehr freundlichen *Hospitaleros* das Tischgebet gesprochen haben, setzt sie sich tatsächlich mit dem Rücken zu mir. Sie dreht sich nur um, um die Platten weiterzureichen, so vertieft ist sie in das Gespräch mit dem Bärtchen. Mario und ich lachen über sie, über das Bärtchen, über unsere Unfähigkeit, eine wenn auch noch so kleine Unterhaltung mit den beiden Männern gegenüber aufrechtzuerhalten, die pensionierte holländische Militärs und dicke Freunde sind. Trotzdem dränge ich Mario, etwas zu unternehmen, sich einen Ruck zu geben und die Unbekannten anzusprechen. Er will nichts davon wissen. Ich versuche es nach rechts, doch die Franzosen tun alle so, als ob sie nichts verstünden und ohnehin Wichtigeres zu besprechen hätten. Das verdrießt mich: Es verdrießt mich, daß ich mich wie ein Eindringling fühle, weil jemand mir den Rücken zukehrt und sich um seine Angelegenheiten kümmert. Vielleicht sollten wir morgen wirklich ganz früh aufbrechen. Ich spreche darüber mit Mario: Wenn es nach ihm geht, sollten wir das Pilgerheim um fünf verlassen. Also stellen wir den Wecker auf viertel vor fünf.

Nach dem Abendessen helfen wir beim Abdecken und nehmen am Gebet in der Kirche teil. In Grañón betet man jeden Abend für die Pilger, die hier übernachtet haben. Wir müssen uns vorstellen und angeben, wann wir voraussichtlich in Santiago ankommen werden. Dieses hypothetische Datum wird aufgeschrieben, und von nun an werden sie jeden Abend bis zu dem angegebenen Tag an uns denken. Das Bärtchen ist als erster an der Reihe. *Schoseffff* sagt er mit gespitzten Lippen, was bei meinem Bruder einen

Heiterkeitsausbruch auslöst. Sein Freund heißt Bernard und ist Arzt, meine Tischnachbarin beim Abendessen heißt *Siusssìì*. Sie wollen am 26. oder 27. Juni in Santiago ankommen. Unglaublich! Jetzt wissen wir, warum sie so schnell gehen! Mario und ich haben den 4. Juli angegeben. Dann werden die Namen der anderen vorgelesen, die schon hier waren, und wir beten gemeinsam für sie, *damit sie das finden, was sie suchen.* „Da waren auch Italiener dabei, hast du gehört?" fragt mich Mario beim Hinausgehen. „Ja. Vielleicht treffen wir morgen ja einen von ihnen."

Wir haben Mühe, einzuschlafen. Wahrscheinlich ist es der Gedanke an das frühe Aufstehen, der uns beschäftigt und wachhält. Als ob sich bei der bloßen Vorstellung, die *Runners* abzuhängen und den stillen und einsamen Weg der ersten Tage wiederzufinden, die gesamte Energie aus jeder einzelnen Zelle unseres Körpers zusammenballen würde. Ach ja, wäre das schön ...! Auch das wird geschehen, so Gott will. „Nacht, Mario. Diese Nacht ist kurz." „Nacht."

„Hast du dich denn auch von Schoseff verabschiedet?" fragt er mich mit seinem asthmatischen Lachen.

„Hast du gehört? Die wollen am 26. Juni ankommen: verrückt. Nacht."

Wer ist verrückt: sie oder wir? Wir bestimmt. Auf jene Art und Weise verrückt, die Guccini in seinem *Don Chisciotte* besingt: *C'è bisogno soprattutto / d'uno slancio generoso, fosse anche un sogno matto* („Vor allem braucht es Großmut und Elan, und wär's auch ein verrückter Traum"). Und wie sagt er am Ende? *Dovrei anche rinunciare ad un po' di dignità, / farmi umile e accettare che sia questa la realtà?* („Muß ich auf ein bißchen Würde verzichten, demütig werden und akzeptieren, daß dies die Wirklichkeit ist?") Müssen wir akzeptieren, daß der *Camino* das ist, wozu die Franzosen uns zwingen, denen es gelungen ist, den alten Holzwurm wieder zu wecken, die nagende Angst, keinen Schlafplatz zu finden und Eindringlinge zu sein, denen man aus dem Weg gehen muß?

Von Grañón nach Atapuerca, Donnerstag, 13. Juni

Wir stehen um 4.45 Uhr auf. Wir müssen nur die Decken zusammenlegen, in unsere Schuhe schlüpfen und hinausgehen. Noch immer begleitet mich die Erinnerung an das Lied: *Salta in piedi, Sancho, è tardi, non vorrai dormire ancora, / solo i cinici e i codardi non si svegliano all'aurora: / per i primi è indifferenza e disprezzo dei valori / e per gli altri è riluttanza nei confronti dei doveri"* („Spring auf, Sancho, es ist schon spät, du wirst doch nicht noch länger schlafen wollen, nur Zyniker und Feiglinge stehen nicht beim Morgengrauen auf: die einen sind gleichgültig und werteverachtend, die anderen widerwillig gegen die Pflicht"). Es gelingt uns, niemanden zu wecken. Um fünf Uhr stehen wir im Hof. Es ist stockdunkel. Über uns leuchten noch die Sterne. Von der Atmosphäre, der Stille und der Kälte her könnte es auch mitten in der Nacht sein. Schweigend gehen wir durch die *Calle Mayor,* die einzige im Dorf, die beleuchtet ist, und begreifen schlagartig – am Ende der Straße –, warum die *Runners* nie um fünf, sondern immer erst um sechs aufbrechen: Um diese Zeit kann man die Markierungen des *Camino* noch nicht erkennen. „Und was tun wir jetzt?" fragen wir uns zum x-ten Mal. Doch diesmal lachen wir nicht, dazu sind wir zu benommen und durchgefroren. Wir gehen rechts hinunter. Aus der Karte geht hervor, daß wir in der entgegengesetzten Richtung zu der, aus der wir gekommen sind, weitergehen müssen. Ohne zu wissen wie, finden wir uns statt dessen in der Nähe der *Nacional* wieder, von der wir gekommen sind; und genau an diesem Punkt geht das erste Gekläffe los, das uns das Blut in den Adern gefrieren läßt: Die Hunde aller Häuser der Umgebung wetteifern miteinander, wer am besten und lautesten bellen kann. Plötzlich sind wir unsicher und ängstlich. Schnell versuchen wir mit der Taschenlampe die verlorenen gelben Pfeile wiederzufinden und haben dabei das unendlich unangenehme Gefühl, daß wir wie zwei Einbrecher aussehen müssen. Wir fürchten (oder Mario fürchtet), daß einer der Nachbarn dasselbe Gefühl und obendrein ein Gewehr und ein gutes Auge haben könnte. Wir klappern mit den Zähnen – nicht nur vor Kälte, sondern auch, weil wir uns auf unbekanntem Terrain bewegen. Wir müssen umkehren und zu dem letzten Pfeil zurückgehen, den wir gesehen haben. Leichter gesagt als getan: Das Unterfangen wäre eines Theseus würdig, doch wie Gott will, gelingt es uns; danach entdecken wir eine weitere Markierung und gehen weiter. Nach und nach werden noch mehr Pfeile sichtbar, und so schwindet die Angst, von jemandem mit üblen Absichten entdeckt zu werden, mit jedem Meter Straße, der sich vor uns ausbreitet. Wir gehen zügig voran, im sanften Licht einer schüchternen Morgenröte, die uns schließlich Gesellschaft leistet. Ringsum sind nur Sträßchen und Felder. In der Ferne, jenseits der *Nacional*, zeichnen die schlafenden Hügel sich dunkel vor dem schwach bläulich schimmernden Himmel ab.

Plötzlich ragt ein Schild vor uns empor: „Castilla y León"! Ebenso plötzlich kommt die Euphorie. Hinter diesem Namen verbergen sich so viele historische Erinnerungen und – was für uns in diesem Moment noch wichtiger ist – die Gewißheit, eine weitere Schwelle auf dem Weg nach Santiago überschritten zu haben: die Grenze zur Nachbarregion von Galizien. Wir bleiben stehen, um ein Foto zu machen, doch der Apparat ist irgendwie blockiert, der Auslöser läßt sich nicht drücken: Vielleicht ist das Licht noch zu schwach.

„Ist dir eigentlich klar, wie weit wir schon gekommen sind?" frage ich wieder einmal. Kastilien ist so groß, daß es in zwei Teile unterteilt ist: einen, der mit León eine Einheit bildet, und dann weiter südlich Castilla La Mancha, das Land von Don Quijote und Sancho Pansa. Ich kann es gar nicht glauben, daß ich hier bin, nördlich der Heimat dieser beiden Figuren, die ich seit meiner Kindheit kenne. Ihre Bilder waren auf der Tür der Anrichte in unserem Eßzimmer, eines der Möbelstücke, die Mutter und Vater sich zu ihrer Hochzeit gekauft hatten. Wir gehen schweigend weiter Richtung Redecilla. Jetzt habe ich den Eindruck, daß die beiden Figuren von Cervantes hier sind: Ich könnte sehr gut den einfältigen Idealisten Don Quijote abgeben; Mario dagegen Sancho, den Realisten, der einem verrückten Visionär folgen und unsinnige und unmögliche Abenteuer mit ihm bestehen muß – wie das, zu Fuß nach Santiago zu gehen. O ja, Guccini hat uns mit seinem Lied besser abgelichtet als uns dies mit dem Hinweisschild auf Kastilien gelungen ist. Je mehr ich darüber nachdenke, desto wahrer wird es: Ich bin jemand, der häufig gegen Windmühlen kämpft; ich akzeptiere von der Realität nur das, was mit meiner Vorstellung übereinstimmt oder so ist, wie es meiner Ansicht nach sein sollte. Ich bin einer, der sich von Idealen begeistern und mitreißen läßt, koste es, was es wolle. Mario dagegen steht immer mit beiden Beinen auf dem Boden, beurteilt die Dinge völlig illusionslos und positioniert sie auf einem Schlachtfeld, wo sich das Geld einerseits und die Bequemlichkeit oder Nützlichkeit andererseits einen ewigen Kampf liefern. Durch unser gemeinsames Wandern beeinflussen wir uns gegenseitig: Meine Ideale werden wieder auf ihren eigentlichen Sinn zurückgeführt: realistisch umgesetzt zu werden, um dem Dasein ohne überflüssige Windmühlenkämpfe als Energie und Antrieb zu dienen; und seine Illusionslosigkeit öffnet sich beständig auf ein zwar verborgenes Jenseits der Dinge hin, dessen Gegenwart hier aber immer spürbar ist und den kleinsten, alltäglichsten Dingen einen neuen Geschmack verleiht. Eine notwendige Grundlage, um das Mysterium des Lebens zu verstehen und es menschlich zu machen, das heißt zu etwas, das mehr ist als Geld und Profit, die letztlich auch nur dazu führen, daß der Mensch und seine Seele wie ein Objekt behandelt wird.

Inzwischen verläuft der *Camino* wieder an der Staatsstraße entlang. Wir kommen an Villamayor vorbei und nehmen Richtung auf Belorado, ein großes Dorf mit alten und interessanten Gebäuden. Alles ist geschlossen; wir tauchen in die *Calles* ein; hinter uns geht ein Pilger, ein Junge mit roten Haaren und einem Hut, der mich an die Hüte der Bauern in Donegal erinnert. Hinter Espinosa del *Camino* führt die Straße sanft, aber unverkennbar bergauf; die Landschaft ähnelt dem Voralpenland: Wir nähern uns den *Montes de Oca,* die bei den mittelalterlichen Pilgern der dort lebenden Tiere und der dort lauernden Banditen wegen sehr gefürchtet waren. Es ist fast Mittag, bald müßten wir in Villafranca sein. Wir sind seit etwa siebeneinhalb Stunden unterwegs. Als wir erneut an der *Nacional* entlanggehen, werfen wir uns am Straßenrand ins Gras, während die Lastwagen kaum einen halben Meter an uns vorbeibrausen. Es ist heiß, sehr heiß. Extrem heiß. Oder besser: „Muchisimo calor".

Wir stehen auf, um uns auf die Suche nach einer Bar zu machen, in der wir uns das Spiel Italien gegen Mexiko ansehen können. Hinter der Brücke über den *Río Oca* stoßen wir auf ein Restaurant und eine *Panadería.* Wir essen draußen auf dem Boden im Schatten ein Thunfischsandwich, und als ich damit fertig bin, gehe ich in das Lokal, um wegen des Spiels zu fragen. Nichts zu machen. Ich gehe wieder hinaus, und was sehe ich? Meinen Bruder, der sich mit Schoseff unterhält, schweißtriefend und außer Atem. Ich fasse es nicht. Leider ist es keine Halluzination. Mario, der ihn in diesem Zustand sieht und ihn besorgt fragt, wie es ihm geht, erhält anstelle einer Antwort nur die knappe Gegenfrage: „Wo ist das Pilgerheim?" Das ist es, was mir auf die Nerven geht: ihre Besessenheit, wenn es darum geht, sich die Schlafplätze zu sichern, ist übertrieben, und die Tatsache, daß sie alles auf dem *Camino* als Wettkampf interpretieren, macht mich traurig und wütend. Auch Siusssìì trudelt nun ein; sie sieht ziemlich mitgenommen aus: eine erschreckende Maske von Schmerz und Erschöpfung. Ihr Atem geht stoßweise, ihr Gesicht ist erhitzt und gerötet, als hätte sie vor einer Minute Zehnlinge geboren. Natürlich grüßt sie weder mich noch Mario, sondern beschränkt sich darauf, Schoseff zu fragen, wo es langgeht. Sie lassen uns stehen, wie immer ohne Gruß, und gehen weiter Richtung Ortszentrum, um das Pilgerheim mit Beschlag zu belegen.

Es ist nichts zu machen: Der *Camino* entscheidet alles selbst. Wir hätten hier gar nicht haltmachen dürfen, also können wir auch gleich wieder aufbrechen. Sofort wird der *Camino* beschwerlich, sehr beschwerlich, so steil, daß man kaum mehr zu Atem kommt. Gott sei Dank dauert es nicht lange, dann wird der Weg breit und bequem und führt über die Höhe durch Eichen- und Pinienwälder. Man hört keinen Laut außer unseren eigenen Schritten und Gesprächen. Ab und zu bleiben wir stehen; eine unsichtbare Uhr schlägt in unserem Geist leise die Stunden: Wir sind seit fünf Uhr heute morgen auf dem *Camino*! In vollen Zügen atmen wir den Duft von Harz und frischgeschnittenem Holz ein. Hin und wieder drehe ich mich um und sehe nach, ob die Franzosen nicht hinter uns herkommen. Aber was tue ich da? Ich bin wirklich ein Don Quijote! Meine Windmühlen sind die Franzosen, die als Ventil für all meine uneingestandene Aggressivität gegenüber den Mühen und Enttäuschungen des *Camino* fungieren. Ich schiebe ihnen alles in die Schuhe und verabscheue alles an ihnen, was am *Camino* abscheulich, das heißt einfach unberechenbar, mühsam oder schwer zu ertragen ist. Ich gebe ihnen die Möglichkeit, mich zu konditionieren, und vergesse dabei, daß meine innere Freiheit von niemandem beeinträchtigt werden kann, wenn ich es nicht selbst zulasse.

Und warum lasse ich es zu? Schoseff und seine Freunde sind wie ein Spiegel, der mir alles zeigt, was ich bisher noch nicht wahrhaben will: Ängste (die Angst, nicht akzeptiert zu werden oder nicht willkommen zu sein, verlassen zu werden oder keine Anerkennung zu finden), Unsicherheiten (die Unsicherheit, die daraus resultiert, daß man keiner Gruppe angehört), übertriebene und unerfüllte Sehnsüchte (die Sehnsucht, ein von seinen Untergebenen verehrter und geliebter Anführer oder Chef zu sein), gegen die ich aufbegehre oder vor denen ich fliehe, ohne mich realistisch mit ihnen auseinanderzusetzen. Wie in dem schon erwähnten Lied von Guccini: *L'ingiustizia non è il solo male che divora il mondo, / anche l'anima dell'uomo ha toccato spesso il fondo, / ma dobbiamo fare presto perché più che il tempo passa / il nemico si fà d'ombra e s'ingarbuglia la matassa* („Ungerechtigkeit ist nicht das einzige Übel, das die Welt verzehrt; auch des Menschen Seele hat schon oft den Grund berührt; doch wir müssen uns beeilen, denn die Zeit verrinnt; der Feind wird wie ein Schatten, und Verwirrung herrscht"). All das bringen die Franzosen ans Tageslicht. Die Wahrheit ist, daß das Böse, die Grenzen, die Wunden, die wehtun oder mir Unbehagen und Probleme bereiten, in meinem *Innern* sind. Das ist eine andere Wahrheit, die der *Camino* uns lehrt, weil er alles, was in unserem *Innern* ist, alles, was wir sind, bis zur Neige aus uns herausholt. Doch dieses Böse muß man erkennen, und man muß es zwingen, jeden Tag hinter Jesus herzugehen, so wie wir uns hier auf dem *Camino* jeden Tag dazu zwingen, nach Santiago zu gehen. Es muß in Angriff genommen und besiegt werden, so wie er es in Angriff nimmt und besiegt: indem er sich von der Liebe geleitet an die Wahrheit hält. Der „alte" Mensch, der mich ärgert und mit dem ich nichts zu tun haben will, steckt nicht in den Franzosen, die mir absurd und unerträglich egoistisch erscheinen: Er ist in mir und verschwindet nie. Manchmal ist er eher schwach, manchmal ist er übermächtig, doch er ist immer da. Wir werden uns auf dieser Erde niemals völlig und endgültig von ihm befreien.

Ich versuche mit Mario über diese Dinge zu reden. Er gibt mir darin recht, daß die „Transalpinen" die Zielscheibe unserer wütenden Enttäuschungen sind und daß es andere, entspanntere Wege geben könnte, mit ihnen umzugehen. Doch es bleibt eine Tatsache, daß sie den *Camino* und seine Regeln ganz objektiv falsch interpretieren. Und das hat nichts mit uns und unserem Verdruß zu tun: „Allein schon, daß sie jemanden vorausschikken, um die Betten zu besetzen ..."

Ich muß in diesem Tagebuch auch etwas über den Pilgerstab und seine Verwendung schreiben. Es gibt drei Verwendungsarten: zum Schutz vor Hunden; als Stütze, wenn die Beine nachgeben; als Hilfe, um aufrecht zu gehen und nicht unter dem Gewicht des Rucksacks zusammenzubrechen. Baden-Powell sagt: „Ein echter Pfadfinder mit einem Wanderstock und einem Lächeln auf den Lippen kommt problemlos überallhin. Manchmal kann er den Stock sogar zu Hause lassen."

Wie Gott will, führt die Straße plötzlich bergab, und ebenso plötzlich liegt vor uns eine wunderschöne Frühlingswiese und an deren Ende die Kirche und das *Hospital* von San Juan de Ortega. Mein Herz macht einen Satz, und ich habe einen Kloß im Hals: *Ich erkenne sie wieder, das ist Freude!* Ich beginne den Refrain von *Ein Schulausflug* zu singen, die *Musica dell'Incanto*. Die plötzliche Weite der Wiese ist unbeschreiblich. Wir beschleunigen unsere Schritte. Der Weg führt um das Gebäude herum und in den Hof der Kirche und des Klosters: Die Wirkung ist großartig, und trotz unserer Müdigkeit beeindruckt uns das, was wir sehen, mehr als der stechende Schmerz in unseren Beinen. Gegenüber dem Kloster steht eine Baumreihe, und zwischen den Bäumen ist eine Leine gespannt, an der mindestens fünfzig Wäschestücke hängen. Überall sind Gruppen von Pilgerinnen und Pilgern *en descanso*.

Müde lassen wir unsere Rucksäcke und uns selbst zu Boden sinken. Mario sehnt sich nach einem Bett und etwas zu essen. Ich zögere, ich habe keine Lust aufzustehen. Dann raffe ich mich auf und klingele dort, wo ich den Eingang zur Pilgerherberge vermute, doch niemand öffnet. Ich gehe in einen andere Raum, der als Küche benutzt wird und voller Leute ist; ich schwenke unsere *Credenciales,* und alle schicken mich zurück zu der Tür, an der ich gerade vergeblich geklingelt habe. In der überfüllten Bar kaufe ich eine Tüte Chips und eine Cola – mehr hat der Hunger der anderen Pilger nicht übriggelassen – und kehre zu Mario zurück. Er macht sich über das Essen her.

Wir treffen drei Pilgerinnen aus Italien, genauer gesagt aus der Toskana. Lara und Cristina sind aus Florenz. Cristina ist sehr hübsch, hat kurzgeschorene Haare und unglaublich blaue Augen; Laras Augen und Brille sind weniger anziehend, aber sie ist ein fraulicherer Typ. Die dritte ist eine ältere Lehrerin. Wir erzählen ihnen von den Franzosen und von der Etappe.

„Schlaft ihr heut nacht auch hier?" fragen sie mich. „Tja, da war niemand am Empfang." „Geh noch mal hin und frag nach der Schwester vom Pfarrer." Ich versuche es. Eine Frau öffnet, nimmt mir sofort die *Credenciales* aus der Hand und stempelt sie ab. „Betten gibt es keine mehr, ihr könnt *en el suelo* schlafen." Das hilft uns nicht weiter: Wir haben weder Luftmatratze noch Schlafsack. „Nein, nein, machen Sie sich keine Umstände, wir kommen heute abend noch bis Atapuerca", antworte ich, als ob das wirklich unsere Absicht wäre. Ich bitte sie, Don José Maria zu grüßen. Ich weiß, daß es ihm nicht gut geht. Dasselbe könnte man von Mario sagen, nachdem ich ihn über das informiert habe, was noch vor uns liegt: weitere eineinhalb Stunden Fußmarsch. Ehe wir aufbrechen, gehe ich wenigstens noch kurz in die Kirche, um San Juan zu begrüßen. Wortlos stehe ich vor dem Grab des Heiligen, das ganz ähnlich aussieht wie das seines Freundes, des heiligen Domingo: ein herrliches Mausoleum von der Hand des berühmten Gil de Siloe, dem wir auch noch in Burgos begegnen werden: in zartem isabellinischem Stil und mit gotischem Überbau. Ein Gedicht in Stein.

Schweren Herzens machen wir uns wieder auf den Weg, dies war einer der epischen Plätze des *Camino*. Das Tageslicht wird weniger grell und weicher, die Sonne wird bald untergehen. Wir sind furchtbar müde, Mario steht offenbar kurz vor einer Krise. Es ist unendlich mühsam, auch nur einen Fuß vor den anderen setzen. Als wir nach Agés kommen, sind wir völlig am Ende. Ich mustere jeden Zentimeter der Gassen und Hinweisschilder in der Hoffnung, irgend etwas zu sehen, das uns weiterhilft. Mario kann inzwischen wirklich nicht mehr, und auch ich habe das Gefühl, nicht mehr weitergehen zu können, nicht einmal ein paar hundert Meter. Doch da ist nichts und niemand. Wir kommen zum Dorfbrunnen und halten unsere Füße in das eisige Wasser. Meine Fußsohlen sind so heiß, daß ich damit gut und gerne eine Hose bügeln könnte. „Ich glaube, du bist gedopt. Wie schaffst du es nur, immer weiterzugehen?" fragt mein Bruder. „Das weißt du doch. Ich denke immer nur: *Nach Santiago!* Schau doch, wie weit wir gekommen sind! Wir können es wirklich schaffen!" „Und wenn in Atapuerca auch niemand ist?" Er drängt mich, Stefano anzurufen, der im letzten Jahr hier gewesen ist. Er bestätigt: „Es gibt eine Pilgerherberge mit einem Strohdach." Die Sonne steht schon tief, es ist nach acht. Ich stehe auf, schultere den Rucksack und frage: „Gehen wir?" „Schau mal", sagt er niedergeschlagen, „ich bin ganz offen zu dir: Du kannst mich umbringen, aber du bringst mich keinen Meter von hier weg. Ich kann nicht weiter, und wenn du's genau wissen willst: Ich fange gleich an zu heulen!" Drückendes Schweigen. Und dann ein befreiendes Gelächter, das wir nicht im Zaum halten können und das beim geringsten Anlaß – schon wenn wir uns nur ansehen – wieder losbricht. Es stimmt, wir haben es übertrieben. Schuld haben die Franzosen oder unsere Angst vor ihnen. Aber wenn wir jetzt aufgeben, haben wir keinen Platz, wo wir schlafen können, und wir müssen uns in dieser Nacht so bequem ausruhen, wie es irgend geht. Im Grunde ist unser Ziel das nächste Dorf, das eigentlich gleich hinter den letzten Häusern auftauchen müßte. „Du weißt doch, wie das ist, mit diesen Dörfern, die anscheinend ganz in der Nähe liegen und wo man nie ankommt!" braust er auf. Schweigen. Dann, nach einer Ewigkeit, setzt er sich schwerfällig in Bewegung.

Jetzt sind wir auf der geraden Straße, die Agés mit Atapuerca verbindet, und ich warte auf meinen Bruder, der nur sehr langsam vorwärtskommt. Ich nutze die Gelegenheit, um etwas ins Tagebuch einzutragen und in der Umgebung nach Spuren der prähistorischen Siedlungen Ausschau zu halten, die dieses kleine Dorf, zu dem wir unterwegs sind, weltberühmt gemacht haben. Ich kann auch kaum mehr laufen, doch mein Bruder schafft es trotzdem, in deutlichem Abstand hinter mir zurückzubleiben. Die Füße gehorchen nicht mehr; ganz zu schweigen von den Sehnen, die von der Anstrengung, zu der wir sie heute gezwungen haben, völlig überreizt sind. Diese gerade Straße werde ich mein Lebtag nicht vergessen.

Wie Gott und Santiago wollen, erreichen wir das Dorf. Keine Spur von einem Albergue oder irgendeinem anderen Haus mit Strohdach. Mario bleibt stehen, ich gehe weiter, um nach Schildern oder Pfeilen Ausschau zu halten. Ich höre laute Stimmen, fröhliches Plappern; das könnten Pilger sein, die zusammensitzen. Und tatsächlich: Wir wenden das Dopplergesetz an und finden den *Refugio,* der ein völlig normales Ziegeldach hat. „No comment", denke ich, als ich das sehe und an Stefanos Beschreibung denke. Ich kann nicht einmal mehr sprechen. Ich könnte mich gleich auf den Boden legen und schlafen, doch die Leute, die draußen sitzen, kommen mir zuvor und sagen mir, daß noch Plätze frei sind. Sie bitten uns herein an die *Recepción*, wo Bauarbeiten im Gang sind und alles nach Farbe und frischem Zement riecht. „No comment", denke ich wieder im stillen, „ein wirklich trostloser Ort." Wir tragen uns ein, stempeln die *Credenciales*, zahlen und betreten die eigentliche Pilgerherberge, die nebenan liegt, um uns zu waschen und auszuruhen. Weder ich noch Mario haben Lust, etwas zu essen. Der *Refugio* ist keiner der üblichen *Albergues:* Es ist ein Loch. Küche, Betten und Bad in einen einzigen Raum gezwängt und alle miteinander verbunden. Als wir die Tür öffnen, stehen wir vor dem großen französischen Jungen mit den Locken und seiner Freundin, dem Pferd, die sich gegenseitig füttern. „No comment", denke ich nun schon zum dritten Mal innerhalb weniger Minuten und erinnere mich schlagartig an das letzte Mal, als wir die beiden gesehen haben und sie sich von jemandem über die staubige Straße nach Azofra fahren ließen. Ansonsten kennen wir niemanden. Genau genommen ist dies einer der Orte, den wir, wenn wir die Kraft und den Willen hätten, normalerweise vermutlich wieder verlassen würden. Wir belegen zwei benachbarte Betten und beginnen mit unserer Waschaktion. Als ich mich hinlege, hält Mario, halbtot und in seine *Manta* eingewickelt, das kleine Blatt mit den für die nächsten Tage geplanten Etappen in der Hand und dreht es hin und her. Ich will gar nicht wissen, worüber er nachdenkt, ich denke nur mit Schaudern daran, daß er vielleicht wieder Schüttelfrost bekommen könnte. „Hast du Fieber?" frage ich. „Ich messe lieber gar nicht ..." „Du hast recht", sage ich entschieden. Burgos ist nicht mehr weit, und morgen wollen wir nur bis dorthin. Ich bete die Komplet auswendig, und ein nicht enden wollender Tag geht nun doch zu Ende.

Von Atapuerca nach Burgos, Freitag, 14. Juni

Jeder Versuch, länger als bis halb sechs zu schlafen, ist vergeblich. Alle anderen sind schon vorher aufgewacht, haben Frühstück gemacht und sind nun dabei, ihre Rucksäcke zu packen und aufzubrechen. Um sechs stehen wir auch auf. Die Gerüche aus der Küchenecke wecken ein erstes Hungergefühl. Im Prinzip haben wir seit Grañón nichts Richtiges mehr gegessen. Wir sind rasch fertig; seltsamerweise tun unsere Füße und Beine ihren Dienst, und zwar gut. Jedes Erwachen auf dem *Camino* bringt dieses Wunder mit sich. Die Pfeile führen uns sofort bergauf auf die *Sierra de Atapuerca* zu, während die Morgenröte im Osten den Horizont erhellt. Bestürzt von soviel Schönheit bleiben wir stehen, um das Schauspiel zu betrachten. Wir sind mitten in einem Gedicht von Emily Dickinson:

Als hätte ich bloß um ein Almosen gebeten,
und in meine staunende Hand
hätte ein Fremder mir ein Königreich gedrückt,
und fassungslos hätte ich dagestanden –
als hätte ich den Osthimmel gefragt,
ob er einen Morgen für mich hätte –
und er hätte seine purpurnen Dämme geöffnet
und mich mit Morgenröte überschüttet!

Wir erreichen eine Anhöhe, von der aus man Burgos in der Ferne auftauchen sieht, ganz nah und ganz klein. Die übliche Illusion: Die Ebene, die noch zwischen uns und Burgos liegt, wird sicherlich kein Ende haben. Bald kommen wir an eine Abzweigung. Wir werfen eine Münze und gehen nach links. Gott sei Dank liegt an der Straße eine Bar, davor stehen zwei Rucksäcke. Das ist ein untrügliches Zeichen: Frühstück in Sicht! Zwei Pilger sind beim Essen. Wir setzen uns, nachdem wir Milchkaffee und zwei Hörnchen bestellt haben. Die sehr freundliche Frau schließt von unserer Bestellung auf die Größe unseres Hungers und serviert uns den *Café y leche* in einer Suppentasse, in die eindeutig mehr hineingeht als in zwei gewöhnliche Tassen. Dann wärmt sie die Hörnchen auf und bringt sie uns auf dem üblichen Teller mit Besteck. Die Gabel – das muß dazugesagt werden – dient dazu, die *Brioches* in den Kaffee zu tunken, ohne sich dabei die Finger schmutzig zu machen.

Mario vertilgt alles in wenigen Augenblicken. Wir bestellen noch mehr. Die Frau füllt unsere Trinkflaschen auf und drückt uns den *Sello* der Bar in unsere *Credenciales*. Unsere Pilgerausweise aus Italien sind fast voll, es ist nur noch eine Seite frei. Bald werden wir die anbrechen müssen, die uns der Priester in

Jaca gegeben hat. *Jaca! Wann waren wir dort?* Jeder Tag, der auf dem *Camino* vergeht, erscheint mir wie ein Monat oder mehr. Das heißt, daß wir Lourdes vor sechzehn Monaten, also vor knapp eineinhalb Jahren verlassen haben. Gestärkt gehen wir weiter, unsere Gespräche sind heiter und warm wie der Tag, der gerade anbricht. Auf der Höhe von Villafría beginnt die Einflugschneise des Flughafens von Burgos. Das erkennt man an einem Einfriedungszaun, hier und da angebrachten Verbotsschildern und einem kuriosen dreieckigen Warnschild mit einem Flugzeug in der Mitte! Die Umgehung ist mühsam, um es vorsichtig auszudrükken, und nimmt kein Ende.

An einer Ecke der Einfriedung legen wir eine Pause ein. Unsere Muskeln beschweren sich, die Sonnenstrahlen verbrennen uns den Nacken. Wir strecken uns auf dem Boden aus und legen die Köpfe in den Schatten eines Schildes. Als der Schatten kleiner wird, stehen wir wieder auf und gehen weiter. Jetzt sind wir die Straße: Sie definiert uns. Wir sind Wesen, die sich auf einen unsichtbaren Punkt zubewegen, wir gehen voran und folgen dabei ganz einfachen Zeichen, die wir in aller Freiheit ignorieren könnten, akzeptieren Grenzen, die uns kontinuierlich aufgezeigt, und Gaben, die uns kontinuierlich geschenkt werden. Wir gehen an der Seite von Weggefährten, die eine Weile bei uns bleiben und uns dann wieder verlassen, und umgeben von Szenarien, die sich ständig verändern. Es ist wahr: *Am Ende zählt das Ziel.*

In Gamonal zwingen uns die Hitze, der Schock des massiven und stinkenden Verkehrs und der glühende Asphalt zu einer Pause. Mit jedem Schritt werden unsere Füße heißer. Nur die Andeutung einer Sitzgelegenheit oder Bank bringt uns schon dazu, anzuhalten. Wie Gott will, kommen wir am Denkmal des *Cid* an, der aus Burgos stammte und in der Kathedrale begraben ist. Wir überqueren den *Río Arlanzon* und gehen von dort aus durch den kühlen, baumbestandenen und wunderschönen *Paseo del Espolón,* der zum *Arco de Santa María* führt. Ich möchte schnell zur Kathedrale laufen, ehe sie geschlossen wird, doch Mario bremst mich. Er möchte Halt machen und sich an dem Wagen, der vor dem Stadttor parkt, wenigstens ein Eis holen. Um uns herum herrscht wie immer reges Treiben: Mütter mit ihren Kindern, ältere Menschen und Ruheständler, die neben mir sitzen, eine Schulklasse in Uniform, die mit ihrem Lehrer spielt. Mario leckt an seinem Eis und schaltet auf stur: Er wird keinen einzigen Schritt mehr weitergehen. „Versuch's doch wenigstens! Die Kathedrale ist hier gleich hinter dem Tor." „Ja ja, deine Vorhersagen kenne ich inzwischen", meint er ironisch. Ich muß ihn lange beknien, ehe er aufsteht und sich bereiterklärt, noch einige Schritte zu gehen. Wir passieren das Tor, und vor uns liegt die *Plaza Rey San Fernando* mit der spektakulären Seitenansicht der Kirche. Ein Triumph von Fialen und ineinander verwobenen Stilelementen; der Marmor ist strahlend weiß. Wir bleiben eine Weile stehen und schauen, die Augen weit aufgerissen. Blendende Helligkeit.

Wir betreten die Kirche durch das Hauptportal. Mit einem Schlag herrschen ganz andere Licht- und Temperaturverhältnisse und machen alles, was wir sehen, gleich viel angenehmer. Wir sind überwältigt von der üppigen Pracht dieser Kirche, die es allein wert wäre, von Italien hierher zu reisen. Wir finden die Sakristei und bitten – wie in den anderen Kathedralen – um den *Sello,* der ebenso kunstvoll und alt ist wie die Kirche, für die er steht.

Wir gehen durch das Hauptschiff, bis wir zur Christuskapelle kommen, wo ein berühmtes und bedeutendes Kruzifix zu sehen ist. Die Kirche wird bald geschlossen, und wir können nicht lange bleiben. Doch das Kreuz schlägt mich in seinen Bann, stumm und stocksteif bleibe ich davor stehen. Dieselbe Wirkung wie in Torres: Ich spüre die physische Anwesenheit von etwas, das ich verstehen, dem ich meine Aufmerksamkeit schenken muß. Aber ich weiß nicht genau, was es ist, und stürze in einen Abgrund widersprüchlicher Gedanken und Empfindungen. Ganz von allein arbeitet sich plötzlich eine Seite des heiligen Bernhard aus meinem Unterbewußtsein herauf, die ich vor einigen Wochen im Brevier gelesen habe: Wenn wir im *Albergue* angekommen sind, muß ich unbedingt danach suchen.

Wir gehen hinaus, und Mario geht – vielleicht wegen der Hitze, die plötzlich wieder über uns hereinbricht – nun sehr mühsam. „Ich kann nicht mehr. Und wenn wir uns hier irgendwo ein *richtiges* Hotel suchen?" Wir biegen in das Gassengewirr an der Kathedrale ein und gelangen zufällig in die *Calle La Puebla,* wo wir eine Unterkunft finden, die wirklich preiswert zu sein scheint. An der *Recepción* im ersten Stock tauchen in dieser Hinsicht allerdings erste Zweifel auf. Doch ich bringe es nicht übers Herz,

Mario umkehren zu lassen, damit er sich von neuem über die Straßen schleppt. Das Zimmer ist ein Traum, das Bad erscheint uns wie das Vorzimmer zum Paradies. Das einfache Leben auf dem *Camino* macht jede Unterkunft zum Luxus, die uns in einem anderen Kontext gerade einmal angemessen erschienen wäre. Wir legen uns hin, und als wir um fünf Uhr wieder aufwachen, ist die aufgehängte Wäsche bereits trocken. „Wann werden wir in unserem Leben jemals wieder so frei sein wie hier auf dem *Camino*?" denkt Mario laut. „Schau doch, ich habe Lust, mich hinzulegen und auszuruhen und kann es in demselben Moment, in dem ich es denke, auch schon tun." So ist es: Wir können frei über unsere Zeit verfügen. Vielleicht fühlen wir uns deshalb trotz aller Anstrengungen hier so lebendig: weil wir im Grund dort sind, wo wir sein wollen, um das zu tun, was wir tun wollen. Was im alltäglichen Leben so gut wie nie passiert.

Wir folgen den gelben Pfeilen und kommen nach San Lesmes, wo wir die Messe besuchen. In der Nähe der *Plaza Mayor* finden wir ein Restaurant, dessen Speisekarte einschließlich der Preise draußen angeschlagen ist. „Hast du gesehen?" fragt mich Mario, der die verschiedenen Gerichte überfliegt, „hier gibt es auch *Cerdo*." „Das muß ein Nationalgericht sein", überlege ich, „seit wir in Spanien sind, wird in jedem Restaurant *Cerdo* angeboten." „Ja, wer weiß, wo sie die züchten, daß es so viele gibt. Vielleicht haben sie eigene Schutzgebiete." „Na ja, ich finde Hirschfleisch jedenfalls ein bißchen eklig, wie alles Wild." „Es ist aber viel billiger als bei uns", beendet er das Thema.

Man weist uns in einem schönen *Comedor* einen Platz an; im Hintergrund spielt Gitarrenmusik. Wir bestellen *Sangría* und Fleisch *(muy bien asada)* mit *Ensalada mixta*. Ich weiß nicht, ob es die – auf leeren Magen getrunkene – Sangría oder die Tatsache gewesen ist, daß wir es nicht mehr gewöhnt sind, soviel zu essen, jedenfalls klagt Mario plötzlich über heftige Kopfschmerzen. Er will auf keinen Fall bleiben. „Ich glaube, ich muß mich übergeben", knallt er mir hin. Ich warte auf die obligatorische Leier, und sie kommt: „Bruges ist fern und nah." Es ist tatsächlich auffällig blaß, und alles ekelt ihn an. „Willst du nicht wenigstens den *Flan* probieren?" „Nein, nein, die hauen uns übers Ohr." Ich beeile mich mit dem Essen, während ich die anderen Gäste beobachte und wie immer die Farben und Klänge abspeichere, die ich, so Gott will, auch als alter Mann noch von Burgos in Erinnerung haben möchte. Wir zahlen und gehen. Es nieselt, die Straßen sind glänzend und rutschig geworden. Die frische Luft tut uns beiden gut. Ich möchte eine Runde durch Burgos *by night* drehen, um die beleuchtete Kathedrale zu sehen, doch mein Bruder läßt sich nicht erweichen: „Wir kommen im nächsten Jahr als Touristen zurück, jetzt halten wir uns an unseren Pilgerzeitplan. Vergiß nicht, daß ich mich übergeben muß."

Jetzt sind wir in unseren Betten, ich schreibe im Schein der Nachttischlampe diese letzten Eintragungen auf, während Mario bereits in den Schlaf des Gerechten gesunken ist. Gut so, unsere selbstmörderische Riesenetappe steckt uns noch in den Knochen. Vorhin habe ich, nachdem ich das heutige Stundengebet beendet hatte, den Abschnitt des heiligen Bernhard gefunden, der mir heute morgen vor dem Kruzifix des *Santo Cristo* in den Sinn gekommen war. Er ist Teil der Lesehore vom Mittwoch der dritten Woche im Jahreskreis:

Wo finden die Schwachen Sicherheit und Ruhe, wenn nicht in den Wunden des Erlösers? Ich wohne dort um so sicherer, je mächtiger er sich in meiner Rettung erweist. Die Welt bebt, der Körper drängt, der Teufel stellt mir nach, doch ich falle nicht, weil ich auf festen Felsen gegründet bin. Ich habe eine schwere Sünde begangen; das Gewissen trübt sich, doch ich werde nicht erschüttert werden, weil ich mich der Wunden des Herrn erinnere. Denn „er wurde durchbohrt wegen unserer Verbrechen". Was wäre so tödlich, daß es nicht durch den Tod Christi gelöst werden könnte? Wenn mir also ein so machtvolles und wirksames Heilmittel in den Sinn kommt, dann kann ich von keiner noch so heimtückischen Krankheit beunruhigt werden. Was mir fehlt, nehme ich mir vertrauensvoll aus dem Herzen des Herrn, denn es ist voller Erbarmen, und es fehlt ihm nicht an Wegen, um Gnaden zu verströmen. Sie haben seine Hände und Füße durchbohrt und seine Brust mit der Lanze durchstoßen; und durch diese Wunden werde ich „mit Honig aus den Felsen gestillt und mit Öl aus Felsspalten", das heißt, ich werde kosten und sehen, wie gut der Herr ist.
Er hegte Gedanken des Friedens, und ich habe es nicht gewußt. Denn wer hat die Gedanken des Herrn erkannt? Oder wer ist sein

*Ratgeber gewesen? Nun ist der Nagel, der hindurchgedrungen ist,
für mich zu einem Schlüssel geworden, der aufschließt und mich
die Süße des Herrn kosten läßt. Was sehe ich durch die Wunde?
Der Nagel hat eine Stimme, die Wunde schreit, daß Gott wahrhaftig in Christus gegenwärtig ist und die Welt mit sich versöhnt.
Das Schwert hat seine Seele durchbohrt, und sein Herz ist mir
nahegekommen, so daß es nun Mitleid empfinden kann mit meiner
Schwäche. Durch die Wunden des Leibes äußert sich die verborgene Liebe seines Herzens, offenbart sich das große Geheimnis der
Liebe, tritt das Innerste der Barmherzigkeit unseres Gottes hervor,
durch das uns ein Licht aufstrahlt aus der Höhe.*

Ich weiß nicht, ob es diese Meditation oder die Ermattung des
nun schutzlosen Körpers, das diffuse Licht, das nun im Zimmer
herrscht oder der Anblick des erschöpft schnarchenden Mario
ist, der mich plötzlich mit einer ungewohnten und geheimnisvollen Zärtlichkeit erfüllt. Nach diesen Tagen der Pilgerschaft –
in denen das Schweigen und der synkopische Wechsel von Fuß
und Pilgerstab mich in meine eigene Vergangenheit und zu vielen Menschen zurückgeführt haben, die ich kenne – hat der
Blick des gekreuzigten Jesus heute abend eine besänftigende
Wirkung. Ich habe den Eindruck, endlich *den Schlüssel gefunden*
zu haben, *der aufschließt.*

Dieser leidende und gemarterte Körper voller Wunden flößt
keine Angst ein; es ist eher so, daß er den Betrachter anzieht und
an sich drückt, ihn ohne Worte überzeugt, weil er die instinktive
Zärtlichkeit zwischen zwei Personen hervorruft, die ähnliches
Leid erfahren haben und von demselben Schmerz gezeichnet
und geeint sind. Um die Wahrheit zu sagen: Diese Zärtlichkeit ist
gar nicht geheimnisvoll – sie ist der Gemütszustand eines schwachen und verletzlichen Menschen, der sich von einem anderen
mit verständnisvoller Zuneigung angenommen fühlt. Geheimnisvoll ist jedoch, daß zwischen mir und ihm diese Brücke entsteht.
Zwar sagt die heilige Katharina es in ihrem *Dialog:* Christus ist
die Brücke, und er ist dies vor allem am Kreuz. Und doch ist
diese Brücke geheimnisvoll, denn die Verbindung, die sie in mir
herstellt, kann nicht das Werk eines Toten sein: Weder ist sie so
verblassend oder praktisch wirkungslos wie die Erinnerung an
ein vergangenes Ereignis noch so zwanghaft und phantasievoll

wie die Projektion eines unbewußten Bedürfnisses. Sie ist ein freies Geschehen, die Begegnung zweier Personen, die einander vertrauen, und dieses Vertrauen läßt Liebe entstehen, verbunden mit der Sicherheit, daß es sich lohnt, zu leben und sich ohne Maß einzusetzen. Sie sät in unseren Herzen eine Hoffnung, die stärker ist als der Tod. „Ich bin bei euch alle Tage bis zum Ende der Welt." Ich knipse die Nachttischlampe aus. Und was ist mir geschehen, was ist uns geschehen, die wir hier sind, was hat uns berührt, was hat uns hierherkommen lassen, um für etwas, das wir nie gesehen haben, das zu tun, was wir tun? Es ist die Berührung Gottes, die das Leben von Grund auf verändert, dich von vielem löst und dich für jemanden leben läßt, den du nie gesehen hast, wie es in der Bibel heißt: *Ich habe dich nie gesehen und kenne dich nicht, und doch, Herr, liebe ich dich.*

Durch die Scheiben fällt das künstliche Licht der Straßenlampen von Burgos und zeichnet den langen Schatten der Fensteröffnung auf den Boden. Ich weiß nicht weshalb, aber ich muß plötzlich an das Fenster meines Zimmers in Rom denken, an dem ich vor vielen Monaten gesessen und an die Wallfahrt nach Santiago gedacht habe. Damals wollte ich den *Camino* gehen, um ein neues Licht zu finden.

Von Burgos nach Hontanas, Samstag, 15. Juni

Der morgendliche Gang durch die Städte ist ein Schauspiel für sich. Niemand ist unterwegs. Sofort finden wir die *Conchas* wieder und folgen ihnen in der Hoffnung, daß wir möglichst bald auch auf eine geöffnete Bar stoßen, in der wir frühstücken können. Wir finden sie nach wenigen hundert Metern. Im Wechselgeld finde ich eine Zwei-Euro-Münze mit einer keltischen Harfe auf der Rückseite. Die Iren waren hier! Ich stecke das Geldstück zu den anderen, die ich auf dem *Camino* sammle: als Beweise für die fortwährende kontinentale Bedeutung des Jakobswegs. Noch im Weitergehen sehe ich sie mir an: „Die portugiesischen sind wunderschön!" rufe ich. „Und die spanischen Centstücke, was hältst du von denen?" fragt mein Bruder. „Das sind natürlich die schönsten!" Denn sie haben auf der Rückseite die Kathedrale von Santiago. Von Kathedrale zu Kathedrale: Die von Burgos lassen wir gerade hinter uns, und wir halten noch einmal an, um ein Foto zu machen, denn die impressionistische Wirkung des frühen Lichts auf den Steinen ist einzigartig. Auf dieser Seite der Stadt ist der Weg durch die Peripherie weniger lang als bei unserer Ankunft. Unerwartet betreten wir einen Pappelwald, fast meint man, auf der *Via Romea* zu sein, hinter Taglio di Po. Hinten rechts zeichnet sich ein großes einzelnes Gebäude ab: ein alleinstehendes Gefängnis, Wachtürme, sehr hohe Gitter und Mauern. Dieser unerwartete Anblick macht mir zu schaffen; als wir nach Villalbilla kommen, denke ich noch immer daran. Es ist schon wieder warm, Mario hat Durst. Wir suchen im Ort nach Wasser, obwohl der *Camino* rechts von der Eisenbahnlinie verläuft, die wir gerade überqueren. Das Dorf besteht aus einer typischen spanischen Kirche mit Störchen auf dem Glockenturm, einigen kleinen Läden, dem Bahnhof mit dem verblaßten Ortsnamen. Doch nirgends Wasser. Ich denke wieder an das Gefängnis, an uns beide, an die Jugendlichen in meiner Pfarrei, an meine Freunde. Und an den Text des heiligen Bernhard von gestern abend. Warum sind wir uns begegnet? Was verbindet uns alle, so daß wir einander nicht fremd sind? Vielleicht ist es genau das: Wir alle sind Häftlinge, die befreit werden wollen. Als wir wieder über den Bahnübergang gehen, muß ich an Jesus denken, der an einem Sabbat nach Nazareth und in die Synagoge geht und aus dem Propheten Jesaja liest:

Der Geist des Herrn ruht auf mir; denn der Herr hat mich gesalbt. Er hat mich gesandt, damit ich den Armen eine gute Nachricht bringe; damit ich den Gefangenen die Entlassung verkünde und den Blinden das Augenlicht; damit ich die Zerschlagenen in Freiheit setze und ein Gnadenjahr des Herrn ausrufe.

Jesu Kommentar an jenem Tag war einfach: „Heute hat sich das Schriftwort, das ihr eben gehört habt, erfüllt." Dieses *Heute* wiegt schwer. Es bedeutet, daß Jesus jetzt den Armen eine frohe Botschaft bringt; *in diesem Augenblick* verkündet Jesus den Gefangenen die Befreiung, *jetzt* gibt Jesus den Blinden das Augenlicht und befreit die Unterdrückten. *Dies* ist das Gnadenjahr des Herrn, die Zeit, in der er offenbart, was er mit den Menschen vorhat: sie glücklich, frei und sehend zu machen. Mithin befindet sich dieses Geschenk in unserer Reichweite. Man würde erwarten, daß eine so gute Nachricht bei ihrem Empfänger auf Anerkennung und Beifall stößt oder zumindest Neugier und Interesse weckt. Die Zuhörer damals haben erstaunt und empört reagiert und wollten Jesus unschädlich machen. Die Wirkung der Botschaft Jesu und die Folgen seiner Gegenwart sind also nicht magisch oder automatisch, man muß ihretwegen keine Energiequellen aufspüren oder esoterische Rituale vollziehen. Sie richten sich nach der inneren Haltung dessen, der diese Botschaft hört. Dasselbe läßt sich auch von unserer Pilgerschaft sagen, die ebenfalls eine *Zeit der Gnade* ist. Es ist nicht selbstverständlich, daß sie Frucht bringt oder ganz von allein zu einer Begegnung mit Jesus führt: Das hängt von meiner inneren Einstellung ab. Es kann sein, daß auch ich ihn in Wirklichkeit ablehne, obwohl ich sage, daß ich auf ihn höre und ihm folgen will. Aber wie kann das sein? Es liegt an einem Bruch, einer Spaltung im *Innern*: Anziehung und Angst, Ablehnung und das Bedürfnis nach Gott. Das ist es, was unser Leben erschwert und kompliziert macht, es auf sich selbst zurückwirft, es hinter Gitter sperrt, die sich unserem Zugriff immer wieder entziehen.

In Tardajos legen wir eine Kaffeepause ein. Die Gespräche der anderen Pilger, die in unserer Nähe sitzen, kreisen um die Möglichkeit, einen Kleinbus oder etwas in der Art zu mieten und sich bis hinter die *Mesetas* bringen zu lassen. Mein Bruder und ich tauschen mißbilligende Blicke. Nach zehn Minuten fährt der Kleinlaster vor.

Wir erreichen Rabé de las Calzadas, das letzte Dorf vor der Hochebene. Als wir am Friedhof vorbeigegangen sind, breitet sich vor uns die erste *Meseta* unseres *Camino* aus. Das ist das spanische Wort für Hochebene und bezeichnet diese leicht gewellten, unendlich weiten, von langgestreckten, sanften Tälern durchzogenen, praktisch völlig baum- und schattenlosen tischartigen Flächen. Wir beginnen den Abstieg. Unser Schweigen ist trocken wie die Luft, die wir atmen. Schon bald führt die Straße aufwärts einer Höhe entgegen, die unseren Horizont bildet. Was uns hinter dieser fernen Linie erwartet, wissen wir nicht. Rechts liegt eine Hütte, die *Fuente de Prao Torre*. Jemand kommt auf uns zu und ruft: die beiden Mädchen aus Florenz mit der Lehrerin. Zum ersten Mal kommen wir in den Genuß, Landsleute zu treffen und ein Stück mit ihnen zu gehen, eine Freude, die nur ganz, ganz leicht davon getrübt wird, daß Marios Aufmerksamkeit für Cristina nicht völlig selbstlos ist. Ihr gegenüber zeigt er sich plötzlich ganz ungewohnt beredt und zu Scherzen aufgelegt. „Jungs, diese Hitze bringt uns noch um!" übertreiben sie: „Wohin müßt ihr heute noch?" „Wohin Gott will", antworten wir, wie wir es inzwischen gelernt haben. „Wir gehen bis Hornillos; mehr schaffen wir nicht."

Ich übernehme die Lehrerin, die ihrerseits den Mädchen nicht von der Seite weicht. Sie erzählt mir von sich und ihrem *Camino*. Ihre Überlegungen sind unvermischtes Edda-Gedankengut: die Sonne, die „Gott symbolisiert und Gott selber ist"; die Engel, „die überall sind"; die inneren Schwingungen, die dafür sorgen, „daß man sich lebendig fühlt"; die stereotypen Floskeln vom „Weg des Lebens"; die kosmische Harmonie und das „Mitsich-selbst-im-Einklang-Sein" und so weiter. Offenbar spürt sie, daß ich ihr nicht in die Windungen folgen kann, wo sich ihre unsichtbaren kosmischen Energien versteckt haben; vielleicht nimmt sie auch ein wenig Rücksicht darauf, daß ich Priester bin, ich glaube nicht, daß sie je zur Messe geht. Mein starrer Blick muß sie irritieren. Immer wieder drehe ich mich verständnissuchend zu meinem Bruder um, und er winkt mir, ich solle mich beeilen – irgend etwas geht ihm auf die Nerven, und ich weiß nicht was. Ich verstehe überhaupt nichts mehr; offenbar habe ich mir sein Interesse für Cristina nur eingebildet. Wir erreichen die Höhe der *Meseta*; gerade als der Weg sich schroff wieder ins Tal stürzt, kommt uns eine Schafherde entgegen, die von ihrem Hirten und einem Maultier angeführt wird. Wir haben sie erschreckt, sie blöken verängstigt. Die Mädchen bleiben stehen, um ein Foto zu machen, wir, um mit dem Hirten zu plaudern, während die Lehrerin unbeeindruckt weitermarschiert. Als er sieht, daß die Dinge sich in die Länge ziehen, schließt Mario zu mir auf und fordert: „Komm, wir hängen sie ab!" Wir stehlen uns davon, nachdem wir verabredet haben, daß wir uns zum Mittagessen in Hornillos treffen wollen.

Diese Weite füllt die Augen mit allem und nichts. Die Müdigkeit beginnt, unsere Wahrnehmung zu schwächen. „Also? Wie sind die beiden so?" gehe ich zum Angriff über. „Nett! Und die Alte?" gibt er ausweichend zurück. „Erinnerst du dich an Edda?" „Ah, so in dem Stil *dieser Christus, der sich opfert ... dieser Christus, der stirbt und aufersteht ... dieser Christus, der leidet ... dieser Christus ... von Verdone?"* Wir lachen, während Mario den Schauspieler aus dem Film *Acqua e sapone* imitiert. Ich gerate außer Atem, weil die Luft so gesättigt ist. Gesättigt und reglos. Die *Calle Real* in Hornillos ist wie ausgestorben. Im Gebäude der ehemaligen Agrarschule gibt es eine Bar mit Restaurant; ganz benommen von den Duft nach fritiertem Fisch, der die ganze *Calle* erfüllt, gehen wir hinein. Nach uns kommen zwei Italiener um die fünfzig. Anders als wir fühlen sie sich offenbar keineswegs verpflichtet, Spanisch zu sprechen, sondern bestellen völlig unbefangen in piemontesischem Italienisch. Gestärkt gehen wir wieder hinaus, doch beim Anblick der Straße macht unser Wille weiterzugehen, störrische Bocksprünge: Grañón-Atapuerca steckt uns noch immer in den Knochen. Also streckt Mario sich auf einer Bank vor der Bar aus, und ich nutze die Gelegenheit, das Tagebuch auf den neuesten Stand zu bringen. Es ist halb drei, als wir uns wieder auf den Weg machen, der nun über die zweite *Meseta* des heutigen Tages führen müßte. Eine *Niña,* die mit ihren kleinen Freundinnen auf der Straße spielt, grüßt uns mit einem schwungvollen „¡Hola, peregrinos!" Der *Camino* befördert uns in das unermeßliche Grün dieser Hochebenen. Vor uns geht ein junger Mann, vielleicht Brasilianer, ganz sicher Südamerikaner. Er weint herzzerreißend, ob vor Trauer oder vor Müdigkeit, ist nicht zu erkennen. Er weint und geht. Als wir auf der Höhe ankommen, breiten sich die Felder ohne erkennbare Grenze vor uns aus. Ein unendliches grünes Bettlaken, auf dem sich der Blick ausruhen und das Blau des Himmels und die Geräusche des Windes sich schlafen legen können. Und mit dem Horizont, den Feldern und unserem Blick erweitert sich auch der Geist. Wir halten genau am Anfang einer ausgedehnten, mit blühendem Klatschmohn bestandenen Fläche.

Es ist schwierig zu beschreiben, was Glück ist. Doch in diesem Moment ist Glück, unter der Sommersonne inmitten eines friedlichen Ozeans zu schwimmen, dessen Strömungen aus atemberaubenden Farben bestehen. Ich fange an, *What a wonderful world* von Louis Armstrong zu singen, Mario pfeift mit. Ich ziehe das Notizbuch aus der Tasche und versuche, einige Sätze aufzuschreiben, es tut mir leid, daß ich nicht zeichnen kann, denn die Landschaft ist traumhaft schön. Mario sagt, sie rufe „Emotionen und Leichtigkeit des Geistes" hervor. Der *Camino* folgt dem Mohnfeld in seiner ganzen Länge – gut und gerne zwei Kilometer – und führt anschließend mitten durch grenzenlose Kornfelder, die den Horizont zurückweichen lassen.

Wir kommen an eine Wegkreuzung; links die *Fuente Sambol:* ein offener *Refugio.* Das Leben, das dort herrscht, erinnert an eine Fata Morgana: frisches Wasser, große und einladende schattige Flächen, Gras, das so weich ist, daß es dich förmlich dazu zwingt, die Schuhe auszuziehen, überall Pilger, die schreiben, still meditieren oder einfach nur *descansieren.* Der südamerikanische Junge kommt an: Er ist Brasilianer und trifft hier einen Landsmann. Wir werfen die Rucksäcke von uns und halten unsere Füße in das kleine Becken. Wir hören gar nicht mehr auf zu trinken: mindestens zwei Flaschen – also drei Liter – pro Kopf. Mit dicken Wasserbäuchen strecken wir uns im Schatten der Bäume auf dem Boden aus; „¡Mira, mira!" ruft Mario und streckt die Füße in die Höhe: „Dieses frische Wasser hat Wunderkräfte! Die Schwellung ist zurückgegangen ..."

Die Teutonin und ihre Freundin treffen ein. Die Freundin ist Österreicherin, die Teutonin kommt aus Dänemark; sie fordern uns auf, die Nacht über hier zu bleiben. Wir lehnen dankend ab: Unser Ziel ist Hontanas. „Solche Wäldchen sind hier nicht nur selten, sondern einmalig, oder? Ich kann mich nicht erinnern, schon eins gesehen zu haben." „Doch, ab und zu schon. Du vergißt den Pappelwald von heute morgen", antwortet mein verläßlicher Buchhalter, „der am Gefängnis." Das Gefängnis!

Wieder kommen mir die Gedanken in den Sinn, die ich heute morgen während des Rosenkranzes gestreift habe, nachdem wir das Gefängnis gesehen hatten. Ich glaube verstanden zu haben, was es bedeutet, die Gnade der Pilgerschaft anzunehmen: zuzulassen, daß Jesus durch die Stille und die Zeit, die man sich für den *Camino* nimmt, zu uns kommt, um uns zu besuchen, uns zu heilen und uns aus unseren Knechtschaften zu befreien; zuzulassen, daß er unser zerbrochenes, geteiltes Herz verbindet. Das, was ich bisher erlebt habe, läßt mich ahnen, daß die Gnade der Pilgerschaft eine *Gnade der Versöhnung* sein und etwas mit dem *schmerzhaften Geheimnis vom Ende aller Dinge* zu tun haben wird. Mit dem Tod, das heißt mit dem Kreuz.

Das sind nur Ahnungen, aber keine unbestimmten Ahnungen: eher feste Anhaltspunkte, die mir helfen, die Dinge des Lebens *aus dem Blickwinkel Gottes* neu zu verstehen. In der Hoffnung, später, so Gott will, mehr und besser zu verstehen, trinke ich – mit derselben Gier, mit der wir von dieser *Fuente* getrunken haben – *von der Freude, die ich fühle, während ich den* Camino *gehe.* Ich fühle mich zutiefst wohl, und dieser ungewohnte Zustand erwächst explosionsartig aus einer geheimnisvollen Befreiung. Einer Befreiung, wie sie aus einer überstandenen Gefahr oder dem Licht am Ende eines Tunnels resultieren könnte, in dem ich lange gegangen bin, wobei die Hoffnung, jemals wieder herauszukommen, immer kleiner wurde. Noch einmal erinnere ich mich an das, was mich schon vor dem Kruzifix in Burgos so betroffen gemacht hatte: Es ist nicht gleichgültig, daß Christus uns durch seinen Kreuzestod erlöst, daß er unsere Schmerzen auf sich genommen hat. Daß Gott Mensch wird, um übermenschliche Wunder zu tun, kann man noch verstehen; aber daß er kommt, um zu sterben, das ist ein Geheimnis. Und doch ist auch das göttlich. Wenn er uns auf diese Weise erlöst hat, hat er uns auch den dazu passenden Weg gezeigt, das Heil zu leben und gerettet zu werden. Das Kreuz ist das Geschenk der Befreiung und der Freude – jener seltsamen, von Mühsal und Schweiß getränkten Freude –, die uns die Kraft gibt, den alten Menschen mit seiner Furcht vor dem Bösen und der Angst, von ihm zermalmt zu werden, sterben zu lassen, damit er wiederaufersteht. Er, der für uns „zur Sünde geworden ist" und „durch dessen Wunden wir geheilt sind", gibt uns zu verstehen, daß *das Böse und der Tod auf ebendiese Weise besiegt werden können: indem man das Böse der anderen auf sich nimmt.*

Wie alles ineinandergreift! Denn wenn das wahr ist, dann wird das Heil – die Versöhnung mit dem *schmerzhaften Geheimnis* – nicht nur persönlich und privat sein: Es wird immer auch die anderen umfassen. Der eigentliche Tod nämlich, von dem ich auch jetzt, da ich lebe, befreit werden muß, ist nicht physisch: Es ist der Egoismus, die Angst davor, wirklich zu lieben, die uns daran hindert, zu vertrauen und das Leben um seiner selbst willen zu lieben, so wie es ist. Wenn ich mich in meinem Schmerz verschließe und in den Ketten der ungelösten Frage nach dem Schmerz verharre, werde ich im Gefängnis bleiben. Wenn ich mich aber bereit erkläre, nicht länger Gefangener des Schmerzes zu bleiben, sondern mich mehr um die anderen als um mich selbst zu kümmern, dann werde ich ein auferstandenes Leben kennenlernen, das stärker ist als der Tod. Es geht darum, nicht mit theoretischen Antworten auf das *schmerzhafte Geheimnis* zu reagieren. Der gekreuzigte Jesus war keine theoretische Antwort: Er war geschenktes Leben – trotz der Ablehnung, Verständnislosigkeit und Verachtung derer, denen es geschenkt worden ist. Ich reiße mich aus meinen Gedanken. Ich weiß nicht, ob ich mich an alles erinnern werde, wenn ich es später der Reihe nach aufschreibe.

„Gehen wir?" frage ich Mario. „Ja", antwortet er mit einer Bereitwilligkeit, die mich überrascht. Das kalte Wasser scheint wirklich geholfen zu haben. An der Kreuzung treffen wir die beiden Piemontesen wieder und stellen uns vor. Sie heißen Enrico und Ruggero und kommen aus Rivarolo in der Provinz Turin. Von unserem Zielort ist noch nichts zu sehen, obwohl wir eigentlich in weniger als einer Viertelstunde dort sein müßten. Und dann taucht Hontanas plötzlich auf, als ob jemand einen Vorhang hochgezogen hätte. Wie nach der ersten *Meseta* führt der Weg mit einemmal unvermittelt bergab, und schon kommen wir an den ersten Häusern der Ortschaft vorbei. Wir nähern uns dem *Albergue,* überqueren den Kirchplatz und stoßen auf eine Gruppe, die uns mit den Worten „Les italiens ... tiens" begrüßt. Die Franzosen! Ich hätte Schoseff diesen Satz lieber nicht sagen hören, doch ich habe ihn gehört. Jedenfalls hatte meine italienische Identität noch nie so einen Auftritt wie jetzt, vor diesem Publikum. Wir betreten den *Albergue.* Eine *Hospitalera* – die sehr gut auch Katechetin oder eine jener Frauen hätte sein können, die sich bei den Gemeindefesten ums Essen kümmern – nimmt uns freundlich in Empfang. Wenn wir möchten, können wir gegen eine kleine Spende auch zu Abend essen. Wir entscheiden uns für den Schlafsaal auf der linken Seite, denn gegenüber ist die berüchtigte Gruppe der „Transalpinen" untergebracht. Es sind – o weh – sehr hohe Etagenbetten, und außer der Fensterbank gibt es keinerlei Hilfsmittel, um die beiden, die noch frei sind, zu erreichen. Ich hänge die Wäsche über die Leinen, die an dem Haus entlang gespannt sind, das der Pilgerherberge gegenüberliegt. Die Wände strahlen die typische Hitze glühender Steine aus, die Sonne scheint, und es geht ein leichter Wind. Die Sachen werden ruckzuck trocken sein.

Ich gehe aufs Zimmer, um mir mein Brevier zu holen, und sehe nach, ob die Kirche vielleicht offen ist. Sie ist tatsächlich offen, unglaublich! Das Gotteshaus ist der Unbefleckten Empfängnis geweiht und befindet sich in einem jämmerlichen Zustand. Der Putz bröckelt von den Wänden, und die Ausstattung ist verwahrlost; als ob nach dem Bürgerkrieg die Zeit stehengeblieben wäre. Was mich jedoch ergreift, sind die jungen Leute und die Frauen, die Schlange stehen, um zur Beichte zu gehen. Natürlich, es ist Samstag; dieser Pfarrer macht es so wie wir in Montebelluna. Die Erinnerung an die Scharen von Beichtwilligen an den Samstagnachmittagen und an den Vortagen der großen Feste im Dom mischt sich mit einer greisenhaften Nostalgie, die nichts mit dem Streß gemeinsam hat, den ich damals empfand, wenn ich sah, wie viele Leute noch beichten wollten, und nicht wußte, wie ich mich „kürzer" fassen sollte – was die Pönitenten mir unweigerlich noch in demselben Moment vorwarfen, als sie vor dem Gitter niederknieten. *Wie weit wir von allem und allen entfernt sind!* Ich weiß nicht, ob der Priester schwerhörig ist oder einfach nur einen autoritären Tonfall anschlagen will, jedenfalls kann ich von dort, wo ich sitze (letzte Bank auf der linken Seite), jedes Wort, das er spricht, deutlich verstehen – und das, obwohl er sich natürlich des Spanischen bedient. Man muß nicht einmal seine Phantasie bemühen, um zu rekonstruieren, was der jeweilige Pönitent gebeichtet hat. Die Lossprechungsformel schreit er sogar. Keiner der Anwesenden verzieht deswegen eine Miene oder geht, was ich an ihrer Stelle aus Respekt vor dem Beichtgeheimnis allerdings tun würde. Ich schlage mein Brevier auf und vertiefe mich in die Psalmen. Als ich fertig bin, verharre ich schweigend. Ich warte, bis der Priester soweit ist, um ihn zu fragen, ob ich zelebrieren kann. Genauer gesagt gehe ich aufs Zimmer, hole meine Albe und das Meßbuch und kehre in die Kirche zurück. Doch in der Zwischenzeit hat der Priester seine Arbeit beendet und ist verschwunden.

Verflixt, ich hätte mich vorher bei ihm melden sollen. Ich hätte sogar die Gelegenheit nutzen und beichten können. Düpiert bleibe ich sitzen und versuche wenigstens meine Gedanken von Sambol wieder zu fassen zu kriegen, damit sie mir nicht verlorengehen. Alles baut sich um diesen einen Satz herum auf: „Es ist nicht gleichgültig, daß Christus uns durch seinen Kreuzestod erlöst, daß er unsere Schmerzen auf sich genommen hat."

Vielleicht verstehe ich auch den Ablaß – diese unerhörte Ver-gebung, die so schwer vorstellbar und so schwer zu verstehen ist – mit Hilfe dieses Gedankens, daß die Liebe darin besteht, das Böse, die Schuld des anderen auf sich zu laden. Jesus, die Gottesmutter, der heilige Jakobus und alle Heiligen nehmen mein Böses auf sich, kommen mir zu Hilfe, zahlen mit mir gemeinsam den Preis, der nötig ist, um mich loszukaufen. Sie tun es, weil sie mich lieben, weil sie für mich beten. *Mein Gott!* Was ist das für ein Geheimnis, das mir in den Händen explodiert, während ich schreibe? *In diesem Moment betet jemand für mich,* damit meine Seele befreit und mein Weg geheilt wird, auch wenn ich diesen Jemand nicht sehe und nie gesehen habe. Und doch – und das sehe ich, *ich bin dabei, es zu sehen* – erlebe ich eine Befreiung, die nicht nur meinem guten Willen und meiner Sehnsucht, son-dern dem wirkungsvollen Handeln anderer zu verdanken ist. Wie sagte Dickinson? „Ich habe die Hände aufgehalten und um ein Almosen gebeten, und in meine staunende Hand hat ein Fremder mir ein Königreich gedrückt. *Und ich stehe fassungslos da."* Ein Königreich: das Himmelreich, dessen Schlüssel der auf Petrus ge-bauten Kirche anvertraut sind. Das Reich, das Haus Gottes, das in meine Hände gelegt ist.

Ja, der *Camino* wird der Rückkehr des verlorenen Sohnes aus dem Gleichnis immer ähnlicher.

Die Tür öffnet sich mit einem Quietschen, und Mario steckt seine Nase herein: „Setzt du dich mal langsam in Bewegung? Oder willst du heute abend schon wieder mit den Franzosen essen?" „Ist denn schon Zeit zum Abendessen", frage ich gedankenver-loren. „Beweg dich!" drängt er. Er geht vor mir her, ich bleibe zurück, um aus dem Brunnen zu trinken. Es ist noch warm, hier draußen ist es angenehm. Als ich hineingehe, sehe ich meinen Bruder mit finsterem Gesicht am Tisch der fröhlichen Truppe sit-zen. „Hab' ich dir nicht gesagt, du sollst dich beeilen?" raunzt er mich an. Ich sehe mich um, aber es gibt keine Alternative: Die Brasilianer haben einen Tisch belegt, mehr oder weniger so, wie die Franzosen es mit unserem gemacht haben. „Und die beiden aus Turin?" frage ich. „Was weiß denn ich", fährt er mir über den Mund. Das Abendessen ist ähnlich wie in Grañón, und unsere gedrückte Stimmung hilft uns nicht unbedingt dabei, die plastikartigen Spaghetti hinunterzuwürgen, die uns serviert werden. Wieder fühlen wir uns fremd und werden wie lästige Eindringlinge behandelt. Und Schoseff, der den Clown spielt, ist schwer zu ertragen. Als zweiten Gang gibt es Eier, die ich wegen meiner Anfälligkeit für Koliken lieber nicht esse. Die Frau, die bedient, fragt mich, ob ich statt dessen *Queso* möchte, und ich antworte mit ja. Doch als der Teller ankommt, entzündet sich ein diplomatischer Konflikt: Schoseff und Konsorten – die ihre Eier bereits verschlungen und den gesamten, für uns alle bestimmten Wein ausgetrunken haben – wollen wissen, weshalb ich Käse bekomme und sie nicht. Eine unangenehme Sache, die mich mehrfach erröten läßt, als sie auf mich und meinen Teller zeigen und mir das Gefühl geben, ich wäre ein auf frischer Tat ertappter Übeltäter. Sie machen der Frau heftige Vorwürfe, weil sie ihnen unrecht getan hätte, und mich machen sie als Ursache dieser Ungerechtigkeit ebenfalls verantwortlich.

Enrico und Ruggero kommen herein. Sie setzen sich hinter uns und versuchen zu verstehen, was geschehen ist. Es gelingt mir, daraus einen Witz zu machen und ihnen zu erklären, daß es um die klebrige *Pastasciutta* geht. Doch das Verhalten der Franzosen, die noch immer (natürlich auf französisch) mit der Frau diskutieren, irritiert mich. Mir fällt ein, daß wir morgen in der *Ermita de San Nicolás* in Puente Fitero übernachten wollen, die von der Bruderschaft aus Perugia geführt wird und wo es nicht viele Plätze gibt. Während alle anderen nach dem Essen den *Comedor* verlassen, bleiben wir und albern noch ein wenig mit den beiden Turinern herum, um das Theater der Franzosen zu entschärfen. Als ich dann auch hinausgehe, rufe ich Professor Caucci an und erzähle ihm davon. Der Professor versteht mich sofort: Er verspricht, den jungen Mann am Empfang zu verständigen. Inzwischen ist die Sonne untergegangen, und es wird kühler. Ich hänge die Wäsche ab und gehe aufs Zimmer. Ich weiß nicht einmal, wie spät es ist. Mario schlüpft gerade in seinen Schlafsack, und einige Augenblicke später bin auch ich in mein Bett geklettert und kann mich hinlegen. „Kannst du mir erklären, wie ich aus dem Bett und wieder rein kommen soll, wenn ich heute nacht zur Toilette muß?" fragt er mich nervös. „Du läßt dich runter, bis du auf der Matratze von dem Bett unter dir stehst, und dann bist du mit einem Schritt auf dem Boden."

„Und wenn ich auf meinen Untermann trete?" „Tja, da kann man nichts machen; erst trampelst du auf ihm herum, und wenn du das gemacht hast, entschuldigst du dich ..." Nach und nach wird es ruhiger.

Diese Augenblicke – es sind nur Sekundenbruchteile – vor dem Einschlafen sind furchtbar. Die von den Franzosen erlittene Demütigung kommt mir wieder hoch und mit ihr ein vages Bedürfnis, von jemandem beschützt zu werden, der mich verteidigt. Wo bist du nur, *Papà?* Ich bete jeden Tag für dich, und du? Tust du dasselbe für mich? Kannst du mich dort, wo du jetzt bist, wirklich hören? Erinnerst du dich noch an uns, jetzt, wo du uns viel besser siehst und kennst als zu deinen Lebzeiten?

Es gibt Momente, in denen einfach alles schwer zu glauben und hinzunehmen ist: das Leben, der Tod, das Verschwinden, die Ungerechtigkeit, die Mühsal, der beständige Kampf zwischen dem Guten, das man möchte, und dem Bösen, das man tut. Der heutige Abend ist einer dieser Momente.

Von Hontanas nach Frómista, Sonntag, 16. Juni

Um fünf Uhr herrscht allgemeines Durcheinander und Türenschlagen. Mario hat in dieser Nacht nicht sehr viel geschlafen. Sein Nachbar ist ein tüchtiger Schnarcher, die Franzosen erweisen sich wieder einmal als unkontrollierbar und überaus schlecht erzogen. „Ein Glück, daß sie gehen", grummelt Mario. Dafür sind um sechs die Deutschen an der Reihe. Schließlich stehen wir auch auf. Im Licht des ersten Morgens gehen wir durchs Dorf; hinter Hontanas verschmilzt der *Camino* allmählich mit der asphaltierten, baumbestandenen *Carretera,* die über die Ruinen des *Convento de San Antón* nach Castrojeriz führt. Es muß einmal ein großartiges gotisches Bauwerk gewesen sein, heute sind jedoch nur noch einige Mauern und zwei Bögen übrig, unter denen die *Carretera* und der *Camino* hindurchführen. Hinter dem Kloster liegt Castrojeriz. Der Wunsch, eine Bar fürs Frühstück zu finden und eine Messe mitfeiern zu können, läßt uns schneller gehen. Wir biegen rechts ab und stoßen sofort auf die Stiftskirche. Geschlossen. Wir folgen den Hinweisen zum *Albergue:* Wir möchten dem *Hospitalero,* den wir am Tag unserer Abreise in Perugia kennengelernt haben und mit dem wir uns für den Fall, daß wir hier vorbeikommen würden, verabredet hatten, wenigstens guten Tag sagen. Die Tür ist offen, und es herrscht die typische Atmosphäre einer Pilgerherberge nach dem allgemeinen Aufbruch. Vom oberen Stockwerk hört man Musik, einen Samba, doch als wir nach oben gehen, finden wir nur einen angeschalteten Recorder. „Schlag mit deinem Stab auf den Boden", schreit Mario, „wir müssen uns bemerkbar machen." Wir sehen überall nach, doch es ist niemand da. Als wir gerade im Begriff sind, wieder zu gehen, taucht eine brasilianische *Hospitalera* auf, die uns mit der unverkennbaren nasalen Aussprache ihres Landes begrüßt. Es ist immer wieder das gleiche: Wenn ich Brasilianer reden höre, suche ich instinktiv in der Tasche nach einem Taschentuch, um mir die Nase zu putzen. Der *Hospitalero*, den wir kennen, ist nicht da, und so beschränken wir uns darauf, die *Credenciales* abzustempeln. In der ersten geöffneten Bar, die wir finden, bietet die Frau uns große Kekse „nach einem Originalrezept der mittelalterlichen Pilger" an. Seine Größe und der harte Teig machen das Gebäck zu einem idealen Reiseproviant, den man ohne weiteres in den Taschen mit sich führen konnte, ohne daß er verdarb. Ich nutze die Gelegenheit, um mich nach den Kirchen zu erkundigen, und sie erklärt mir, daß sie alle wegen der Öffnungszeiten oder wegen Renovierungsarbeiten geschlossen sind. Es täte mir leid, weiterzugehen, ohne sie besucht zu haben, doch andererseits könnten wir den Morgen ausnutzen, um nicht in der Mittagshitze unterwegs sein zu müssen. „Außerdem weißt du doch, wie's läuft: *Der Camino entscheidet alles selbst"*, sagt Mario abschließend. So verlassen wir Castrojeriz sehr viel früher als vorgesehen.

Als wir die Häuser gerade hinter uns gelassen haben, stellen wir fest, daß die Anhöhe vor uns die *Meseta de Mostelares* ist. Der Aufstieg ist anstrengend und schweißtreibend. Ein junger Radfahrer überholt uns, und an seinem „¡Buen Camino!" hört man, daß er Italiener sein könnte. Oben kommen wir in einen kleinen Garten, in dem wir jetzt sitzen. Der Radfahrer ist auch hier, im Schatten; er ist wirklich Italiener, aus Varese, lebt aber seit vielen Jahren in der Schweiz, oder besser: hat gelebt, denn nun ist er hauptberuflich „Weltenbummler". „Heißt das, daß du die ganze Zeit auf Reisen bist, ohne zu arbeiten?" fragt Mario ihn ungläubig. „Ja, diese Tour hier mache ich als Vorbereitung auf eine andere: mit dem Fahrrad durch Nepal." Hoffentlich spricht mein Bruder die Frage nicht aus, die ihm ganz bestimmt auf der Zunge liegt: „Wie finanzierst du dir dieses schöne Leben?" Es ist schwierig, die Gefühle zu beschreiben, die dieser *junge Herr* in meinem *Innern* auslöst. Er hat einen Dünkel, der ihn snobistisch und überheblich wirken läßt, insbesondere wenn er über den *Camino* und darüber spricht, wie nutzlos und uninteressant er im Vergleich zu all den schönen Dingen ist, die man in der Welt sonst noch tun und sehen kann. Das wird überdeutlich, als er uns in süffisantem Ton fragt: „Und ihr, weshalb macht ihr ihn?" „Weil wir gläubig sind", sagt Mario herausfordernd. Ohne mich anstrengen zu müssen, werde ich nun Zeuge eines Schauspiels, in dem der Rationalismus sich selbst *ad absurdum* führt, und das in der bestürzenden und *absolut vertraulichen* Aussage gipfelt: „Der heilige Paulus ist versteckt worden, seine Schriften sind überall verstreut, weil er einfach zu reaktionär gewesen ist." Ich unterbreche ihn: „Aber was redest du da?" „Das ist nicht von mir, das hat mir ein Theologe aus Freiburg gesagt!" „Und dieser Theologe hat dir erzählt, daß vom heiligen Paulus keine Schriften mehr im Umlauf seien?" hake ich nach, um sicherzugehen, daß mir kein Detail entgangen ist. „Genau", bestätigt er. „Aber ... hast du je eine Bibel oder ein Neues Testament aufgeschlagen? Hast du nicht gesehen, daß da Briefe des heiligen Paulus drin sind?" „Ach ja?" fragt er ungläubig. „Und? Habt ihr sie gelesen?"

In solchen Diskussionen bin ich immer hin und hergerissen: Einerseits habe ich das Gefühl, daß mein Gegenüber mich auf den Arm nimmt, andererseits bin ich peinlich berührt, weil da jemand über etwas spricht, von dem er so wenig Ahnung hat. Es ist mir unvorstellbar, daß ein gebildeter und wohlhabender junger Mann wie er noch nie eine Bibel in der Hand gehabt haben sollte und derartige Dummheiten von sich gibt, während er sich hinter irgendeinem Gespräch mit irgendeinem Theologen aus Freiburg verschanzt. „Jedenfalls", erlaube ich mir zu sagen, „hast du ein ganz schönes Durcheinander in deinem Kopf."

Wie erwartet nimmt er das, was ich sage, bereitwillig an – genauso bereitwillig, wie er den Blödsinn von den irgendwo versteckten paulinischen Schriften angenommen hat. Das ist entwaffnend. Unvermittelt wechselt er das Thema und erzählt uns von seinen Reisen, während – von der Anstrengung ganz aus der

Fassung gebracht – der brasilianische Junge eintrifft. Auch heute weint er und will nicht reden. Wir stehen gemeinsam mit dem Schweizer auf und machen uns wieder auf den Weg, während er, als er uns mit dem Rad überholt, ein letztes Maß grüßt und uns zuruft, wir sollten uns doch lieber „die Wasserfälle von Iguaçú in Brasilien ansehen, das lohnt sich wirklich." „Hast du's verstanden?" bemerkt Mario, während er sich entfernt, „er ist ein Tourist, und wir sind echte Pilger." Ich stimme ihm zu, auch wenn dieses „echt" unbescheiden klingt.

Wir sind mitten im trockenen und glühenden Meer von Mostelares, das in Kürze in den Ozean der *Tierra de Campos* übergehen wird. Und *Schiffbruch ist mir süß in diesem Meere ...* Diese Hitze und die Sonne, die steil auf uns herabbrennt, entzünden mich mit Begeisterung. Auf dieser vielbegangenen Straße unterwegs zu sein ist – wie immer – nichts, das man mit den üblichen Maßeinheiten messen könnte. Auch dann nicht, wenn man mit Hilfe einer Landmarke versucht, die zurückgelegte Entfernung und die damit verbundene Anstrengung zu definieren, denn die Augen werden betrogen von der klaren Sicht, die die Dinge so nah erscheinen läßt. Die Füße wissen das genau. Auch jetzt ist es wieder dasselbe: Es scheinen nur ein paar Kilometer gewesen zu sein, dabei sind wir schon über eine Stunde unterwegs! Der Raum, den unsere Berechnungen nicht in den Griff bekommen, ist erschreckend und vermittelt ein unbeschreibliches und mächtiges Gefühl der Freiheit oder Grenzenlosigkeit. Ähnlich dem, das der Psalmist empfand, als er den Himmel betrachtete, *das Werk deiner Finger, Mond und Sterne, die du befestigt.* Auch in uns ruft der Himmel, der sich beständig über uns breitet, dieselbe Frage hervor: *Was ist der Mensch, daß du an ihn denkst, des Menschen Kind, daß du dich seiner annimmst?* Der Rosenkranz gibt unseren Schritten den Rhythmus vor, die Schritte bestimmen den Takt der Gebete. Wir sind nicht irgendwelche Touristen: Wir sind Pilger, wir versuchen, dieses Leben zu einem beständigen Gebet werden zu lassen. Wir versuchen es.

Unermeßlich, trocken und sonnenbeschienen dehnt sich die Hochebene vor uns aus. San Nicolás muß dort hinten sein, ein weißer Punkt auf der linken Seite. Auf dem erschlossenen und gepflasterten Gelände der *Fuente del Piojo* legen wir eine Pause ein. Hier steht ein surrealer Herr – offensichtlich kein Pilger – in

Anzug und Krawatte und mit einem Fahrrad, der mitten in dieser Einöde auf irgend etwas zu warten scheint. In Wirklichkeit führt gleich dahinter die asphaltierte Straße vorbei. Ich nutze die Gelegenheit, um eine Blase zu verarzten, und frage mich, warum ich sie mir nach so vielen Kilometern ausgerechnet jetzt gelaufen habe. Ab und zu gehen wir zum Brunnen, um zu trinken, und füllen unsere Flaschen auf, um nicht immer wieder aufstehen zu müssen. Der junge Brasilianer kommt an, er hat seine Fassung noch immer nicht wiedergefunden; dann die Teutonin in einem fuchsienroten Kostümchen. Verständlicherweise macht keiner von uns Anstalten, sich zu unterhalten. Außerdem ist auch keiner von uns mehr fremd oder „neu" für die anderen. Ständig verlieren wir einander und finden uns wieder, und wenn wir miteinander reden, dann ist es so, als ob wir ein kurz zuvor unterbrochenes Gespräch wiederaufnehmen.

Wir gehen zurück auf die Straße, die nun zielstrebig auf den Fleck zuführt, den wir vorhin auf der Hochebene gesichtet haben. Mario geht einige Meter vor mir her; wir holen uns immer wieder gegenseitig ein, um uns dann wieder voneinander zu entfernen. Was ist das für eine Einsamkeit, die man auch dann empfindet, wenn man ständig mit jemandem zusammen ist? Es gibt einen Punkt unseres Seins, an den niemand herankommt und in dem du dir selbst begegnest und mit dir allein bist. Der Punkt, von dem unsere Gedanken ausgehen, wo sich unsre Gemützustände verwirren, wo das Gedächtnis seine Archive untergebracht hat, die – im Guten wie im Schlechten – nicht von der Zeit abgenutzt werden oder in Vergessenheit geraten. Der Punkt, wo der Herr wohnt, der uns zu seinem Haus macht, damit wir *vereint mit ihm leben, ob wir nun wachen oder schlafen.* Vielleicht ist es die Müdigkeit, die ich langsam spüre und die verwundbar macht und die Gedanken zu einem kontinuierlichen Fluß des Bewußtseins werden läßt. Vielleicht ist es die Einöde um uns herum, die die Einsamkeit hervorbringt und ihr als Spiegel dient. Vielleicht ist es auch der Gedanke an liebe Menschen, für die ich bete, die mir Gesellschaft leisten, aber nicht da sind. Ich denke an Vater, aber auch an Mutter, an meine Geschwister zu Hause, an meine Freunde und an die, die mir aufgetragen haben, für sie zu beten. Ich denke, daß auch sie Momente oder Zeiten haben, in denen sie sich einsam und verloren fühlen, und ich weiß nicht, wie ich ihnen helfen kann. Ich umarme sie mit den Worten, die Jesus uns gelehrt hat, weil ich weiß, daß der Wille des Vaters fähig ist, diese Einsamkeit aufzubrechen. Ich kann und will glauben, daß, wenn man nur beharrlich klopft, sich irgendeine Tür auftun wird. Nach nicht einmal einer Stunde taucht San Nicolás vor uns auf. Es ist wirklich schön! Der *Camino* führt daran vorbei und über die nahegelegene Brücke über den *Río Pisuerga*. Unsere Ankunft ist ein Erfolgserlebnis (wir werden schneller!), aber der *Refugio* ist zu! An der Tür hängt ein Schild: „Ab 16 Uhr geöffnet." Vielleicht haben sie das sogar aufgehängt, um uns einen Gefallen zu tun und die Franzosen auszubremsen. Ich hatte dem Professor gestern gesagt, daß wir etwa um diese Uhrzeit ankommen würden. Wir wissen nicht, was wir tun sollen, es ist noch nicht einmal Mittag. Wir gehen um das Gebäude herum, hier und da stehen Bäume, die einen handtuchgroßen Schatten spenden, doch wir setzen uns lieber an die Schwelle der Eingangstür, wo mehr Schatten ist. Wir vertrödeln etwa eine Stunde. Der Schatten wird immer kleiner. Der junge Brasilianer, die Teutonin und drei oder vier weitere Pilger sind schon vorbeigekommen. „Sollen wir noch drei Stunden hier rumhängen?" fragt mein Bruder. „Ich weiß nicht. Es kommt mir unhöflich vor, wenn wir jetzt gehen, nachdem sie das für uns getan haben", erkläre ich ihm. Wir bleiben noch eine Weile dort, unsicher, was wir tun sollen. Dann nehme ich mir ein Stück Papier und einen Stift und schreibe einen Brief mit Grüßen und einer Entschuldigung. Auch Mario nimmt sich den Stift und schreibt etwas auf ein kleines Stück Papier. Ich befestige das Blatt, ziehe meinen Rucksack wieder an und mache mich auf den Weg in Richtung Brücke. Mario bleibt an der Tür stehen und winkt mir, ich solle weitergehen. Ich verstehe nicht, weshalb er zurückbleibt. Ich gehe weiter und sehe aus dem Augenwinkel, daß auch er sein Briefchen an der Tür festmacht. Ich halte an und warte auf ihn: „Für wen ist der Brief?" erkundige ich mich. „Das geht dich nichts an", schneidet er mir das Wort ab. „Pah, entweder du sagst es mir, oder ich gehe zurück und sehe nach; wenn du ihn dagelassen hast, heißt das, daß ihn jeder lesen darf, der vorbeigeht", provoziere ich ihn. „Es geht dich nichts an!" beharrt er. „Das glaubst du." Ich mache auf dem Absatz kehrt und gehe zur *Ermita* zurück. Er läuft hinter mir her. Ich komme gerade noch rechtzeitig, um „Für Cristina aus Florenz" zu lesen, da schnappt er sich auch schon den Brief und zerreißt ihn in tausend Fetzen. Aha! Ich hatte mich also gestern auf der ersten *Meseta* nicht geirrt. Mario ist verliebt! Er spielt die Sache herunter und will mich glauben machen, er habe sich nur für ein Sightseeingwochenende in Florenz bei unserer Freundin einquartieren wollen. „Du machst einem alles kaputt!" sagt er immer wieder.

Gleich hinter der Brücke verkündet ein Schild, daß die Provinz Burgos hier endet und die Provinz Palencia beginnt. Über einen bequemen Pfad gelangen wir nach Itero de la Vega, ein einfaches Bauerndorf. Niemand ist auf der Straße. Wir suchen etwas zu essen. Auf der Höhe der Kirche hören wir in voller Lautstärke die Übertragung der Partie Spanien-Irland: Das ganze Dorf drängt sich in der Bar, den Rufen ist zu entnehmen, daß Spanien gewinnt. Unmittelbar vor der Bar ist auf der rechten Seite eine *Tienda,* ein familienbetriebenes und geöffnetes Lebensmittelgeschäft. Vater und Tochter bedienen uns, schneiden Brot und belegen es mit riesigen Thunfischstücken aus Blechdosen, die es bei uns gar nicht mehr gibt. Im Geschäft herrscht eine Atmosphäre wie zu Anfang der siebziger Jahre. Wir essen auf der Bank gleich vor der Tür und amüsieren uns über die beiden wunderschönen Kinder, die vor uns herumtanzen und dabei unaufhörlich „España, España, España" schreien. „El pueblo està completamente desierto", sage ich zu der Mutter eines der beiden Mädchen. „Completamente", bestätigt sie. Zwei Deutsche flüchten mit ihren Kaffeetassen in der Hand aus der Bar; danach kommen die beiden Piemontesen und statten dem Laden ebenfalls einen Besuch ab. Wir brechen auf, denn wir haben das Gefühl, auf einer heißen Herdplatte zu sitzen.

Die Landschaft ist flach und ähnelt einer riesigen Steppe; von keiner einzigen Erhebung unterbrochen erstrecken sich unendliche Getreidefelder bis zum Horizont. Nach dem Asphalt im *Pueblo* ist der *Camino* nun wieder trocken und staubig. Wir gehen, singen und lachen. Ich pfeife wieder *Lucignolo – Marios Lied* – und dann *I Manà* und dann alle Lieder, die für Mundharmonika arrangiert sind, vor allem die vom Boss, darunter auch *Blood brothers,* das ich ebenfalls Mario widme. Wir gehen einträchtig nebeneinander her, als wir außer den Geräuschen unserer eigenen Schritte einen kleinen Knall hören wie von einem geplatzten Fahrradreifen. Und tatsächlich folgt kurz darauf das charakteristische Zischen. Ich sehe mich um, wo dieser Fahrradpilger mit dem geplatzten Reifen ist, der ja förmlich aus dem Nichts aufgetaucht sein muß, doch ich sehe nur Mario, der seinen rechten Fuß hochhebt: „Ich hab' einen Platten im Schuh!" Er benutzt moderne Schuhe mit Luftpolstersohlen. Wir lachen. Doch als wir weitergehen, sehe ich, daß er wieder hinkt.

Am Ortseingang von Boadilla ist ein Wäldchen mit einer *Fuente;* um zu trinken, muß man an einem eisernen Rad drehen, das eine Pumpe in Gang setzt. Das Wasser schmeckt seltsam, und nachdem wir es probiert haben, trinke ich nicht mehr davon. Mario dagegen trinkt, bis sein Bauch aussieht wie ein zum Bersten gefüllter Schlauch. „Riechst du nicht, wie das stinkt?" frage ich ihn. „Durst ist Durst", verkündet er weise. Hinter Boadilla biegt der *Camino* nach links ab und führt weiter durch die Felder. Noch in Sichtweite der Häuser des Dorfes hat Mario einen heftigen Anfall von Übelkeit und Magenkrämpfen. Ich setze mich hin, um auf ihn zu warten, während einige Pilger vorübergehen. Als er zurückkommt, ist er erschöpft; wir machen uns wieder auf den Weg, doch nach kurzer Zeit hat er einen zweiten Anfall, danach bin ich an der Reihe. Das muß an dem soeben getrunkenen Wasser liegen. Ich betaste meinen Bauch und stelle mir vor, wie sich dort im Verborgenen Bakterien und Frösche über meine Darmflora hermachen. Mein Bruder verschwindet zum dritten Mal. Ich nehme ein Imodium und gebe ihm auch eins, als er wieder da ist. „Ich fürchte, das reicht nicht, es ist furchtbar." Er krümmt sich, seine Augen liegen tief in ihren Höhlen. Wir beschließen, hier zwischen den Grasbüscheln am Straßenrand sitzenzubleiben, um unsere Gedärme nicht unnötig zu erschüttern.

Der *Camino* führt nun weiter am *Canal de Castilla* entlang. Wir gehen ruhig, fast entspannt; unser Verdauungstrakt hat sich mit dem Leben und der Straße ausgesöhnt. Doch Frómista ist nicht in Sicht. Nach etwa einer Stunde kommen wir dort an. Die zylindrischen Türme der romanischen Kirche San Martín tauchen auf, eines der Juwelen des *Camino.* Um den Kanal zu überqueren, müssen wir über das Schott einer Schleuse gehen und sind gleich darauf schon im Zentrum des Ortes. Wir suchen die Kirche, deren Türme ebenso berühmt sind wie die kunstreich und virtuos ausgeführten Kapitelle, die die Säulen im Inneren schmücken. Als Pilger herzukommen erfüllt uns mit einer unbezahlbaren Zufriedenheit. Wir bekommen den *Sello* von einem Fräulein, das uns erklärt, daß hier keine Messe besucht oder gehalten werden kann. Wir verweilen für die übliche unbestimmte Zeit, dann gehen wir wieder hinaus in die Hitze, die über uns herfällt. Der *Refugio* ist auf der anderen Seite des Platzes. Wir nehmen uns nur eben die Zeit, die nötig ist, um festzustellen, wieviel Betrieb dort herrscht; um uns zu einigen, daß wir ein stilles Plätzchen finden müssen, um die Messe zu feiern; und um uns den Verdacht bestätigen zu lassen, daß die Betten schon alle belegt sind (manche Pilger schlafen auf dem Hof, aber ich habe keinen Schlafsack). Dann machen wir auf dem Absatz kehrt und entscheiden uns für das Hotel San Martín gleich nebenan. Vom Balkon unseres Zimmers aus sieht man auf die Kirche, die wir soeben besucht haben. Nachdem wir uns *descansiert* haben, feiern wir die Messe.

Wir suchen eine Nachrichtensendung im Fernsehen. Heute ist Pater Pio in Rom heiliggesprochen worden, doch in den Meldungen geht es überall nur um Spaniens Sieg bei der Weltmeisterschaft, und so gehen wir hinaus, um uns etwas zu essen zu suchen. Der hereinbrechende Abend wird von den Stimmen der Schwalben und der Menschen belebt, die draußen sitzen, um sich zu unterhalten oder zu spielen. Eine überfüllte Bar hat einen *Comedor* im oberen Stockwerk. Als der Kellner kommt, bestellt Mario eine *Chuletilla de ternera ... muy bien asada*. Dann macht er eine Handbewegung wie ein Torero und erklärt: ¡no sangre! Ich nehme eine *Sopa castillana*. „Ohne Eier geht hier wirklich gar nichts, oder?" sage ich und zeige Mario ein riesiges Eigelb, das die gesamte Oberfläche meines Tellers bedeckt. „Tja, mein Lieber, du hättest wissen sollen, daß du dem Braten nicht trauen darfst", bemerkt er weise. Um dann strategisch fortzufahren: „Wir sollten das in unser Tagebuch schreiben, für alle anderen, die auch keine Eier mögen." Mit diesen Worten macht er sich selbstgefällig über sein riesiges Steak her, das gerade serviert worden ist. Mir bleibt nichts anderes übrig, als es so zu machen wie beim Stöckchenspiel am Meer, wo jeder von einem Sandberg abwechselnd eine Portion Sand fortnehmen muß, ohne daß der im Sandberg steckende Stock umfallen darf. Ich löffle alles unter dem Eigelb heraus, das am Ende unversehrt auf dem Boden des ansonsten leeren Tellers liegt. Als wir wieder ins Zimmer kommen, erwartet uns das Schauspiel der angestrahlten Kirche. Wir stehen und schauen. Mario setzt sich auf die Bettkante und besteht darauf, daß wir das Fenster offen lassen, damit wir die Kirche auch im Liegen sehen können. Für mich erweist sich diese Position allerdings als fatal: Ich schlafe sofort ein.

Von Frómista nach Carrión de los Condes, Montag 17. Juni

Als ich aufwache, ist es halb sieben. „Hast du sie nicht gehört?" überfällt mich Mario. „Wen? Jetzt sag nicht, du hättest die Franzosen gehört!" „Ich weiß nicht, ob sie es waren; jedenfalls ist eine Gruppe von Pilgern schon um halb fünf losgegangen, und die haben mit ihren Stöcken einen ganz schönen Lärm gemacht. Seither kann ich nicht mehr schlafen!" erzählt er mir. „Und guck mal", fährt er fort und hält mir das Thermometer entgegen, „ich habe auch wieder Fieber." „Sollen wir lieber hierbleiben?" frage ich ihn und sehe dabei zur Kirche hinüber, die vom kühlen Licht des frühen Morgens beleuchtet ist. „Nein, nein, ich meine nur, daß es mir nicht so gut geht wie sonst." Wir finden eine Bar in der Nähe, sie ist voller frühstückender Pilger. Wenn wir so weitermachen und jeden Morgen zwei Hörnchen essen, werden wir am Ende nicht dünner, sondern dicker geworden sein. Dabei hatten wir gedacht, daß bei den Anstrengungen des Pilgerlebens die Kilos nur so purzeln würden. Immer wieder läßt Mario mich den Hals verdrehen, um zu sehen, ob die Falten meines Doppelkinns an Zahl und Masse abgenommen haben.

Wir wenden uns nach rechts, Richtung Carrión de los Condes. Eine klassische Etappe von zwanzig Kilometern. Dort werden wir entscheiden, ob wir noch bis Calzadillas de las Cuezas weitergehen wollen. Mein Bruder kommt nur mühsam voran, vielleicht liegt es an seinem kaputten Schuh. Gleich hinter Frómista wird der *Camino* zu einem Schotterweg, der parallel zur Straße P 980 verläuft, und ist überall dort, wo andere Wege kreuzen, durch je vier Leitplanken mit weißen Muscheln auf einem Hintergrund aus kleinen blauen Quadraten gekennzeichnet. Dadurch fühlt man sich, als müßte man auf einer gigantischen Bühne Schritt für Schritt durch imaginäre Kulissen hindurchgehen. Ich nehme meinen Rosenkranz, doch als ich mich umsehe, kommen mir andere

Worte auf die Lippen, die eines Psalms, der eigens für diese Tage seit Lourdes hier auf dem *Camino* geschrieben zu sein scheint:

Ich denke an die vergangenen Tage,
sinne nach über all deine Taten, erwäge das Werk deiner Hände.
Ich breite die Hände aus (und bete) zu dir;
meine Seele dürstet nach dir wie lechzendes Land.
Herr, erhöre mich bald, denn mein Geist wird müde;
verbirg dein Antlitz nicht vor mir,
damit ich nicht werde wie Menschen, die längst begraben sind.
Laß mich deine Huld erfahren am frühen Morgen;
denn ich vertraue auf dich. Zeig mir den Weg, den ich gehen soll;
denn ich erhebe meine Seele zu dir.
Herr, entreiß mich den Feinden! Zu dir nehme ich meine Zuflucht.
Lehre mich, deinen Willen zu tun; denn du bist mein Gott.
Dein guter Geist leite mich auf ebenem Pfad.
Um deines Namens willen, Herr, erhalt mich am Leben,
führe mich heraus aus der Not in deiner Gerechtigkeit!

Ebenes Land, der Weg, den ich gehen soll, die Erinnerung an vergangene Tage, lechzendes Land, erhöre mich bald, führe mich heraus aus der Not, laß mich am frühen Morgen deine Huld erfahren. Wahrhaftig: Gottes Worte sind ewig, sie sind immerwährende Gegenwart, auch hier und jetzt, auf der Straße gleich hinter Frómista, Richtung Villalcázar, am 17. Juni 2002.

„Aaaah Mariomariomariomario ...", seufze ich altväterlich. „Aaaah, Paulìn", antwortet er und nennt mich bei dem Kosenamen, den meine Oma immer benutzt hat, sogar, als ich schon dreißig war. Wir lachen.

Diese kleinen Dinge setzen eine Kaskade von leichten, ganz leichten Gesprächen in Gang, die unaufhaltsam dahinfließen, weil eines das andere auslöst und wir wie im Stegreiftheater einem ungeschriebenen Drehbuch folgen. Wir sind zwei Schauspieler auf der Bühne des *Großen Welttheaters,* wie ein großer Spanier, Calderón de la Barca, es genannt hat, und wie der Rektor meiner Universität, Scola, zu Beginn jeder Vorlesung sagte, wenn er Balthasars dramatische Anthropologie einführte: „Ehe wir entscheiden können, welche Rolle wir spielen wollen, rezitieren wir bereits; während wir noch darüber nachdenken, ist die Handlung schon im Gang, und wir können uns dem nicht entziehen." Ja, so ist es auf dem *Camino* – genau wie im richtigen Leben.

„Oh, oh", unterbricht er unser Gespräch, „ich fürchte, da will einer mit uns reden", und er zeigt auf einen jungen Mann, der an einem Meilenstein stehengeblieben ist, der anders aussieht als die anderen. „Wahrscheinlich sollen wir nur ein Foto von ihm machen ..." beruhige ich meinen Bruder und weise ihn meinerseits darauf hin, daß der andere einen Fotoapparat in der Hand hält. Der Meilenstein gibt die Entfernung bis Santiago an, und der Junge bittet uns um das, was wir bereits erwartet hatten. Er setzt ein absolut amerikanisches Plastiklächeln auf, und ich drücke auf den Auslöser. „Woher kommst du?" frage ich ihn, als ich ihm den Fotoapparat zurückgebe. „Aus den Vereinigten Staaten." „Aus welchem Bundesstaat?" „Aus Maine." Er streckt die Hand aus uns sagt: „Ich heiße Tom; ihr seid Italiener, *I suppose.*" „Ja. Ist unser Akzent so verräterisch? Ich bin Don Paulo, und das da ist Mario. Wir sind aus Venedig", antworte ich, um ihm eine Stadt zu nennen, die er ganz sicher kennt. Ich sehe, daß ihn das Don irritiert, deshalb ergänze ich hastig: *„Father Paul".* Sein Gesicht hellt sich auf. „Hast du heute schon die Messe gefeiert?" „Nein, das wollte ich heute abend machen." „Und wenn du keine Kirche findest?" „Ich habe alles bei mir, was ich brauche." *„Great!* Es war ein großes Problem, hier auf dem *Camino* zur Messe zu gehen." Mario hüstelt und setzt sich wieder in Bewegung. Ich verstehe, daß er Toms Gesellschaft nicht will; er setzt dieselbe Taktik ein wie bei Edda. Es ist einfach Pech: Auch heute ist mein Bruder nicht in der besten Verfassung, um Freundschaften zu knüpfen. Tom und ich beginnen uns angeregt zu unterhalten. Besser gesagt: Ich radebreche englische Satzfragmente, und er spricht fließend. Mario hört uns zu und macht sich über mich lustig, weil ich ihn nach jedem zweiten Wort frage: „Was heißt ... auf englisch?" Dann nimmt er mich jedesmal auf den Arm, obwohl er die Vokabeln, nach denen ich ihn frage, auch nicht kennt. Tom ist 29 Jahre alt, hat Philosophie studiert und wird im nächsten Halbjahr eine Stelle als Lehrer in Las Vegas antreten. „Eine im platonischen Sinne von der Philosophie regierte Stadt", sage ich ironisch, und er stimmt mir zu. Er will mehr über mich wissen, den Lebensweg, den ich eingeschlagen habe, welche Studien ich in Rom betreibe, was wir Italiener über die USA oder genauer, über die Kirche in den Vereinigten Staaten denken. „Was ich über die Kirche in deinem Land denke?" wiederhole ich seine Frage. „Yeah, what about?" „Well, I think, it's a Church really ... really ... Mario!?! Was heißt *komplex* auf englisch?" „Du gehst mir auf die Nerven", fährt er mir schlechtgelaunt über den Mund. Jedenfalls geht es Tom im Grunde darum, das Klischee zu erschüttern, das, wie er glaubt, überall in Europa und vor allem in Rom vorherrscht, wonach die amerikanischen Katholiken exzentrisch und übertrieben progressiv sind. „Ich zum Beispiel bin konservativ." „Klar, und du wählst die Republikaner." „Klar, ich wähle die Republikaner." Und so weiter. Er ist kein bißchen bigott, im Gegenteil. Er ist gut und gläubig, intelligent und in seiner Argumentationsweise sehr rational. Er erklärt mir, daß der multikulturelle Kontext seines Landes dazu führt, daß man stärker an den Besonderheiten des eigenen Glaubens festhält, und das äußert sich seiner Ansicht nach in einer absoluten Treue gegenüber bestimmten Weisungen des kirchlichen Lehramts, etwas, das, wie Tom glaubt, wir Europäer von den Amerikanern nicht wissen. Wir sprechen über alles: Politik, den 11. September, Philosophie, Theologie, den Weltjugendtag in Toronto. Je mehr wir gehen und reden, desto deutlicher wird mir bewußt, daß das eigentliche Hindernis nur die Sprache ist, denn ansonsten denken wir beide so ähnlich, als ob wir dieselben Erfahrungen gemacht hätten. Ich verstehe ihn sehr gut, auch wenn ich nicht immer so antworten kann, wie ich es gerne möchte. Wir haben uns noch nie gesehen, und doch ist es, als hätten wir dieselbe Art, die Wirklichkeit zu beurteilen: dieselben Sorgen, dieselben Probleme, dieselben Hoffnungen, dieselben Kriterien.

Natürlich!, denke ich, während er mir von Lonergan erzählt: Das liegt daran, daß wir denselben Glauben und dieselbe Taufe haben. Und obwohl er ein Amerikaner ist, den ich gerade erst kennengelernt habe, kann ich nicht anders: Ich empfinde für ihn wie für einen *Bruder;* unser beider Leben gehören zusammen, weil wir beide denselben Herrn, dasselbe Leben gewählt haben.

Den ganzen *Andadero* über redet Tom weiter, meist, wenn auch nicht ausschließlich, über religiöse Themen. Mario hält sich im Hintergrund und hat offenbar keine Lust, sich in unsere Unterhaltung hineinziehen zu lassen. Es ist nach wie vor sonnig und extrem heiß. Endlich zeichnet sich der Bau von Santa María la

Blanca und damit Villalcázar de Sirga deutlich vor uns ab. Warum hier, mitten in der Verlorenheit der *Tierra de Campos,* eine so monumentale Kirche steht, bleibt ein Geheimnis. Hier wird die Virgen Blanca verehrt, eine von König Alfons X. *el Sabio* und unzähligen Pilgern besungene Madonnenstatue. In den *Cantigas* des Königs wird erzählt, wie die kranken Pilger, die von Santiago zurückkehrten, ohne geheilt worden zu sein, gesund wurden, während sie hier beteten, in dieser Kirche und vor diesem Gnadenbild. Nach dem Besuch machen wir uns wieder auf den Weg. Der *Camino* verläuft sonnenbeschienen und staubig auch weiterhin neben der asphaltierten Straße her. Von Villalcázar nach Carrión sind es nur wenig mehr als sechs Kilometer, das müßte bequem in eineinhalb Stunden zu schaffen sein. Die Chronik dieses Straßenabschnitts enthält nichts Spektakuläres: *mucho calor, andandero,* die Sonne brennt, der einzige Lufthauch kommt von den Autos und Lastwagen, die hin und wieder an uns vorbeifahren. Tom redet weiter, und ich widme mich eifrig dem Versuch, ihm zu antworten, indem ich die Antworten, die mir in den Sinn kommen, in ihre Einzelteile zerlege und neu zu ganz einfachen Sätzen zusammenfüge, die ich dann mit meinem überaus dürftigen Englisch leicht übersetzen kann. Diese Anstrengung hat zur Folge, daß ich mich nach den vertrauten und entspannten Gesprächen mit Mario zurücksehne, mit dem ich mich fast ohne Worte verständigen kann. Dennoch ist es nicht zu leugnen, daß Toms Gedanken und die Unterhaltung mit ihm hochinteressant sind. Es sind zwei verschiedene Arten der Gesprächsführung, und beide sind auf je unterschiedliche Art bereichernd. Sie machen deutlich, daß das „Sehen" keineswegs ein einfacher Prozeß ist: Zwei Pilger wie sie, die dieselbe äußere Welt betrachten, sehen selten dieselben Dinge, weil sie alles immer aus dem Blickwinkel dessen sehen, was sie in ihrem *Innern* sind. So nimmt der eine – Tom – *die Schönheit und das Geheimnis der Dinge* und der andere – Mario – ihren *Nutzen* wahr. Vielleicht hat dies auch etwas mit dem zu tun, was auf dem *Camino* mit mir geschieht: Wenn ich so häufig den Eindruck habe, die Dinge so wahrzunehmen, als sähe ich sie zum ersten Mal, dann bedeutet das, daß ich mich *innerlich* verändere. Und vielleicht ist das auch denen widerfahren, die den auferstandenen Jesus gesehen haben: Er zeigte sich ihren Sinnen und zeigte sich doch zugleich auch Sinnen, die bereits mehr sahen als das, was sinnenhaft wahrnehmbar ist, weil sich in ihrem *Innern* etwas verändert hatte.

Als Carrión in Sicht kommt, wird die Temperatur unerträglich; ein öffentliches Thermometer zeigt 43 Grad an! Als unsere Themen erschöpft sind, läßt Tom mich alleine weitergehen, und ich nutze die Gelegenheit, um meinen Bruder zu fragen, wie es ihm geht. „Nicht besonders", antwortet er, „weiter als bis Carrión schaffe ich es auf keinen Fall." Ein Blick auf die Karte verrät mir, daß die kleinstmögliche Etappe nach dieser Ortschaft 17 Kilometer lang ist und es auf der gesamten Strecke weder eine *Fuente* noch ein Dorf gibt. „Erst essen wir, und dann treffen wir eine Entscheidung, einverstanden?" gebe ich mich noch nicht geschlagen, in der Hoffnung, daß er nichts Ernstes hat. Der Ortseingang ist häßlich, verwahrlost und ungepflegt, überall liegt Papier herum. Dessen Herkunft ist rasch geklärt: Eine Frau verteilt Werbezettel für ein neues Hotel am Platz, das Hotel Santiago. Manche lesen das Flugblatt, knüllen es zusammen und lassen es auf den Boden fallen. „Siehst du? Der Kommerz ist die Seele der Welt. Sie mißbrauchen den *Camino*", meint Mario und wirft seinen Zettel weg. Wir gehen weiter, zum Kloster Santa Clara, in dem die Mönche einen *Albergue* betreiben. Der heilige Franziskus soll auf seiner Wallfahrt nach Santiago in diesem Dorf genächtigt haben. Wir beide machen eine Pause, Tom will hier übernachten. „Wenn ihr in Carrión bleibt, wo wirst du dann heute abend die Messe lesen?" „Das weiß ich nicht. Hier gibt es viele Kirchen, wahrscheinlich in irgendeiner Pfarrei. Wenn wir hierbleiben sollten, gebe ich dir Bescheid." Wir verabschieden uns von ihm und gehen Richtung Zentrum. Die Sonne ist unbarmherzig. In der Calle Santa María finden wir ein kleines Restaurant auf der linken Seite, das um halb zwei öffnet, und eine Kirche, die unglaublicherweise geöffnet ist: Santa María del *Camino*. Die Tür steht weit offen, das Kirchenschiff ist menschenleer. Wir setzen uns in eine Bank, um zu beten, und genießen die frische Luft, die von der geöffneten Tür hereinweht; das Mittagslicht beleuchtet den großartigen *Retablo* des Hochaltars. Wir gehen wieder hinaus und setzen uns in den Bogengang. Ich fürchte, ich habe etwas unterhalb der Ferse. Und tatsächlich, da ist sie, vollkommen unerwünscht: eine *Ampolla!* Wahrscheinlich habe ich sie mir in den leichten Schuhen gelaufen, die ich heute anstelle der gewohnten trage. Ich suche das erforderliche Handwerkszeug heraus: Nadel, Bindfaden, Jodtinktur, Blasenpflaster, und fange an, sie aufzustechen, wobei ich den Faden in der Blase lasse, damit die Flüssigkeit abfließt. Dann trage ich Jod auf, um die Wunde zu desinfizieren. Mario beteiligt sich nicht an der Operation, er wirkt abwesend. Es ist halb zwei: Wir gehen zu dem kleinen Restaurant, lassen die Rucksäcke am Eingang stehen und suchen uns einen Platz. Allmählich kommen weitere Gäste hinzu, Berufstätige, die hier ihre Mittagspause verbringen. „Du willst nicht weitergehen, stimmt's?" versuche ich das unbehagliche Schweigen zu durchbrechen. Sofort sprudeln die Argumente, auf denen er die ganze Zeit herumgekaut hat, aus ihm heraus: „Wenn wir weitergehen, gibt es innerhalb der nächsten sechs Kilometer keinen einzigen Baum, und bis zum nächsten *Refugio* in Calzadilla sind es dann noch mal elf Kilometer." „Also bleiben wir hier?" frage ich ihn. „Wenn wir nicht weitergehen, kommen wir morgen nicht nach Sahagún, denn das wären dann 38 Kilometer, und das ist zu weit. Aber was noch schlimmer ist ...", er macht eine dramatische Pause, und ich erwarte eine erschütternde Enthüllung, „... was noch schlimmer ist: Wir können nirgends Italien-Korea sehen." „Und jetzt?" „Jetzt weiß ich nicht, was wir tun sollen." „Ich würde noch weitergehen, aber es ist zu heiß." „Ja, das wäre Selbstmord. Außerdem ist Carrión groß, wir könnten nach einem Schuhgeschäft suchen." Die Schuhe! Wie konnte ich das vergessen ...

Wir gehen zum Kloster zurück. In der Pilgerherberge herrscht ein familiärer Ton, die Schwestern überziehen uns sogar die Betten. Wir treffen Tom im Kreuzweg und beschließen, uns im selben Zimmer einzuquartieren wie er. „Gehen wir dann zusammen zur Messe?" fragt er mich sofort. „Ja, heute abend um acht ist eine in Santa María." Wir gehen über einen sonnigen kleinen Hof, an dem die Toiletten liegen, hängen die Wäsche auf und machen eine schockierende Entdeckung: Die Franzosen sind da, allen voran Schoseff! Derselbe Empfang wie in Hontanas. „Das war eine ganz blöde Idee, hier zu übernachten", sage ich zu Mario, der bitter auflacht. Ich lamentiere noch eine ganze Weile weiter, während ich mein Bett mache, und Tom sitzt auf der Bettkante und wundert sich über meinen Ton. Mein Bruder wartet geduldig, bis ich mich wieder beruhigt habe, und gibt mir schließlich die ernste

Antwort: „Du hättest damit rechnen müssen! Wann sind die Dinge in unserem Leben jemals gut gelaufen? Wir sind Verlierer, vergiß das nicht!" Damit bringt er mich sofort zum Schweigen. Die beiden Piemontesen treffen ein und belegen die Betten neben uns. Während ich darauf warte, daß sich zur *Siesta* ein kleines Nickerchen einstellt, denke ich immer wieder über Marios Worte nach.

Um fünf gehen wir für Mario Schuhe kaufen. Das Geschäft ist nicht sehr gut ausgestattet, aber schließlich finden wir, was wir brauchen. Spontan entscheide ich mich auch noch dafür, ein weißes Sportshirt zu kaufen, eins von dieser atmungsaktiven Sorte, die sofort wieder trocknen, wenn man geschwitzt hat; ich habe davon zwar schon drei mit, aber eins ist schwarz, und das kann man bei diesem Sonnenwetter auf keinen Fall anziehen. Ich nehme eins vom hundertjährigen Bestehen von Real Madrid, wunderschön: Der einzige Haken ist der, daß es eine Stange Geld kostet. Um halb acht gehen wir mit Tom zur Kirche Santa María del *Camino*. Auch hier wird wie in den anderen Kirchen der Rosenkranz gebetet. Der Priester begrüßt mich sehr herzlich; er ist ganz begeistert, als er hört, daß ich aus Rom komme und dort Pfarrvikar bin, und stellt mich auch so vor. Die Eucharistiefeier dauert nicht lange, und schon bald sind Mario und ich wieder auf dem Rückweg. „Diese Schuhe sind wirklich gut", erklärt er mir, während wir über den Asphalt laufen, der endlich nicht mehr so weich ist wie heute mittag und heute nachmittag, „aber was mache ich mit den alten?" „Wie meinst du das?" „Ich will sie nicht hierlassen, nach den ganzen Kilometern, die wir gemeinsam gegangen sind ..." „Und was willst du machen? Sie mitschleppen? Sie mit der Post schicken? Um was mit ihnen zu tun?" „Es tut mir einfach leid, sie hierzulassen, das ist alles."

In Wirklichkeit verstehe ich ihn sehr gut, denn es ist nun einmal so: Hier auf dem *Camino* entstehen besondere Bande nicht nur mit den Menschen, sondern auch mit den Dingen, den Kirchen, den Landschaften, den Tieren, sogar mit den Steinen. Die langsame Art der Fortbewegung hat zur Folge, daß man alles anders und tiefer auskostet und ein besonderes Gefühl der Zugehörigkeit entwickelt. Alles, was man sieht, geht ein in den langsamen und überlegten Rhythmus der Schritte; man nähert sich den Dingen ganz allmählich und kann sie in all ihren Dimensionen betrachten; man sieht alles so oft und so lange an, bis man es auch mit geschlossenen Augen in allen Einzelheiten beschreiben kann. Es gehört dir und ist in gewisser Weise eins mit dir. Und so ist es wohl auch mit Mario und seinen Schuhen.

Im *Comedor* des Klosters haben sich die Piemontesen mit den anderen Pilgern verbrüdert, weil sie für alle eine Pasta *aglio, olio e peperoncino* gekocht haben; nur die Franzosen bleiben unter sich und stehen, dicht an Schoseff gedrängt, im kleinen Innenhof. Beim Essen sitze ich in der Nähe von zwei finsteren Gestalten, die sich abseits halten. „Seid ihr Spanier?" frage ich, denn so sehen sie aus. „Nein!" antwortet der erste brüsk: „Wir sind aus Euskadi." „Basken", denke ich und erinnere mich an die separatistischen Parolen, die wir am Anfang unserer Pilgerschaft in Navarra gelesen hatten. Beunruhigende Parolen, so beunruhigend wie der abweisende Charakter dieser beiden und der ungewohnte Klang ihrer Sprache. In jeder Zeitung steht jeden Tag etwas über ihre nationalistische Partei *Batasuna*. Es scheint, daß Aznar sie für illegal erklären will und daß die Bischöfe der Region sich dagegen gewehrt haben, was sogar diplomatische Verwicklungen mit dem Vatikan zur Folge hatte.

Ich verabschiede mich von allen und gehe in die Heia. Ich fange gerade an, im Halbschlaf Bilder zu sehen, als mich das Geräusch eines fallenden Gegenstands wieder aufweckt. Aus den Augenwinkeln spähe ich in das schwach erleuchtete Halbdunkel um mich herum und sehe Tom, der mit gefalteten Händen vor seinem Bett kniet. Er strahlt dieselbe Inbrunst und Hingabe aus, die man von seinem Gesicht ablesen kann, wenn er in der Kirche betet. Ich weiß nicht, wie lange er so auf dem Boden verharrt. Erst als er die anderen kommen hört, steht er auf und legt sich ins Bett. Ich erzähle Mario davon, in unserem Heimatdialekt, um sicherzugehen, daß Tom mich nicht versteht. „Er ist ein echter Pilger. Nein, er ist ein Heiliger: hast du nicht gesehen, wie er sich während der Messe benommen hat?" antwortet Mario, der in der Kirche neben Tom gesessen hatte. „Uff, ob er ein Heiliger ist, weiß ich nicht. Ich weiß auch nicht, ob ich alles verstanden habe, was er mir heute morgen unterwegs erzählt hat. Jedenfalls ist er ein beeindruckender Typ." „Und was machen wir jetzt mit meinen Schuhen?" drängt er. „Das überlegen wir uns morgen, okay? Nacht." „Nacht." „Um wieviel Uhr stehen wir morgen eigentlich auf?"

frage ich ihn, plötzlich wieder hellwach. „Wenn wir bis Sahagún kommen und das Spiel sehen wollen, sollten wir versuchen, spätestens um fünf aufzustehen", schlägt er vor. „Also gut, gegen fünf, dann kommen wir etwas vor Schoeff hier weg."

Die Franzosen! Doch diese Nacht hat nicht die Getriebenheit von Grañón, wo wir eine Flucht planten und ausführten, die an einen Gefängnisausbruch erinnerte. Toms Anwesenheit und die selbstmörderische Etappe von Grañón nach Atapuerca haben die Dinge wieder an ihren Platz gestellt: zum einen unsere übertrieben ehrgeizigen Ziele und zum anderen die Tatsache, daß wir in erster Linie hier sind, um zu beten und den Herrn zu suchen, und nicht, um einen sportlichen Wettbewerb zu absolvieren. Ich lasse mich von dem tiefen Eindruck in den Schlaf wiegen, den das Bild unseres auf dem Boden knienden, betenden Freundes in meinem Innern hinterlassen hat. Ich vergleiche seinen Blick und seine Augen mit Eddas, seine Art, Kraft und Energie zu tanken mit der unserer deutschen Freundin. Toms Art ist sehr viel einfacher, stiller und weniger spektakulär; sie verzichtet auf verblüffende Erklärungen. Während Edda beunruhigende Fragen in mir weckt, hat Tom in allem, was er tut und sagt, etwas Gelassenes und gleichzeitig sehr Starkes. Eine alte jüdische Tradition besagt, daß die Welt auf sechsunddreißig Gerechten ruht, die von Generation zu Generation die Menschheit freikaufen, indem sie ihre Strafen auf sich nehmen und sie von dem Bösen reinigen, das sie verschmutzt; wie ein Becken fangen sie all unsere Schmerzen auf. Die Art des Betens, die man bei Tom ahnen kann, hat dieselbe Kraft und dieselbe Schwäche dieser Gerechten, die voranschreiten, als sähen sie den Unsichtbaren. Er scheint das Böse der anderen zu umarmen, und er hat die Kraft, es auf sich zu nehmen und vor Gott zu tragen. Er scheint alles Böse auf Erden zu erahnen und in sein Herz hineinzunehmen. Bin ich vielleicht einem dieser sechsunddreißig Gerechten begegnet? Tom selbst würde über diese nächtliche Ahnung lächeln, die so unbestimmt ist wie ein Traum. Doch Pier Giorgio Frassati – den Tom gut kennt – betete genau wie er, und er war ganz bestimmt einer der sechsunddreißig Gerechten, die die Welt in seiner Generation getragen haben. Davide hatte es in Perugia gesagt: Alle Toten und alle Heiligen kommen auf ihrem Weg ins Paradies über den *Camino*. Es ist nicht ausgeschlossen, daß wir einem von ihnen begegnen.

Von Carrión de los Condes nach Sahagún, Dienstag, 18. Juni

Wir wachen um viertel nach fünf auf. Alle – auch Tom, der darüber nicht glücklich zu sein scheint – sind schon auf den Beinen. „Gehst du mit uns?" frage ich ihn. „What? ... Ich denke, ich hole euch unterwegs ein", antwortet er, als hätte ihn der Vorschlag aus der Fassung gebracht. Mario wirft mir einen Blick zu, der übersetzt soviel heißen soll wie: „Hast du die Antwort verstanden? Jetzt sei nicht lästig ..." Es muß gesagt werden, daß unser Freund kein sehr energiegeladener Mensch ist – das zumindest unterscheidet ihn von Frassati, der so voller Leben war, daß seine Freunde ihn mit einem Orkan verglichen.

Für Mario nähert sich nun der gefürchtete Augenblick, da er sich von seinen Schuhen verabschieden muß. Aus Scham läßt er sie einfach unter dem Bett stehen, was ihm die Qual eines öffentlichen und endgültigen Begräbnisses im Abfalleimer des Hofs erspart. „Vielleicht findet sie jemand, der sie brauchen kann und noch benutzt", lautet sein liebevoller letzter Gruß, während er sie mit der Fußspitze weiter unter das Bett schiebt, um sie nicht mehr zu sehen.

Als wir das Kloster verlassen, ist es noch dunkel, doch es beginnt zu dämmern. Was wir noch von Carrión sehen, hebt es über den Durchschnitt der bisher besuchten Ortschaften hinaus: Gleich hinter Santa María del *Camino* befindet sich das *Hospital Espíritu Santo,* und wir bewundern die Kirche des heiligen Jakobus mit ihrer herrlichen Fassade. Wie schade, daß wir das nicht gestern noch bei Tageslicht gesehen haben: wieder ein Ziel fürs nächste Jahr.

Wir verlassen Carrión und überqueren den gleichnamigen Fluß. Gleich hinter der Brücke holt Tom uns ein, der sich zumindest heute nicht von uns trennen will: „Ich glaube nicht, daß ich es bis Sahagún schaffe", prognostiziert er, „aber ich versuche mitzuhalten, so lange es geht." Ich erkläre ihm, daß wir den Tag mit dem Rosenkranz beginnen, und er zieht seinen aus der Tasche. Die Straße ist bequem, das Tageslicht fällt sanft aus der Höhe auf uns herab. Der baumbestandene Schotterweg führt geradeaus über die alte Römerstraße. Als es heller wird, bemerken wir, daß wir drei nicht wirklich allein sind: Eine Menge, nein, ein regelrechter Schwarm von Pilgern marschiert in lockerer Ordnung über die

Straße. Wahrscheinlich kommen sie aus der zweiten Pilgerherberge von Carillón, dem *Refugio de Santiago*. Ganze Familien sind darunter, wie die gleich neben uns, die aus Argentinien kommt; außerdem mehr oder weniger zahlreiche Gruppen von Personen, die sich mit unterschiedlicher Geschwindigkeit fortbewegen, uns überholen, stehenbleiben, weitergehen, uns wieder überholen. So bleibt es bis Calzadilla de la Cueza: gerade Straße, Pilger, Felder. Wir ziehen Furchen in den Morgen, der inzwischen angebrochen ist, und in den geraden Schotterweg.

Während ich einen Namen für das suche, was ich sehe, um es in dieses Tagebuch zu schreiben, fällt mir schlagartig ein Abschnitt aus dem dritten eucharistischen Hochgebet ein: „Beschütze deine Kirche auf ihrem Weg durch die Zeit, und stärke sie im Glauben und in der Liebe." Dieses Bild von der durch die Zeit pilgernden Kirche erhält einen neuen Klang, wenn man den *Camino* geht, wie wir ihn gehen: Sein einziger Sinn besteht letztlich darin, unser Leben zu beschreiben, die Straße, die wir gehen, und die Art, *wie wir sie gehen.* Wer ist also diese Kirche *auf ihrem Weg durch die Zeit?*

Wir sind Menschen, die recht gut wissen, wohin man gehen muß, und die aufgrund dieses Wissens jeden Tag von neuem eine übermenschliche Sehnsucht verspüren, die uns bereit macht, alles auf uns zu nehmen; und die sich in ihrem Bemühen von einer geheimnisvollen, aber realen und sehr konkreten Kraft gehalten fühlen. Wir sind Menschen, die es akzeptieren, daß der Weg, der vor ihnen liegt, von anderen gebahnt worden ist und nur mit Hilfe der Wegmarkierungen gefunden werden kann, die uns angeboten werden. Es steht uns frei, sie zu ignorieren oder ihnen zu folgen. Wir sind Pilger und keine Touristen. Das verstehe ich immer besser, vor allem dann, wenn ich sehe, wie die Franzosen den *Camino* interpretieren: Wenn sie losgehen, wissen sie schon, wo sie ankommen, wo sie haltmachen, wo sie schlafen wollen. Ihr Leben ist vorprogrammiert und duldet nichts Unvorhergesehenes und keine Hindernisse. Es scheint, daß sie diese Wallfahrt nur machen, um Spaß zu haben oder schöne Dinge zu sehen, die sie befriedigen, ihrem Dasein aber letztlich fremd bleiben. Sie freuen sich an dem, was sie sehen, aber sie leben nicht davon. Sie konsumieren es, Etappe für Etappe. Wir dagegen sind gespannt auf das, was wir vorfinden werden, was geschehen wird, auf die Begegnungen, die wir haben werden, ohne sie geplant zu haben, auf die Möglichkeiten, die sich uns dort, wo wir anhalten, bieten werden. Die Straße und das, was auf ihr geschieht, verändert uns in unserem *Innern*, und diese Straße ist nichts Lästiges, das schnell erledigt werden muß, sondern unser Leben selbst. Wir sind keine Menschen, die schon angekommen sind, die sich schon eingerichtet haben, die einen kleinen Ausflug machen und dann in das Leben zurückkehren, das sie auch vorher hatten und das ihnen sehr gut paßt. Wer einmal hier gepilgert ist, kann nicht in sein vorheriges Leben zurückkehren: Die Auswahlkriterien selbst ändern sich zwar nicht ständig, aber von Grund auf. Wir sind nicht von einer Sache und von ihrem Gegenteil gleichermaßen fasziniert und aufgewühlt: Wir wissen sehr wohl, was uns antreibt, was uns voranbringt und was nicht. Wir sind Pilger, weil wir von sicheren Grundlagen aus aufbrechen und nicht, weil wir unseren Bezugspunkt ständig ändern.

Wir sind gezwungen zu entscheiden, was wir tun, ohne zu wissen, was uns im weiteren Verlauf des Weges erwartet, und wir müssen uns zuweilen ganz auf das Wenige verlassen, was wir wissen. Und doch hat uns das Nötige nie gefehlt, im Gegenteil. Wir halten uns an die Siebensachen, die wir in unserem Rucksack haben, und dulden nichts Überflüssiges: Es interessiert uns nicht, es wäre ein nutzloses Gewicht, das unsere Schritte behindern würde. Wir sind Menschen, die von wesentlichen Dingen leben und diese intensiv auskosten, sie in ihrem ursprünglichen, unverfälschten, nicht künstlich hergestellten Geschmack wiederentdecken. Wir sind Menschen, die das Wunder des permanenten Staunens erleben, aus dem unser Leben jetzt besteht, weil alles, was lebt, uns berührt und von uns erkannt wird, als ob es zu uns gehören würde. Wir sind Menschen, die das Menschsein, die Grenzen und den Reichtum des Geschaffenseins von Grund auf erfahren und als ein zwar leidvolles, doch faszinierendes Abenteuer erleben. Wir sind Menschen, die die Länder, die sie durchwandern, liebgewinnen, Bindungen schaffen, alles von ihnen lernen, was sie uns lehren können; Menschen, die Beziehungen der Brüderlichkeit und Freundschaft schaffen wollen. Menschen, die gerne die Sprache des Ortes lernen und sprechen, an dem sie unterwegs sind.

Wir sind die Kirche. Die Kirche ist unterwegs, weil sie so lebt, weil sie so pilgert: Sie weiß, wohin sie gehen muß, denn Jesus ist ihr Weg; sie macht die Erfahrung, daß der Herr ihr immer hilft und sie stützt; sie ist neu für das Neue und Unvorhergesehene, das er ihr zeigen will; sie hält sich an ihre Siebensachen, an das Allernötigste; sie ist voller Staunen über das, was sie empfängt, und über die Schönheit, die ihr offenbart wird, ihre eigene Schönheit und die Schönheit des Lebens. Die Kirche ist auf Pilgerschaft, weil sie immer unterwegs ist, weil sie jeden Tag neu beginnt, weil sie das ißt, was sie findet, weil sie sich auf den Weg macht, weil sie sich einfach kleidet, weil sie jeden Tag die Messe feiert, weil sie jeden Tag unter Menschen ist, die sie nicht kennt und auf die sie vertrauensvoll zugeht, weil sie sich danach sehnt, sie kennenzulernen, weil sie dort haltmacht, wo man sie aufnimmt, weil sie unterwegs feststellt, daß der Herr sich viele Freunde macht und daß sie wichtig ist, damit diese Freunde finden, was sie suchen, Wen sie suchen. Kurz: die Kirche ist keine Touristin. Sie ist keine Fremde, die bei mir zu Hause hereinschneit, um sich bedienen zu lassen. Sie ist eine Pilgerin, die darum bittet, als die aufgenommen zu werden, die sie ist: eine Heimkehrende. Damit ist sie auf dem Weg, den alle gehen und auf dem sie all den anderen begegnet, und sie stellt ihnen von neuem jene Frage: Wohin gehen wir? Warum nehmen wir all diese Mühe auf uns? Werden wir jemals an diesem Platz ankommen, von dem man uns erzählt hat, von dem wir Bilder gesehen haben? Und sie erhält von den anderen, die mit ihr unterwegs sind, wahre Schätze der Solidarität, der Schönheit, der Brüderlichkeit. Sie nimmt sie entgegen wie ein Geschenk, über das man ständig staunen muß. Sie erfährt all die Mühen, die Anfeindungen und die Schwierigkeiten, mit denen das Geheimnis des Schmerzes ihr Leben und das Leben aller Menschen verwundet.

Mario schließt zu mir auf und gibt mir den Fingerrosenkranz zurück, den ich ihm geliehen habe. Ohne selbst genau zu wissen, weshalb, begrüße ich ihn mit einem spontanen „¡Hola, peregrino!", und er lächelt. Die Kirche ist eine Pilgerin, weil sie unterwegs betet. Sie betet ohne Unterlaß.

Wir kommen nach Calzadillas und legen dort unsere übliche morgendliche Versorgungspause ein. Als wir bei der zweiten Tasse sind, kommt Tom, völlig erledigt und so naßgeschwitzt, als hätte man ihn gerade aus einem Swimmingpool gefischt. Wir laden ihn ein, sich an unseren Tisch zu setzen. „Ihr seid einfach zu schnell, wie macht ihr das bloß?" „Tja, um die Wahrheit zu sagen, eigentlich beeilen wir uns gar nicht. Ist dir noch nicht aufgefallen, daß wir schon die Nachhut sind?" Nein, Tom ist wirklich kein Orkan. Während er an seinem kochendheißen Tee nippt, blättert Mario die Zeitung durch und sucht nach Hinweisen auf das Spiel heute nachmittag, womit er seinem Wunsch, daß Tom nicht mit uns weitergehen soll, noch einmal Nachdruck verleiht. „Hör mal, ich mag ihn ganz gern", versetze ich ihm einen Dämpfer. Wir brechen wieder auf; diesmal hält Tom mit uns Schritt, er behindert uns nicht. Auch heute morgen sprechen wir wieder über alles, genau wie gestern. Unter einer glühendheißen Sonne kommen wir durch diese ärmlichen spanischen Dörfer. Einige alte Häuser haben sogar noch Lehmwände. Moratinos ist ein trostloses Nest, von wegen Bar und Fernseher! In San Nicolás del Real Camino – dem letzten brauchbaren Dorf vor Sahagún – finden wir weder eine Bar noch eine *Tienda,* wo wir uns etwas zu essen kaufen könnten. Wir treffen keine Menschenseele, bis wir auf einen Platz kommen, wo einige alte Leutchen auf einer Bank im Schatten sitzen. Ich frage sie, ob es hier eine Bar oder ein Geschäft gibt, wo man etwas zu essen bekommt. *„Nada",* antwortet der mit dem Strohhut auf der rechten Seite. „O nein", stammle ich, „und bis Sahagún sind es noch zwei Stunden, und das bei dieser wahnsinnigen Hitze!" Das Spiel haben wir auch wieder verpaßt. Offenbar sehen wir wirklich mitleiderregend aus. *„¿De donde vienes?"* fragt mich einer von ihnen. „De Lourdes." *„¿Desde Lourdes en Francia?* Dann bist du ja schon so nah dran, daß der Apostel nur den Arm ausstrecken muß, um dich zu umarmen!" tröstet er mich mit einem Lächeln und streckt dabei selber den Arm aus, um mit dem Finger in die Richtung zu zeigen, in der Santiago liegen muß. „Ja", antworte ich und begreife, daß wir wirklich nicht mehr sehr weit vom heiligen Jakobus entfernt sind. Sie überlassen uns die Bank; wir sagen danke und setzen uns. Besser gesagt: Tom und Mario strecken sich der Länge nach aus, und ich setze mich auf den Bürgersteig, um meine Blase zu verarzten. Wir sind allein in einem Geisterdorf. Der einzige Kontakt mit der zivilisierten Welt ist dem Handy anvertraut, das ich angeschaltet lasse, weil es sein kann, daß Stefano uns über den Spielstand informiert: Wir wissen, daß unsere Nationalmannschaft nach einem Tor von Vieri mit eins zu null führt. Nach wenigen Minuten stelle ich fest, daß ich als einziger noch rede: Tom schnarcht, Mario ist eingedöst. Als die beiden gegen drei wieder aufwachen, beschließen wir weiterzugehen. Der *Camino* beschreibt jetzt wieder Serpentinen, wie immer, wenn er durch die Felder führt, bis er an der *Nacional 120* entlangverläuft. Keine Menschenseele ist unterwegs, nur die eine oder andere Fata Morgana auf der Staatsstraße, die zitternd in der Luft schwebt und dann verschwindet. Als die Provinz Palencia endet und León beginnt, schickt Stefano eine SMS: Der Ausgleich ist gefallen, es gibt Verlängerung. Inzwischen sind wir schon in Sichtweite von Sahagún und beschließen, ihn zurückzurufen, um die letzten Minuten live mitzuverfolgen: Korea siegt unerwartet. Als wir an einen Kreisverkehr am Stadtrand kommen, lassen wir uns, niedergeschlagen vom Ergebnis des Spiels und von der Hitze, zu Boden sinken. „There are no words", erkläre ich Tom. Die Peripherien am *Camino* sind endlos, und auch die von Sahagún bildet da keine Ausnahme. Der städtische *Albergue* befindet sich in der ehemaligen Dreifaltigkeitskirche, und am Portal begrüßt uns eine Bronzestatue des heiligen Jakobus. Am Eingang nehmen wir uns den *Sello*, zahlen die Rechnung und lassen uns von einer *Señorita* erklären, wie die Unterbringung funktioniert. Über unseren Köpfen ist praktisch über die ganze Länge des Kirchenschiffs hinweg ein Zwischenboden eingezogen, wo sich die Betten, die Bäder und die Küche befinden. Die Waschküche liegt dagegen im Erdgeschoß, und von dort aus gelangt man in einen Innenhof, wo man die Wäsche aufhängen kann. Wir erkundigen uns auch nach der Messe: Es gibt eine um acht Uhr in der Kirche zum heiligen Laurentius. Auch hier ist alles sehr praktisch und gepflegt. Wenn man etwas kritisieren wollte, dann wäre es der furchtbare Gestank, der aus den Abflüssen der Duschen aufsteigt, das nicht vorhandene Toilettenpapier und der ständige Lärm der Lüftung, die angeschaltet bleibt, um diesen Mängeln zu begegnen. Wir entdecken zwei freie Betten in einem ansonsten noch leeren Zimmerchen, verstauen die Rucksäcke unter dem Bett und nutzen die vorhandenen Kleiderhaken. Wäsche und Dusche sind schnell erledigt. Wir treffen Enrico und Ruggero wieder, fröhlich und gutgelaunt wie immer. Nach dem *Descanso* streifen Mario und ich durch die *Calles*. Sahagún präsentiert sich als das, was es ist: ein schönes Dorf mit herrlich kühlen Arkaden, unter denen die Leute ihren abendlichen *Paseo* machen. Früher hieß es „das spanische Cluny", und seine Abtei war eine der wichtigsten am gesamten *Camino*. Wir stehen gerade in der Ecke des Platzes, von der aus man das Tor des alten Klosters sehen kann. Wir haben etwas gegessen und von der *Fuente* getrunken; ich bringe das Tagebuch auf den neuesten Stand, während eine Schafherde unter dem Bogen hindurchzieht, angeführt von einem *Perro,* der mit seinem Bellen den Tieren die Richtung weist. Mario stürzt sich mitten in die Herde und läßt sich von den Schafen herumschieben, die sich blökend an ihm vorbeidrängeln. Man fühlt sich in eine andere Zeit versetzt: Die Autos halten an und lassen die Herde vorüberziehen, ohne zu hupen, der Hirt winkt allen freundlich zu und geht seelenruhig weiter.

Vor der Kirche zum heiligen Laurentius stehen Karussells, und Mario drängt mich, den Fotoapparat und die Brieftasche zu verstecken: „Du weißt doch, was das für Leute sind, diese Karussellbetreiber, oder nicht?" meint er besorgt. Drinnen beten sie den Rosenkranz; neben dem Altar steht eine Herz-Jesu-Statue inmitten des nun schon bekannten frommen Meers aus Lichtern und Blumen. Tom ist schon da. Ich frage den *Señor Cura,* ob ich konzelebrieren darf, und er hält mir einen Vortrag, von dem ich kein einziges Wort verstehe – es wirkt wie ein laut geführtes Selbstgespräch. Vielleicht auch eine Standpauke. Als er damit fertig ist, wiederhole ich meine Frage: „¿Puedo concelebrar?" Er seufzt, lacht, „Seguro, puedes". Wer weiß, was er mir vorher erzählt hatte. Als wir die Kirche verlassen, bleibt Tom in der Bank sitzen. Er weint, es tut mir im Herzen weh, ihn so zu sehen. Schweigend gehen wir hinaus, doch sobald die Lautsprecher der Karussells die Stille durchbrechen, fragt Mario: „Hast du Tommy gesehen?" Wer weiß, was ihm widerfahren ist oder was er mit sich herumschleppt, daß er so weinen muß. *Das Land der Tränen ist voller Geheimnisse …*

Wir gehen in ein Restaurant in der Nähe des Albergue. Tom ist schon da – wie hat er das gemacht? –, und bei ihm sitzen Enrico und Ruggero. Und so ergibt es sich schließlich, daß wir ihnen beim gemeinsamen Abendessen von uns und sie uns von sich erzählen. Enrico ist der Inhaber einer Apotheke in Rivarolo Torinese, „er hat zehn Angestellte", wiederholt Mario mit großen Augen. Ruggero ist sechzig Jahre alt, verheiratet und hat eine Tochter, die die Idee zu ihrer Pilgerfahrt hatte. Für heute abend muß das genügen, die Details sparen wir uns noch auf. Hinter uns sitzt ein Tisch mit Schweizern aus dem Tessin; sie sind neugierig geworden und stellen uns viele Fragen über den *Camino*.

Ich beteilige mich nicht am Gespräch: Ich mag es nicht, wenn der *Camino* als „interessante Sache" behandelt wird, „die wunderschön sein muß".

Der Zwischenboden liegt im Dunkeln, man hört die Geräusche der schnarchenden Pilger und der Lüftung, die noch immer angeschaltet ist. Bis sich jemand erbarmt, aufsteht und sie ausmacht. Auf dem Weg zur Toilette muß ich mich praktisch ganz auf mein Tastgefühl verlassen; zu spät fällt mir ein, daß es kein Papier gibt, so daß ich gezwungen bin, ein Stofftaschentuch zu opfern. Jetzt, da ich dies schreibe und das Schlimmste vorüber ist, kann ich nicht umhin, mir klarzumachen, wie schwer es mir gefallen ist, das zu tun. Nicht nur wegen dieser Anhänglichkeit, wie Mario sie ja auch für seine Schuhe empfunden hatte, sondern auch, weil ich an die Geschichte dieses Taschentuchs denken mußte: an meine Mutter, die so weit weg ist und die es gekauft, gewaschen und gebügelt hat, und an all die anderen Menschen, die sich um mich gekümmert haben. Dieses kleine Stück Stoff symbolisiert Bindungen und ist von einer fürsorglichen Nähe durchwoben, von der ich mich nur schwer lösen kann.

Ich notiere mir auch, daß es mir leid tut, Enrico und Ruggero nicht nach dem Grund ihrer Wallfahrt gefragt zu haben. Je weiter wir kommen, desto deutlicher wird mir bewußt, wieviel mir daran liegt, im Gespräch mit den anderen Pilgern zu erfahren, welche Gründe sie auf den *Camino* geführt haben und ob diese Gründe stark genug sind, um allen Wir-nehmen-den-Bus-Krisen standzuhalten. Der *Camino* ist eine Gesamtheit aus vielen Dingen: Erinnerungen, Sehnsüchten, Zeichen, Glauben. Er ist ein Ort des Austauschs, und damit meine ich nicht nur den Austausch von Waren (wie Mario unterstellt, wenn der kommerzielle Aspekt allgegenwärtig oder übermächtig wird): Es ist ein Austausch von Worten, Wünschen, Erinnerungen, Gebeten, die gesammelt und ausgeteilt werden, und im Zuge dieses Sammelns und Austeilens nimmt die Pilgerfahrt gewissermaßen Form an und schreitet voran. Wenn das nicht wäre oder wenn man dem aus dem Weg gehen würde, würde man etwas Wesentliches verpassen.

Von Sahagún nach Reliegos, Mittwoch, 19. Juni

Uns weckt der übliche Wecker des *Camino*: der Lärm der anderen, die aufbrechen. Es ist zwanzig vor sechs. Mario grummelt: Er will nicht geweckt werden. Mittlerweile sind wir jedoch so geübt, daß alle Handgriffe dennoch präzise und schnell vonstatten gehen. Wir gehen die Treppe hinunter; Tom kommt uns entgegen und wünscht uns lächelnd einen schönen Tag, mit Wind. Während er seinen Rucksack holt, machen wir uns auf den Weg und gehen vor, wie gestern. Der *Camino* führt durch Sahagún und überquert den *Río Cea* auf der *Puente de Canto*. Von hier an gehen wir über eine schnurgerade und baumbestandene Schotterstraße, deren Ende nicht abzusehen ist und neben der ein Radweg verläuft. Aufgelockert wird das Ganze durch Sitzbänke, die in regelmäßigen Abständen aufgestellt sind. Nach der Kreuzung mit dem Abzweig nach Calzada del Coto kommen wir in ein Sumpfgebiet: Die Frösche quaken ohrenbetäubend. Mario macht sich einen Sport daraus, einen zu sehen; sorgfältig inspiziert er das gesamte Terrain und legt sich an den kleinen Wasserflächen auf die Lauer; immer wenn er einen entdeckt, schreit er mit dem Enthusiasmus eines Archimedes: „Ich hab' einen!" Wir kommen an einen Platz, der *El Burgo Ranero* heißt. Der Name war uns schon beim Kartenstudium zu Hause aufgefallen, und wir hatten uns gefragt, was das wohl für ein Ort sein könnte. Mit dem generalbaßartigen Quaken der Frösche haben wir nun endlich die Erklärung für diese Namensgebung gefunden. Die Landschaft ist hoffnungslos eintönig, einzig die Bäume sorgen für ein wenig Abwechslung in der offenen Horizontlinie, die sich um uns herum erstreckt. Das Land strahlt Sonne und Stille aus. Genau die richtige Zeit für lange Überlegungen und Gedanken. Jedoch nicht nur Überlegungen und Gedanken. Im 17. Jahrhundert fand Domenico Laffi hier, genau an diesem Abschnitt des *Camino*, den Leichnam eines Pilgers, an dem schon zwei Wölfe fraßen. Er verjagte sie, bedeckte den Toten mit Steinen und berichtete dem Pfarrer von Burgo Ranero von dem Vorfall. Ich frage mich, ob ich nicht vielleicht gerade über einen Pilger laufe, der hier im Boden unter meinen Füßen begraben liegt.

Zum ich-weiß-nicht-wievielten Mal habe ich das Gefühl, gemeinsam mit all jenen Menschen unterwegs zu sein, die hier vor mir gegangen sind, gemeinsam mit allen, die ich in meinem *Innern* trage und die mich zu dem gemacht haben, der ich bin. Wieder denke ich an Vater, und zum ersten Mal seit seinem Tod ist es kein Gedanke und keine Erinnerung: Es ist das deutliche Gefühl, daß er in diesem Augenblick bei mir ist. Eine deutliche Wahrnehmung, wie wenn man in ein dunkles Zimmer kommt und fühlt und begreift, daß in diesem Zimmer jemand ist, auch wenn man ihn nicht sieht.

Mit der Entschuldigung, daß ich den Rosenkranz alleine beten möchte, entferne ich mich ein wenig von meinem Bruder. Während ich bete, verspüre ich plötzlich den Drang, mit ihm zu sprechen, mit meinem Vater zu sprechen. Es ist ein starkes, ein sehr starkes Gefühl, das nach meinem Innersten greift. Die Zeit ist verschwunden, sein Bild steht klar und zeitlos vor meinem inneren Auge wie ein Konzentrat aus all dem, was er im Lauf meines Lebens für mich gewesen ist. Ich werde hier nicht haarklein aufschreiben, was ich zu ihm gesagt habe. Das ist meine Sache und eingeschlossen in jenem einen, alles verschmelzenden Punkt, den ich vor allem dann fühlbar und bewußt erlebe, wenn ich bete. Ich schreibe hier nur soviel: In einem bestimmten Moment habe ich ihn um Verzeihung gebeten für Worte, mit denen ich ihn verletzt, oder für Dinge, mit denen ich ihm vielleicht den Eindruck vermittelt haben könnte, daß ich ihn nicht genug geliebt habe. „Und siehe da: Statt einer Explosion der Traurigkeit und Verzweiflung steigt – woher? – ganz unerwartet die ruhige Gewißheit grenzenloser Vergebung auf".[5] Vielleicht ist dies die Erfüllung meiner Pilgerschaft.

Wir gehen weiter bis zur *Ermita* der *Virgen del Peral*. Sie ist geschlossen. Zwei Pilger sitzen davor; sie frühstücken und winken uns zu. Ich bleibe stehen, wende mich der Tür der Kirche zu und bitte die Gottesmutter, sie möge mir helfen, das, was gerade ge-

---

[5] Davide Gandini, Il Portico della Gloria, S. 22.

schehen ist, im Gefäß meiner Erinnerung, meiner Intelligenz und meines Willens zu bewahren. Aber was ist denn geschehen? Und was geschieht? Seit Puente La Reina bemühe ich mich einen Namen zu finden für dieses Geflecht von Dingen, die hier auf dem *Camino* geschehen. Für das, was der *Camino* ist. Jetzt sind wir in Sichtweite von Bercianos, und ich glaube, es gefunden zu haben. Ein Satz der heiligen Juliana von Norwich, den ich kurz vor unserem Aufbruch ins Tagebuch geschrieben habe, lautet: „Der Herr verwandelt unseren schmachvollen Fall in eine glorreiche und herrliche Auferstehung."

„Eine glorreiche und herrliche Auferstehung." Ja, das ist das richtige Wort. Das, was wir hier erleben, *hat etwas mit der Herrlichkeit zu tun*.

In der Bar des Dorfes setzen wir uns mit unseren Tassen an einen Tisch, wo eine Zeitung liegt, um die Kommentare zu der gestrigen Niederlage der Italiener zu lesen. Enrico und Ruggero treffen ein. Nach ihnen kommt auch Tom. Er ist erledigt. Er trinkt seinen Tee und hat weder die Kraft noch die Stimme, um zu sprechen. Hierzu muß gesagt werden, daß Mario seit Hontanas nicht mehr diese stechenden Schmerzen hat, die ihn in allen vorangegangenen Etappen gequält haben. Er schreibt dies dem Wasser von Sambol und dem heiligen Domingo zu.

Während wir auf dem immer gleichen Weg weitergehen, denke ich wieder an die Herrlichkeit. Was ist sie? An sich ist sie die Manifestation Gottes im Leben der Menschen, wenn er sich mit Macht, mit „Gewicht" bemerkbar macht und eine unsägliche, von Licht und Kraft erfüllte Faszination ausübt. Auf mich wirkt diese Herrlichkeit so, daß meine Seele durch das Bewußtsein, dauerhaft geliebt zu werden, erschüttert wird. Doch diese Erschütterung ist kein Schmerz, der die Seele niederstreckt oder ausdörrt: Sie nährt. Es ist ein Bewußtsein von Gott, von der Wahrheit, die mein ganzes Elend und die Grenzen meiner Geschöpflichkeit zutage treten läßt, was jedoch nicht dazu führt, daß ich mich ablehne und selbst verachte, sondern mich mit Demut und Freude erfüllt. Einer Freude und Leichtigkeit, die ihrerseits eine große und unzerstörbare Freiheit hervorbringen. Es ist wahr: Wir sind nicht nichts, und das hat mir diese ganze Auseinandersetzung mit dem Tod, die mich in den letzten Monaten geprägt hat, nur bestätigt. Vielmehr sind wir Geschöpfe, die auf ihrem Weg von der Herrlichkeit Gottes behütet, geliebt und begleitet werden.

Alles ist Gnade, das habe ich in Azofra begriffen; und alles in uns ist abhängig vom geheimnisvollen Wirken Gottes, der uns führt, wohin er will, ein bißchen so wie der *Camino,* der uns auch führt, wohin er will – doch immer zu unserem Besten. Es ist eine gekreuzigte Herrlichkeit, die durch große Mühe und großen Schmerz hindurchführt. Die Pilgerschaft an sich ist eine einzige Schinderei: Da ist nichts Großartiges, Wunderbares oder Esoterisches, das man beschreiben könnte. Doch diese schmerzhafte Anstrengung ist freudenreich und glorreich, denn sie ist der Zugang zu einem anderen Leben.

Es ist, als ob in mir ein sehr einfaches, aber sehr schönes *Zimmer* geputzt und entrümpelt worden wäre, das vorher mit *unnützem Kram* vollgestopft gewesen war, von dem ich mich nicht hatte freimachen können, weil ich es nicht wollte. Jetzt befindet sich darin ein riesiger Schatz, ein Berg Goldmünzen, die niemand fortschaffen kann. Ich begreife, daß ich bei der nächsten Krise über ein Kapital verfügen werde, von dem ich mir das nehmen kann, was ich brauche, um nicht zu verhungern. Ich würde nur gerne von diesen Münzen etwas an jemanden verschenken, der sie nötiger braucht als ich. Ich möchte sie jemandem geben, der dasselbe durchgemacht hat wie ich.

Wie Gott und Santiago wollen, erreichen wir Burgo Ranero, wo seltsamerweise – vielleicht, weil hier Menschen leben, was vor einigen Metern noch nicht der Fall war – kein einziger Frosch zu hören ist. Wir betreten es über die *Calle Real,* und dann endet das Dorf plötzlich, ohne das wir an irgendeinem der im Führer genannten Geschäfte vorbeigekommen sind. Vielleicht haben wir uns im Weg geirrt. Wir setzen uns auf den Bürgersteig vor dem letzten Haus, ehe wir den *Camino* weitergehen. „Wir sind schon fast achtzehn Kilometer gegangen", zählt Mario und streckt die Beine aus. „Willst du nicht nachsehen gehen, ob es in der Ortsmitte ein paar Läden gibt?" frage ich ihn. „Nein, ich bleibe lieber hier", antwortet er träge. „Dann gehe ich, aber zuerst muß ich mir meine Füße ansehen, mir tun die Fersen weh." Ich ziehe Schuhe und Socken aus, entferne das Pflaster über der Blase von Carrión und entdecke an beiden Füßen zwei gräßliche Riesenblasen. „O neiiiiiin!" rufe ich aus und zeige sie meinem Bruder. „Oooch", bedauert er mich, während ich sie aufsteche. Humpelnd gehe ich wieder los. Ich beschleunige meine Schritte, um den brennenden Schmerz nicht so zu fühlen, der durch meine Füße fährt, sobald ich langsamer gehe und das Gewicht meines Körpers auf die Blasen drückt. Noch immer besteht der *Camino* aus dieser nackten Reihe von Platanen. Es fallen einige Tropfen, der Himmel ist wolkig, aber dieses bedeckte Wetter ist ein Segen, denn wenn die Sonne scheinen würde, wären wir vor *mucho calor* schon ganz ausgetrocknet. Es dürfte nicht mehr allzu weit sein bis nach Reliegos. In der Nähe der Eisenbahnlinie nach La Coruña verläuft ein Bewässerungskanal, und Mario möchte haltmachen, um seine Füße zu baden; ich hüte mich, dasselbe zu tun, denn ich habe offene Wunden an den Füßen und keine Lust, mir in dem Wasser eine Leptospirose zu holen. Ich setze mich lieber an die Schotterstraße. Man hat den Eindruck, in Alabama zu sein, gleich am *Whistle Stop Café*. Gegen meinen Hunger würde ich jetzt gerne von Ruth und Idgies grünen Tomaten essen. Langsam zuckelt ein Güterzug heran; der Maschinist pfeift und winkt. Ich sehe mich um, es ist niemand da, nur ich und mein Rucksack. Also muß er mich gemeint haben, und ich laufe dem Zug hinterher, um zurückzuwinken. Das Pfeifen dagegen ist keine Exklusivbehandlung: Weiter vorne kreuzt der *Camino* die Schienen, und die Züge kündigen sich an, damit den Pilgern beim Überqueren kein Unglück geschieht. Es ist sehr warm, die Wolken haben sich verzogen, es regt sich kein Lüftchen. Reliegos bleibt unsichtbar; es wird also wieder ganz plötzlich auftauchen. Ich schalte das Handy ein, um die Uhrzeit zu kontrollieren, und Valentina ruft an, die mit Maura morgen in León zu uns stoßen sollte. Sie erklärt mir, daß sie wegen eines Streiks nicht morgen, sondern erst am Freitag kommen können.

In der Bar in Reliegos sitzen Pilger beim Essen, andere sind schon beim Kaffee. Während wir warten, bis wir an der Reihe sind, kommen Ruggero und Enrico. Zu guter Letzt erscheint auch Tom, erschöpft von der Anstrengung und naßgeschwitzt, die Brillengläser beschlagen vom Dampf seines eigenen Körpers. Die Teller kommen; während wir essen, unterhalten wir uns weiter. Ich frage die beiden Italiener, warum sie pilgern, und anstelle einer Antwort ziehen sie ein Gebetbuch heraus. Mario und ich hatten bisher geglaubt, sie gehörten zu den vielen Wanderern auf dem *Camino*, die aus einer ähnlichen Motivation heraus unterwegs sind wie die *Runners:* um eine interessante Trekkingtour durch eine wunderschöne Natur zu machen und dabei kulturelle Sehenswürdigkeiten und Kunstschätze zu besichtigen, von denen man erzählen kann, wenn man wieder zu Hause ist; eine unterhaltsame Erfahrung, die einem überdies bestätigt, daß man sich trotz seines fortgeschrittenen Alters einer beneidenswert guten Gesundheit erfreut. Doch in Wirklichkeit … Es stimmt: *Das Wesentliche ist für die Augen unsichtbar.* Als Ruggero an den Tresen geht, um sich noch etwas zu trinken zu holen, kehrt er mit der Nachricht zurück, daß die Pilgerherberge von Mansillas schon voll ist: Der Wirt empfehle uns, hierzubleiben. Sie müssen weitergehen, sie haben nicht soviel Zeit und wollen in Santiago ankommen, sie wollen den *Camino* schaffen. Toms Entscheidung ist leicht vorhersehbar und steht ihm ins Gesicht geschrieben. Wir beschließen, mit ihm hierzubleiben, auch wenn das Dorf nichts überwältigend Interessantes zu bieten hat; wir werden, wenn wir auf unsere Freundinnen warten, einen ganzen Tag in León verbringen können, also können wir es ruhig angehen. Sofort wittere ich die schwere Luft des Abschieds, die nur wenig durch das Bewußtsein erleichtert wird, daß es auf dem *Camino* nie gesagt ist, daß man sich nicht früher oder später doch einmal wiedersieht. Natürlich tut es mir leid, sie ziehen zu lassen, gerade jetzt, wo wir anfingen, Freunde zu werden. Doch so ist das Leben, und so ist folglich auch der *Camino*.

Ein letzter Gruß mit der Hand, während sie die Tür öffnen. Dann schließt sich die Tür wieder hinter ihnen.

Der *Refugio* von Reliegos ist ein Haus wie alle anderen und liegt mitten im Dorf. Viele Pilger, aber kein *Hospitalero*. Alle drängen sich in dem einzigen geöffneten Raum. Wir gehen mit unseren *Credenciales* herunter, um uns den *Sello* zu holen, und treffen am Eingang einen rothaarigen Jungen, wahrscheinlich aus Irland, den ich das erste Mal in Belorado gesehen habe. In Wirklichkeit ist er Amerikaner und heißt Nicolas. „Und warum bist du hier?", frage ich ihn. „Sind wir nur aus einem Grund hier?" gibt er zurück. Nein, er ist ganz sicher auch kein Pilgertourist. Eine *Hospitalera* kommt, stempelt schweigend die *Cre-*

dencial, kassiert schweigend das Geld. Wir gehen hinaus, um ein Geschäft zu suchen und uns für heute abend und morgen früh etwas zu essen zu kaufen: Der *Refugio* hat eine neue und schöne *Comedor-*Küche, die man unbedingt ausnutzen sollte. Doch der Rundgang durch Reliegos ist trostlos und frustrierend: Hier ist gar nichts los. *Wo sind die Spanier eigentlich den ganzen Tag?* Es ist nicht einmal jemand da, den man fragen könnte, wo die *Tienda* ist. Die Kirche ist zu, heute ist keine Messe mehr; in der Pilgerherberge ist es zu voll, und der Himmel – ich könnte draußen zelebrieren – ist wieder bewölkt. Rein zufällig finden wir den Laden, aber er ist geschlossen. Ein Schild besagt, man solle am Nachbarhaus klingeln. Alles wie früher bei uns. Als wir wieder auf die Straße treten, geht ein heftiger Wolkenbruch nieder, und wir bekommen alles ab.

Jetzt sitzen wir im *Comedor*. Wir sind nur zu viert, alle anderen haben bereits gegessen. Ich mache mir das übliche Brötchen mit schwarzem Tintenfisch im eigenen Saft, Mario belegt sich seins mit der inzwischen schon traditionellen Salami mit Farbstoff. Er ist ganz in seinem Element und bewegt sich sicher und zwanglos. Ich denke an unsere ersten Tage auf dem *Camino* und muß lächeln. In diesem Raum und in diesem Augenblick herrscht eine Atmosphäre wie bei uns zu Hause in der Küche, ehe der Tisch abgeräumt wird: Es gibt nichts mehr vorzubereiten, niemand ißt mehr, und man bleibt einfach nur noch sitzen, weil man gerne zusammensitzt und sich unterhält. Wenn der Fernseher nicht eingeschaltet ist, ist das der geeignete Zeitpunkt, um sich zu erzählen, was man den Tag über erlebt hat, sich gegenseitig um Rat zu fragen oder über etwas zu sprechen, das alle interessiert. Der Zeitpunkt für Francescos Wutanfälle beispielsweise, wenn ihn wieder einmal jemand provoziert hat, während Mario alle auf den Arm nimmt, Davide oder Luca Kaffee kochen und fragen, wieviel Zucker sie in die Täßchen tun sollen, Roberta noch ißt, weil sie als letzte von der Arbeit gekommen ist, und Chiara unruhig wird, weil sie wieder zurückmuß und keine Lust hat. Es war der Zeitpunkt, wo *Papà* noch eine weitere Nachrichtensendung sehen wollte, nachdem er sich bereits zwei angeschaut hatte, während wir uns lieber unterhalten wollten, ohne daß er uns ständig aufforderte, ruhig zu sein, weil er die Meldungen hören wollte. *Mamma* sitzt am Kopfende und hat zu allem etwas zu sagen, und unweigerlich kommt, während wir am Tisch sitzen, auch der Zeitpunkt, wo sie jemanden bittet, ihr ihr Insulin zu spritzen.

Sonntags dagegen warten wir alle auf den Anruf von Daniele und Fortunata, und einer von uns springt beim ersten Klingeln auf und nimmt den Hörer ab. Wieder einmal wird mir bewußt, daß die Menschen, die wir in unserem *Innern* tragen, mit uns unterwegs sind. Daß die Beziehung zu den Menschen, die uns wichtig sind, in unseren persönlichen *Pórtico de la Gloria* eingemeißelt sind. Und so, wie in Santiago dieser *Pórtico* nur dann ganz erfaßt und bestaunt werden kann, wenn man ihn aus einer gewissen Entfernung betrachtet, legt der *Camino* diese Entfernung zwischen uns und sie, damit wir sie besser sehen können. Damit wir das, was sie sind, bestaunen und lieben können.

Ich fühle, daß in diesem häuslichen Rahmen tatsächlich nur eins fehlt: der Kaffee. „Gehen wir noch in die Bar?" frage ich Mario. „Ja, und Tom nehmen wir auch mit." Er schließt sich uns gerne an, und unterwegs erzählt er mir, wie seine Wallfahrt sich entwickelt. Er ist zufrieden, aber da ist noch etwas, das er sucht und das ihn *dissatisfied,* „unzufrieden" macht. Mehr sagt er nicht, außer, daß er morgen wieder alleine weitergehen wird. Als wir aus der Bar herauskommen, ist es zum zweiten Mal dunkel geworden, und ein starker Wind kommt auf: vielleicht wieder ein Gewitter.

Von Reliegos nach León, Donnerstag, 20. Juni

Wie erwartet, hat es in dieser Nacht ein Gewitter gegeben. Der *Camino* führt sachte bergab, und nach eineinhalb Stunden kommt Mansilla in Sicht. Wir finden eine Cafeteria, wo wir frühstücken können. Zwei Pilger kommen herein, die uns in den letzten Tagen schon häufiger begegnet sind. Wir grüßen sie wie immer, aber diesmal stellen sie sich vor: Eric ist ein junger Australier, Marcel ein Franzose mittleren Alters. Eine bejahrte Pilgerin, die an einem Tisch sitzt, hört, daß wir Italiener sind, und spricht uns an. Eine Venezianerin, eindeutig! Im vergangenen Jahr ist sie von Roncesvalles aufgebrochen und bis Belorado gekommen. Dieses Jahr will sie es bis nach Santiago schaffen. Manche Pilger, die nicht so lange Urlaub nehmen können, zerlegen den Weg in mehrere Abschnitte und gehen einen Abschnitt pro Jahr, wobei sie immer dort beginnen, wo sie im Jahr zuvor aufgehört haben. Als sie hört, daß wir in Lourdes aufgebrochen sind, fragt sie, ob wir bemerkt hätten, daß alle – sie selbst mit eingeschlossen – den *Camino* als Touristen gehen. Es kommt zur unvermeidlichen Diskussion: daß sie den Weg aus touristischen Gründen geht, heißt nicht, daß das auch für alle anderen gilt. Viele, das haben uns Enrico und Ruggero gezeigt, hängen den eigentlichen Grund ihres Hierseins nicht an die große Glocke. Man scheut sich, vor allem mit Menschen, die man nicht oder kaum kennt, über sich selbst oder über Gott zu sprechen. Mario hüstelt, er hat die Frau schon in eine Schublade gesteckt und entschieden, daß sie keine weitere Aufmerksamkeit verdient. Wir brechen wieder auf und folgen mehr oder weniger gradlinig der von der *Nacional 120* vorgegebenen Richtung. Im Lauf des Vormittags steigen die Temperaturen allmählich und unerbittlich an, und der Asphalt um uns herum steckt mit ihnen unter einer Decke. Das Gefühl, in der Nähe einer großen Stadt zu sein – auch wenn es bis León noch ein ganzes Stück ist –, beherrscht alles, und es ist kein schönes Gefühl. Der Verkehr, die Bürgersteige, die Geschäfte und vor allem die Anwesenheit emsig arbeitender Menschen vermittelt uns den deutlichen Eindruck, in einer ganz anderen Welt zu sein, als wir sie bisher vom *Camino* gewöhnt waren. Als wir heute morgen die Karte entfaltet haben, ist uns wieder einmal klargeworden, daß wir schon fast zwei Drittel des Weges hinter uns haben, und das tröstet uns im Hinblick auf unsere Chance, in Santiago anzukommen – natürlich immer vorausgesetzt, daß „Gott es will". „Weißt du, daß ausgerechnet der heilige Jakobus in seinem Brief schreibt: *Wenn der Herr will, werden wir noch leben und dies oder jenes tun?*" frage ich Mario. Er bleibt stehen und stützt sich auf seinen Pilgerstab. „Im Ernst? Das habe ich nicht gewußt, aber jetzt weiß ich es und verstehe es sehr gut." Rasch erkläre ich ihm, daß der Jakobus, der den Brief verfaßt hat, wahrscheinlich nicht Jakobus der Ältere, der Bruder des Johannes und Sohn des Zebedäus ist, der in Compostela begraben liegt und dessen fromme Pilger wir sind, sondern Jakobus der Jüngere, der Sohn des Alphäus. Im übrigen ist es ein sehr wichtiger Brief: Ein Pilger, der nach Santiago geht, sollte ihn ganz lesen, am besten abends im *Albergue*.

Hinter Arcabueja holen Eric und Marcel uns ein – ihr Tempo läßt sich nur als zügig beschreiben. Der Australier macht dem Franzosen Beine; seinem Körperbau nach zu urteilen, ist er bestimmt regelmäßig im Fitneßstudio anzutreffen: dicke Bizeps- und Oberschenkelmuskeln, breite Schultern, Stiernacken. Der Franzose humpelt, aber er folgt dem Australier auf den Fersen und plappert unaufhörlich. Vielleicht versucht Eric deshalb so verzweifelt, mit uns ins Gespräch zu kommen; doch der Dialog scheitert an unseren begrenzten Verständnis- und Ausdrucksfähigkeiten. Doch er läßt sich nicht entmutigen. „Ich habe verstanden, daß ihr sieben Geschwister seid, aber ich dachte, ihr beiden wärt *Twins,* Zwillinge. Ihr seht genau gleich aus. Ich war in eurem Land, ehe ich hergekommen bin. In Rom." „Ich lebe in Rom", erzähle ich ihm. *„Well ...* ich fand es nicht gerade toll. Vor allem das Meer hat mich enttäuscht." „Welches Meer?" frage ich neugierig. „Ostia, ich glaube, so hieß es." Ich lache. Eric ist aus Sydney – da erübrigt sich jeder Vergleich. „Ihr müßt kommen, ihr könnt bei mir wohnen: Da gibt es viele Freunde, Sonne, Strand, Surfen ... Mädchen *free."* Ich lache, während er sich in der detaillierten Analyse dessen ergeht, was man erhält, wenn man diese Zutaten miteinander kombiniert: Er hat nicht mitbekommen, daß ich Priester bin. „Und die Stadt Rom?" frag ich ihn. *„Rome is wonderful,* aber die Preise ..." Wir lachen.

Mario kann bei dem Tempo nicht mithalten, er gibt mir ein Zeichen, daß er eine Pause machen will. Mit der Entschuldigung, wir seien uns noch nicht schlüssig, wie wir weitergehen wollen, trennen wir uns auf der Höhe von Valdelafuente von den anderen. Von hier aus führt der *Camino* wieder bergauf, dann kreuzt er eine große Staatsstraße. „Jetzt sind wir am Stadtrand von León!" verkündet Mario. Er sagt das, weil wir uns geeinigt haben, daß wir uns einen Karton besorgen und die überflüssige Kleidung nach Hause schicken wollen, denn in der Stadt werden wir ganz sicher ein Postamt finden. Wie viele Pilger waren wir in der Überzeugung aufgebrochen, nur unverzichtbare Dinge in den Rucksack gepackt zu haben. Tatsächlich hatten wir auch nichts wirklich Überflüssiges, aber der *Camino* hat auch unseren Blick für das Wesentliche geschärft. Wir haben Gewichte in unseren Rucksäcken, auf die wir verzichten können: das ein oder andere Shirt von Mario, das ein oder andere Buch, einige Souvenirs, die wir unterwegs gekauft haben. Offenbar ist es ein obligatorischer Schritt, sich unterwegs von etwas freizumachen. Im Hof einer Fabrik finden wir den benötigten Karton.

Endlich erreichen wir die Spitze des Hügels – des *Alto del Portillo* –, hinter dem sich die Stadt verbirgt: Endlich liegt León vor uns, und man kann die Fialen der Kathedrale ganz genau erkennen! „¡Mira, mira!" ruft Mario. „Du weißt, daß das eine der wichtigsten Städte Spaniens und des *Camino* ist, oder?" frage ich ihn. „Tja, und jetzt auch für uns." Wir sind glücklich und ergriffen. Wir folgen den Pfeilen den Hügel hinab, verlassen in der Senke die *Nacional* und biegen ab in Richtung Zentrum. An den Bürgersteigen entlang stehen Bänke, und wir setzen uns auf eine von ihnen, die im Schatten liegt. Die Hitze ist erstickend. Sie ist anders als die feuchte Hitze bei uns, und das ist angenehm, aber es herrscht trotzdem *mucho calor*. Ein alter Radfahrer kommt vorbei, in seinen Augen die mörderische Entschlossenheit, die nächste Bergetappe hinter sich zu bringen. „¡Animo!" brüllt er. Mario antwortet, indem er kaum merklich den Pilgerstab hebt. Schweigen. „Und wenn wir statt in den *Refugio* in ein Hotel gehen?" schlägt er vor. „Das könnten wir tun. Es gibt hier in León zwei Pilgerherbergen, eine wird von Benediktinerinnen geführt. Wir können morgen dorthin gehen, wenn die Mädchen kommen. In der Zwischenzeit nehmen wir uns ein Hotelzimmer, ziehen sofort ein und ruhen uns richtig aus." „¡Bueno!", die Entscheidung ist gefallen. Wir gehen weiter durch die Gluthitze, bis wir an ein Lebensmittelgeschäft kommen, wo wir eine „eiskalte" Flasche Wasser kaufen. Wir setzen uns auf den Absatz vor dem Schaufenster, um das Wasser in uns hineinzuschütten. Nach kurzer Zeit kommt die Venezianerin vorbei, die überwältigt ist, weil es hier so viele Störche gibt. „Spanien ist voll von ihnen, haben Sie das nicht bemerkt?" belehre ich sie. „Doch, und ich habe gesehen, daß sie ihre Nester immer auf einen Glockenturm oder in die Nähe einer Kirche und nie auf die Dächer von Privathäusern bauen", sagt sie. Ich glaube aber nicht, daß das etwas mit dem Verwendungszweck der betreffenden Gebäude zu tun hat – es liegt wahrscheinlich einfach nur daran, daß die kirchlichen Gebäude höher sind als die zivilen. Doch ich möchte den Betrachtungen unserer Weggefährtin auf dem *Camino* nicht ihren poetischen Zauber nehmen, und so antworte ich nur mit einem prosaischen „Tja …" Der *Camino* führt nun durch die Straßen des Stadtzentrums; sie sind wunderschön, nur die Mauern sind mit Plakaten tapeziert, auf denen zur *Huelga General,* zum Generalstreik aufgerufen wird. Wir kommen an eine Weggabelung und müssen uns entscheiden, ob wir zum *Albergue* der Schwestern oder zur städtischen Pilgerherberge weitergehen. Wir entscheiden uns für die Herberge der Benediktinerinnen; sie liegt an einem wunderschönen kleinen Platz, der alten *Plaza del Grano.* Gut, hier ist es also. Wir sollten morgen frühzeitig hier sein. Wir gehen weiter in Richtung Kathedrale, die ihre wegweisenden Fialen jetzt im Gewirr der Gassen versteckt. Zum Glück führen die Pfeile einen immer an den wichtigsten Sehenswürdigkeiten vorbei, und das gilt auch für León. Und so stehen wir kurz nach der prächtigen *Plaza Mayor* auf dem Vorplatz der Kathedrale.

Die Kathedrale von León! Wir nähern uns, fasziniert von ihrer wunderbaren Architektur, bezaubert von ihrer eindrucksvollen Gotik. Wie sie wohl erst von innen aussieht! Gitter und Portal sind verschlossen. Ich mache mich auf die Suche nach einem Hotel, das trotz des Streiks geöffnet ist, und hoffe, etwas in der Nähe zu finden. Die Suche ist lang und erfolglos: alles geschlossen. Ich will gerade aufgeben, als ich genau an der *Calle,* die zu dem Platz führt, wo Mario auf mich wartet, ein offenes Hotel entdecke. Ich nehme ein Zimmer und gehe zurück, um meinen Bruder abzuholen. Es ist halb zwei. Wir machen sofort unsere Wäsche und duschen, was auch heißt, daß ich mir mit einem gewissen Widerwillen meine Socken ausziehen muß, die ganz klebrig und sozusagen mit dem Blasenpflaster verschmolzen sind. Meine Blasen sehen kein bißchen besser aus. Nach dem Duschen legen wir uns schlafen und wachen um halb fünf wieder auf.

Sofort gehen wir zur Kathedrale. Schon die Fassade zeigt, was wir hier vor uns haben: ein eindeutig von der französischen Baukunst beeinflußtes architektonisches Meisterwerk. Doch der eigentliche ästhetische Schock wird durch die Fenster ausgelöst: über 1700 Quadratmeter aus Licht und Farben in den Wänden der Seitenschiffe, der Apsis und in der Rosette. Die Wirkung dieses Farbengartens aus Licht und Glas ist wie ein schwindelerregender Strudel, der uns mit sich reißt wie zwei Strohhalme. Diese Schönheit ist so bestürzend, daß das Blut schneller fließt und das Herz heftiger schlägt. Besser gesagt, es ist das, was sich durch diese Schönheit der Kunst oder dank der schlichten Kraft der Natur erahnen läßt oder dadurch, daß man das in der Religion eingeschlossene Mysterium oder das Geheimnis der Wirklichkeit des Menschen selbst erforscht; all das macht aus einem Muskel das Herz des Menschen, aus einem natürlichen Organismus eine Person, aus einem System von Energien und physikalischen Daten die Schöpfung. Die Schönheit verklärt die Materie und die Körperlichkeit; ohne sie wären wir nur Dinge unter Dingen, Tiere unter Tieren. Es ist dasselbe Gefühl, das man bei einem Konzert empfindet, sobald die Orchestermusiker ihre Instrumente gestimmt haben und *die Musik beginnt.* Man kann sie weder anfassen noch sehen, doch das, was sie in unserem *Innern* auslöst, ist deutlich, wenn auch unsichtbar: Der Hörer erreicht eine Seinsdimension, die ihn verändert. So ist es auch mit der Kunst, mit den Farben. So ist es mit der Liebe, mit der Freude. Und so ist es mit dem Glauben. Man kann sie nicht sehen, man kann sie nicht anfassen, doch ich wette mit jedem, daß er nicht beweisen kann, daß sie nicht existieren, daß sie keine Wirkung auf ihn gehabt oder ihn nicht dort berührt haben, wo die Sehnsüchte entstehen und die Handlungen geplant werden. *Die Wirklichkeit und das Leben erschöpfen sich nicht in bloßer Materie.* Ohne die immaterielle Seele wäre der Körper nur ein Kadaver; ohne die Schönheit und den Menschen, der ihre Faszination zu spüren vermag, wäre die Materie nur eine Ansammlung träger Dinge. Und ohne den Glauben, die Liebe und die Hoffnung wäre der Mensch ein Tier. Schlimmer noch: Wollte man diese wegnehmen und leugnen, *wäre der Mensch häßlich.*

In der Sakristei holen wir uns den Stempel, er ist genauso blumig und gotisch wie die Kathedrale. Wir wollen uns wegen der Meßzeiten informieren und treffen — *what a surprise!* — Tom auf der Höhe des Eingangs zur Kapelle Unserer Lieben Frau vom Camino. Auch er möchte noch zur Messe, doch sie beginnt erst in einer Stunde. Wir beschließen, gemeinsam nach San Isidoro zu gehen, der Zwillingskirche der Kathedrale von Jaca und von San Martín in Frómista. Wir werden das königliche Pantheon besuchen und dort bleiben, um die Messe mitzufeiern. Die Basilika ist schon seit den Zeiten der mittelalterlichen Pilger ein *visitandum est.* Dort befinden sich die Reliquien des großen Sevillanischen

Heiligen, der hier neben den sterblichen Überresten von 23 Königen begraben liegt. Die Krypta ist mit gut erhaltenen romanischen Fresken ausgeschmückt, die nie restauriert worden sind. In der Kirche ist eucharistische Anbetung; unter den nicht wenigen Betern sind auch junge Leute. Die Messe soll um halb acht beginnen. In der Sakristei werde ich sehr herzlich empfangen. Der Priester fragt mich, wie *El Camino* verläuft, und ich antworte, so gut es geht, und erwähne auch den Streik und daß wir deswegen Hunger leiden müssen. Diese Tatsache mobilisiert die ganze kleine Schar der anwesenden Personen, die mir alle versichern, daß sie mir weiterhelfen werden. Und tatsächlich: Nach der Messe erwartet mich eine Frau mit einer Tüte, aus der zwei in Alufolie eingewickelte *Bocadillos* mit Kartoffeltortilla herausragen, alles noch lauwarm. Ich weiß nicht, wie ich ihr danken soll, doch sie sagt immer nur „*¡Buen Camino!*" und gibt mir zu verstehen, ich solle in Frieden weiterziehen. Ich verabschiede mich auch von dem Priester, der mir ebenfalls eine gute Reise wünscht und mich bittet, ein Ave-Maria für ihn zu beten. Wir setzen uns auf eine Bank auf dem Platz und teilen das Brot in drei Portionen. Tom ist müde und schläfrig, er geht sich hinlegen. Er fragt mich nach meiner E-Mail-Adresse, und ich notiere mir seine; er wird morgen früh weitergehen, also werden wir uns aus den Augen verlieren. Der übliche Abschied, das übliche Trauma. *¡Buen Camino*, Tom! Wer weiß, vielleicht sehen wir uns früher oder später doch wieder.

Die Sonne scheint schon seit längerem nicht mehr, aber es ist noch nicht dunkel; die frische Luft auf dem Gesicht und die Aussicht auf den nächsten Tag, den wir hier verbringen werden, halten uns davon ab, sofort ins Hotel zu gehen. Wir spazieren zum Platz vor der Kathedrale. *Wie schön es hier ist!* Mario korrigiert mich: „Es ist nicht nur schön: *Man fühlt sich wirklich wohl.*"

Ja, wir fühlen uns wohl hier auf dem *Camino*. Wir fühlen, daß wir sind, wo wir sein sollen, und daß wir gehen, wohin wir gehen sollen, und daß all das mit dem übereinstimmt, wo wir sein wollen und wohin wir gehen wollen. So unterwegs und dabei tief im *Innern* mit sich selbst im Einklang zu sein, *das ist das freudenreiche Geheimnis.*

Dritter Teil

Das glorreiche
Geheimnis

„Gott ist mein Anteil auf ewig."
Ps 73,26b

*„,Hoffnung', sprach ich, ,ist sichere Erwartung
der künftigen Herrlichkeit; sie wird erzeugt
durch Gottes Gnade, wenn Verdienst vorhergeht.'"*
Paradiso, XXV,67–69

Dritter Abschnitt

„Und nimmst mich am Ende auf in Herrlichkeit"

In León, Freitag, 21. Juni

Die Nacht verbringe ich sehr unruhig, aber ich wüßte nicht zu sagen weshalb. Während ich mich im Bett hin- und herwälze, fallen mir all die Dinge ein, die ich gerne ändern würde, weil sie bei mir nicht funktionieren und offenbar nie wirklich funktioniert haben; aber auch die, die in der Welt und in der Kirche nicht funktionieren. Ein beständiges, besessenes und nutzloses Wiederkäuen, vielleicht, weil die Müdigkeit wie weggeblasen ist, was seinerseits möglicherweise auf die Aussicht zurückzuführen ist, morgen nicht weitergehen zu müssen. Ich weiß es nicht ... Vielleicht ist es auch eine Schwächung der Konzentration oder ein Rückfall in die von zu Hause gewohnten Muster, die hier doch eigentlich ihre Bedeutung verloren hatten. Oder es liegt an der Hitze oder daran, daß der Sauerstoff der Hoffnung fehlt, jedenfalls muß ich mehrmals aufstehen und auf den Balkon hinaustreten, der auf die *Calle* geht. Doch draußen ist es genauso dunkel wie in meiner Seele.

Doch ich bin entschlossen, nicht darauf hereinzufallen: Ich kehre nicht um, ich zweifle nicht daran, daß sich vor mir eine Straße auftun wird, daß ein Weitergehen möglich ist. Ich zweifle nicht daran, daß es Pfeile geben wird, denen man folgen kann:

auf dem *Camino* und im Leben. Ich werde der Versuchung nicht nachgeben zu denken, daß ich allein bin und alles von mir und meiner Sichtweise abhängt, denn *der Herr ist mein Hirte, nichts wird mir fehlen.* Er weiß, wohin er mich bringt, das genügt: *Und muß ich auch wandern in finsterer Schlucht, ich fürchte kein Unheil; denn du bist bei mir, dein Stock und dein Stab geben mir Zuversicht.* Der sichere Stab des Herrn, auf den ich mich stützen kann, ist der Blick seiner *Güte und Huld,* der mir garantiert, daß ich hier und jetzt, zu dieser Zeit und inmitten dieser Mühsal auf einem guten Weg bin und daß dies eine günstige Gelegenheit ist. Das ist es, was ich unterwegs jeden Tag begreife: Ich kenne keine andere, für meine Füße erreichbare Straße nach Santiago als diese Strecke. Nichts ist oder geschieht hier zufällig. Die Möglichkeit, das Ende der Straße zu erreichen, hängt nur zum allerkleinsten Teil von meiner Art des Empfindens ab; sie besteht vielmehr in der Tatsache, daß ich jetzt hier bin und jetzt hier diese Aufgabe zu bewältigen habe. Mithin definieren sich mein Leben und meine Berufung nicht hauptsächlich über das und bestehen nicht hauptsächlich in dem, was ich in meinem Innern empfinde und was ich aufgrund meiner eigenen Einschätzung für mich selbst erstrebe; sie erhellen und erklären sich von dem Standort aus, an den der Herr mich geführt hat und an dem ich mich selbst nach und nach finde. Hier, in dieser Situation, als der Mensch, der ich nun einmal bin, werde ich die Straße finden und die Schritte, die ich tun muß, um sie zu gehen.

Mario dagegen hat geschlafen wie ein Murmeltier, und man hätte ihn um seine entspannten Gesichtszüge beneiden können. Hoffentlich kommt dieser Aufenthalt wenigstens seiner Physis zugute, wenn er schon nicht meinen Geist erfrischt. Es ist ganz merkwürdig, nicht aufstehen und sofort mit geschultertem Rucksack aufbrechen zu müssen. Und genauso merkwürdig ist es, einen Karton vor sich stehen zu haben, der darauf wartet, gepackt und nach Hause geschickt zu werden. Die Trennung von Tom, von Enrico und von Ruggero sowie die bevorstehende Ankunft von Maura und Valentina machen diesen Übergang greifbar: Wir sind im Begriff, in eine dritte große Etappe unseres *Camino* einzutreten, nach der, die in Lourdes begann und in Puente endete, und nach dieser, die uns von Puente bis hierher geführt hat. Wenn Gott will, könnte die, die morgen beginnen wird, in Santiago enden, *ad limina sancti Jacobi,* wie auf dem Frontispiz unserer *Credenciales* geschrieben steht. Warum benutze ich ein Verb im Futur? In Wirklichkeit ist unser *Camino* mit dem heutigen Tag weder unterbrochen, noch haben wir uns freigenommen. Es gibt viele Arten, in León zu sein, und wir sind eben als Pilger hier. In Treviso verehren wir einen Pilgerheiligen, den seligen Enrico von Bolzano – dessen Beisetzung kein geringerer als Boccaccio in einer Novelle des *Decamerone* beschrieben hat –, der auf der Rückkehr von einer Wallfahrt nach Rom in der Stadt blieb, jeden Tag alle Kirchen *intra moenia* besuchte, der Messe beiwohnte und ansonsten ein Leben in Armut führte. Ein echter *Stadtpilger.* Vier Jahrhunderte später machte es Benedikt Labre in Rom genauso: Er pilgerte von Kirche zu Kirche, bis der Tod ihn am Mittwoch der Karwoche des Jahres 1783 auf den Stufen von Santa Maria dei Monti ereilte. Einer der größten Pilger aller Zeiten. Seine ebenso radikale wie glückliche und frohe Art, Jesus im Sinn des Evangeliums nachzufolgen, macht ihn zu einem Vorbild für die Pilger aller Jahrhunderte. Ein echtes Mysterium der Schlichtheit und Größe, das sich auf nichts zurückführen läßt, das empirisch erklärbar wäre. Gottes strahlender Sieg über das Zeitalter der Aufklärung.

Wir verlassen das Hotel und gehen zur Kathedrale, um dort zu beten. Damit beginnt unsere Stadtpilgerschaft. Die in der Nacht wiedergekäuten und aufgewühlten Gedanken steigen von neuem an die Oberfläche: unsichtbare Fäden, die mich mit Hilfe kleingläubiger Skrupel und stechender Schuldgefühle an einen ebenso unsichtbaren stählernen Nagel binden, der oberhalb meines Nabels fest verankert ist und mich immer um mich selbst kreisen und stets dasselbe Panorama betrachten läßt. Wie sagt Jesus? „Laß die Toten ihre Toten begraben; du aber geh und verkünde das Reich Gottes!"

Wir gehen zum Hotel zurück, um unser Paket zu packen. Ab jetzt wird jeder von uns in seinem Rucksack – jeweils separat in Plastiktüten verpackt, damit sie bei Regen nicht naß werden – drei T-Shirts, drei Paar Socken, drei Unterhosen, einen Fleecepullover, ein Handtuch, ein Paar Sandalen und den Regenponcho mitführen. Außerdem haben wir zusammen einen Kulturbeutel (das heißt eine Vorratspackung Duschgel, mit dem wir uns und unsere Kleidung waschen, Rasierer, Zahnpasta und Zahnbürsten, ein paar Medikamente, Nadel und Faden für die Blasen, Wäsche-klammern und Leine, um die Wäsche aufzuhängen) und ein einziges Paar Badeschlappen für die Duschen. Ich habe außerdem Albe, Stola und Kelch für die Messe. Einschließlich Trinkflasche, Hut und Stab ist das alles, was man braucht, um für alle Eventualitäten gerüstet zu sein. Wie schreibt Baden-Powell: „Es gibt kein gutes oder schlechtes Wetter, es gibt nur gute oder schlechte Ausrüstung." Das große Postamt von León ist leicht zu finden. Jetzt ist der Augenblick gekommen, um uns von unserem Paket zu verabschieden, das sich auf den Heimweg macht. Wir gehen hinaus, und ich dränge Mario zur Eile: Ich habe eine Vorahnung, daß der *Albergue* schon voll ist. Wir sind noch auf dem Platz vor der Post, als ein Landstreicher auf uns zutritt, uns begrüßt und uns, ohne daß wir danach gefragt hätten, den Weg zu den Schwestern zeigt. Als wir ankommen, finden wir eine lange, laute Schlange von Pilgern, die darauf warten, eingelassen zu werden. Die Franzosen mit Schoseff an der Spitze stehen ganz vorne. Wir entdecken auch das Kostüm der Teutonin. Wir reihen uns hinter einer Gruppe von Japanern ein, vielleicht sind es auch Koreaner, das kann ich nicht erkennen. Nach wenigen Minuten hört man ein lautes „Marioooo!" Wir drehen uns um: Edda! „Diesmal bist du zuständig, mein Lieber", verlange ich, „oder hast du's nicht bemerkt? Du bist das Objekt ihrer Begierde!" Aber wie hat sie es geschafft, in so kurzer Zeit einen Abstand von mindestens drei Tagen aufzuholen? Sie fragt meinen Bruder, ob wir den Bus genommen hätten; er weist diese Frage empört von sich und ist gekränkt über die Schmach, die sie ihm mit diesem Verdacht angetan hat. Jedenfalls ist für mich die Frage, die ich mir gerade gestellt hatte, damit beantwortet. Cristina und Lara stoßen auch zu uns und bekennen freimütig, daß sie gerade aus dem Bus gestiegen sind. Auch viele andere sind um elf Uhr an diesem sehr heißen Morgen lange nicht so verschwitzt und erschöpft wie wir am Ende unserer Etappen. Tatsache ist, daß die verfügbaren Betten bereits belegt sind. Man muß nicht eigens erwähnen, daß die Franzosen die letzten Plätze bekommen haben. Die *Hospitaleros* sind Brasilianer. Während ich mir die Nase putze und sie unsere *Credenciales* stempeln, erklären sie uns, daß ab halb fünf die Turn- und Mehrzweckhalle frei sein wird, wo wir auf Luftmatratzen die Nacht verbringen werden. Für den Moment können wir nur unsere Rucksäcke dort lassen.

Auch für unsere beiden Freundinnen ist noch Platz, es genügt, wenn sie bis neun Uhr ankommen.

Wir begeben uns zu unserem nachmittäglichen *Descanso* auf die *Plaza San Marcelo*. Gegenüber liegt der von Gaudí erbaute Palast und eine Skulptur von ihm, wie er auf einer Bank sitzt. Es ist warm, sehr warm. Sehr, sehr warm. Die Bank ist der reinste Grill, und so werden wir bei unserem Schlummer an der frischen Luft langsam gebraten. Wir gehen zurück zum *Albergue* und werden zwangsverpflichtet, die Mehrzweckhalle aufzuräumen, damit die Matratzen dort ausgelegt werden können. Wir schließen uns einer Gruppe von Fahrradpilgern um die sechzig an, bilden eine Kette und schaffen so alles nach draußen, was wir nicht brauchen. Als die erste Matratze kommt, legt die Frau vor mir sie so hin, daß sie uns im Weg ist, als wir uns auch welche holen wollen. Deshalb mache ich Anstalten, sie an einen anderen Platz zu schieben, und sie – mit verzerrtem Gesicht und einem Geschrei, das einem hysterischen Anfall alle Ehre machen würde – fährt herum, reißt mir die Matratze aus den Händen und brüllt, wobei sie mir ins Gesicht spuckt: *„It's mine!"* Ich zucke erschrocken zurück. Während ich versuche, unsere Matratzen herbeizuschaffen, höre ich, wie sie sich noch weiter über meinen Diebstahlversuch beschwert, den sie Gott sei Dank hat verhindern können. Niemand hört ihr zu, sie führt ein lautes Selbstgespräch in schroffen, telegrammartig abgehackten Sätzen. Ich weiß nicht, ob sie mir auf diese Weise noch irgend etwas anderes sagen will, aber ich habe genug von dieser Art, den *Camino* zu gehen, bei der man die anderen Pilger immer nur als Gegner in einem Wettlauf oder als Hindernisse betrachtet, die man überwinden muß.

In der Kathedrale wird die Messe in der Kapelle der *Virgen del Camino* gefeiert, die die Schutzpatronin der Diözese León ist. „Willkommen in dieser Kathedrale!" begrüßt mich der Hauptzelebrant, „in der es mehr Glas als Steine und mehr Licht als Glas und mehr Glauben als Licht gibt", oder so ähnlich. Er spricht furchtbar schnell wie alle Spanier – Gott segne sie –, und zwar auch in der Messe. Wenn ich kein Meßbuch hätte, würde ich ganz sicher nichts verstehen. Als wir aus der Kapelle herauskommen, laufen wir Edda über den Weg. Sie sieht die Albe, die ich über dem Arm trage, und verlangt eine Erklärung. „Ich habe gerade die Messe gehalten", erwidere ich. „Du bist gemein; warum

hast du mir das nicht früher gesagt? Ich wäre gerne gekommen",
wirft sie mir vor. „Ich habe nicht daran gedacht", antworte ich,
„ich dachte, du wärst evangelisch." „Katholisch oder evangelisch", sie läßt nicht locker, „das sind doch nur Äußerlichkei-
ten, das bedeutet gar nichts. Es kommt nur darauf an, Frieden
und Energie zu tanken, und dazu ist jedes Mittel recht." „Aha",
denke ich bei mir, „jetzt ist der Moment für die längst fällige Klar-
stellung gekommen." Doch sie eilt voraus, nimmt mich bei der
Hand und führt mich und meinen Bruder in die Mitte des Haupt-
schiffs, vor den Chor, wo sie uns eine Bodenfliese zeigt: „Das hier
ist ein Punkt mit großer kosmischer Energie ... so stark habe ich
es während dieser Wallfahrt noch nirgends gespürt! Fühlst du es
nicht? Vielleicht hängt es damit zusammen, daß es hier anders ist
als in Burgos, nicht so touristisch. Hier schenkt das Licht Kraft!"
„Mì no siento nada!" sagt Mario kurz angebunden in bestem His-
panovenezianisch. Ich antworte nichts, dann stoße ich ein „Yo
también no siento" hervor, weil ich nicht weiß, wie man „Wovon
zum Teufel redest du?" auf spanisch sagt. Es stimmt: Im New Age
gelten die Seelen als gerettet, die zu einer großen Innerlichkeit
fähig sind, gleich welcher Religion sie angehören; die eine Art
Gipfel der Ruhe und Harmonie erreichen. Für das Christentum
sind die Seelen gerettet, die glauben, unabhängig davon, welchen
Grad der Innerlichkeit sie erreichen. Ein Kind oder ein einfacher
Arbeiter sind, wenn sie nur glauben, selbst den größten Aske-
ten überlegen. „Unter allen Menschen gibt es keinen größeren
als Johannes; doch der Kleinste im Reich Gottes ist größer als er."
Spruch Jesu des Herrn.
Wir gehen zum Bahnhof, um Valentina und Maura abzuholen.
Sie sind schon angekommen und sitzen nun am Rand des Bahn-
steigs, neben sich ihre Rucksäcke und diverse Päckchen. Als sie
uns sehen, laufen sie uns entgegen. Küsse und Umarmungen. Außer Grüßen von all unseren Freunden haben sie auch einen Brief
der Familien der Gruppe „Arcobaleno", einen Kuchen von Flavia,
Kekse von Sara und eine Flasche Prosecco mitgebracht, um auf
den Beginn ihrer Wallfahrt anzustoßen. Wir gehen zum *Albergue,*
erzählen einige Dinge, Anekdoten zum Lachen, aber auch eine
erste, vorläufige Zusammenfassung des bisherigen *Camino.* Als
zwischen den Häusern allmählich zunächst die Fialen und dann
schließlich die Fassade der Kathedrale sichtbar werden, erreicht

die Begeisterung ihren Höhepunkt. Doch dann rutscht mir genau vor dem Kirchenportal die Flasche aus den Händen und zerbricht in tausend Stücke. Nun gibt es keinen Umtrunk, sondern eher so etwas wie eine Schiffstaufe. „Der *Camino* hat begonnen", so Marios Interpretation. Auf einem nahegelegenen Plätzchen machen wir Halt, um zu Abend zu essen. Auf der Speisekarte stehen Dinge mit faszinierenden Namen, die wir noch nie gehört haben. Maura läßt sich von etwas verführen, das *Morcilla* heißt. Ich nutze die Gelegenheit, um einen spanischen Pilger zu fragen, wie es kommt, daß man überall in Spanien – auch hier in León – eine solche Leidenschaft für Hirschfleisch hegt. „Bei uns ist das ein sehr seltenes Tier, und hier bekommt man es überall. Wo züchtet ihr sie?" frage ich neugierig. Er hat mich wohl nicht richtig verstanden, denn er antwortet, daß die Sache bei ihnen genauso läuft wie in Italien. „Aber nein, eben nicht; bei uns gibt es sie nur im Gebirge." „¿El cerdo?" fragt er erstaunt. „Ja, die Hirsche", antworte ich. Schweigen. Mir kommt ein Verdacht: „Das hier, was ist das?" frage ich und zeige mit dem Finger auf das Wort, das ich gerade ausgesprochen habe. „Auf italienisch heißt *Cerdo* ... *Porco!*" „*Maiale*" frage ich, „Schweinefleisch?!" „Ja, genau, bravo, *Ma-ia-le*", skandiert er. Ich rufe Mario und erkläre ihm die Sache. Wir lachen, bis uns die Bäuche wehtun.

Jetzt, während ich schreibe, sind Maura und Valentina zur Komplet und zur Pilgersegnung gegangen. Vale ist bei dem Anblick des ersten Sello, den die *Hospitalera* ihr in ihr *Credencial* gestempelt hat, regelrecht in Verzückung geraten. Ich habe den Brief gelesen, den die Freunde aus Rom uns geschrieben haben. Flavia hat noch ein Büchlein von Frère Roger aus Taizé beigelegt, es heißt *Unverhoffte Freude*. Wir haben uns alle vier in derselben Ecke der Mehrzweckhalle häuslich eingerichtet. Die anderen Pilger machen sich für die Nacht fertig. Mario unterhält sich auf englisch mit der Teutonin. Die Fenster sind riesengroß, und es gibt keine Vorhänge oder Rolläden; ich weiß nicht, wann es – wenn überhaupt – dunkel genug sein wird, um zu schlafen. Es ist viertel nach zehn und noch so hell wie um sechs. Außerdem ist heute der 21. Juni, Sommersonnenwende, der längste Tag des Jahres.

Heute hat wirklich der Sommer begonnen. Der Sommer von Santiago.

Von León nach Puente und Hospital de Órbigo, Samstag, 22. Juni

Um viertel vor sechs ist die Halle hell erleuchtet vom Licht, das durch die Fenster hereinfällt. Einige Pilger sind schon im Aufbruch. Mario und Valentina sitzen auf ihren Schlafsäcken, sie haben nicht viel geschlafen. Hinterrücks setzt Maura mir die Kopfhörer eines Walkmans auf. Ich will ihr schon Vorwürfe machen, weil sie das Gerät mitgenommen hat, da erklingen die ersten Schlagzeugrhythmen und die Klänge von *Nomadi*, gesungen von Battiato! Ich strecke mich auf der Matratze aus und starre mit weit geöffneten Augen an die Decke. Mit einemmal verschmilzt in meinem Geist dieser Augenblick mit all den Monaten, die ich darauf gewartet habe, abreisen und hierherkommen zu können, und in denen mich dieselben Klänge begleitet und in meinem Innern Bilder und Worte heraufbeschworen haben, die geeignet waren, etwas vom *Camino* vorwegzunehmen. Es ist schwer, sie nicht zu fühlen, diese seltene Art der Freude, wie man sie angesichts eines gehaltenen Versprechens oder eines Geschenks empfindet, das sehr viel größer ist als das, worum man ursprünglich gebeten hatte. Von nun an handelt dieses Lied auch von uns. Von mir. Keinen Augenblick länger kann ich hier auf dieser Luftmatratze liegen bleiben. *Nach Santiago! Nach Santiago!*

Ich gehe hinaus auf den Hof, öffne die gestern mitgebrachte Schachtel und probiere den Kuchen: köstlich! Während ich auf die anderen warte, esse ich noch ein paar Stücke, dann gehe ich zu den Keksen über. Um mich herum herrscht das gewohnte Kommen und Gehen der Pilger: Manche haben ein Handtuch um die Schultern und ein Stück Seife in der Hand, andere packen ihren Rucksack, wieder andere – die Franzosen – belagern den *Comedor,* um beim Frühstück die ersten zu sein. Ich sehe Edda, die zu den Waschräumen schlurft, und winke ihr zu. Sie winkt zurück, mit einem breiten, offenen Lächeln. Es tut mir leid, daß sie solchen Einflüssen ausgesetzt ist, wie sie sie auch gestern wieder zum besten gegeben hat. Es stimmt übrigens, daß die falschen Ansichten den falschen Geldscheinen ähneln: Sie werden in böser Absicht gedruckt und dann von gutgläubigen Menschen ausgegeben, die das Verbrechen fortsetzen, ohne zu wissen, was sie tun. Die Ideen von New Age sind ein Lügengemisch, das sich den Anschein des Wahren gibt, genau wie die falschen Banknoten den echten ähneln und die Menschen so lange täuschen, bis jemand sie als das erkennt, was sie in Wirklichkeit sind. Sie kommen in Umlauf, ohne entlarvt zu werden, und verwandeln sich für die, die sich nicht die Mühe machen, sie zu überprüfen, allmählich in Wahrheit. Während sie sich entfernt, denke ich wieder, wie schon in Viana, an das Bild vom Wolf im Schafspelz, das Jesus benutzt. Es ist ein starkes Bild, aber es paßt gut auf diesen Betrug mit den in den Bodenfliesen versteckten Energien, der sich als klare und fundierte Gewißheit ausgibt.

Nach und nach kommen Mario, die Teutonin, Maura und Vale heraus, und ich biete ihnen ein Stück Kuchen und Kekse an. So gestärkt, können wir uns das Schlangestehen fürs Desayuno mit den Franzosen ersparen und uns für eine Bar in der Stadt entscheiden. Die Straßen im Zentrum sind von jungen Leuten bevölkert, für die die Freitagnacht noch nicht beendet ist; einige sind betrunken. In zwei Stunden, um halb neun, spielt Spanien gegen Korea – vielleicht wollen sie sich solange noch die Zeit vertreiben, um sich das Spiel dann gemeinsam anzusehen. „Bis wohin werden wir heute kommen?" fragen die Mädchen. „Wo Gott will", belehrt sie Mario. Wir drehen die Runde über die *Plaza Mayor,* die Kathedrale und San Isidoro; das Geräusch unserer Pilgerstäbe hallt zwischen den Gassen und Steinhäusern wider und verrät unser Kommen. Gegenüber der Basilika finden wir eine Bar, die offen ist, und gehen hinein, um unser übliches *Desayuno*-Ritual abzuhalten. „Und was heißt Mittagessen?" fragt Maura. „Ich weiß es nicht, ich glaube *Comida*. Abendessen heißt *Cena,* wie im Italienischen." Dann gehen wir weiter in Richtung auf die westliche Peripherie von León und die Wallfahrtskirche der *Virgen del Camino.* Die Straße ist gerade und asphaltiert; wir gehen über den Bürgersteig und erreichen schon bald die Wallfahrtskirche. Sie ist modern und häßlich, und es ist niemand da, den man um den *Sello* bitten könnte. Ich gehe auf die andere Straßenseite, um ihn mir bei den Dominikanerpatres zu holen, und als ich das Kloster wieder verlasse, sehe ich Pilgergrüppchen achtlos vorüberziehen; Vale hat sich hingesetzt und hält mit einer Hand ihren nackten Fuß, vermutlich um nachzusehen, ob sie sich Blasen gelaufen hat. Mario ist bei ihr und begutachtet das Ganze. „Herrje, was tun mir die Füße weh!" murmelt sie. Wir machen uns wieder auf den Weg; ich gehe neben Mario, der sich Sorgen macht, weil wir uns an der Wallfahrtskirche so lange aufgehalten haben. Seit Hontanas geht es meinem Bruder hervorragend, er hat seinen Rhythmus gefunden. Er klagt nicht mehr über Schmerzen oder besonders unerträgliche Blasen, und davon, daß Bruges „fern und nah" ist, hat er auch nicht mehr angefangen.

Wir gehen unter der Überführung der *Autopista A-66* hindurch, die nach Oviedo führt, und kommen zu dem Abzweig, wo man sich entscheiden muß, ob man über Villadangos oder über Villar de Mazarife weitergehen will. Wir wählen Villadangos, den kürzeren Weg, der an unserer inzwischen altbekannten *Nacional 120* entlangführt. In San Miguel del *Camino* überholt uns eine sehr magere Frau mit einem Rucksack, der größer ist als sie selbst und sie fast erdrückt. Sie ist blaß und abgezehrt, als hätte sie einen Tumor gehabt und gerade eine Chemotherapie hinter sich. Nach dem wir sie gegrüßt und ihr im Vorbeigehen ein Stück Kuchen angeboten haben, folgen wir ihr schweigend, während sie sich ganz langsam von uns entfernt. Die Straße ist weiterhin schnurgerade und staubig, ein Band in der grenzenlosen Ausdehnung des Gebiets von Páramo, ein Panorama, das man mit großen und einfachen Linien skizzieren könnte. Die Sonne brennt, hin und wieder lassen sich Störche sehen, die *Nacional* ist stark befahren. Die Gerade ist wie üblich unendlich, auch wenn es bis zum Dorf eigentlich nicht mehr weit sein dürfte; wir vertreiben uns die Zeit mit Liedern, die wir alle gemeinsam, zu zweit oder solistisch singen. Der *Camino* führt nicht über die Haupt-, sondern über eine Nebenstraße ins Dorf, an der eine *Panadería* liegt: Hier bekommt man den *Sello* von Villadangos. Wir halten und setzen uns mit dem Rücken an die Hausmauer in das bißchen Schatten, das sie uns um diese Zeit spenden kann. Wir entscheiden uns, hier eine Pause einzulegen und etwas zu essen. Während meine Mitpilger hineingehen, bleibe ich draußen, um auf die Rucksäcke aufzupassen.

Als sie weg sind, wird mir bewußt, daß ich zum ersten Mal für heute wirklich allein bin. Bis zu diesem Augenblick habe ich praktisch keine Möglichkeit gehabt, ein bißchen für mich zu sein, um zu beten oder nachzudenken, wie es vor León eigentlich selbstverständlich gewesen war. Mir wird klar, daß die Ankunft der Mädchen und das neue Mischungsverhältnis zwischen uns vieren die Gespräche unterwegs vervielfacht und die Zeit des

Schweigens verringert; und daß auch die Entscheidungsprozesse jetzt andere Dinge berücksichtigen müssen als die, die sich zwischen mir und meinem Bruder inzwischen eingespielt und bewährt hatten.

Vale kommt heraus; sie hält ein Stück Thunfischpastete – eine *Empanada* – in der Hand: „Hier! Das ist das einzige, was man nehmen kann." Ich nehme mir ein Stück. Wir essen im Sitzen auf der Straße. „Um diesen Brocken zu verdauen, brauchen wir jetzt einen schönen Kaffee, was meint ihr?" schlägt Maura vor. Vale will nicht; sie wird unser Gepäck beaufsichtigen, während wir eine Bar suchen gehen. Als wir auf die *Calle Mayor* einbiegen, liegt sie vor uns. Dort sind wir für die Stammgäste offenbar das Ereignis des Tages. Bei Mauras Übersetzungskünsten – „Je vurria un café", so ihre Worte – ist es auch unvermeidlich, daß wir Aufmerksamkeit erregen. Ein älterer Mann erzählt uns, daß Spanien gegen Korea verloren hat und daß das ganz sicher die Schuld der Schiedsrichter war. „Italianos y españoles somos hermanos", meint er dann halb begeistert, halb enttäuscht. „¡Seguro!" sage ich nur, weil ich nicht weiß, was „Auf diese Verbrüderung hätte ich gerne verzichtet!" auf spanisch heißt. Doch so ist es nun einmal, Korea ist Veranstalter des Turniers, und das muß sich irgendwie auszahlen. Wir gehen wieder hinaus auf die Straße, die der reinste Backofen ist, ein Vorgeschmack auf das Feuer, in dem sich die Verdammten quälen müssen. Als wir bei Valentina ankommen, ist sie fest eingeschlafen: Dabei sollte sie auf unsere Sachen aufpassen. Wir gehen weiter; die Sonne steht hoch, und wir sind die einzigen lebenden Wesen, die sich in dieser sommerlichen Einöde bewegen. Wieder ein schnurgerades, sonnenbeschienenes Stück bis nach *San Martín del Camino*. Die Mädchen zeigen erste Anzeichen von Erschöpfung und werden langsamer. Mario holt mich ein und schlägt vor, eine Pause zu machen. Also suchen wir uns am Ortsausgang, wo der *Camino* rechts abbiegt und im weiteren Verlauf zwischen Feldern hindurchführt, ein leerstehendes Haus und setzen uns dort in den Schuppen. Jeder sucht und findet eine geeignete Position für seinen *Descanso*.

Kurz danach erscheint Nick, ganz allein, mit der üblichen Wollmütze auf dem Kopf – ich habe keine Ahnung, wie er das aushält. Er verlangsamt seine Schritte, ich winke ihm zu, und auch Mario ruft „Ciao, Nick!" Er zögert einen Sekundenbruchteil, gerade so lange, wie er braucht, um zu sehen, wer wir sind, und eine Entscheidung zu treffen. Einen Wimpernschlag später kommt er zu uns, zieht den Rucksack aus und sucht sich einen Platz in dem imaginären Kreis, den wir mit unseren jeweiligen Ruhepositionen gebildet haben. Er bittet uns, italienisch zu sprechen, weil er spanisch kann und unsere Sprache lernen möchte. Also stimmen wir das überaus römische *La società dei magnaccioni* und danach die Nationalhymne an. Er antwortet mit der seines Landes. Er singt wie ein Profi, und tatsächlich: Er ist im Showbusineß tätig. Maura und Valentina singen englische Lieder, und er begleitet sie mit der Oberstimme, als ob sie nie etwas anderes getan hätten. Mario und ich sind aus ihrem Chor ausgeschlossen und sehen uns hilflos an. Doch wenn wir eins in diesen Tagen gelernt haben, dann das: daß es Mittel und Wege gibt, bei dem, was alle anderen tun, nicht daneben zu stehen. Also schlägt mein Bruder vor: „Und kennst du auch *Susanna?*" Nick nickt und stimmt die Melodie an. Und mein Bruder legt los und singt die verballhornte Fassung des bekannten Liedes: *„Eravamo nella valle ... / arrivarono gli indiani ..."* Vale prustet los, Maura schimpft, und ich schäme mich. Nick läßt sich nicht aus der Fassung bringen und lernt rasch den Text. Mario spürt, daß er das Richtige getroffen hat, und macht weiter: „Und jetzt mußt du *Strensame* lernen, *col fil de fero / sensa farme maeee ..."* „Ah, *Stranger in the night!",* Nick erkennt die Melodie. Und so geht es weiter. Als es Zeit wird, wiederaufzubrechen, fragt er uns, ob wir bis Puente gemeinsam gehen wollen. Wir alle wittern die *Begegnung des Tages.*

Unser Freund ist in Sant-Jean Pied-de-Port aufgebrochen und legt ein zügiges Tempo vor, so daß er und ich – nachdem wir das erste Stück gemeinsam gegangen sind und alle möglichen Lieder einschließlich der Erkennungsmelodie von *Itchy und Scratchy* gesungen haben – Mario und die Mädchen schon bald ein Stück hinter uns lassen. Der *Camino* ist jetzt eine breite Straße mit weißem Staub und Schotter, die an ruhigen, von schönen Pappeln gesäumten Feldern entlangführt. Er fragt mich, was ich beruflich mache und warum ich hier bin, und ich erkläre es ihm. Von diesem Moment an spricht er während der ganzen Zeit, die wir miteinander unterwegs sind, nur von sich, von seinem Leben und von seinem besten Freund, einem Jesuitenpater. Nick war selbst auf einer Jesuitenschule in Kalifornien und ist genau das Gegenteil von dem, wofür ich ihn gehalten habe, als ich ihn in den vergangenen Tagen mit einer Gruppe von amerikanischen und australischen Jugendlichen sah. Er geht den *Camino*, nachdem er die einmonatigen ignatianischen Exerzitien gehalten hat, und er will herausfinden, was der Herr mit seinem Leben vorhat. In zwei Monaten wird er eine Schulung für Regisseure an der Columbia University in New York beginnen, aber er ist sehr unsicher. Er fühlt sich hin- und hergerissen: „Da sind einerseits die spirituellen Sinne, die mich drängen, nach dem Evangelium zu leben; und andererseits die physischen Sinne, die ihrer eigenen Logik folgen. Deshalb bin ich unschlüssig und weiß nicht, was ich tun soll, denn beide Lebensweisen faszinieren mich und gefallen mir." Ich erzähle ihm, daß ich den ignatianischen Monat auch gemacht habe und daß er eine der grundlegenden Etappen meines Lebens gewesen ist. „Yeaaah", er zieht ein Heiligenbildchen aus seiner Brieftasche, „guck mal!" Auf der Vorderseite ist das Foto seines geistlichen Leiters, und auf der Rückseite das Abschlußgebet des Exerzitienbuches, das ich hier in der Übersetzung zitiere:

Nimm hin, o Herr, meine ganze Freiheit. Nimm an mein Gedächtnis, meinen Verstand, meinen ganzen Willen. Was ich habe und besitze, hast du mir geschenkt. Ich gebe es dir wieder ganz und gar zurück und überlasse alles dir, daß du es lenkst nach deinem Willen. Nur deine Liebe schenke mir mit deiner Gnade. Dann bin ich reich genug und suche nichts weiter.

Ohne daß wir es gemerkt haben, sind wir plötzlich in Puente, und auch unsere Weggefährten, die ein ganzes Stück hinter uns sind, haben wir zwischenzeitlich völlig vergessen. Die Ortschaft ist berühmt für ihre lange Brücke, die die beiden Ufer des *Río Órbigo* und die beiden Dörfer Puente und Hospital miteinander verbindet, ein Bauwerk, das noch auf die Römerzeit zurückgeht und in den darauffolgenden Jahrhunderten verbessert worden ist, bis es so aussah wie jetzt. Wunderschön und sehr lang. Nick setzt sich auf eine Bank im Schatten in der Nähe einer Telefonzelle, ich bleibe hier, um mir die Brücke anzusehen. Darunter baden Kinder im Fluß. Als die anderen ankommen, gehen wir gemeinsam über die Brücke und durchs Dorf bis zur Pilgerherberge der

Pfarrei: ein einfaches Gebäude, das um einen anmutigen Innenhof herum angeordnet ist; hinter dem Haus, in dem man uns unsere Zimmer anweist, liegt eine Wiese. Wir treffen auf eine Abteilung FSE-Pfadfinder, die in allem (Gesichter, Frisuren, Uniform, Körperbau) den Schwarzweißzeichnungen von Pierre Joubert aus den betreffenden Zeitschriften ähneln.

Gegen Abend besuchen wir die Messe in der Pfarrkirche. Don Manuel, der mich in der Sakristei begrüßt, ist ein väterlicher Typ. Er sorgt sich, ob wir auch gut untergebracht sind, ob wir zu essen haben, ob es uns an nichts fehlt. Ich nutze die Gelegenheit, um ihn zu fragen, wie es kommt, daß hier in allen Kirchen, in denen wir gewesen sind, vor der Messe der Rosenkranz gebetet wird. Er breitet die Arme aus und erzählt von dem Vertrauen, das Spanien schon immer – seit dem *Pilar* – in die Gottesmutter gesetzt hat. „Sie hat uns schon immer in allem geholfen, vor allem darin, gläubig zu sein." „Ja", stimme ich zu, *„es una verdadera defensora de la fe."* Er strahlt und fragt, ob ich ein paar Worte predigen will. Ich danke ihm für sein Vertrauen, muß jedoch ablehnen. Dieser Priester ist ein echter Pfarrseelsorger. Seine Art zu zelebrieren, seine Vertrautheit mit den Leuten, die Sorgfalt, mit der er sich um die Paramente und die Kirche kümmert, die Einfachheit, mit der er das Evangelium auslegt, in alledem spiegelt sich das alltägliche Leben einer Gemeinde.

Übermorgen ist das Fest des Kirchenpatrons Johannes des Täufers, und heute beginnt die Kirmes. Die Vorbereitungen bilden die Hintergrundgeräusche zur Messe, Mikrophone und Lautsprecherboxen werden ausprobiert, und genau zur Kommunion erklingt ausgerechnet *Stranger in the night!* Vom Altar aus sehe ich Mario und Nick in ihrer Bank knien und lachen – die Musik hat sie genauso überrascht wie mich. Am Ende der Messe entscheiden wir fünf einhellig, *Strensame* ... zu unserer Erkennungsmelodie zu machen.

Wir essen in einem Restaurant gleich an der Brücke zu Abend. Wir sind die einzigen Gäste, was Nick mit seiner außergewöhnlichen Stimme und einem angeborenen Showtalent zu einer echten Vorführung nutzt. Er singt im Duett mit Maura, versteht alles, nimmt uns das Wort aus dem Mund oder rundet es mit einer brillanten Pointe ab. Es ist ein denkwürdiger Abend, etwas Vergleichbares habe ich noch nie erlebt. Um halb elf kehren wir zurück zum *Albergue*, der in Dunkelheit und Stille gehüllt ist. Nicolas geht schlafen, wir vier setzen uns an einen Tisch. Ich trage noch ein paar Dinge ins Tagebuch ein, verarzte Marios Blasen und lasse mir meine von ihm verarzten. Maura schreibt, und Valentina schaut nach ihren Füßen, auf die ich auch noch einen kurzen Blick werfe. Sie haben Lust, sich zu unterhalten, und so bleiben wir noch ein wenig sitzen, beschützt vom Dunkel der Nacht und der eigentümlichen Atmosphäre, die entsteht, wenn man miteinander redet, ohne das Gesicht des anderen genau erkennen zu können. Dieselbe Atmosphäre, die sich Nikodemus für sein nächtliches Gespräch mit dem Herrn gewünscht hatte.

Von Puente und Hospital de Órbigo nach Santa Catalina de Somoza, Sonntag, 23. Juni

Der Wecker klingelt um sechs, wir machen uns langsam fertig. Als ich über den Hof zu den Waschräumen gehe, schenkt mir eine Radpilgerin aus Mailand fast einen ganzen Liter Milch, den sie hat kaufen müssen, aber nicht alleine aufbrauchen kann. Aus meinem Rucksack fördere ich Tütchen mit löslichem Kaffee zutage, die ich schon seit Monreal mit mir herumtrage, und bereite einen Milchkaffee zu, der in Kombination mit Saras Keksen ein ganz wunderbares Frühstück ergibt. Während ich ihn trinke, sitze ich tief versunken in dem alten Sofa hier unter den Arkaden. Wir sind erst um halb acht aufbruchbereit. Als wir hinausgehen, stößt Nick zu uns. „Ich komme mit euch", erklärt er überflüssigerweise. Wir gehen durch die Hauptstraße und beschließen, rechts abzubiegen, um nicht über die *Nacional 120,* sondern über die *Sierra de la Paloma* nach Astorga zu gelangen, eine weite Hochebene, die sich bis in Sichtweite der Stadt erstreckt. Es ist kühl, wir wandern durch wunderschöne bebaute Felder. „Da! Und wo sollen wir jetzt frühstücken?" fragt Vale. „Wie geht es deinen Schultern?" erkundige ich mich, weil ich mich an ihre gestrigen Schmerzen erinnere. „Ach, so lala ..." Ich rate ihr, den Schultergurt ihres Rucksacks auf der einen Seite zu lockern und den auf der anderen Seite strammzuziehen, damit das Gewicht gleichmäßiger verteilt ist. Das muß man immer wieder machen und überprüfen, um die Schulterbelastung so niedrig wie möglich zu halten. Ich habe mir außerdem angewöhnt, den Pilgerstab quer unter den Schulterriemen hindurchzuführen und die Arme darauf zu legen, wie es die Soldaten mit ihren Gewehren tun. Auf diese Weise kann ich den Rucksack hochziehen, wenn er mir zu schwer wird.

In Villares zeigt uns jemand den Weg zur einzigen offenen Bar. Nick und die Mädchen hören noch nicht einmal beim Kaffeetrinken mit dem Singen auf. Wir gehen weiter. „Und, wie geht es?" nehme ich das Gespräch mit Vale wieder auf, während ich neben ihr hergehe. „Ach ja, hier geht alles gut, traumhaft. Das Problem ist zu Hause." „Warum?" „Warum?" wiederholt sie mit brüchiger Stimme. „Kannst du mir vielleicht sagen, was ich aus meinem Leben machen soll?" „Hm. Jetzt machen wir erst einmal den *Camino*", sage ich verlegen.

Im Gedanken an meine Feststellung von gestern, daß ich wenig Zeit zum Alleinsein habe, entferne ich mich von den anderen. Ich verlängere die Gebetszeit, weil ich mir sonst über zu vieles den Kopf zerbreche, und ich habe gelernt, daß das zu nichts führt. Im Geist gehe ich wieder die Geschichte vom verlorenen Sohn durch, die für mich seit einigen Tagen zu einem Koordinatensystem für die Grafik des Lebens geworden ist. Es ist nur ein Geschichtchen, das weder mit den Erzählungen, von denen Derrida spricht, noch mit Gadamers prozeduralem Wissen etwas zu tun hat. Und doch sind diese Worte kraftvoll wie das Leben, grundlegend für unsere Kulturen und Einzelgeschichten, sie sprechen von uns, enthüllen uns etwas über uns selbst, das wir selbst uns nicht hätten vorstellen können.

Ich habe ein wenig Philosophie studiert. Ich habe versucht, mir Gott ausgehend von dem zu erklären, was ich vom Leben und seinen Erscheinungen verstanden habe (gerade schmettert Maura *il transito dell'apparente dualità*, „der Übergang der scheinbaren Dualität", eine Zeile aus Battiatos *Nomadi*). Ich habe versucht, die Höhen und die Tiefen des menschlichen und vor allem meines Geistes zu verstehen: besonders in diesen Tagen. Ich habe gehungert und gedürstet nach einer Beziehung zu jemandem, für den die Grenzen, die allen menschlichen Beziehungen gemeinsam sind, nicht bestehen. Doch hier, als Pilger, bin ich an einen inneren Ort geführt worden, an dem ich vielleicht nie zuvor gewesen bin, einen Ort in meinem *Innern*, wo Gott Wohnung genommen hat, wo ich mich in den Armen des Vaters in Sicherheit fühle, wo ich jenen Frieden genießen darf, den die Welt nicht kennt und nicht geben kann. Diesen Ort gibt es schon immer; vielleicht habe ich mich nur immer darauf beschränkt, ihn von außen zu betrachten. Jesus sagt: „Wenn jemand mich liebt, wird er an meinem Wort festhalten; mein Vater wird ihn lieben, und wir werden zu ihm kommen und bei ihm wohnen." Das Haus, das ich in mir suche. Das bin ich. Ich bin das Haus Gottes. Auch ich habe zuerst heimkehren müssen, wie der verlorene Sohn.

In Sichtweite des Dorfes Santibañez schließe ich mich den anderen wieder an. Es wird langsam heiß; auf der Höhe der Kirche muß man abbiegen und bergauf gehen. Kurz nach den letzten Häusern finden wir am Wegesrand einen großen Baum und setzen uns darunter. Die französischen Pfadfinder, die wir gestern in Puente getroffen haben, kommen vorbei. Mit großer Sympathie – und einem Hauch Nostalgie – sehe ich ihnen nach und denke an alle meine Freunde bei den Pfadfindern, an „meine" Leiter, mit denen ich zusammenarbeiten durfte, als ich in Montebelluna war. Der Pfadfinder, so, wie Baden-Powell ihn sich vorstellte, hatte etwas mit einem Pilger gemeinsam: Beide wollen aus einer vorgefertigten Welt entkommen. Der Pfadfinder tut dies, indem er *sein Kanu selber steuert* und lernt, für sich selbst zu sorgen, damit er den anderen von Nutzen sein kann und sich insbesondere von allem löst, was ihn konditioniert und zum Gefangenen der Notwendigkeit macht. Beide – Pfadfinder und Pilger – leben auf der Straße, mit dem Rucksack auf dem Rücken, und sind bereit, sich von der großen Masse abzusondern, wenn das Gesetz, dem zu folgen sie sich entschlossen haben, dies verlangt. Beide sehen das Leben als ein großes Spiel, und zwar in einem ähnlichen Sinne, wie Guardini es von der Liturgie sagen konnte: als Tätigkeit, deren Wert nicht in dem unmittelbar in ihr enthaltenen Gewinn besteht. Ich weiß aber nicht, ob es gut ist, den *Camino* als Route zu gehen. Ich weiß nicht, ob die unweigerlich vorhandene Gruppendynamik das Pilgerdasein fördert oder erschwert. Eine Wallfahrt ist ganz sicher kein Ferienlager und auch keine Wanderung, die man nach einem andernorts entworfenen Plan durchführen kann. Eigentlich bin ich mir sicher, daß es sehr viel besser ist, sie alleine oder mit jemandem zu machen, den man sehr gut kennt und mit dem man sich problemlos versteht.

Wir stehen auf und machen uns wieder auf den Weg. Wir gehen, so lange der Vormittag, oder besser: so lange diese Hochebene dauert, deren Weite einem das Herz aufgehen läßt. Streckenweise gehen wir gemeinsam, manchmal geht Maura allein oder mit Vale, und manchmal bilden Maura, Vale und Nick eine Dreiergruppe. Ich bleibe noch ein ganzes Stück lang für mich. Der „weitende" Effekt der *Mesetas* setzt sich hier oben fort, während ich über den breiten Weg gehe, der die platte Fläche dieser *Sierra* durchschneidet. Der heilige Paulus zählt auch die Gabe der *Makrothymía* zu den Früchten des Geistes, das heißt ein langmütiges und geduldiges Herz, das so groß ist, daß es alle und alles aufnehmen kann. Vielleicht läßt die Weite der Landschaft in mir dasselbe Gefühl aufkommen und mich die Etymologie des Wortes und die daraus resultierende Einstellung ahnen, mit der – auch hier wieder einmal – die Möglichkeit einhergeht, weit über die eigene Nase oder den eigenen Tellerrand hinauszusehen.

Das Herz Gottes ist so: „Gott ist größer als unser Herz und er weiß alles", schreibt der heilige Johannes. Wenn ich mich an das Gleichnis vom verlorenen Sohn halte, ist klar, daß der Vater beide Söhne liebt und sie beide einen Platz in seinem Herzen haben: Er will, daß sie beide bei ihm wohnen, er eilt beiden entgegen, er will, daß sie sich beide – so unterschiedlich sie auch sein mögen – bei ihm zu Hause und derselben Familie zugehörig fühlen. Diese Geschichte birgt ein Geheimnis: Nicht wir entscheiden uns für Gott, sondern er entscheidet sich für uns. Er ist es, der uns mit einem grenzenlosen Herzen sucht und uns in dieses Herz hineinnehmen will. Der Vater sucht mich, er kommt heraus und besteht darauf, daß ich eintrete, er will mich nach Hause bringen. So macht er es mit allen: Deshalb gibt er jedem am Ende des Tages den gleichen Lohn – das ist seine Gerechtigkeit. Er gibt ohne Heimlichkeit und ohne Maß. Mir wird bewußt, daß ich das nur habe denken können, weil mein Geist – anders als seiner – kleinlich und eng ist. Sein Geist ist offen und weitsichtig wie die Hochebene, meiner dagegen eng und begrenzt wie eine Sackgasse. *Das schmerzhafte Geheimnis vom Ende aller Dinge* hat seine begrenzende Macht allzulange auf mich ausgeübt. Man muß sich mit den Augen des Vaters sehen. Da ist Jemand, der mich wahrhaft liebt, der nie aufgehört hat, mich zu suchen, der gekommen ist, um mich hier auf dem *Camino* abzuholen und nach Hause zu bringen, damit ich kein Landstreicher mehr bin, der den Schweinen ihr Futter neidet. Ich hatte mein Zimmer, mein Haus zu einem Gefängnis werden lassen. Hier auf dem *Camino* ist Jesus gekommen, um mich, den Gefangenen, zu befreien. Die Schönheit und das Geheimnis dieser Pilgerschaft haben mir gezeigt, wie man die Tür öffnet. Jene Tür, die nur von innen geöffnet werden kann. Niemand hat mich je in Seinem Herzen ersetzt, niemand hat den Platz eingenommen, den ich leer hinterlassen habe, als ich ging. Aber warum bin ich gegangen? Warum habe ich die Türen meines Hauses verrammelt und es zu einem Gefängnis gemacht? Vielleicht, weil das Leben mir nicht das geschenkt hat, was ich erwartet hatte, weil meine Familie das war und ist, was sie nun einmal ist, weil die Personen, die für mich wichtig waren, mich schlecht behandelt haben, weil gute Freunde mich verraten haben, weil auch der, der sich für mich als Priester interessiert hat, zu einem kritischen Zeitpunkt meines Lebens nicht für mich dagewesen ist. Das alles sind Zeitbomben. Ich muß mich entwaffnen lassen. Das Gleichnis vom verlorenen Sohn offenbart eine Liebe, die schon da war, ehe eine Zurückweisung überhaupt möglich war, und die noch da sein wird, wenn alle Zurückweisungen sich erschöpft haben. Ich verstumme, bin ergriffen. Ich bleibe stehen und warte, bis die anderen kommen.

Die Landschaft verändert sich: Man sieht die *Montes de León* und den Gipfel des *Monte Teleno*. Weiter hinten liegt die Region Bierzo und jenseits des Bierzo Galizien! Fast schäme ich mich, es zu denken, ganz davon zu schweigen, daß die Aussicht auf das Ende unserer Pilgerfahrt mich einfach nur grenzenlos traurig macht. Da stehen wir nun, am *Cruzero de Santo Toribio,* dem Ende der Hochebene, die hier 900 Meter hoch ist, und blicken hinab auf Astorga mit der gut sichtbaren Kathedrale. „Denk nur, was ein solcher Anblick für die mittelalterlichen Pilger bedeutet haben muß", sage ich zu Mario. „Ja. Aber du weißt genausogut wie ich, daß wir jetzt erst einmal herausfinden müssen, wie nahe die Kathedrale und die Kirche wirklich sind." Wir setzen uns auf den Sockel des großen Zementkreuzes und posieren für das übliche Foto. Für mich haben dieser Ort und diese Etappe noch eine zusätzliche Bedeutung: Sie lassen mich den Moment vor drei Jahren noch einmal erleben, als ich gemeinsam mit Stefano nur wenige

Meter unterhalb der Stelle, an der wir jetzt sitzen, beschloß, zurückzukommen und den ganzen *Camino* zu machen, sobald er sein Examen gemacht hätte. Ein denkwürdiger Augenblick, denn jetzt erfüllt sich die Rückkehr auf den *Camino,* die ich mir genau hier gewünscht und gelobt habe. Ich nehme die Keramikmuschel aus dem Rucksack, die sie uns am Morgen unseres Aufbruchs im Hotel in Lourdes gegeben hatten, und lege sie unter das Kreuz. Mario sieht mir dabei zu. Ich weiß nicht, ob er dasselbe denkt wie ich: wie weit wir von Lourdes entfernt sind und wieviel seither passiert ist, wie viele Kilometer wir zurückgelegt haben, um hier, vor den Toren Astorgas, anzukommen. „Ach, Mariomariomariomariomario ..." seufze ich in einem langen Atemzug. „Ach, Paulìn", versetzt er. Wir lachen. „Siehst du, wo wir sind!?" Was soll ich sagen? Ich bin stolz auf meinen Bruder.

Wir beginnen den Abstieg hinunter zu der vornehmen Stadt, die die Römer *Asturica Augusta* genannt haben. Hier endet sowohl die *Via Traiana* als auch die *Via de la Plata.* Der *Camino* führt rasch hinab, bis er wieder an der *Nacional 120* entlangverläuft. Es ist warm, sehr warm. Wir haben uns mit diesen Temperaturen abgefunden; selbst der Stift versagt mir den Dienst, wenn ich ihre Wirkungen beschreiben will. Wir kraxeln die Straße hinauf, die in die Stadt führt, es sind nicht viele Leute unterwegs, aber es ist immer wieder ein merkwürdiges Gefühl, auf geschäftiges Treiben zu treffen. Um eins stehen wir vor Gaudís Bischofspalast, der der Phantasie eines Ludwig von Bayern entsprungen zu sein scheint. Wir kommen nacheinander an, schweigend, und suchen alle den Schatten. Die Mädchen legen sich hin und strecken die Beine in die Luft, wobei ihre Fußspitzen auf die Fassade der Kathedrale zeigen. Mario tut es ihnen nach. Ich dagegen stelle mich auf das Einfassungsmäuerchen des Gitters, das den Kirchplatz umschließt, um die Reliefs am Hauptportal und die beiden Türme besser zu sehen, die durch Strebebögen mit dem Zentralbau verbunden sind. Das direkte Licht bringt die farbigen Maserungen zum Leuchten: „Sie ist beeindruckend, wie alle Kathedralen am *Camino, isn't it?"* frage ich Nick. Er nickt zögernd: „Auch wenn mir diese Art von Kirchen nicht wirklich beim Beten hilft. Zuviel Luxus, zuviel Ablenkung. Ich ziehe eine romanische Kirche vor, nur Steine und Ziegel." Dann fährt er fort, und es klingt, als würde er damit etwas zum Abschluß bringen, worüber er schon lange nachgedacht hat: „Doch letztlich kommt es immer nur auf Christus an." Dabei sieht er mich an wie ein Soldat nach einem Angriff, bei dem er viele Feinde hat töten müssen, aber letztlich siegreich gewesen ist.

Dann erzählt er mir, daß er erst vor wenigen Jahren zum Glauben zurückgefunden hat, und zwar genau aus diesem Grund: weil Christus das war, was er gesucht hat, um glücklich zu sein. „Was tust du ohne Christus? Wer bist du ohne ihn? Was für ein Leben führst du? Was für ein Leben habe ich geführt?" Ich höre ihm zu und verstehe nicht alles, denn jetzt spricht Nick aus vollem Herzen und denkt nicht daran, die Dinge zu übersetzen oder sich verständlich zu machen. Er fördert einige Goldmünzen aus seiner Kammer zutage, die er ganz bestimmt auch erst in diesen Tagen wiederentdeckt und aufgeräumt hat und die er sich nun hat füllen lassen. Ich, ein Bettler, wie alle Freunde es sind, halte ihm meine Hände entgegen und lasse es zu, daß sein Almosen in sie hineinfällt. An einem bestimmten Punkt fühle ich jedoch eine gewisse Befangenheit: Nick erzählt mir sehr persönliche Dinge, und mir wird bewußt, daß es von jetzt an, wenn ich ihm weiter zuhöre, kein Zurück mehr gibt. Doch das ist nicht das Problem; man kann nur gewinnen, wenn man jemanden wie ihn kennt. Es ist eher die feige Angst, daß er Hilfe von mir erwarten, daß er mich bitten könnte, mich in einer Weise auf die Dinge, die er erzählt, einzulassen, die mehr verlangt als bloßes Zuhören. Ich weiß gar nicht, ob er das will, ich spüre nur, daß ich es befürchte. Ich kann nicht verhindern, daß ich wieder dasselbe Gefühl habe wie damals, wenige Monate nach meiner Priesterweihe, als ich zum ersten Mal die Schlafzimmer der Kranken betrat, die ich zu Hause besuchte: das Gefühl, einen heiligen und intimen Raum zu verletzen, einen Ort und eine Situation, zu der nur Familienangehörige Zutritt haben. Ich durfte das tun, weil ich „ihnen den Herrn brachte", ich ging zu ihnen und hatte die Eucharistie in der Brusttasche. Ich bin ein Idiot: Warum habe ich Angst davor, daß Nick mich brauchen könnte? Und wenn er mir diese Dinge erzählt, weil ich Priester bin und für ihn in gewisser Weise den Herrn repräsentiere? Wäre das dann etwa nicht das Ziel meines Lebens und meiner Berufung?

Als er seinen ehrwürdigen Bericht beendet hat, lege ich ihm die Hand auf die Schulter und sage etwas zu ihm, wobei ich mich allerdings in der grammatischen Strukturlosigkeit meines *ugly English* verheddere. Und so sage ich abschließend auf italienisch: „Dank sei dir und dem Herrn, der dich berufen hat, sein Freund zu werden." Er lächelt, und sein Lächeln sagt mehr als tausend Worte.

Wir essen in einem *Mesón* in der Nähe der *Plaza*. Ich schlage vor, noch bis Rabanal zu gehen, das wäre eine Etappe wie die gestrige. Valentina macht eine Kopfbewegung, als hätte ich etwas sehr Abwegiges gesagt. Maura klagt über Schmerzen im Knie. Also nehmen wir Santa Catalina ins Visier, das auf halber Strecke zwischen Astorga und Rabanal liegt.

Ich gehe vor den anderen hinaus, und statt an der Tür auf sie zu warten, hocke ich mich in den Schatten eines der Kathedrale gegenüberliegenden Hauses. Für einen Sekundenbruchteil erscheint sie mir so schön und so groß, daß ich unter dem Eindruck dieses Anblicks wieder daran denke, wie schön diese Kirche ist, die wir sind, die Pilger des *Camino,* und daran, wie groß diese Pilgerfahrt nach Santiago ist, die unter dem Dach dieser Kirchen Menschen aus ganz Europa und der ganzen Welt versammelt. Plötzlich brennen meine Augen und sind gerötet.

Träge setzen wir uns wieder in Gang. Vale, die sich unter dem Gewicht ihres Rucksacks krümmt, schafft es, die schmerzliche Melodie der Müdigkeit in das Singen von Liedern umzumünzen; Mario schließt sich ihr unbekümmert an; Maura plaudert in ihrem tadellosen Englisch mit Nick. Die Zikaden zirpen ohne Unterlaß, überall ist trockener Staub und Schotter. In Murias de Rechivaldo halten wir den Kopf unter eine herrlich erfrischende *Fuente.* „Ist dir auch aufgefallen, daß die ganzen spanischen Dörfer, durch die man kommt, unbewohnt wirken?" frage ich Nick. Er strahlt wie jemand, dem man das Wort aus dem Mund nimmt: „Ja, habt ihr das auch bemerkt?" „Natürlich, seit Aragonien", fahre ich fort: „Morgens niemand, mittags niemand, nachmittags niemand, abends niemand." Erst nach sieben oder acht Uhr abends herrscht allmählich ein bißchen Betrieb.

Die Sonne beginnt unmerklich zu sinken, als wir wieder alle nebeneinander gehen, in dem leichtfüßigen Rhythmus, den die Pilgerstäbe vorgeben, wenn der Nachmittag weiter fortgeschritten ist. Maura schlägt vor, den Rosenkranz zu beten. Mit jedem

Ave vertrauen wir der Muttergottes unsere Familien und unsere Freunde an, die, die uns um unser Gebet gebeten haben, unsere Verstorbenen, den Wunsch zu verstehen, was Gott mit uns vorhat, unsere Pfarrei in Rom und die Bedürfnisse der ganzen Welt. Für uns, die wir schon seit geraumer Zeit unterwegs sind, fügt sich die Wiederholung der Gebete, aus der der Rosenkranz besteht, ganz natürlich in die immer gleiche Abfolge unserer Schritte ein. Nichts Lebendiges existiert ohne die beständige Wiederholung dessen, was es am Leben erhält. Essen, Trinken, Atmen, das Schlagen des Herzens oder die Kreisbahn der Planeten, das Keimen der Pflanzen, das Gebet – all das sind Dinge, die der Regelmäßigkeit bedürfen, um lebendig zu sein. Der Rosenkranz hat diese Regelmäßigkeit, deshalb spendet er Leben. Er erhält die Liebe am Leben, mit der wir beten, mit der wir zum Vater sprechen, wie Jesus und die Bibel es uns lehren. Wenn man den Rosenkranz unterwegs betet, drücken die Worte nicht immer ein totales, nie zerstreutes Bewußtsein oder intensive Empfindungen des Glaubens und der Liebe aus. Doch deshalb ist das, was wir sagen, nicht weniger wahr: Wir bitten die Gottesmutter wirklich, für uns zu beten, wir wollen wirklich, daß der Wille des Vaters geschieht, wir flehen ernsthaft um Vergebung und die Fähigkeit, selbst zu vergeben. Auch dann, wenn all das keinerlei erschütternde Emotionen und kein unmittelbares oder eklatantes Wunder hervorruft.

Ein Dorf kommt in Sicht: Santa Catalina de Somoza. Kleine Steinhäuser liegen an der Straße, über die wir gehen, man hat den Eindruck, in einem Dorf im Donegal zu sein, wo die herbe Sanftmut der Steine den Besucher bei jedem Schritt begleitet. Da ist die Bar *El Peregrino,* wo man die Schlüssel für die Pilgerherberge bekommt. Der *Albergue* ist halbleer: Nur drei der Etagenbetten im Schlafsaal sind von tief und fest schlafenden Pilgern belegt. Wir gehen wieder, um uns den Stempel zu holen und Brötchen zu essen.

Drei Kinder spielen Kicker und werfen sich ständig gegenseitig vor, das Spiel zu verzögern, wie es alle schlechten Verlierer machen, die den Gegner herabsetzen, der sie geschlagen hat. Genauso machen es Inter und Rom mit Juve. Als sie fertig sind, sind wir an der Reihe. Der Kicker muß noch aus den dreißiger Jahren sein, die Trikots der Spieler sind handgemalt und tragen die Farben von Real und Barcelona. Wir hören erst auf, als die *Bocadillos* ankommen, die wir am Tisch verzehren. Dazu trinken wir eisgekühlte *Cerveza*. In diesem Moment kommt die schnarchende Pilgerin von vorhin herein, eine junge Deutsche mit hochrotem Gesicht. „Sie will nur witzig sein", stempelt mein Bruder sie ab, nachdem sie erzählt hat, sie habe „die Pyrenäen überlebt". Dabei zieht sie ein Gesicht, das lustig sein soll, uns aber nur vor Verblüffung die Sprache verschlägt. Mario ist noch nicht fertig: „Sie ist in Sant-Jean-Pied-de Port aufgebrochen, die Pyrenäen hat sie nur einen Tag lang gesehen, nicht so wie wir: Wir haben Bruges überlebt!" Sie setzt sich Nick gegenüber und hat nur noch Augen, Ohren und Mund für ihn. Ihre Gesprächsführung erinnert an einen kleinen Schneeball, der sich so lange um sich selber dreht, bis er zu einer äußerst gefährlichen Lawine geworden ist. Bei der leisesten Andeutung einer Antwort von seiten unseres Freundes werden ihr Tonfall und ihre Themen noch übertriebener, und diese bayrisch zwanghafte Art, unwiderstehlich sympathisch und lustig zu sein, fällt mir – besser gesagt: uns – auf die Nerven. Sie hat es ganz eindeutig auf Nick abgesehen: Auf ihn soll die Lawine niedergehen. Also stehen wir auf, um die beiden allein zu lassen, und er schüttet seelenruhig einen Eimer kochendes Wasser über die Lawine, die gerade in voller Fahrt zu Tal geht: „Wartet auf mich, ich komme mit euch." Die Lawine schmilzt auf der Stelle.

Wir gehen duschen und waschen. Eines der Waschbecken ist verstopft – offenbar hat es jemand mit dem Klo verwechselt. Ich hänge die Wäsche zum Trocknen auf, dann setzen wir uns um einen niedrigen Tisch unter den kleinen Bogengang, an dem ich nun schreibe. Es ist richtig kühl; wir haben uns alle einen Fleecepullover oder eine Jacke übergezogen: Der Ort liegt etwa tausend Meter hoch. Maura fotografiert meinen Fuß, während Mario mir Jod aufträgt. „Irre ich mich oder wird es immer schlimmer?" frage ich. „Eine unendliche Geschichte. Unter der Blase, die du aufgestochen hast, hat sich eine neue gebildet." Nick kommt mit dem Psalter heraus, und Vale hilft ihm, die Psalmen aus dem Englischen ins Italienische zu übersetzen. Es ist halb elf und noch hell, doch ich gehe schlafen. Wir vereinbaren, wann wir aufbrechen und wie weit wir kommen wollen. Wir alle sind damit einverstanden, nicht in der Gruppe zu gehen. Jeder muß die Gelegenheit haben, seinen *Camino* zu erleben. Morgen geht es zum Monte Irago. *La Cruz de Hierro.*

Von Santa Catalina de Somoza nach Riego de Ambrós, Montag, 24. Juni

Wir stehen um sechs Uhr auf. Wir Männer beeilen uns, im Gegensatz zu den Mädels: Um sieben warten wir immer noch auf sie. Mario wird unruhig: „So geht das nicht. Dieser kühle stille Morgen ist zum Gehen ideal." Immer wieder lassen Maura und Vale uns wissen, daß sie in wenigen Augenblicken kommen werden. Als dies endlich wahr wird, ist es halb acht. Eineinhalb Stunden, um sich fertig zu machen, das ist eindeutig zu viel. Hinter dem Dorf ist der *Camino* eben, ein geschotterter Fahrweg. Der erste Rosenkranz des Tages. Mario geht schneller als wir alle. Er hat es eilig, vielleicht ist er verärgert über die Verspätung, ich weiß es nicht. Nach etwa einer Stunde holen wir ihn in einer Ortschaft namens El Ganso wieder ein. Mehr denn je sehnen wir uns nach einer Bar und etwas Heißem zu trinken. Auch dieses Dörfchen besteht aus einer verträumten und menschenleeren Straße. Völlig zufällig stoßen wir auf eine Frau, die gerade aus dem Haus gekommen ist, um ihre Abfälle in die Mülltonne zu bringen. Sobald sie uns sieht, macht sie eilig auf dem Absatz kehrt und macht sich mit einem Schlüsselbund am Schloß einer Bar von ungewöhnlichem Aussehen zu schaffen. Das Schild sagt eigentlich alles: *Bar La Barraca.* Auf die Frage „¿Está cerrado este bar?" antwortet sie hastig, noch immer damit beschäftigt, den richtigen Schlüssel und das passende Loch am Vorhängeschloß herauszusuchen: „No, no, *está abierto.*" „Schauschauschau, sie wittert ein Geschäft!" bringt Mario die Sache auf den Punkt. Wir betreten einen leeren Raum. Er ist muffig wie alle geschlossenen und leeren Lokale, auf die tagsüber die Sonne geschienen hat und die noch nicht gelüftet worden sind. „Eine Baracke im wahrsten Sinne des Wortes, *di nome e di fatto*", bringe ich Nick bei, der die Wendung sofort lernt und wiederholt: „De nomeeeeee eeee dee fatooooooo".
Die Frau öffnet die Fenster im hinteren Teil des Raumes, wo ein herrlicher, uralter Kicker steht, auch dieser mit den Spielern von

Real und Barça. Während die Frau die Tassen vorbereitet, wetzen wir uns mit einer Partie die Handinnenflächen ab. Gemeinsam mit dem Milchkaffee bringt sie uns ein Riesenstück Bananen-Joghurt-Torte, unglaublich mächtig und so triefend, daß sie uns aus den Fingern rutscht. Vale und Maura lassen die Hälfte auf ihren Tellern, ich tunke sie in Milch und spüle sie hinunter. Die Frau kann es gar nicht fassen, daß sie auf diese Weise die Reste von gestern loswird, und schneidet weitere Stücke ab; sie erklärt, daß sie sie selbst gemacht hat, daß sie hervorragend ist, daß sie sie extra für die Pilger macht. „Ich fasse es nicht! Will sie die Pilger umbringen? Kann sie sich nicht denken, wie man sich fühlt, wen man mit so etwas im Bauch auch noch wandern muß?", so Vales treffender Kommentar. Die Frau stempelt die *Credenciales,* und wir gehen weiter; sie bringt uns dankbar zur Tür. Das Dorf ist wirklich *poareto,* ärmlich, manche Häuser sind noch mit Stroh gedeckt. Diese Besonderheit und die mörtellosen Mäuerchen entlang der Straße erinnern wirklich an Irland. Eine Frau pflückt Blumen in einem kleinen Gärtchen; als sie uns sieht, freut sie sich und ruft uns, mit der Schere in der einen und den soeben gepflückten Blumen in der anderen Hand, ein glückliches „¡Hola, peregrinos! ¿Que tal?" zu. Wir erzählen ihr, daß wir Italiener sind, „de Roma". Sie holt die Schlüssel, weil sie uns die Kirche zeigen will, besser gesagt: zuerst die *Capilla de los Peregrinos,* eine kleine Kapelle, die für die vorbeziehenden Pilger offen gehalten wird, und dann die Pfarrkirche, die dem heiligen Jakobus geweiht ist. Ich erkläre ihr, daß ich Priester bin: „¿Un *señorcura?"* wiederholt sie und entschuldigt sich fast für den vertraulichen Ton, den sie angeschlagen hat. Bei ihnen kommt der Pfarrer nur hin und wieder, um die Messe zu lesen.

Wir sind wieder auf dem *Camino,* der ganz leicht bergauf führt; die Berge des Bierzo zeichnen sich ab. Überall wächst Ginster, eine gelbe Blume, die die Straße begrenzt, und auf den Felsen violettes Heidekraut wie in Irland. „Man hat den Eindruck, in einem Park zu sein, stimmt's?" Maura hat mich eingeholt und geht nun neben mir her. „Weißt du, daß das Heidekraut Mamas Lieblingsblume war?" Nach einer Pause frage ich sie: „Erinnert dich noch mehr an sie? Passiert dir das gleiche wie mir mit meinem Vater? Kommt es dir auch so vor, als ob sie mit dir geht? Und als ob die Erinnerung an sie hier anders ist als sonst, irgendwie intensiver?" Und so fangen wir ganz selbstverständlich an, über meinen Vater und ihre Mutter zu sprechen, die beide tot sind. Im Bund mit der Natur, die unserer Begegnung den passenden Rahmen gibt, finden wir uns in dem gemeinsamen Wunsch, die Schöpfung und das Mysterium des Lebens zu verstehen. *Das schmerzhafte Geheimnis vom Ende* dessen, der dir das Leben geschenkt hat, verschafft sich Raum und Ausdruck und schenkt uns Momente eines selten intensiven Miteinanders. Sie sagt zu mir: „Die Erfahrung des Verlusts ist etwas, das uns uns selbst zurückgibt: In deinem *Innern* reißt etwas auf, und du siehst, wer du bist." Ich stimme ihr zu: Für mich liegt die Bedeutung des *Camino* nicht nur darin, mich als geliebten Sohn des Vaters wiederzufinden, sondern mich der Tatsache zu stellen, daß ich der Sohn eines ganz bestimmten Vaters bin, der nun nicht mehr da ist, mit allem, was das bedeutet hat und noch immer bedeutet. Es tut uns gut, diese Dinge miteinander zu teilen. Ein kleiner Kern der Liebe zum Leben bleibt und leistet Widerstand, und kein Schmerz, kein Verlust kann ihn zertrümmern. Ein Geschenk und ein Auftrag sind in diesen Kern hineingeschrieben.

Ich setze mich etwas von Maura ab, weil ich allein sein möchte, auch wenn sie mir durch dieses Gespräch lieb geworden ist und ich mir ihr nahe fühle. Immer wieder drehe ich mich um und sehe sie an. Sie sieht so drollig aus mit ihrem winzigen Rucksack und der riesigen Brille à la Jelena Sacharowa auf der Nase, so klein und zerbrechlich, daß sie mir plötzlich wie der verletzliche Hüter eines Schmerzes erscheint, der größer ist als sie. Im Grunde derselbe Schmerz, der auch mich gezeichnet hat. Ich fühle, wie meine Bewunderung für den Mut und die heitere Entschlossenheit wächst, mit der sie ihren Weg fortsetzt. Weil es hier auf dem *Camino* genau wie im richtigen Leben keinen Tag gibt, an dem man behaupten könnte, man hätte eine Schwelle überschritten und sei nun gegen alle Mühsal gefeit: beispielsweise die, immer wieder neu beten lernen zu müssen; oder immer wieder neu das Gleichgewicht finden zu müssen, das nötig ist, um die richtigen Entscheidungen zu treffen; oder unermüdlich den Versuchungen gegenüber wachsam sein zu müssen; oder die Angriffe der Verzweiflung und Sinnlosigkeit abwehren zu müssen, die bestimmte Ereignisse auslösen. Dadurch, daß ich gemeinsam mit Maura wieder an diese Wunden gerührt habe, werden die Karten neu gemischt und wieder ins Spiel gebracht. Wieder. Natürlich, es ist so: Wir sollen den *Camino* ebenso wie unseren Lebensweg mit Beharrlichkeit, Geduld, Vertrauen und Weitblick gehen. Um zu gehen, nicht um stehenzubleiben und sich einer erreichten Position zu erfreuen. Und jedesmal setzt man wieder alles aufs Spiel, riskiert nicht nur etwas, sondern alles.

Mario ist nach wie vor außer Sichtweite, allmählich mache ich mir Sorgen. Nicht nur, weil er mir fehlt, sondern weil es mir unerklärlich ist, daß er sich so verhält. Was stimmt nicht? Was hat er? Ich weiß es nicht. Die Furcht, daß Mario etwas passiert ist und ich ihn finden muß, nistet sich langsam aber sicher in mir ein.

Aber was ist unser Leben? *Was für ein Geheimnis sind wir uns selbst?* Was für ein Geheimnis ist dieser Schmerz, der uns verfolgt, Maura? Mir wird bewußt, daß der *Camino* mich – zumindest ein wenig – vorangebracht hat: Der Nagel, den Burgos in mein *Inneres* eingeschlagen hat, ist zu einem Licht geworden, genau wie bei den Herz-Jesu-Statuen, die wir in diesen Junitagen in den Kirchen gesehen haben. Bei einer dieser Darstellungen ist mir aufgefallen, daß Jesus sein Herz in der linken Hand hält und mit der rechten darauf weist. Auch unser Herz ist so: Ich meine so verwundbar und Angriffen, Verletzungen, Ablehnung und Bosheit ausgesetzt. Das Problem besteht nicht in der Tatsache, daß diese Dinge geschehen: Das Problem besteht darin, daß wir es akzeptieren und so leben müssen, wie Jesus es mit seinem Herzen gelebt hat. *Das schmerzhafte Geheimnis vom Ende aller Dinge,* aber auch die Kränkungen, das Unverständnis, die fehlende Gegenseitigkeit sollten nicht dazu führen, daß wir uns verschließen, grollen oder abwehrend reagieren, sondern bereit sind, zu verstehen und zu verzeihen. Wie in einer Art Liebesmetabolismus, die der Blattgrünphotosynthese ähnelt: Wir absorbieren Kohlensäure und geben Sauerstoff ab. Wir nehmen Bosheit, Schmerz oder Verfolgung hin und vergelten sie mit Güte, Verständnis und Vergebung. Auch wir können jene schlichte und furchtbare Geste Jesu wiederholen: unser Herz nehmen und in unsere Handfläche legen. Die Wunden, die man empfängt, wenn man das tut, sind real, sie bluten, aber sie haben nicht die Macht, unsere Liebe zu Gott und zum Nächsten zu beeinträchtigen oder zu schmälern. Ich glaube, das ist es, was Jesus meint, als er sagt: „Kommt alle zu mir, die ihr euch plagt und schwere Lasten zu tragen habt. Ich werde euch Ruhe verschaffen. Nehmt mein Joch auf euch und lernt von mir; denn ich bin gütig und von Herzen demütig; so werdet ihr Ruhe finden für eure Seele." Das Problem besteht darin, diesen Weg der Demut und Herzensgüte zu gehen. Zu gehen, ohne an dem Bösen, das man erleidet, Anstoß zu nehmen, zu gehen, ohne darüber zu stolpern oder bitter zu werden. So muß man es machen: sich auf die Personen und die Ereignisse, die der Herr uns zuführt, einlassen, indem man einfach an ihrem Leben teilnimmt. Indem man mit ihnen gemeinsam geht.

In meinen Gedanken und Gebeten verloren nehme ich kaum wahr, daß ich die *Maragatería* mit ihren Eichenwäldern durchquere. Ich bemerke es erst, als die Vegetation zunächst spärlicher wird und dann am Ortseingang von Rabanal ganz aufhört. Dort treffen wir wieder auf Mario, der auf einer Bank vor einem Laden mit Lebensmitteln, Obst und Gemüse sitzt. „Ah, und?" begrüße ich ihn. „Das wäre geschafft", meint er unbestimmt. „Du hättest auch auf uns warten können." „Ich warte doch auf euch!" Gut denn, wir sollten uns etwas fürs Mittagessen besorgen.

Mario packt die Tüte mit den Brötchen in seinen Rucksack. „Wir treffen uns auf jeden Fall am Kreuz, um gemeinsam zu essen, okay?" fragt er. Alle sind einverstanden. Wir brechen wieder auf und durchqueren Rabanal. Auch in diesem Dorf stehen noch die typischen Steinhäuser. Auf der Höhe der Kirche stoßen wir auf eine Schar von Pilgern, die darauf warten, daß der *Refugio El Gaucelmo* öffnet, der von der englischen Jakobusbruderschaft geführt wird. Es ist erst zehn, und sie stehen schon an, um sich einen Platz zu sichern! Wir gehen weiter, auf uns wartet die *Cruz de Hierro,* und wir müssen uns noch einen Stein besorgen, den wir darunter ablegen, wie es Tradition ist. „Das wird kein Problem sein!" beruhigt uns Nick und zeigt auf die steinige Landschaft um uns herum. Wir gehen weiter, müssen uns durch die Büsche schlagen und haben uns nach kurzer Zeit erneut aus den Augen verloren. Nun gehen Nick und ich wieder zusammen. Der *Camino* ist hier ein Gebirgspfad und führt recht steil bergauf. In wenig mehr als einer Stunde werden wir in Foncebadón sein, einem verlassenen und verfallenen Dörfchen; wir durchqueren es über die *Calle Real.* Außer uns ist niemand hier. Während wir zwischen den letzten verfallenen Häusern hindurchgehen, kommt Wind auf, ein starker, böiger Wind. „Jetzt ist es Zeit, sich einen Stein zu suchen", entscheidet mein Weggefährte. „Er muß so groß sein wie die Sünden, die dir während der Wallfahrt vergeben werden sollen." Wir lachen. Ich müßte den halben *Monte Irago* mitschleppen, wenn das der Sinn der Sache wäre. Tatsächlich weiß ich gar nicht, welchen Sinn diese Tradition hat. „Weißt du was? Das ist gar nicht so abwegig. Ich glaube, Jesaja sagt, daß der Herr, wenn er uns vergibt, unsere Sünden so weit wegschleudert wie einen Stein." „Will er sie nicht mehr sehen?" fragt Nick. „Genau, er kann nichts mit ihnen anfangen. Wenn ein alter Mensch stirbt, dann bringen seine Verwandten Säcke voller Kleider in die Pfarrei, die dem Toten gehört haben. Sie werden an Bedürftige verteilt. Sie wissen nichts damit anzufangen, sie können sie nicht selber tragen, und deshalb überlassen sie sie uns. Sie befreien sich davon." So wendet sich unser Gespräch dem Thema Schuld und Vergebung zu, denn mein Beispiel ist nicht besonders treffend gewesen. „Wir Katholiken glauben, daß die Sünden mit der Vergebung wirklich getilgt und nicht nur von der Barmherzigkeit Gottes zugedeckt werden, wie Luther lehrt." „Du meinst, die Kleider werden verbrannt und nicht einfach nur woandershin gebracht, stimmt's?" „Ja, genau. Weißt du, daß es in Finisterre einen Platz gibt, wo die Pilger, die bis dorthin gekommen sind, die Kleidungsstücke verbrennen, die sie auf dem *Camino* getragen haben?" frage ich ihn. Nein, das hat er nicht gewußt. Aber es überrascht ihn nicht.

Wie Gott und Santiago wollen, kommen wir an die *Cruz de Hierro*, die genau am Ende des Pfades aufragt. Sofort legen wir unseren Stein darunter. Ich hatte damit gerechnet, daß ich irgend etwas fühlen würde, doch statt dessen klettern wir ganz selbstverständlich den kleinen Berg hinauf und legen unsere Steine unter den Pfahl. Ich lege meine Hand auf das Holz und bete ein Vaterunser für alle Pilger, die hier gewesen sind und ihren Stein abgelegt haben. Als Jesus seine Jünger jenes Gebet lehrte, sagte er: *Wenn ihr betet, sollt ihr nicht plappern wie die Heiden, die meinen, sie werden nur erhört, wenn sie viele Worte machen. Macht es nicht wie sie; denn euer Vater weiß, was ihr braucht, noch ehe ihr ihn bittet.* Der Wind bläst nun sehr stark, und wir suchen in der kleinen Kirche Schutz. Dort treffen wir keinen geringeren als Schoseff, ganz allein! Ich grüße ihn, er brabbelt irgend etwas; es muß ihm gelungen sein, nun endlich auch seine Mitabenteurer abzuhängen. „Ich sehe Mario nicht, siehst du ihn?" „Nein, er ist nicht da", antwortet Nick; „warte mal." Und dann singt er aus voller Kehle „*Strensame ... col fil de fero ...*" Aber niemand antwortet. Wir warten mit dem Mittagessen auf die Mädchen. Als wir sie kommen sehen, steige ich wieder auf den kleinen Hügel und improvisiere einen kleinen Willkommensritus. Vale ist erschöpft, körperlich oder seelisch, das weiß ich nicht; sie schleppt sich vorwärts, das Kreuz scheint sie anzuziehen wie ein Magnet. Sie legt ihren Stein ab und schreit förmlich: „Vater, nicht mein, sondern dein Wille geschehe." Pause. „Und sieh auf die, die diesen Moment mit mir teilen!" Sie liegt auf den Knien, tief versunken und von einem Gedanken oder einem Gebet ergriffen, das sie innerlich erschüttert. Als sie wieder aufsteht, schließen wir uns unseren Freunden wieder an. „Und Mario? Wo ist er?" erkundigt sie sich. „Frag mich nicht", antworte ich barsch, „er hat unsere Brötchen, und es war seine Idee, daß wir uns hier treffen sollten, da kannst du dir wohl denken, daß ich mir Sorgen mache." „Ach was, der *Camino* ist eben so, früher oder später finden wir ihn, meinst du nicht?" entgegnet sie. „Ja, schon. Aber ich mache mir trotzdem Sorgen." Ich esse, was meine Freunde mir anbieten, und breche gemeinsam mit Nick wieder auf.

Vor der Pilgerherberge von Manjarín steht ein Wegweiser, der angibt, wie weit wir von anderen Orten auf dem Erdball entfernt sind, zum Beispiel „Rom 2475 km" und „Jerusalem 5000 km". „Santiago 222 km"! Darüber weht die Fahne der Templer. Dieser Ort ist anders als alle anderen, an denen wir bisher gewesen sind. Ein *Hospitalero* namens Miguel nimmt uns in Empfang und erklärt uns, daß es keine Elektrizität und kein fließendes Wasser gibt. Man hat hier wirklich wenig Annehmlichkeiten, es ist ein bißchen wie in einer Hütte in den Bergen. Der Eindruck ist überaus würdig. Wir bitten um den Sello, und er drückt uns einen roten Stempel in unsere *Credenciales,* mit einem T in der Mitte und darunter dem Motto der Templer *Non nobis:* „Nicht uns, o Herr, nicht uns, sondern deinem Namen gib die Ehre." Wir beschließen, einen Kaffee zu trinken, und müssen warten, bis der *Hospitalero* uns Kanne und Tassen bringt. In der Zwischenzeit besichtigen wir das Innere der Hütte und stöbern in den Büchern und anderen Dingen herum, die in schönster Unordnung überall verstreut liegen. Die Mädchen kaufen Anstecknadeln, Nick entdeckt eine spanische Bibel und setzt sich an einen Tisch, um darin zu blättern. Ich setze mich zu ihm. „Uuuuuund?!" schreit Vale plötzlich, während sie und Maura einem ankommenden Pilger entgegenlaufen; auch wenn ich ihn von hier aus nicht genau erkennen kann, kommen mir sein Hut und seine Sonnenbrille ausgesprochen bekannt vor. Er stößt zu uns, nimmt sich den Rucksack von den Schultern, zieht den Hut aus, wischt sich zunächst mit der Hand, dann mit einem Taschentuch den Schweiß ab, setzt sich auf das Mäuerchen hinter uns und seufzt. Wir warten natürlich alle auf eine Erklärung, einen Bericht darüber, was ihm passiert ist, da er sich nicht einmal zum Mittagessen am Kreuz hat blicken lassen. Verblüfft höre ich ihm zu, wie er widerstrebend eine Erklärung abgibt, von wegen er sei „zunächst vor uns", „dann aber hinter uns" gewesen, „vorgelaufen" und schließlich „zurückgeblieben" und dann ...

Meine Miene verrät, *daß ich innerlich nach den wahrhaft vernichtenden Worten* ringe, *die ich ihm ins Gesicht schleudern* oder mit denen ich ihm wenigstens begreiflich machen kann, welche Sorgen mir der Gedanke, was ihm alles zugestoßen sein könnte, mir den ganzen Vormittag über bereitet hat. Alles, was ich sage, ist jedoch: „Hast du schon gegessen?" „Nein, ich wollte damit warten, bis ich euch gefunden habe." Er zieht den Proviant aus dem Rucksack, und wir machen uns Brötchen. Es ist drei Uhr nachmittags. Während Miguel mit dem Kaffee kommt, versucht sich Nick mit lauter Stimme an der spanischen Fassung des Psalms 139:

Herr, du hast mich erforscht und du kennst mich.
Ob ich sitze oder stehe, du weißt von mir.
Von fern erkennst du meine Gedanken.
Ob ich gehe oder ruhe, es ist dir bekannt;
du bist vertraut mit all meinen Wegen.
Noch liegt mir das Wort nicht auf der Zunge –
du, Herr, kennst es bereits.
Wohin könnte ich fliehen vor deinem Geist,
wohin mich vor deinem Angesicht flüchten?
Steige ich hinauf in den Himmel, so bist du dort;
bette ich mich in der Unterwelt, bist du zugegen.
Denn du hast mein Inneres geschaffen,
mich gewoben im Schoß meiner Mutter.
Deine Augen sahen, wie ich entstand,
in deinem Buch war schon alles verzeichnet;

meine Tage waren schon gebildet,
als noch keiner von ihnen da war.

„Und wie heißt es am Ende?", unterbreche ich ihn. „Da ist ein Vers, in dem von einer Straße, einem Weg die Rede ist. Schau doch mal ein Stückchen weiter unten." „Ja, der hier: Erforsche mich, Gott, und erkenne mein Herz, / prüfe mich und erkenne mein Denken! / Sieh her, ob ich auf dem Weg bin, der dich kränkt, / und leite mich auf dem altbewährten Weg!" Wer weiß, wie die Augen des Vaters uns sehen, jene Augen, die im Gleichnis vom verlorenen Sohn Tag für Tag nach dem Heimkehrenden Ausschau hielten ... jene Augen, die nun auf mich blicken, weil – wie es in dem Psalm heißt, den Nick gerade gelesen hat – er mich erforscht, „ob ich gehe oder ruhe".

Wir machen uns wieder auf den Weg. Die Sonne scheint. Ich halte mich abseits von den anderen, um den Rosenkranz zu beten. Der *Camino* führt deutlich bergauf und folgt dem Verlauf der asphaltierten *Carretera,* dann fällt er steil ab und gibt den Blick auf die gegenüberliegende *Valle del Silencio* frei. Diese Aussicht erinnert an die, die man auf dem Weg vom *Monte Grappa* nach Crespano hinunter hat, ehe man in den Saumpfad der Gebirgsjäger einbiegt. Nur der Ginster und das Heidekraut, das uns seit heute morgen begleitet, machen den Unterschied aus. Ein guter Platz fürs Paragliding oder für die Flugkunststücke von Raubvögeln – aber weniger gut für die Knie. Es ist vergeblich, das übliche unbezwingliche Gefühl von Freiheit oder Unendlichkeit beschreiben zu wollen, das mir die Kehle zuschnürt, wenn wir durch Landschaften wie diese hier pilgern, die in Wirklichkeit das Reich des Windes und der Stille sind. Als ich so allein in der prallen Hitze der senkrecht stehenden Sonne unterwegs bin, will ich genauer wissen, wo ich eigentlich hingehe. Ich greife in meine Hosentasche und ziehe die Kopie der Karte unserer heutigen Etappe heraus. Das nächste Dorf heißt El Acebo und ist das erste des Bierzo. Als ich die Karte zurückstecke, bekomme ich das Büchlein mit dem Brief aus Taizé zwischen die Finger, das Maura mir gegeben hat. Manche Sätze sind gelb angestrichen, und nun habe ich Zeit, sie noch einmal zu lesen.

Frère Roger schreibt:

Selig, die sich danach sehnen, einer Zeit des Vertrauens und der Einfachheit entgegenzugehen! Sie wollen keine Meister der Ruhelosigkeit, sondern Diener des Vertrauens sein (...) Schon vor Christus lud die Schrift dazu ein, sich der Hoffnung zuzuwenden: Erinnert euch nicht mehr an das Vergangene, denkt nicht mehr an das Alte! Siehe, ich mache etwas Neues: Gerade jetzt keimt es auf, bemerkt ihr es denn nicht? (...) Angesichts des unbegreiflichen menschlichen Leidens wirst du jedesmal, wenn du die Bürde eines Unschuldigen erleichterst, von Christus besucht. Je mehr Schaffenskraft du aus dem Gebet schöpfst, desto mehr wirst du eine Fähigkeit entdecken, gemeinsam mit den anderen zu bauen (...) Gott erwartet, daß wir so lange wie möglich auf dem Weg der Vergebung gehen. Dort findet sich das Geheimnis einer Freiheit.

Ich bleibe stehen, denn da ist ein größeres Hinweisschild, das ich lesen möchte. Doch dann vergesse ich es sofort wieder, denn diese Worte klingen in meinem *Innern* nach und rufen eine ruhige Erregung in mir wach: „Erinnert euch nicht mehr an das Vergangene, denkt nicht mehr an das Alte! Siehe, ich mache etwas Neues: Gerade jetzt keimt es auf, bemerkt ihr es denn nicht? Gott erwartet, daß wir so lange wie möglich auf dem Weg der Vergebung gehen. Dort findet sich das Geheimnis einer Freiheit." Dann hat also dieses schwindelerregende Gefühl der Freiheit, das ich erlebe, seit ich den *Camino* gehe, etwas mit all diesen Akten des Hinnehmens und Verzeihens zu tun, zu denen ich hingeführt worden bin, während ich unterwegs war und betete, das heißt, während ich pilgerte und in meinem *Innern* das *schmerzhafte Geheimnis vom Ende aller Dinge* trug? Sollte Marios Anwesenheit dem Zweck dienen, unsere Familie und unsere Geschichte zu meinen Weggefährten zu machen? Schlagartig kommen mir die Worte in den Sinn, die Davide mir in der Nacht sagte, als mein Vater starb: „Vergib. Bete und vergib, das ist das einzige, was ihm dort, wo er jetzt ist, helfen kann." Die Vergebung ist so stark, daß sie auch die Toten erreicht und befreit: Das Wort Ende kennt sie nicht.

Wie sich alles ineinanderfügt! Es ist schwierig, dies schriftlich zu formulieren, aber es ist unmöglich, sich nicht von Gott behütet und wirklich begleitet zu fühlen. Ich fühle mich von ihm verstanden; gerade jetzt antwortet er mir mit diesen Worten und auf diesen Straßen. Alles, was geschehen ist, greift ineinander, wird hell und füllt sich mit Sinn. Es sagt mir, daß ich gehen soll, und es gibt mir eine Richtung, der ich folgen soll, einen *Camino,* auf dem ich durchs Leben pilgern kann: „Selig, die sich danach sehnen, einer Zeit des Vertrauens und der Einfachheit entgegenzugehen! Sie wollen keine Meister der Ruhelosigkeit, sondern Diener des Vertrauens sein. Gott erwartet, daß wir so lange wie möglich auf dem Weg der Vergebung gehen. Dort findet sich das Geheimnis einer Freiheit." Ich mache mich an den Abstieg und fühle mich plötzlich leichter. Ist das die Herrlichkeit, zu der uns die Auferstehung führt? Eine Lebenssituation, die das schmerzhafte Geheimnis, die Härte der Ablehnung und des Unverständnisses, die Auswirkungen von Egoismus und Haß bis zur Neige getrunken und mit Vergebung und Vertrauen erwidert hat? Wenn das die Herrlichkeit ist, dann ist diese Herrlichkeit das Leben, das ich suche. Diese inneren Wendungen sind von nichts Spektakulärem begleitet; alles ist reduziert auf die Last der Sonne und der Straße, alles ist still wie dieses Tal, das sich vor mir erstreckt. Ich gehe weiter und trage etwas Neues in meinem Herzen.

In El Acebo stoßen zunächst Nick und dann auch die Mädchen zu mir. Das Dörfchen ist malerisch, die *Calle 'Real* durchquert es vom Anfang bis zum Ende, und es ist von Pilgern belebt, die hier eine Pause machen. Ich suche Mario und finde ihn nicht, vielleicht ist er schon in Molinaseca. „Das meinst du doch nicht ernst!" ruft Vale aus. „So weit willst du noch gehen? Nein, nein, jetzt paß mal gut auf, wenn er nicht hier ist, dann steig ich an der nächsten Haltestelle aus." Wir gehen weiter, laut Karte ist in Riego eine *Ermita,* wo wir die Messe feiern können. Genau dort treffen wir auch meinen Bruder, der sich bereits oberflächlich mit dem jungen *Hospitalero* bekanntgemacht hat. Der hat die Tür aufgeschlossen und wartet nun auf unsere Entscheidungen. Wir analysieren die Lage: Wir sind müde, der Ort ist schön, die Pilgerherberge ist leer, es gibt eine kleine Kirche für die Messe, es ist neunzehn Uhr. Schlußfolgerung: Wir bleiben am besten hier.

Zu sagen, daß der *Refugio* schön ist, wäre untertrieben. Unsere Entzückensschreie steigern sich im Lauf unseres Erkundungsgangs in einem Crescendo, das schließlich in Mauras Fortissimo explodiert: „Dieser *Albergue* ist ein Geschenk Gottes!" Offenbar ist er erst vor kurzem renoviert worden: Alles ist neu. Wir gehen hinauf in die Zimmer; sie liegen an einem Flur, der auf einen offenen Balkon führt. Darüber erhebt sich ein Kirschbaum, der nur darauf wartet, geplündert zu werden. Außer uns ist niemand hier; wir können uns die besten Plätze aussuchen und es uns gemütlich machen, wobei wir unsere Aktivitäten immer wieder unterbrechen, um dem Baum einen Besuch abzustatten und die eine oder andere Zwischenmahlzeit auf Kirschbasis zu uns zu nehmen. „Ist dir eigentlich klar, wo du bist?!" frage ich Mario zum x-ten Mal. „Aber ja, hier ist es traumhaft schön!" Wir fragen Pedro, den *Hospitalero,* ob wir in der *Ermita* die Messe feiern können, und er geht die Schlüssel holen.

Das Kirchlein ist voller volkstümlicher Kunstwerke, der *Retablo* ist ein kleines Pantheon mit Heiligen in allen möglichen Trachten. Das kleine Gotteshaus ist vernachlässigt, man findet noch die Spuren einer vor nicht allzu langer Zeit gefeierten Messe, doch es übt dieselbe Faszination aus wie alle Kirchen des *Camino.* Ich bereite mich für die Messe vor, wobei ich zum Teil die Dinge benutze, die ich bei mir habe, und zum Teil das, was ich in der Sakristei vorfinde. Da heute das Fest des heiligen Johannes des Täufers ist, ziehe ich aus einer Kommode ein altes weißes, besticktes Meßgewand, um die Liturgie etwas feierlicher zu gestalten. Tatsächlich hat die Feier, da wir unter uns sind, einen eher familiären und fast vertraulichen Charakter, vor allem bei der Predigt, die ich Nick zuliebe auf englisch halte. Eine mühselige Angelegenheit, obwohl ich wie üblich versuche, die Gedanken zu zerlegen und in ganz einfache und elementare Sätze zu fassen. Ich habe versucht zu sagen, daß Johannes im Leben und im Sterben der Vorläufer der Messias gewesen ist, daß er Jesus den Weg bereitet hat, und zwar durch die Verkündigung, die Taufe und die Buße: „Bitten wir darum, daß wir unserem Johannes dem Täufer begegnen. Und wenn das schon geschehen ist, dann wollen wir darum bitten, daß wir jenen Weg nie vergessen, den wir mit ihm gemeinsam gebahnt haben, um Jesus kennenzulernen. Damit wir, was auch geschieht – denn im Leben kann alles geschehen –, immer in der Lage sind, den Weg zum Herrn, der uns entgegenkommt, weiterzugehen."

Jetzt bin ich im Bett und schreibe im Licht der Nachttischlampe, nachdem ich wie üblich meine Blasen verarztet habe. Nach der Messe haben wir in einem kleinen Restaurant in der Nähe der

Hauptkirche von Riego zu Abend gegessen. Die Straße ist von weiteren Kirschbäumen gesäumt, reife Kirschen sind heruntergefallen und liegen wie ein Teppich auf dem Asphalt. Noch ein Festschmaus. Hinter der Kirche duftet das gerade geschnittene Gras der Wiesen. Wir sind in einem Winkel des Paradieses gelandet. Beim Abendessen haben ernste und heitere Gespräche einander abgewechselt. Wir sind wirklich glücklich. Pedro war sehr freundlich und hat uns erklärt, wie wir morgen früh das Tor öffnen und wie wir uns einen Kaffee machen können.

Ich knipse das Licht aus und starre noch eine Weile mit geöffneten Augen ins Dunkel, um auf die kaum wahrnehmbaren Geräusche der Nacht in einem *Albergue* zu lauschen, um mir zu sagen, daß es mir unmöglich erscheint, daß das, was geschieht, wirklich geschieht. Das, was in meinem *Innern* geschieht. „Erinnert euch nicht mehr an das Vergangene, denkt nicht mehr an das Alte! Siehe, ich mache etwas Neues: Gerade jetzt keimt es auf, bemerkt ihr es denn nicht?"

Von Riego de Ambrós nach Villafranca del Bierzo, Dienstag, 25. Juni

Wir stehen um halb sechs auf. Wie schön ist diese frühe Morgenstimmung mit ihren langsamen und stillen Rhythmen: Gesicht waschen, Rucksack packen, getrocknete Wäsche einsammeln, Kaffee kochen.

Wie gut ist und tut die erste frische Luft auf dem Gesicht, gleich nachdem wir den *Refugio* verlassen haben. Wie kostbar sind die ersten Schritte der ausgeruhten Füße auf dem menschenleeren Asphalt. Wie verheißungsvoll ist das erste Licht des Tages, wenn die Sonne noch nicht aufgegangen, es aber auch nicht mehr dunkel ist. Die Nacht hat der Welt ihre Ruhezeit auferlegt, und diese Ruhezeit ist noch nicht vorüber. Deshalb gehen wir ohne Hast: Auch das Leben um uns herum hat sich noch nicht wieder ganz entfaltet.

Der *Camino* führt bald aus dem Dörfchen heraus und dann rasch bergab durch ein Gehölz mit uralten, dickstämmigen Bäumen, unversehrten Geschöpfen eines Waldes, der einen Platz unter den faszinierendsten Erinnerungen unserer Pilgerfahrt erhalten wird.

Sobald wir uns bergab bewegen, fangen die Kirschbäume wieder an. Einige strecken uns ihre Äste entgegen, was unsere Vorgänger unzweifelhaft ausgenutzt haben, denn soweit man mit der Hand hinauflangen kann, sind sie leergepflückt. In Molinaseca überqueren wir eine wunderschöne römische Brücke, unter der sich eine *Playa fluvial* befindet. Gleich hinter den Häusern führt der *Camino* an einem weiteren Feld mit Kirschbäumen entlang, das nicht im mindesten eingezäunt ist. Ohne uns abzusprechen – wie immer, wenn Urinstinkte hervorbrechen – stürzen wir uns alle zusammen unter die Bäume und pflücken Kirschen, bis wir nicht mehr können: Sie sind süß und köstlich! Mit meiner besonderen Eßtechnik, die ich mir schon als Kind ausgedacht habe (und die darin besteht, zehn Kirschen gleichzeitig direkt hinter die untere Zahnreihe zu stecken, sie mit einem energischen Ruck von den Stielen zu reißen und dann die Kerne wie eine Maschinengewehrsalve auszuspucken), verputze ich mindestens eineinhalb oder zwei Kilo. Mein Bruder, der mir dicht auf den Fersen ist, ist zwar nicht so gierig, aber nicht weniger gefräßig als ich. „Hast du keine Angst, dir den Magen zu verderben?" frage ich ihn in einer kurzen Pause zwischen einer Portion und der nächsten. „Ich habe nur Angst vor dem Bauer und seiner Zielsicherheit!" antwortet er ernsthaft und konzentriert. „Seiner was?" Er, der sich in der Zwischenzeit den Mund schon wieder mit Kirschen gefüllt hat, macht mit den Armen die Geste eines Jägers mit angelegtem Gewehr. Wir wandern alle mitten durch die Pflanzung, pflücken bald hier und bald da, bis wir schließlich trotz aller Gier nicht mehr können. Es tut mir fast leid, daß ich nicht mehr Platz in meinem Magen habe. Zutiefst dankbar für dieses außerplanmäßige Festessen drehe ich mich, ehe ich das Gelände verlasse, noch einmal zu den Bäumen um, liebkose sie mit einem zärtlichen Blick und verabschiede mich von ihnen: „Ich danke euch, ihr Kirschbäume von Molinaseca und vom Bierzo: Ich danke euch für eure Gastfreundschaft und für eure Früchte, die ihr uns gestern und heute geschenkt habt. Vergelt's Gott!"

Heimlich machen wir uns davon, Richtung Ponferrada, nicht ohne uns auf den ersten Metern immer wieder einmal umzudrehen und nachzusehen, ob nicht vielleicht doch Bauern mit Gewehren hinter uns her sind. Der *Camino* führt in leichtem Auf und Ab bis in Sichtweite der Stadt. Es ist einer dieser vielen

Straßenabschnitte, auf denen man nicht mit Worten betet oder bewußt meditiert, auf denen man nichts Bestimmtes betrachtet, sondern einfach nur einen Fuß vor den anderen setzt, während der Kopf leer ist vor Hitze und Erschöpfung. Kurz vor der Brücke, die in die Stadt hineinführt, halten wir an, weil Maura in eine Apotheke gegangen ist, um sich einen Stützverband zu kaufen. Eine alte Frau *mit Feueraugen* bleibt bei uns stehen, um uns die Geschichte von einem aus Ponferrato zu erzählen, der eines Tages einen Pilger fragte – genau wie sie es nun mit uns tut –, woher er komme. Der Pilger antwortete: „Von allen Orten und von einem im Besonderen." Sie sieht uns an. „¡Das war *Jesucristo!*" Dann setzt sie sich wieder in Bewegung, und wir folgen ihr. „Auch ich habe *El Camino* gemacht. Ihr müßt Mut haben, denn er ist eine große Buße." Wieder sieht sie uns an, geht dabei jedoch weiter. „Doch um sich zu retten, muß man Buße tun." Wie sie gekommen ist, so geht sie auch wieder, mit dem Schritt eines Menschen, der Wichtigeres zu tun hat. Sie trägt uns auf, dem *Apostol* einen *Abrazo* von ihr zu geben, wenn wir dort ankommen.

Die alte Frau hat recht. Je näher ich Santiago komme, desto stärker wird mir bewußt, daß die erste Bußübung – noch vor dem Umgang mit mir selbst – der Umgang mit den Dingen ist. Jeden Tag üben wir uns darin, sie geduldig hinzunehmen, weil wir hoffen, daß wir damit im Grunde den Willen Gottes tun: indem wir alles erdulden, was das Leben und der *Camino* eben mit sich bringt. Es ist ein Akt, mit dem wir uns in seine Hände geben.

Diese ganze Hitze beispielsweise oder der Gestank des Verkehrs in der Stadt können mit Geduld, das heißt mit Dankbarkeit und Frieden angenommen werden. Der Herr schickt uns die Hitze, gesegnet sei die Hitze. Er schickt uns die Lastwagen, gesegnet seien also auch die Lastwagen und die, die sie fahren. Auf diese Weise lernen wir, mit allem zufrieden zu sein. Diese Geduld schafft in uns die Bereitschaft, den Herrn nur machen zu lassen. Und das ist es, was uns retten wird. Diese Bereitschaft lehrt uns, auch in anderen Dingen auf Ihn zu vertrauen. Anzuerkennen, daß wir in den täglichen Bedürfnissen von seiner Vorsehung gehalten und getragen sind, hilft uns, auch in den wichtigeren und weniger alltäglichen Dingen Vertrauen zu haben. Doch dieses Vertrauen wäre nicht da, wenn es nicht mit der Buße der kleinen Dinge beginnen würde. Die Pilgerschaft lehrt uns Gottvertrauen. Ich denke, daß ein Pilger in jedem, der ihm begegnet, dieses Vertrauen wecken müßte.

Wir kommen an der Templerburg und an der Basilika Nuestra Señora de la Encina, der Schutzpatronin des Bierzo, vorbei: Diese Kirche wurde erbaut, um ein Bild der Gottesmutter aufzubewahren, das der Überlieferung zufolge den Tempelrittern in einer Eiche *(Encina* auf spanisch) erschien, als sie diese gerade fällen wollten, um ihre Burg zu bauen. In der Kirche hat die Messe eben erst begonnen, und so bleiben wir dort. Gerade ist ein Satz aus dem Evangelium vorgelesen worden, der meine Gedanken von vorhin über die Buße fortsetzt. Jesus sagt: „Geht durch das enge Tor! Denn das Tor ist weit, das ins Verderben führt, und der Weg dahin ist breit, und viele gehen auf ihm. Aber das Tor, das zum Leben führt, ist eng, und der Weg dahin ist schmal, und nur wenige finden ihn." In dem kleinen Meßbuch, aus dem ich die Texte mitverfolge, finde ich folgenden Kommentar: „Das Heil ist schwierig und verlangt Verzicht. Man gelangt nicht durch eine geräumige und leichte Tür dorthin, sondern durch einen engen, schwer zu überschreitenden Pfad. Mit Bequemlichkeit kann man seine Seele nicht erlösen. Jesus hat uns am Kreuz erlöst." Die Worte der Alten von der Brücke.

Ponferrada wieder zu verlassen gestaltet sich schwieriger als erwartet, weil die Pfeile an einem bestimmten Punkt verschwinden. Wir finden sie nur dank der Tatsache wieder, daß auf der Karte der *Guida Rossa* der *Camino* an den *Correos* vorbeiverläuft, und so folgen wir den Wegweisern zum Postamt. Als wir den Asphalt schließlich hinter uns haben, führt uns ein Fahrweg in Richtung Columbrianos. Es ist Mittagszeit, die Sonne steht im Zenit, die Landschaft ist wieder typisch spanisch: Störche, weite, wellige, reglose, von Hügeln begrenzte Felder, Landhäuser, Staub, Sonne, Pilger. Wie immer nehme ich dieses Licht und diese Farben gierig in mich auf, um mir einen Vorrat davon anzulegen. Wieder stelle ich fest, daß es mir an Worten fehlt, um sie zu beschreiben. Wenn es nach mir geht, sollen nicht einmal die Steine, die ich mit meinem Stab zur Seite kicke, dem Vergessen der kommenden Jahre anheimfallen. Ich stelle fest, daß ich Angst habe vor dem Ende der Pilgerfahrt. Ich habe Angst und sehne es herbei, das heißt, ich sehne mich mehr als je zuvor danach, in Santiago

anzukommen. Columbrianos empfängt uns mit seinen menschenleeren, sonnenbeschienenen Straßen, die *Siesta* und *mucho calor* ausstrahlen: die schwebende Atmosphäre, die immer dann
herrscht, wenn das Leben sich eine notwendige Pause gönnt. Es
ist Zeit zum Essen, wir gehen in eine geöffnete Bar in der Ortsmitte. Wir bestellen Thunfischbrötchen, aber sie haben nicht genug Brot, und wir müssen warten, bis sie ihre Vorräte aufgefüllt
haben. Im Fernsehen wird gerade Deutschland-Korea übertragen,
unnötig zu sagen, zu wem wir halten. Der ältere Mann rechts von
mir verfolgt die Partie mit starrem Blick, weit geöffnetem Mund
und Händen, die eine ununterbrochene Patience auf der Tisch-
platte legen. Wir gehen hinaus, eine blendende Sonne stürzt sich
auf uns. Wir hoffen, daß wir in Fuentes Nuevas Wasser finden,
wenn nicht, sehe ich schwarz. Gott und dem heiligen Jakobus
sei Dank: Gegenüber der Bar des Dörfchens gibt es eine *Fuente*
mit einem Gummischlauch; die ersten Schlucke haben den charakteristischen Geschmack von Plastik, das in der Hitze weich
geworden ist. In Camponaraya treffen wir wieder auf Leute und
Verkehr. Nick und ich setzen uns auf den Bürgersteig in den
Schatten und warten auf die anderen. Links von uns sehe ich
ein Hinweisschild: „Vivaios". „Ah, guck mal!" sage ich zu Nick,
„ich gehe ein paar Lebensmittel einkaufen." Ich biege in die erste
Calle ein und finde kein einziges Geschäft. Als ich am Ende der
Straße angelangt bin, gehe ich in umgekehrter Richtung durch
die Parallelstraße und finde das gleiche Schild, das ich an der
Hauptstraße gesehen hatte. Seltsamerweise gibt es keine Schaufenster. Ich versuche die Tür zu öffnen, doch sie ist geschlossen.
Ich drücke noch einmal fester dagegen, habe jedoch Angst, Alarm
auszulösen. Eine Frau kommt mir zu Hilfe, die sich mit einem
Bündel Tomatenpflanzen nähert. Der Hof jenseits des Gittertors
ist voll mit Pflanzen derselben Art. Jetzt wird mir klar, daß *Vivaios* nicht Lebensmittel *(Viveri)* heißt, sondern dem italienischen
Wort für Gärtnerei *(Vivai)* entspricht. Ich kehre um, entschlossen, den anderen nichts von dieser Blamage zu erzählen. „Es war
geschlossen", sage ich, und das ist nicht einmal gelogen.

  Ich möchte *Nomadi* hören. Die Batterien sind fast leer, aber
es reicht noch. Maura hatte zwar neue gekauft, doch nach dem
Bezahlen die neuen liegengelassen und statt dessen die alten mitgenommen.

Langsam gehen wir durch Cacabelos hindurch bis zur Brücke über den *Río Cúa* mit seiner *Playa fluvial* samt Sprungbrett und Kindern, die sich in die Fluten stürzen. Nick braucht einen Augenblick, bis er begriffen hat, was er da sieht; unmittelbar darauf steht er schon in Badehose auf dem federnden Holzbrett. Maura holt uns ein, hinter ihr schleppen sich Vale und Mario dahin. Kurz darauf sind wir an der Wallfahrtskirche der *Virgen de las Angustias* mit angeschlossenem *Refugio,* wo wir übernachten könnten: eine kleine Ansammlung von Hütten, die hufeisenförmig um einen Hof herum angeordnet sind, und in dem Hof sitzt, umgeben von beifälligen Zuhörern – unser Schoseff. „Neiiiiiin!" kreischt mein Bruder, „wir gehen!" „Aber bis Villafranca sind es noch über zwei Stunden", halten die Mädchen dagegen. „Wir werden langsam gehen. Wir machen Pausen", sage ich ebenfalls unnachgiebig und mache mich auf den Weg, gemeinsam mit Nick, der mich ermutigt weiterzugehen.

Wir pilgern, in Gedanken versunken. „Erklär mir, wie man den Rosenkranz betet", bittet mich Nick. Ich nehme einen der Fingerrosenkränze, die ich in Lourdes gekauft habe, gebe ihn ihm und zeige ihm, wie man ihn benutzt. Er lernt schnell die Geheimnisse der verschiedenen Tage und die einfache Abfolge der Gebete; als ich mich mit meinem *poor English* daran wage, ihm etwas von dem Sinn der ganzen Sache zu erklären, verblüfft er mich mit einem zusammenfassenden „ad Jesum per Mariam".

Ich muß mir ganz rasch und kurz notieren, daß dieses *to add* – hinzufügen, addieren – ein gesegnetes Verb ist: Ich benutze es zweihundertmal am Tag, um Nick die unterschiedlichsten Sachen zu erklären. Na ja, vielleicht nicht zweihundertmal, aber mindestens ebensooft, wie er seinem Staunen und seiner Verwunderung mit einem „amazing!" Ausdruck verleiht.

Er fragt mich nach den Evangelien, nach ihrer Unterschiedlichkeit, ob es nicht denkbar wäre, daß die Gottesmutter an der Entstehung des Lukasevangeliums beteiligt gewesen sei: „Ganz sicher, zumindest bei den Ereignissen in der Kindheit Jesu. Unter den Zeugen, die er am Anfang erwähnt, ist sicherlich auch Maria gewesen." Das macht ihn froh, macht uns froh: Die Muttergottes hat auch an uns gedacht, als sie dem Evangelisten die Dinge erzählte, die sie *in ihrem Herzen bewahrt* hatte.

Als wir in Villafranca ankommen, sind wir müde, besser gesagt, erschöpft. Es ist ungefähr neun. „Fünfunddreißig Kilometer", staunt Nick, während wir uns an der Einmündung des Weges ausstrecken, der zum städtischen *Refugio* führt. Wir sind unschlüssig, ob wir hier übernachten oder bis zu der Pilgerherberge weitergehen sollen, die in der Nähe der Jakobuskirche liegt, wo sich auch die berühmte *Puerta del Perdón* befindet. „Was ist das?" fragt er mich. „Eine Tür der Kirche. Ein Papst hat verfügt, daß kranke oder sterbende Pilger den Ablaß auch bekommen konnten, wenn sie durch diese Tür hindurchgingen, ohne daß sie bis nach Compostela pilgern mußten." Valentina kommt, ihr Gesicht ist eine Maske von Schmerz und Zorn, ihre Augen sind verdächtig gerötet. Sie muß vor kurzem geweint haben. Mario und Maura sehen auch nicht gerade fröhlich aus. Sie reagieren sich ab, indem sie abwechselnd mich und die gerade zurückgelegte Strecke mit den phantasievollsten Schimpfnamen belegen. Trotzdem kann ich sie davon überzeugen, die andere Pilgerherberge auszuprobieren, damit wir wenigstens die Tür sehen. („Weißt du, was ich von dir halte, von dir und deiner Sch…tür?", hat Vale ihre Tirade gerade beendet.) Die Kirche ist geschlossen, die Tür auch, aber ich fotografiere sie dennoch in dem ehrfürchtigen Bewußtsein, ein wichtiges Monument des *Camino* vor mir zu haben. Wir kehren zum städtischen *Albergue* zurück und vereinbaren mit den *Hospitaleros*, daß sie bis halb elf auf uns warten sollen, während wir uns in der Stadt etwas zu essen suchen. Wir gehen hinaus; der Schlafsaal ist voller Pilger, und wir haben mit Mühe ein paar freie Betten gefunden. Während wir im Ort nach einem Platz zum Abendessen suchen, haben wir Gelegenheit zu einem ausführlichen Rundgang durch Villafranca – ein entzückendes Dorf. Während des Abendessens macht Vale, die mit den Nerven am Ende ist, mir noch mehrere Male harsche Vorwürfe, weil ich sie heute so weit habe gehen lassen; Nick kündigt an, daß er sich von uns trennen wird. Er muß bis zum 30. Juni in Santiago ankommen, und mit unserem Tempo wird ihm das nicht gelingen. Vielleicht ist es das, was mich am meisten schmerzt: ihn so zu verlieren, ohne auf diese Eventualität vorbereitet gewesen zu sein. Ich habe mir seine E-Mail-Adresse geben lassen, er hat uns gebeten, daß wir uns nicht aus den Augen verlieren („Keep in touch, please!"). Doch die Trauer ist noch nicht verarbeitet; die Krise des

Abschieds ist noch nicht gänzlich gebannt. Deshalb bitte ich ihn, mir hier, auf der letzten Seite meines Notizbuchs, eine Botschaft zu hinterlassen. Sein Testament.

Wir gehen zurück, es ist kalt, gleich schlägt die Stunde der Wahrheit. Es ist genau fünf nach halb elf, als wir an der Tür des *Albergue* ankommen. „Sie ist zu!" rufe ich halb überrascht, halb besorgt. Drinnen ist alles dunkel, kein Lebenszeichen. „Die kann doch nicht zu sein, um Gottes willen! Du willst mir doch nicht sagen, daß sie nicht noch zwei Minuten länger auf uns warten konnten?" ruft Vale außer sich. Maura packt den Türgriff und zieht und drückt mit aller Kraft. Dann probiert es Mario, dann Nicolas. Nichts zu machen. Jemand kommt, offenbar ein *Hospitalero*, genauso ausgesperrt wie wir. Er tastet die Fenstersimse ab, als ob er dort nach einem Schlüssel sucht. Er findet keinen und geht, wie er gekommen ist. „Und was jetzt? Ihr wollt mir nicht sagen, daß wir jetzt hier draußen bleiben?" regt Maura sich auf. Das ohnmächtige Schweigen, mit dem wir ihr antworten, bringt sie nur noch mehr in Rage. Wir fangen an, gegen die Fenster zu schlagen. Die verheerende Kombination aus Müdigkeit, einer Urangst, die hier draußen im Dunkeln in uns aufsteigt, und Zorn über die Pflichtvergessenheit der *Hospitaleros* löst eine beängstigende Abfolge von Schreien und immer heftigeren Schlägen gegen Türen und Fenster aus. Je länger es im Innern ruhig bleibt, desto höher wird unser Lärmpegel, bis wir echte Spitzenwerte erreichen. Ein Pilger kommt heraus, rasend vor Zorn; zum Glück ist er Deutscher, und wir verstehen nichts von dem, was er sagt. Verlegen – ohne uns für die Unannehmlichkeiten zu entschuldigen, die wir ihm bereitet haben, und ohne ihm dafür zu danken, daß er so freundlich war, uns hereinzulassen – drängen wir uns an ihm vorbei, werfen uns auf unsere Betten und versuchen einzuschlafen.

Ich muß noch warten, bis die Aufregung, die durch die Furcht, draußen schlafen zu müssen, und durch das Schreien und die Schläge gegen die Eingangstür in meinem Innern entstanden ist, sich wieder legt. Ich nutze die Zeit, um wieder an Nicks Worte zu denken: die, die er heute abend geschrieben hat und die aus diesen wenigen Tagen, die wir miteinander verbracht haben und die sich meinem Gedächtnis bereits unauslöschlich eingeprägt haben. Ich denke wieder an das, was ich ihm in meinem elementaren

Englisch angedeutet habe, mögen der Herr und Shakespeare mir verzeihen. Es ist etwas Geheimnisvolles an diesem Zusammentreffen von Worten und Lebensläufen hier auf dem *Camino*.

Und wie kommt es, daß wir uns trotz aller sprachlichen Hindernisse so gut und auf eine solche Weise verstanden haben? Was mich betrifft, so fällt mir bei dem Gedanken an das, was ich ihm zu sagen versucht habe, ein altes Sprichwort ein: *Rem tene, verba sequentur*. Das heißt: Halte dich eng an das Konzept oder an das, was du sagen willst, dann kommen die Worte von allein. Doch das, was er mir gesagt hat? Und das, worin wir uns ohne jede vorangegangene Verständigung einig gewesen sind? Ohne auch nur ein Wort darüber gesprochen zu haben? Wir haben Meinungen ausgetauscht und Urteile formuliert und uns dabei auf gewisse Verhaltens- oder Lebensregeln berufen, von denen wir unbewußt angenommen haben, daß der andere sie kennt. Jeder von uns hat diskutiert und vorausgesetzt, daß der andere ihn versteht und weiß, was er eigentlich meint. Das ist eine Erfahrung, die ich hier auf dem *Camino* mache, vor allem dann, wenn ich es mit Fremden zu tun habe und wir uns über die wichtigsten Dinge des Lebens unterhalten. Man stellt fest, daß es einen Kodex gibt, der allen gemeinsam ist, der uns verstehen läßt und uns beim Sprechen die Zuversicht gibt, verstanden zu werden. So war es auch mit Luis und Tom gewesen, ja sogar mit Edda und der Teutonin. Das muß das natürliche Gesetz sein, von dem Lewis am Anfang seines unvergleichlichen *Pardon, ich bin Christ* spricht. Ja, wir sind von demselben Geist erschaffen, uns ist dasselbe Gedächtnis und dasselbe Abbild eingeprägt. Wir sind Brüder und Schwestern. Wir wandern über dieselbe Straße. Wir suchen dasselbe Haus. Wir müssen alles tun, um niemanden auszusperren, der sich verspätet hat.

Wir sollten ihre lästigen Schläge gegen die Tür als Hilferuf deuten.

Von Villafranca del Bierzo nach O Cebreiro, Mittwoch, 26. Juni

Der Dominoeffekt funktioniert wie jeden Morgen: Wenn zwei oder drei aufwachen, folgen ihnen bald alle anderen nach. Heute fällt es uns recht schwer, uns wieder auf den Weg zu machen.

Während ich auf die Mädchen warte, sehe ich mir die Karte der *Guida Rossa* an. „O Cebreiro" als Etappenziel zu lesen, verursacht mir ein flaues Gefühl im *Innern*. O Cebreiro heißt Galizien, und Galizien heißt Santiago. Allein bei dem Gedanken, dem Ziel so nahegekommen zu sein, scheinen sich meine Eingeweide irgendwie umzusortieren. In der zarten Morgenstimmung, die von einem leichten Nebel eingehüllt wird, gehen wir zum letzten Mal an der *Puerta del Perdón* vorbei. Vale geht sehr langsam, ich weiß nicht, ob aus Rache für gestern oder weil sie wirklich Schmerzen hat. Maura, die Ärztin, diagnostiziert einen „niedrigen Blutzukkerspiegel", der eine möglichst schnelle Aufnahme von Zucker erfordere. Wir müssen also schnell eine Bar finden; deshalb beschleunige ich das Tempo. Dadurch werden wir uns jedoch letztendlich wieder aus den Augen verlieren: Also verabreden wir uns zum gemeinsamen Frühstück in der ersten geöffneten Bar, die wir finden werden. Bis zum Abzweig nach Pradela sehe ich keine Spur von einer Bar. Die *Carretera* ist beschwerlich und stark befahren. Diesen Abschnitt werde ich als einen der schlimmsten des gesamten *Camino* in Erinnerung behalten: Ganz alleine gehe ich am linken Straßenrand, Lastwagen und Autos rasen dicht an mir vorüber. Es ist kalt, der böige Wind ist unangenehm. Wenn ich den Fleecepullover anziehe, ist es dagegen zu warm. Dann weisen erste Schilder auf Straßenbauarbeiten hin, was bedeutet, daß der Streifen, auf dem die Pilger gehen können, bald noch knapper bemessen sein wird. Immer wieder verlangsame ich meine Schritte, setze mich auf die Leitplanke, sehe mich nach meinen Mitpilgern um: nichts. Der Weg nach Pereje führt an wunderschönen, uralten Kastanienbäumen vorbei, die mir vorübergehend wieder etwas von dem Frieden schenken, der mir an der *Carretera* abhanden gekommen war. Da bin ich nun, auf der Bank vor der einzigen Bar im *Pueblo,* der ersten seit Villafranca. Meine Weggefährten kommen nicht; nach einer Weile bin ich es müde, den Horizont nach ihnen abzusuchen. Zwei Pilger nähern sich, und ich frage sie, ob sie sie gesehen haben. Nein, sie haben sie nicht gesehen, niemand hat an der Straße angehalten, und auch sie bestätigen mir, daß es an der bisher zurückgelegten Strecke keine andere Bar gab. Aber wo um Himmels willen sind sie geblieben? Sie werden doch wohl nicht so verrückt gewesen sein und den Bergpfad nach Pradela genommen haben? Nach einer Stunde sind sie noch immer nicht da. Ich habe den Rosenkranz gebetet, ins Tagebuch geschrieben, doch jetzt mag ich nicht länger warten: Ich habe das Bedürfnis, meinen ausgekühlten Magen mit einem heißen Getränk zu beruhigen. Langsam werde ich unruhig. Ich frühstücke hastig: Wenn sie den anderen Weg genommen haben, werden sie jetzt schon über das nächste Dorf – Trobaldo – hinausgelangt sein. Ich gehe wieder los, und als ich dort ankomme, habe ich seit Villafranca schon zehn Kilometer zurückgelegt. Ich finde die Stelle, an der der andere Weg mündet; gerade biegt ein Pärchen von dort ein. Ich erkundige mich auch bei ihnen nach den anderen: Die beiden sind eine Stunde nach uns aufgebrochen und haben auf dem ganzen Weg keine Menschenseele getroffen. Also müssen sie vor mir sein, aber wie haben sie das nur gemacht? Ich sehe keinen Geringeren als Schoseff; er hat einen neuen Mitpilger, Franzose wie er selbst. Heute morgen freue ich mich sogar, ihn und sein von der Anstrengung ständig gerötetes Gesicht wiederzusehen. Ich gebe ihm mit der Hand ein Zeichen, daß er anhalten soll. Als ich ihn frage, ob er unterwegs meinen Bruder gesehen hat, antwortet er mit einem knappen Nein. Ich will von ihm wissen, ob er vielleicht auch seine Gruppe verloren hat, und er schnaubt; „Keine Ahnung, wo die abgeblieben sind! Zu langsam, zu langsam! Wir gehen schon seit vielen Tagen nicht mehr zusammen." Dann setzt er sich wieder in Bewegung, wie ein Zug, auch wenn sein Gang verrät, daß ihm die Knie wehtun.

Ich stelle meine Schulterriemen nach, stecke den Pilgerstab durch die Ösen und gehe ein ganzes Stück weiter über die N VI. Der Asphalt kommt mir fürchterlich hart vor; das Wasser in der Trinkflasche, die ich in den Rucksack gepackt habe, macht dasselbe schwappende Geräusch wie brechende Wellen. Im Weitergehen achte ich auf den immer schnelleren Rhythmus dieses Schwappens, der mir das Tempo vorgibt. Auf diese Weise fangen jedoch meine Blasen, *unerschütterlich und unerbittlich wie die Wahrheit,* nur noch heftiger an zu brennen. Wie die sich beeilt haben müssen! Ob es sein kann, daß ich sie nicht einhole? Als ich in La Portela ankomme, stoße ich auf eine ganz neu angelegte Ruhefläche, deren Einladung zum *Descanso* ich einfach nicht widerstehen kann. Ich nehme mir Nadel und Faden und mache mich daran, die unglückselige Blase am rechten Fuß zu verarzten, die ins Unermeßliche gewachsen ist. In der Hoffnung, daß der Fuß an der Luft ein wenig trocknet, ziehe ich die Socke nicht sofort wieder an. Eine Gruppe junger Pilger zieht an mir vorbei, eine typische Gemeindejugendgruppe. Ich grüße sie, aber sie erwidern meinen Gruß nicht; sie sind zu sehr damit beschäftigt, zu lachen, miteinander herumzualbern und Arm in Arm miteinander zu gehen. Sie verursachen mir Unbehagen. Ich wende mich wieder meiner Blase zu. Es kommt mir so vor, als ob sie meine Mühsal und die Mühsal von Mario, dem Gringo, Davide, Stefano an sich gerissen hätten: die Mühsal all derer, die die Straße ernst genommen haben. Wobei mit „ernst" nicht gemeint ist, daß man nicht lacht, sondern daß man die Pilgerschaft nicht parodiert. Ach ja. Aber vielleicht bin ich zu hart; ich sollte an die verschlossene Tür von gestern abend denken. Ich muß von der inneren Festigkeit leben, die der *Camino* mir gibt, von dem männlichen Mut, der mir hier geschenkt worden ist und der mir hilft, nicht vor heftigen Schlägen an die Tür zurückzuschrecken, die sich in Wahrheit als Hilferufe entpuppen. Vielleicht hat die lärmende Ausgelassenheit dieser jungen Leute gar nichts mit Oberflächlichkeit oder Desinteresse zu tun; vielleicht ist es einfach der Versuch, die Müdigkeit zu vertreiben; vielleicht ist es einfach Freude. Ich ziehe die Socke und den Schuh wieder an. Auch eine kleine Episode wie diese stärkt in mir das Bewußtsein, ein Pilger zu sein, der furchtlos voranschreitet und den Weg, den er geht, nicht als seinen Privatbesitz betrachtet, sondern mit allen redet und mit ihnen gemeinsam unterwegs ist. Ich darf sanftmütig, barmherzig und friedfertig sein; ich muß keine Angst haben, daß mir etwas weggenommen wird, weil mein Schatz in meinem *Innern* ist, er ist in dem sauberen und überquellenden Zimmer, das ich in diesen Tagen wiedergefunden habe. Und niemand kann ihn mir wegnehmen. Gerade weil ich ein Pilger bin, kann ich gelassen und ohne Groll oder Gift reagieren, wenn jemand gegen die Tür dieses meines Zimmers schlägt. Ich kann sogar ein Goldstück aus meinem Schatz nehmen und es verschenken. Auch dazu bin ich Priester.

Kaum ist das Lärmen der Gruppe verhallt, da entbrennt in mir – auf unerklärliche Weise, fast als hätte irgendwo vor mir ein Rattenfänger begonnen, seine Flöte zu spielen – der sehr starke, fast gewaltsame Wunsch, ganz rasch und um jeden Preis, notfalls auch allein, in Santiago anzukommen. *Nach Santiago! Nach Santiago!* hämmert es in mir. *Nach Santiago! Nach Santiago!* Wir haben es beinahe geschafft! Ist das nicht unglaublich? Ich muß nicht einmal die Augen schließen, um binnen weniger Augenblicke die bisher zurückgelegte Strecke zu sehen, von dem Moment an, als ich mich – in einer Sommernacht an meinem Schreibtisch in Rom – endlich dazu entschlossen hatte, den *Camino* zu gehen, bis hierher auf diese Bank. Tränen der Rührung steigen in mir auf. Es ist, als ob es nichts anderes auf der Welt gäbe als Santiago und mich. Das Bedürfnis anzukommen, den *Pórtico de la Gloria* zu sehen und die Statue des Apostels zu umarmen. Herr, Herr, wohin rufst du mich? Was willst du von mir? Was hat all das zu bedeuten? Dieses Glück, das aus einer *Sehnsucht* besteht, die einem *die Kehle zuschnürt?* Ich stehe auf, schultere meinen Rucksack und laufe los. Das Wasser in meiner Trinkflasche ist jetzt ein Ticken.

Die anderen sind auch nach dieser langen Pause nicht in Sicht gekommen. Ich hoffe nur, daß nichts Schlimmes passiert ist. Bis Ruitelan „fresse" ich Kilometer, jedes der Dörfer, durch die ich komme, ist schöner als das davor. Ich habe meine ersten Begegnungen mit galizischen Kuhherden, die von den Bauern auf die Weide getrieben werden. Nach Hunden, Schafen und Störchen ist dies die vierte Tierart, auf die ich mich schon zu Hause gefaßt gemacht hatte. Ich komme in eine *Casa rural,* wo ich mich mit einem Thunfischbrötchen und einem Eis versorge. Als sie erfährt, daß ich es nicht sofort essen will, wickelt mir die sehr freundliche Frau das Brötchen in Alufolie. Nach kurzer Zeit komme ich nach Las Herrerías; es sind keine acht Kilometer mehr bis O Cebreiro, und ich werfe mich auf eine Wiese in den Schatten. Ich ziehe den schweißgetränkten Rucksack ab, stelle ihn zum Trocknen in die Sonne und schlinge gierig mein Brötchen hinunter. Ich kann Sokrates und seine Rede am Anfang des Phaidon sehr gut verstehen, wo er – nachdem man ihm gerade die Handfesseln abgenommen hat – von der seltsamen Verbindung zwischen Schmerz und Wonne spricht. Keinen Rucksack zu tragen ruft dasselbe Gefühl hervor. Ich schalte das Denken ab, lege mir etwas über die Augen und halte ein Schläfchen.

Als ich aufwache, weiß ich nicht, wie lange ich geschlafen habe. Wo die anderen wohl sein mögen? Mir fällt ein, daß ich ein Handy habe, und sie auch! Vielleicht haben sie mich heute morgen angerufen, und vielleicht brauchen sie mich. Ich rufe an, aber sie können mir nicht sagen, wo sie sind, auf jeden Fall hinter mir. Sie versichern mir, daß sie in zwanzig Minuten bei mir sein werden. Es ist ein Uhr und sehr heiß. Ich schlafe wieder ein. Als ich wieder aufwache, ist es nach zwei, und sie sind noch nicht da. Ich rufe wieder an, sie haben angehalten. Verflixt, genau so habe ich mir den *Camino* nicht vorgestellt: gehen, warten müssen, sich verabreden, Pannen ausbügeln. Mario hat mir gesagt, ich solle im *Refugio* Betten für sie freihalten. Das haben wir bei anderen Pilgern immer verabscheut. Mario ändert seinen Stil, und dieser andere Stil gefällt mir nicht. Ich greife nach meinem Stock und gehe wieder los.

Laguna de Castilla, das letzte Dorf in León, liegt 1148 Meter über dem Meeresspiegel. Gemessen daran, daß mein Ziel 1300 Meter hoch liegt, bin ich schon recht weit gekommen. Die Dörfer in dieser Gegend haben alle kuhfladenverdreckte Straßen, Natursteinhäuser und mindestens eine *Fuente,* aus der man trinken kann. Ich schwitze und trinke viel. Endlich komme ich an den Anfang des legendären Aufstiegs nach O Cebreiro, den einige vermeiden, indem sie mit dem Taxi oder einem anderen motorisierten Verkehrsmittel hinauffahren. Von hier aus sieht er nicht schwierig und nicht einmal besonders lang aus. Allein der Gedanke, daß an diesem Weg die Stele steht, die den Beginn des galizischen Gebiets markiert, vervielfacht meine Kräfte. Die Hitze und der Rucksack lasten schwer auf mir, und doch fange ich an zu laufen. Besser gesagt: Ich laufe weiter, in demselben Rhythmus wie heute morgen, und auch jetzt treibt mich eine unbezwingbare Erregung voran. Ich überhole alle, die sich den Pfad hinaufschleppen. Ich denke an nichts, ich weiß nur, daß ich gleich in Galizien sein werde. Ich fange an zu singen, der Himmel zieht sich zu. Ich singe und pfeife die Sequenz *Veni Creator,* aus voller Kehle schmettere ich: *Consolator optime / dulcis hospes animae / dulce refrigerium.*

Doch als ich die Stele sehe, bekomme ich plötzlich weiche Knie; dann habe ich das Gefühl zu zittern, während ich gleichzeitig schneller gehe, um die Stele zu erreichen. Ich muß mich abreagieren und rufe Stefano an. „Ich kann es nicht glauben! Nach Santiago, nach Santiago!" Er hält das Gespräch eine ganze Weile lang aufrecht und gibt mir Zeit, Worte zu finden, die mir aber immer wieder zwischen den Stimmbändern verlorengehen. Erst als er mich fragt: „Und wie ist das Wetter? Scheint die Sonne?", sehe ich mich um und stelle fest, daß es regnet. Da ist der *Pueblo* O Cebreiro, genau so, wie ich es mir vorgestellt habe, mit seinen hier und da verstreuten *Pallozas,* überragt von der Kirche Santa Maria La Real, in der sich das Wunder von der Hostie ereignet hat, die zu Fleisch wurde, um einen Priester zu bekehren und im Glauben zu stärken, nachdem dieser es sich erlaubt hatte, über einen Bauern zu lachen, der trotz eines heftigen Schneesturms zur Messe hier heraufgekommen war. Sofort gehe ich in die Kirche. Auch hier habe ich wieder den Eindruck, nach Hause gekommen zu sein. Im Hintergrund läuft eine CD mit gregorianischer Musik; sofort erkenne ich das *Puer Natus.* Ich bin wie hypnotisiert von diesem Ort, aber nicht so weggetreten, daß ich den Pilger nicht sehe, der in einer der Bänke sitzt: „Tom!" rufe ich und laufe zu ihm, um ihn zu umarmen, wobei ich ihn aus seiner inneren Sammlung herausreiße und mitten in seiner Betrachtung überfalle, die er wie üblich mit dem Meßbuch hält. „Oh, Father …!" antwortet er mit seinem breiten, guten Lächeln. Wir berichten uns gegenseitig von den schon hinter uns und noch vor uns liegenden Etappen und verabreden uns fürs Abendessen. „Ich bin sehr froh, dich wiederzusehen, Tom!" „Ich auch, *Father!"* Ich verlasse ihn und steuere auf die Kapelle des Wunders und die Kniebank zu, die dort vor dem Tabernakel und dem Kelch steht, den der Priester bei *jener Messe* benutzt hat. Ich weiß nicht, wie lange ich dort geblieben bin, allein mit dem Herrn.

Die sehr geräumige Pilgerherberge am Ende des Dorfs gehört zum Herbergswerk, das die *Xunta de Galicia* (ich finde heraus, daß man das *Schunta de Galissia* ausspricht) organisiert hat, um das Pilgerwesen zu fördern. Ein großes Schild am Eingang erklärt, daß die Gastfreundschaft unentgeltlich ist, daß man aber einen *Donativo* hinterlassen könne, um die Arbeit des *Refugio* zu unterstützen. Infolge des schlechten Wetters ist der Boden schlammig und das Innere der Herberge ziemlich voll. Für jemanden, der wie wir die Einsamkeit Aragoniens kennengelernt hat, ist und bleibt es eine schockierende Erfahrung, sich für Bett und *Sello* in einer langen Schlange anstellen zu müssen, während ringsum ein Durcheinander aus plötzlichen Geräuschen und unbekannten Gesichtern herrscht, die man noch nie gesehen hat. In dem Zimmer, das sie mir zuweisen, ist es noch schlimmer: alles Deutsche, die sich benehmen, als ob sie hier zu Hause wären und es keine anderen Gäste gäbe, die beispielsweise gerne schlafen würden. Außerdem ist es kalt und sehr feucht, die Fliesen sind gefährlich rutschig, das Wasser in der Dusche nicht sonderlich warm. Wegen des Regens kommt Wäschewaschen nicht in Frage. Ich lege den Rucksack auf das Bett unter dem, das ich belegt habe, und hoffe, daß es keinem anderen Pilger zugewiesen wird, damit wenigstens Mario in meiner Nähe schlafen kann. Ich rufe die anderen an, um zu erfahren, wo sie sind. „In O Cebreiro!" schmettert Valentina. Ich trete hinaus in den Regen, um ihnen entgegenzugehen. Ich spähe in die Gassen, ohne sie zu finden. Ich rufe sie noch einmal an und erschließe mir aus ihren nebulösen Angaben, daß sie noch unterwegs und ein ganzes Stück entfernt sind. Ich gehe wieder ins Bett und lese noch einmal einige Abschnitte aus dem Brief von Frère Roger, den ich jetzt immer in meiner Hosentasche bei mir trage:

Wir, die wir Christus folgen möchten, sind in unserer Kindheit, im Laufe unseres Lebens vielleicht gedemütigt oder auch abgelehnt worden. Es kommt der Tag, da uns dies bewußt wird: Ich kann nicht stehenbleiben, ich will denen entgegengehen, die mich verletzt haben. Und wir werden folgendes entdecken: Wenn wir das Risiko des Vertrauens eingegangen sind, dann weitet sich unser Herz. Und dann geschieht das Unverhoffte: Die Versöhnung wird an dem Frieden und an der Freude erkennbar, die sie hervorruft (...) Eine innere Freiheit kann sich in uns entfalten, wenn die Kirche die Tore der Freude aufhält (...) Je näher wir der Freude und Einfachheit des Evangeliums kommen, desto ansteckender wird unser gläubiges Vertrauen.

Ja, ich bin nicht mehr weit von diesem Frieden und dieser Freude entfernt. Sie scheinen mir zum Greifen nahe.

Getröstet schlafe ich ein, werde aber vom Lärm meiner Mitpilger brutal geweckt: von einem besonders, der halbnackt herumläuft und dem die Kälte offenbar nichts anhaben kann. Ich setze mich aufs Bett, betäubt und mit einem Gewicht, das mir den Schädel eindrückt, einem Stahlträger, der sich, je nachdem, wie ich den Kopf drehe, wie die Luftblase in einer Wasserwaage nach rechts oder nach links verlagert. Mario, Maura und Vale kommen an, alle mit durchnäßtem und triefendem Regenumhang. Nick hat sich schon von ihnen getrennt, um sich einen Bus zu suchen.

„Hört mal", nehme ich die Gelegenheit wahr, „ich glaube, daß ich ab morgen alleine weitergehen werde. Ich habe heute verstanden, daß ich so schnell wie möglich nach Santiago kommen muß. Wenn es möglich ist, will ich bis nach Finisterre gehen." Mario nimmt mich beiseite: „Und ich? Was soll ich tun?" „Was du für das Beste hältst. Ich freue mich, wenn du mit mir kommst, aber wenn du bei ihnen bleiben willst, gebe ich dir genug Geld, damit du auch das Flugticket bezahlen kannst." „Aber das kann ich nicht!" „Mach dir keine Sorgen, du fliegst mit ihnen nach Rom, und von da aus nimmst du den Zug zurück nach Hause. Mach es so, wie du es für am besten hältst." Er überlegt nicht sonderlich lange und erklärt dann, daß er mit mir kommen will. Vale macht ein halb besorgtes, halb empörtes Gesicht, findet jedoch keine Worte, um ihren Gefühlen Luft zu machen. Wir verabreden uns zum Abendessen. Mario belegt das Bett unter mir.

Wir treffen uns mit Tom im Regen, der unaufhörlich auf den Hügel niederprasselt, und gehen zum Essen in ein Lokal, wo es die berühmte regionaltypische Spezialität *Pulpo gallego* gibt. Es ist kuschelig warm, und der Abend vergeht wie im Flug: Tom ist sehr interessiert am Leben unserer Gemeinde in Rom und stellt präzise Fragen. Er will die Gemeinsamkeiten zwischen Amerikanern und Italienern verstehen. Valentina und Mario sind dagegen undurchschaubar. Sie ist schlecht gelaunt und beschimpft mich mehrmals, er ist nicht weniger gereizt. Sie stehen auf und sagen, daß sie ein paar Schritte laufen wollen. Bei dem Regen hätten sie sich eine bessere Ausrede einfallen lassen können. Während die Kellnerin die Teller abträgt, besprechen wir unser weiteres Vorgehen: „Morgen brechen Mario und ich frühzeitig Richtung Sarria auf. Ihr beiden steht um dieselbe Zeit auf, und dann sehen wir, wie es unterwegs geht. Und du, Tom ...", ich drücke ihm die Hand, „bleibst in Kontakt mit uns, einverstanden? Und kommst früher oder später nach Rom! Das geht doch nicht, daß einer wie du den Papst noch nicht gesehen hat! Erinnerst du dich, was Kardinal Newman über Rom geschrieben hat? Rom ist die erste unter allen Städten, und alles Übrige, was ich gesehen habe, ist Staub im Vergleich zu seiner Majestät und Herrlichkeit." Er lächelt und verspricht es. Großartig, Tom!

Wir gehen zum *Albergue* und in unsere Betten. Die Kälte ist unerträglich. „Ist dir nicht kalt?" frage ich Mario, nachdem ich mich ohne Erfolg mit dem wenigen zugedeckt habe, was ich bei mir trage. „Ich habe einen Schlafsack, mein Lieber!" antwortet er und zieht lässig den Reißverschluß zu. Das ist unsere Nacht in O Cebreiro: wirklich eine merkwürdige Nacht. Die erste galizische Nacht, aber ohne Dudelsäcke.

Von O Cebreiro nach Sarria, Donnerstag, 27. Juni

Eine alptraumhafte Nacht. Ich schlafe fast gar nicht, denn es ist wirklich kalt. Ich reibe mir in jeder nur erdenklichen Weise die Füße, um wenigstens die Zehenspitzen zu wärmen; ich nehme die Embryonalstellung ein, um nichts von meiner Körperwärme zu vergeuden, und lege mir das Kissen auf den Bauch; ich stecke sogar die Hände unter die Achseln. Kurz, ich tue alles, um der Eiseskälte dieses Schlafsaals zu entgehen. Um drei Uhr gebe ich auf: Ich rufe Mario, ich flehe ihn an, mit dem Ergebnis, daß er mir seinen Schlafsack gibt. Es ist ein unbeschreibliches Gefühl, sofort von einer molligen Wärme umgeben und eingehüllt zu sein. Doch jetzt ist es mein Bruder, der die Temperaturen nicht erträgt. Es vergehen nur wenige Minuten, vielleicht zehn, dann kommt er zu mir und wimmert: „Rück mal ein Stück und breite den Schlafsack aus wie eine Decke!" Er schlüpft darunter und schimpft: „Na, ein Glück, daß dein Freund Stefano uns vorher gesagt hat, wir bräuchten keinen Schlafsack!" Fazit: Auf dem *Camino* muß man immer einen Schlafsack mitnehmen, denn man kann nie wissen: Die verschiedenen Klimazonen sind so unterschiedlich, daß er sogar unverzichtbar werden kann.

Wir stehen um sechs Uhr auf. Der Versuch, sich nicht gegenseitig aus dem Bett zu werfen, ist nun ohnehin sinnlos geworden. Wir packen den Rucksack, während Valentina wie besessen mehrere Male in unser Zimmer kommt und gleich wieder hinausläuft. Maura wirkt friedlicher, macht dieses Hin und Her aber mit. Wir gehen ohne ein Wort – es könnte ein Abschied sein, und ich verkrafte Abschiede einfach nicht – und stehen vor einem *Nebbion,* einer dichten Nebelwand. Ich habe den Eindruck, zu Hause zu sein, in dem Nebel, der im Herbst und im Winter aus der Poebene aufsteigt. Die Feuchtigkeit dringt durch den Fleece-pullover, der sofort mit winzigen Tropfen besetzt ist. Wir halten uns *a la izquierda;* von der Landschaft um uns herum sehen wir absolut nichts. Die Atmosphäre ist angespannt, wir gehen rasch, als wollten wir aus einer Situation entkommen, die uns peinlich oder unangenehm ist. Mit einemmal und ohne daß Wind aufge-kommen wäre, hebt sich der Nebel von einem Augenblick zum nächsten, und die Wolken liegen unter uns wie ein Meer aus Baumwolle. Wir müssen der Karte glauben, die uns versichert, daß es hier Ortschaften gibt, die wir jedoch kaum erkennen, Li-nares vielleicht, dahinter Alto de San Roque, wo man den Pil-gern ein großartiges Denkmal errichtet hat, das einen Mitbruder aus vergangenen Zeiten darstellt. Dann führt der Weg nur noch bergab und durch den Nebel. Bis uns ein atemberaubender An-stieg zu einer Bar und damit zu unserem überlebensnotwendi-gen Frühstück bringt. Sicherlich ein seltsamer Ort, aber offen-sichtlich muß es hier irgendwo auch eine Straße geben. Drinnen sind merkwürdige Typen. Einer vor allem, ein Stotterer, ist der klassische Dorftrottel, der von allen anderen nur ausgelacht wird. Deshalb zieht er unsere Aufmerksamkeit auf sich und verdient all unsere Sympathie. Als er uns fragt, woher wir kommen, beginnt er zu strahlen: „Meine Mutter ist … war aus Pisa!" „¿Entonces usted habla el italiano?" frage ich ihn. „Früher, als sie noch lebte, konnte ich es besser. Aber ich verstehe es und kann die einfach-sten Sachen sagen." „*Poareto*", rutscht es meinem Bruder her-aus, „bei ihm muß auch alles schiefgegangen sein." Die anderen treiben weiter ihre Späße mit ihm. Wegen seines Stotterns ist die Kommunikation mit ihm zunächst recht mühselig, und so fühlen sie sich vielleicht in ihrer Vermutung bestätigt, daß seine angeb-liche Fähigkeit, Italienisch zu verstehen und zu sprechen, nicht existiert. Als wir das Mißverständnis durchschaut haben, geben wir ihm die Gelegenheit zu einem echten Triumph: Wir stellen ihm einen Haufen Fragen, bitten ihn um seinen Rat und um seine Meinung, die er freigebig äußert, hören ihm zu und lassen ihn über Gott und die Welt erzählen. Das Gelächter der anderen wird schwächer und macht schließlich einem gespannten Schweigen Platz, mit dem sie unserem Gespräch lauschen.

Wir machen uns wieder auf den *Camino,* der parallel zur *Car-retera N VI* verläuft. Noch immer hüllt uns der Nebel ein, und

unser Weg wird von den Meilensteinen strukturiert, die regelmäßig Auskunft geben, wie viele Kilometer uns noch von Santiago trennen. Alle 500 Meter einer. Alles gibt uns das Gefühl, daß der heilige Jakobus in Reichweite unserer Füße liegt. „Ich bin froh, daß wir wieder zu unserer Ausgangssituation zurückgekehrt sind, nur du und ich", sagt Mario. „Mit dir fühle ich mich wohl, wir haben denselben Schritt und eine gute Absicht."
„Ich hatte den Eindruck, daß du lieber mit den Mädchen zusammengeblieben wärst, um ehrlich zu sein", deute ich an, was ich gestern abend meinte geahnt zu haben. „Ja, aber man sieht doch, daß sie noch ganz am Anfang stehen. Ich glaube, ich habe jetzt auch diese Sehnsucht anzukommen." Pause. „Und auch die, bis nach Finisterre zu gehen, *so Gott will.*" „Jetzt erkenne ich dich wieder", rufe ich aus, als dieses typische Pilgerwort von seinen Lippen kommt. Dieses „so Gott will" bringt die Dinge mit einem Schlag in Ordnung. Wir fangen wieder an, uns über alles zu unterhalten, und nehmen den Faden genau dort auf, wo wir ihn verloren hatten: an den Toren Leóns. Er wirft mir wie nebenbei einen Satz hin, den ich nicht verlieren will und mir deshalb gleich notiere. Es geht um die von ihm so genannten „Mystischen", die wir auf dem *Camino* getroffen haben, wie Edda oder die Lehrerin aus Florenz: „Ihr Problem ist, daß sie glauben, eine konkrete Realität in etwas umzuwandeln, das sie Energie nennen und das immateriell ist. Dabei ist es in Wirklichkeit so, daß hier *der Geist zur Materie* wird." „Ja, du hast recht. Das Pilgern ist alles andere als eine Flucht aus der Materie. Es besteht aus ganz konkreten Dingen wie Schweiß, Steinen, der Straße, dem Hunger und dem Durst. Die Beziehung, die Gott mit uns eingeht, führt durch die Materie, durch die Stofflichkeit. Weißt du, wie man das alles nennt?" „Nein, das weiß ich nicht." „Man nennt es das *Mysterium der Inkarnation.* Es beruht darauf, daß der Sohn Gottes diesen Weg gegangen ist, um uns zu erlösen, diesen Weg unseres Menschseins, das aus Raum, Zeit, Situationen, Personen und Handlungen besteht. Er hat von Maria einen Leib angenommen, er hat gearbeitet, hat sich auf den Weg gemacht, hat geschwitzt, gegessen, getrunken, hat Freunde und Weggefährten gehabt wie Jakobus, den Sohn des Zebedäus, ist gestorben und mit seinem wirklichen Leib auferstanden. Das ist der Weg, den man gehen muß: Er führt nicht heraus, sondern mitten hinein

ins Leben. Nicht in die *Abstraktion,* sondern in die *Inkarnation.* Auf diesem Weg läßt Er sich finden."

So wie er die Geschichte und die ganze Wirklichkeit angenommen hat und besitzt, so manifestiert sich Christus auch darin. Wir müssen nicht an verborgene übernatürliche Energien glauben und sie mit geheimen Methoden zutage fördern: Wir können so, wie wir sind, zu Gott gelangen.

Ich bin froh, daß Marios Beobachtung mir ein Stückchen Wahrheit enthüllt hat.

Der *Camino* führt weiter bergab. Galizien ist grün, voller Wasser und Vegetation, ein hügeliges und bäuerliches Land, in dem Wälder und kultivierte, von Trockenmauern begrenzte Felder einander abwechseln. Das Licht des frühen Morgens unten am östlichen Horizont überflutet den Pfad mit seinen Farben, so daß Blätter, Pflanzen, Weg und Weiden smaragdgrün und golden leuchten. Die Stille wird nur durch das Muhen der Herden unterbrochen, die zur Weide getrieben werden, und durch die Bauern, die sich gegenseitig grüßen, während wir durch kleine Ansammlungen von Steinhäusern hindurchgehen. In Ramil kommt eine Frau in Schürze und Kopftuch auf uns zu; sie hat eine Platte mit Crêpes in der einen und einen Zuckerstreuer in der anderen Hand, wie man sie in Bars findet: „¡Hola, peregrinos!", sie streckt uns die Platte entgegen und bestreut die erste Crêpe mit Zucker. Ich bin gerührt, als ich sehe, wie sie uns zum Essen drängt: Ich rolle mir den Pfannkuchen zusammen und beiße hinein. Mein immer mißtrauischer Bruder zögert. Kauend pflaume ich ihn an: „Was denn? Magst du keine Crêpes oder bist du schon satt?" Gierig folgt er meinem Beispiel, und die Frau lädt uns ein, uns ein zweites zu nehmen. Dann streckt sie uns die geöffnete Hand entgegen: „Ihr seid nicht dazu verpflichtet, aber wenn ihr mir etwas geben wollt ..." Ich werfe Mario-Sancho einen Blick zu, der offenbar etwas zu dem Thema zu sagen hat. Es gefällt mir nicht, daß sie mich auf diese Weise um Hilfe bittet, ohne vorher etwas gesagt zu haben. Sie muß den Unwillen in meinem Gesicht gelesen haben, und sagt noch einmal: „Ihr seid nicht verpflichtet, ich gebe sie euch gerne; aber wenn ihr mir etwas zahlen wollt ..." Ich nehme zwei Euro heraus und lege sie ihr in die Handfläche. Mario möchte nicht, aber kann man das wirklich machen, ihr nichts geben? Wenn sie nur auf diese Weise genug zusammenkratzen kann, um ihre Familie zu ernähren? Wir verabschieden uns und gehen weiter. „Und jetzt sag mir noch einmal, daß es nicht stimmt, daß der Kommerz die Seele der Welt ist!" poltert mein Bruder und schluckt das letzte Stück von seiner Crêpe herunter. War es wirklich Kommerz oder reine Not? Dem vorher Gesagten gibt es nichts hinzuzufügen: Auf dem *Camino* gibt es keinen Rabatt auf das gewöhnliche Leben. Hier passiert alles, was auch an jedem anderen Ort der Welt passiert. Außergewöhnlich sind nur die Reaktionen, die wir uns nach und nach antrainieren.

Hinter Triacastela müssen wir uns entscheiden, auf welchem Weg wir nach Sarria gehen: Rechts kommt man über San Xil; links führt der Weg über das berühmte Kloster von Samos, das seit Jahrhunderten als *Hostal* für die Pilger dient. Wir gehen nach links. Hinter dem Dörfchen San Cristóbal kommen wir uns vor wie in Tolkien-Land: Bauernhäuser, Wasserflächen und kleine Bäche, riesige Bäume, Wiesen, schattige Wege, bebaute Felder, unterteilt durch senkrecht aufgestellte Steine, die an Grabstelen erinnern. Die gesamte Landschaft ist so, mit dauernden Variationen über dasselbe Thema ruft sie immer wieder freudiges Staunen hervor, bis wir schließlich auf einen natürlichen Balkon treten, von dem aus man den *Real Monasterio* in seiner ganzen Pracht vor sich liegen sieht. Samos ist wahrhaftig ein *visitandum est!* Von hier oben aus kann man es mit einem Blick umfassen: Renaissance- und Barockstil mischen sich um die beiden großen Kreuzgänge herum, die seitlich an die Kirche angebaut sind. Wir kaufen uns etwas und suchen uns einen Platz zum Essen, wo uns sofort eine Schar von Gänsen und Enten umzingelt, die hartnäckig versuchen, uns unseren Proviant wegzuschnappen. Die Tür des klösterlichen *Albergue* in der Nähe der *Gasolinera* ist geschlossen; die am Pförtnerhäuschen ebenso. Offenbar will der *Camino* nicht, daß wir hier übernachten, und so gehen wir weiter.

Wir sind noch auf der Asphaltstraße, als ein gelber Pfeil merkwürdigerweise nach rechts weist. Wir folgen ihm, obwohl er mit den Informationen auf unserer Karte nicht übereinstimmt. Als wir durch Dörfer kommen, die auf der Landkarte an dem nach rechts abzweigenden Pfad liegen, wird uns klar, daß wir nun doch über San Xil gehen. Das beschert uns einen unvergleichlich schönen, aber auch sehr weiten Umweg: 42 oder 43 Kilometer, so verrückt wie die Etappe von Atapuerca. Um achtzehn Uhr kommen die ersten Häuser von Sarria in Sicht. Die Stadt ist ärmlich. Ein häßlicher Ort nach all den Wundern Gottes, die wir heute gesehen haben. Vom *Albergue* sehen wir nur den Eingang. Die *Hospitalera* weiß sich keinen besseren Rat als uns eine nahegelegene Bar zu nennen, die auch Zimmer vermietet. Wir sind im Begriff zu gehen, als ein hinkender Pilger in Badeschlappen uns erkennt und begrüßt. Es ist Eric, der Australier, den wir an den Toren Leóns aus den Augen verloren haben. „Ah, ist das schön, euch zu sehen!" sagt er und klopft mir auf die Schulter. Er schnappt sich das erstbeste Stück Papier und den erstbesten Stift, den er findet, und fragt mich sofort nach meiner Adresse, „wir müssen uns schreiben und von uns hören lassen." „Wie geht es dir?" frage ich ihn und zeige auf die Badeschlappen. „Ich habe eine schlimme Sehnenentzündung. *You know,* ich dachte, ich wäre ein *Superman,* weil ich ins Fitneßstudio gehe, Muskeln habe und *Macho-Man* bin. In Wirklichkeit bin ich einfach nur ein Idiot." „Warum?" „Weil ich gedacht habe, ich könnte sechzig Kilometer am Tag schaffen. Aber der *Camino* hat mich gestoppt. Ich bin jetzt seit vier Tagen hier. Ich habe auch meine Grenzen, ich bin nicht *Superman.* Ich war zu stolz, jetzt habe ich wenigstens Demut gelernt und wozu sie gut ist. Sie hilft einem beim Laufen." Glückwunsch, Eric! Er redet zwar noch nicht wie jemand, der von Gott ergriffen ist, aber er ist unverkennbar auf dem Weg dorthin, denn – wie uns die Gottesmutter lehrt – der Herr *erhöht die Niedrigen und zerstreut, die im Herzen voll Hochmut sind.* Auch im Herzen des Fitneßfreaks Eric wirkt also der Herr und bereitet sich seine Wege, obwohl er es noch nicht weiß. Er besteht darauf, daß wir drei nachher zusammen essen gehen sollen. Er hat ein Lokal entdeckt, wo man nur fünf Euro bezahlt und wo eine Frau das Essen ganz frisch „live" zubereitet. „Einverstanden, wir sehen uns *más tarde!* Ich bringe dir noch meine restlichen Schmerztabletten mit." Die Frau aus der Bar zeigt uns das Zimmer. „Achtzehn Euro für so ein Loch!" entsetzt sich Mario. Die anderen Zimmer sind nicht besser; im Gegensatz zu ihnen hat unseres wenigstens ein Fenster. Wir duschen uns und waschen die Wäsche der letzten zwei Tage, wissen aber nicht, wo wir die nassen Sachen aufhängen sollen. Schließlich öffnen wir den Kleiderschrank und hängen sie über die Tür.

Problemlos finden wir Erics *Comedor:* Eine Frau nimmt die Bestellung auf und beginnt in einem kleinen Raum direkt nebenan

zu hantieren. Der Duft von *Chuletas de ternera* umschmeichelt
unsere Nasenflügel. Wir essen viel, gut und gediegen. Eric aber
läßt sich nicht blicken. Ich drehe die Tablette, die ich ihm mitgebracht habe, in meinen Fingern hin und her, während wir entscheiden, was wir tun wollen. Wir verlassen das Lokal, um uns
das Dorf anzusehen, und gehen hoch bis zur Burg. Doch jegliches
touristische Interesse ist erloschen. Von weitem erkennen wir unseren Freund, der das Restaurant betritt. Wir bringen ihm die
Tablette, und er entschuldigt sich für die Verspätung und bittet
uns, uns zu ihm zu setzen. Er greift das zuvor unterbrochene Gespräch wieder auf: „Ich habe hier auf dem *Camino* zwei Dinge
gelernt: daß die Nationalität der Leute keine Rolle spielt, obwohl
ich das vorher gedacht habe. Und daß die Demut entscheidend
ist. Früher war ich sehr eingebildet." „Das ist nicht gerade wenig." „Ich weiß nicht, aber ich fühle mich innerlich verändert.
Ich glaube allmählich, daß ich vielleicht bisher ohne Wahrheit
gelebt habe." *„You know"*, fährt er dann fort, „ich möchte dich so
gerne in Rom besuchen. Vielleicht komme ich eines Tages. In der
Zwischenzeit schreiben wir uns mit *Hotmail."* „In Ordnung, *sure.*
Jetzt lassen wir dich essen und gehen schlafen, wir sind furchtbar
müde. Vielleicht sehen wir uns vor oder in Santiago." Wir umarmen uns. Wieder ein Abschied.

Von Sarria nach Palais del Rei, Freitag, 28. Juni

Der Wecker klingelt um sechs. „Du hast keine Ahnung, was ich
heute nacht am liebsten mit dir gemacht hätte!" überfällt mich
Mario. „Und warum?" nuschle ich mit geschlossenen Augen.
„Hast du denn gar nicht bemerkt, daß du mir alle Decken wegge-
zogen und mich gegen die Wand gedrückt hast?" ruft er, ohne die
Stimme zu dämpfen. „Nein, das habe ich nicht bemerkt. Könnten wir nicht das Fenster da zumachen?" frage ich schläfrig und
deute auf die halboffene *Ventana,* durch die eine kühle Brise hereinweht, Nordwind, wie es scheint. Er dagegen springt aus dem
Bett und reißt das Fenster ganz auf. „Von wegen! Auf, auf, raus
aus dem Bett!" Die Wäsche ist genauso naß wie gestern abend.
Wir hängen sie an die Rucksäcke und gehen hinunter zur Bar
wie zwei festlich geschmückte Ozeandampfer. Der Weg aus dem

Ort heraus führt so steil bergauf, daß wir kaum Luft bekommen, doch gleich hinter dem Friedhof, dem *Ponte Aspera* und dem *Río Celebro* ist alles wieder ganz bezaubernd: Roßkastanien, Eichen, Kastanien. Wir überqueren die Bahnlinie und kommen nach Barbadelo. Die Kirche ist galizische Romanik, zwischen den Gräbern des Friedhofs begrüßt uns das laute Geschrei eines Esels. Nach wenigen Häusern ist der *Pueblo* zu Ende, und wir sind schon auf dem direkten Weg nach Rente. Die Dörfchen reihen sich aneinander bis Bea. Hier hat die *Deputación Provincial de Lugo* eine kleine Stele aufgestellt, die den Punkt bezeichnet, von dem aus es noch genau 100 Kilometer bis nach Santiago sind. Wir halten und machen das obligatorische Foto: Das Gefühl, bis hierher gekommen zu sein, ist unbeschreiblich und geht durch Mark und Bein.

Die Landschaft ist dieselbe wie gestern, aber sie ist nicht dasselbe wie gestern. Die Pilgerschaft hat uns gelehrt, die Dinge und das Leben mit anderen Augen zu betrachten, die zu ständigem Staunen fähig sind, aber nichts mit verklärender Begeisterung zu tun haben. Sie hat uns gelehrt, jeden Morgen in der Welt aufzuwachen und unterwegs zu sein und dabei eine innere Haltung an den Tag zu legen, die uns all diese Dinge zum ersten und einzigen Mal und daher mit einer ganz besonderen Aufmerksamkeit sehen läßt. Vorhin, als wir am Friedhof von Barbadelo vorbeigekommen sind, habe ich mich daran erinnert, wie ich als Neupriester nach Montebelluna gekommen und an Allerheiligen mit den anderen Priestern in Prozession zum Friedhof gezogen bin. Gemeinsam mit ihnen nahm ich in der Friedhofskapelle Platz, wo sich auch noch andere Personen befanden. Ich erinnere mich, daß ich am Ende der Feier einiges damit zu tun hatte, alle zu begrüßen und mich vorzustellen: Ich kannte niemanden, und deshalb erschienen mir alle wichtig und interessant und kennenswert. Bei der letzten Friedhofsprozession vor vier Jahren dagegen wußte ich, wen ich zu grüßen hatte und wen nicht; ich konnte meine Pfarrkinder von den anderen, die ich nicht kannte, unterscheiden, und ich machte mir auch nicht die Mühe, diese anderen kennenzulernen. Ich war älter geworden. Das Staunen und die Verwunderung sind Kennzeichen des Anfangs, und sie sind in der Tat der Anfang allen Erkennens, wie Aristoteles lehrt. Der *Camino* läßt diese Verwunderung wieder aufleben, die typische Verwunderung dessen, der alles so aufnimmt, als ob er es zum ersten Mal sähe, und ihm mit jenem aufmerksamen Engagement begegnet, das man an den Tag legt, wenn man nur von dieser einen Begegnung profitieren und nur diese eine Gelegenheit wahrnehmen kann. Denn genau das ist hier der Fall: Man kann nicht umkehren, um etwas noch einmal anzusehen, zu überprüfen oder erneut auszuprobieren. Man muß sofort, beim ersten Zusammentreffen, das Beste von sich geben. Und deshalb sieht man alles mit der Aufmerksamkeit dessen, dem eine gute Gelegenheit geboten wird und der sie nutzt. Ich glaube, daß dieser allmorgendliche Neubeginn etwas mit der *glorreichen und herrlichen Auferstehung* zu tun hat.

In Morgade nehmen wir das zweite Frühstück ein: eine Suppentasse Milchkaffee und hervorragenden selbstgebackenen Kuchen, nicht zu vergleichen mit dem aus El Ganso. Gut gelaunt gehen wir wieder auf die Straße ... und spitzen die Ohren: Jemand trällert und pfeift *„Strensame ..."* „Nick!" Wir warten, daß er um die Kurve kommt, die ihn noch verbirgt, und stürzen ihm dann entgegen, um ihn zu begrüßen, wobei wir unsererseits den Ohrwurm singen, der inzwischen zu unserem unfehlbaren Erkennungszeichen geworden ist. *„Amaaazing!* Was für eine Freude, euch zu sehen!" ruft er und breitet die Arme aus, wobei sein Gesicht vielerlei und unter anderem große Erleichterung ausdrückt. Wir umarmen uns, während wir immer wieder in schallendes Gelächter darüber ausbrechen, daß und wie wir uns wiedergetroffen haben. Wären wir nur fünf Minuten später aus dem Lokal gekommen, hätten wir uns nicht gesehen. „Das war Gottes Wille", so meine Interpretation. „Ja, der Herr hat mich dafür bestraft, daß ich nicht mit euch weitergegangen bin. Ich hatte einen furchtbaren Tag. Mit dem Bus war es gar nichts. Alles ist schiefgegangen", und er fängt an zu erzählen. „Und die Mädchen?" fragt er dann. „Sie sind weiter hinten. Wir wollten unbedingt nach Santiago und vielleicht sogar bis nach Finisterre." Er nickt: „Ja, das habe ich auch gedacht: Sie waren zu langsam! Wohin wollt ihr heute kommen, *God willing?"* „Ach, vielleicht nach Portomarín, dann nach Palas de Rei, so Gott will", erklärt Mario, der sich die Route angesehen hat. „Perfekt! Dahin wollte ich auch!"

Unser Freund hat heute einen Schlenkerschritt. „Hast du gesehen, wie schön Galizien ist?", frage ich ihn. *„Absolutely!* Wie in Irland." „Und die galizischen Kühe, hast du die auch gesehen?"

hakt Mario nach. „Und die von den galizischen Kühen versauten galizischen Straßen?" präzisiert Nick. „*Well*, versaut ist ein bißchen hart. Der Aspekt der ... *Rustikalität des Camino* ist hier nur etwas ausgeprägter als anderswo", bemerke ich. „*Rustikalität des Camino?*" wiederholt er – er kann Latein –, und ist ganz betroffen von der Musik dieser Formulierung, die er immer wieder vor sich hinsagt. „Und das heißt?" will er dann wissen. „Das heißt Mist, Pipi, Kühe, Bauernhöfe, Kühe allein, Kühe auf der Weide, Kühe mit Bauern ...", erklärt mein Bruder. Wir lachen. Von jetzt an genügt ein beliebiger Geruch, um Nick zu dem Ausruf zu veranlassen: „Here there are *Aspekte der Rustikalität des Camino.*" Über die Landschaft verteilt stehen die *Horreos,* Scheunen aus Ziegeln oder Stein, die das traditionelle Galizien symbolisieren. Von Vilacha aus beginnen wir den Abstieg zu der modernen und beeindruckenden Brücke über den *Río Mino,* die uns nach Portomarín führt. „Das sieht jetzt aber wirklich nach Irland aus", sage ich und zeige mit dem Stab auf den von kleinen Schiffen bevölkerten *Embalse,* der mich an die kleinen Städte am Ufer des Shannon erinnert. Von hier aus kann man auch das Parallelepiped der Festungskirche von San Nicolás erkennen. Wir betreten das Dorf und gehen durch die Arkaden, die zur Kirche führen. Der Platz ist schön, die Kirche einwandfrei romanisch. Das Innere ist ein einziges Schiff mit einer außerordentlichen Akustik. Wir setzen uns in die Bänke, um zu beten, und als wir wieder aufstehen, bekommen wir Lust auszuprobieren, wie sich die Stimme hier drinnen anhört. „Komm, Nick, sing etwas", sage ich zu ihm. Um dann rasch hinzuzufügen: „Etwas Religiöses, *of course,* nicht *Stranger in the night!* Eine Art *Wettstreit der Harmonie.*" „What?" „Nichts. Fang an!" Er singt mit dünner Stimme ein Stück, das ich nicht kenne und das man tatsächlich im ganzen Gebäude hervorragend hört. Ich versuche es auch mit dem *Veni Creator,* und es ist faszinierend, sich so von der schmucklosen, schlichten und feierlichen Musik der Gregorianik eingehüllt zu fühlen.

„Was für ein schönes Konzert!" überrascht uns eine weibliche Stimme von hinten. Die Venezianerin! „Singt ihr mir noch etwas vor?" „Wir wollten gerade essen gehen." „Dann laßt uns doch zusammen essen, einverstanden? Ich habe auch Hunger obwohl ich natürlich nicht soviel Appetit habe wie ihr jungen Leute natürlich war ich auch einmal jung und hatte genausoviel Appetit wie ihr es ist ja nicht so daß ich gar keinen hätte aber das Leben verändert sich und ist ein Rad das sich dreht und ihr seid jetzt da wo ich einmal war aber auch ihr werdet in meinem Alter wenn ihr überhaupt so alt werdet verstehen wir uns nicht falsch denn niemand weiß was euch zustoßen kann das heißt natürlich nicht daß ich euch etwas Schlimmes wünsche aber man weiß ja nie es geschieht so viel in dieser Welt ..." „Ja, dann gehen wir sofort!" unterbreche ich sie.

In der Bar am Platz bestellen wir *Bocadillos,* während im Fernsehen *Vigilantes de la Playa* läuft – nichts anderes als das primitive *Baywatch.* „Das ist mein Land, versteht ihr?" meint Nick frustriert. „Man sieht es und denkt: Das sind die Vereinigten Staaten." „Pah, das sind sie auch", sagt Mario. „Was? Pamela Anderson?" antwortet er und schüttelt den Kopf. „Ich weiß wirklich nicht, was dieses Showgeschäft für einen Sinn hat. Und dabei will ich auf eine Schule für *film-makers.*" Ohne zu zögern nutzt die Venezianerin die Gelegenheit, sich ungefragt einzumischen, und hält uns eine Rede mit ganz vielen Ausrufezeichen. „Das ist alles ein Problem der Kultur! Das ist doch klar! Die Vereinigten Staaten haben keine Kultur! Genau wie Italien! Denkt doch nur: Wer von uns wäre in der Lage, sich eine Sache wie den *Camino* auszudenken, der extra konzipiert worden ist, um diese Bauerndörfer aufzuwerten, die sonst nicht überleben würden?" „Das stimmt nicht, daß sie ihn extra konzipiert haben ...", widerspreche ich ihr. „Ach was, ach was: Es dreht sich doch nur ums Geld!" gibt sie zurück. Ich werfe Mario einen Blick zu, in der Hoffnung, daß er – der für dieses Thema empfänglich ist – ihr mit einem persönlichen Zeugnis die Augen öffnet. Er hüstelt, weicht mir aus und sieht zum Fenster hinaus. Als wir zahlen, wird unserer Freundin bewußt, daß wir uns wahrscheinlich nicht mehr wiedersehen werden: „Also: *Buen Camino!* Vielleicht sehen wir uns in Italien, vielleicht machen wir gemeinsam die *Grande Escursione Appenninica* oder etwas Ähnliches!" „Oder eine andere Wallfahrt, wer weiß: Im Leben ist alles möglich", sage ich lächelnd und drücke ihr die Hand. Als wir draußen sind, wird mir bewußt, daß wir sie nicht einmal nach ihrem Namen gefragt haben.

Auf der Höhe von Castromaior beginnen die berühmten Eukalyptuswälder, die für diese Gegend typisch sind. Sie lassen trockene Rindenstücke mit einem durchdringenden, ätherischen

Aroma zu Boden fallen, die auch den *Camino* mit ihrem Duft erfüllen. Das Wandern wird somit mehr denn je zu einer synästhetischen Erfahrung. Ein seltsames Klima entsteht zwischen uns: Die Kilometer brechen unter unseren Füßen weg, als wären auch sie Stücke der Eukalyptusrinde, doch statt ungetrübter Freude verspüren wir eine fremdartige, frohe Melancholie. Ach ja.

Wir nähern uns unaufhaltsam, Meilenstein für Meilenstein. Jetzt sind wir auf der Höhe der Sportanlagen von Palas de Rei, und die Pfeile führen uns um das Fußballfeld herum und erst dann ins Dorf hinein, als wir glauben, daß wir eigentlich schon längst da sein müßten. Dennoch fragen wir – mit einer guten Portion Humor oder unglaublichem Vertrauen in die Vorsehung –, ob im *Albergue* noch Plätze frei sind. Zwecklos, es ist alles voll. Wir machen uns auf die Suche nach einer *Habitación,* einem Zimmer, das wir mieten können. Für wenige Euro finden wir zwei oberhalb der Bar auf der anderen Straßenseite. Nachdem wir uns dort eingerichtet haben, gehen wir zur Messe.

Der Mitbruder, der mich empfängt, ist wirklich extravagant. Er feiert nicht die Vigil vom Fest der heiligen Petrus und Paulus, sondern eine Messe seiner Wahl. Die Geräusche, die er von sich gibt, erinnern an eine Lokomotive: Ihm läuft die Nase und er zieht ständig hoch, er keucht, räuspert sich alle zwei Minuten, er blättert wild im Meßbuch herum und ist auch so schnell wie ein Zug: Nach nicht einmal einer halben Stunde sitzen wir schon in einer *Pulpería.* Auch sie ist voller Pilger. Während des Abendessens erzählt Nick uns von sich, von seiner Familie, seiner Zukunft, der Musik, die ihm gefällt; und auch wir erzählen ihm von uns, von unserer Familie, unseren Geschichten. Hier wächst eine ungewöhnliche Freundschaft heran, die unter die Haut geht. „Kommt es dir so vor, als ob du nie in deinem Leben etwas anderes gemacht hättest?" fragt er mich und meint den *Camino.* „Nicht wirklich. Aber er ist wirklich eine Sache *sui generis.* "

Ich gehe aufs Zimmer. Mario hat soeben einen Anruf erhalten, der ihn beunruhigt. „Das war Valentina", erklärt er. „Wie geht es ihnen?" „Gut. Ich bin nur etwas durcheinander." Mehr sagt er nicht. Ich bin wirklich froh, daß wir uns entschieden haben, schneller zu gehen, vielleicht war es auch für ihn das Beste. Wir planen die morgige Etappe. Wenn alles gut geht, könnten wir am

Montag in Santiago sein, so Gott will. Es tut mir nur leid, daß wir dann den *Botafumeiro* nicht sehen werden, der nur an den Festtagen zum Einsatz kommt. „Und den sehen wir nicht?" fragt Mario enttäuscht. „Nein, ich glaube nicht. Es sei denn ..." „Es sei denn?" „Es sei denn, wir legen die beiden Etappen zusammen, gehen die Nacht durch und kommen Sonntagmorgen an. Das hätte auch den Vorteil, daß wir den Schock vermeiden, den die Pilger erleiden, wenn sie am Ziel ankommen und ausgerechnet am Ende eines Weges, der das genaue Gegenteil gewesen ist, nur Betrieb und Durcheinander vorfinden." Er antwortet nicht sofort, er denkt nach. „Und Nick?" „Wenn er einverstanden ist, könnten wir mit ihm zusammen gehen. Wollte er nicht am 30. Juni ankommen?" So Gott will, könnte dies unsere letzte Nacht in einem *Albergue* am *Camino* sein. *Nach Santiago!*

Von Palas de Rei nach Santiago de Compostela, Samstag, 29., und Sonntag, 30. Juni

Wir wachen später auf als gewöhnlich, um sieben. Wir gehen hinunter in die Bar, um gut zu frühstücken. Gemeinsam mit Nick beschließen wir, eine Extremetappe einzulegen, um Sonntag im Morgengrauen in Santiago anzukommen. Auch er hofft, sich auf diese Weise die Enttäuschung ersparen zu können, die die Pilger erwartet, wenn sie am hellichten Tag ankommen und sich mitten im Verkehr und im Chaos der Stadt wiederfinden. Wir möchten den *Camino* mit einem Gebet am Grab des heiligen Jakobus beschließen, wenn dort noch Stille und innere Sammlung herrschen. Wir sind alle drei wild entschlossen, und diese Entschlossenheit könnte entscheidend sein, denn alles in allem haben wir noch mindestens 66 Kilometer vor uns.

Bei unserem Aufbruch umgibt uns die gelassene Schönheit der galizischen Landschaft, es ist noch nicht sehr warm, und vom Atlantik her weht ein böiger Wind. Jeder von uns dreien spürt eine ungewohnte Trägheit, vermischt mit Melancholie. Wenn dieses Gefühl sprechen könnte, würde es vielleicht sagen: „Wir wollen nicht ankommen, wir wollen nicht, daß es aufhört." Als ob wir Angst hätten, sie zu verlieren, holen wir sämtliche Erinnerungen an diesen Monat auf der Straße hervor. In Melide suchen wir etwas, um meinen Namenstag zu feiern. Wir stoßen auf die berühmte *Pulpería Ezequiel,* doch von uns dreien will nur Mario hier einkehren. Nick und ich wollen lieber etwas weniger Schweres essen und gehen weiter. Mein Bruder ist unzufrieden, weil wir seiner Meinung nach die einzige Gelegenheit versäumt haben, echte galizische *Pulpos* zu essen. Wir halten auf dem Platz, in der Bäckerei, wo der *Camino* nach rechts abbiegt. Es ist fast Mittag, und wir bestellen drei Cappuccino mit drei Stücken *Tarta de Santiago,* einem trockenen Kuchen aus Mandelteig, der mit einem Jakobskreuz verziert ist. Mit seinem üblichen, unverwechselbaren Charme packt Mario seinen Kulturbeutel aus und verarztet seine Blasen auf dem Tisch, ohne sich um die anderen Gäste zu kümmern.

Wir gehen weiter. In Arzua essen wir zu Mittag und schlagen uns mit einer denkwürdigen Fisch-Paella die Bäuche voll. Wir schauen kurz am *Refugio* vorbei und holen uns den *Sello* ab. Um halb fünf tauchen wir wieder in die waldreiche Landschaft Galiziens ein. Wir beschließen, uns eine Siesta zu gönnen, um Kraft zu tanken, denn das wird nötig sein, wenn wir in Santiago ankommen wollen. Wir finden ein schattiges, mit weichem Gras bestandenes Sträßchen und legen uns schlafen. Als ich wieder aufwache, schnarchen die beiden anderen noch aus Leibeskräften.

Als ich so daliege und in den Himmel schaue, kommen mir tausend Gedanken in den Sinn und die verschiedensten Emotionen steigen in mir auf. *Wir sind wirklich fast in Santiago!* Wenn ich im Gebirge wäre, in den Dolomiten, dann würde ich sagen, daß es sich um jenes unerklärliche Gefühl handelt, das einen in der Nähe des Gipfels überkommt. Es ist, als ob der Geist, das Herz, die Seele, der Körper sich am Höhepunkt eines langen und mühsamen Anstiegs befänden; als ob sie auf einen Pfad zurückblicken würden, der sie immer weiter nach oben gebracht hat. In diesen Höhen ist die Luft dünner, die Räume, die sich öffnen, sind zu weit, als daß man sie mit einem Blick umfassen könnte, und man scheut sich sogar, näher heranzugehen, weil man Angst hat, etwas von dieser unversehrten Weite aus den Augen zu verlieren. Ich habe in diesen Monaten viele Wege hinauf auf diesen Gipfel gesucht, der die Frage nach dem *schmerzhaften Geheimnis vom Ende aller Dinge* ist, bis sich mir schließlich ganz von selbst der Gipfel des gekreuzigten Christus erschlossen hat, das menschlichgöttliche Geheimnis eines Todes, der das Leben gibt.

Wird es mir gelingen, die Weite jenes Mysteriums zu erfassen? Sie einzuatmen, das heißt, sie in mein *Inneres* aufzunehmen? Wird die Ankunft in Santiago mir den Frieden bescheren, den ich gesucht habe? Werde ich als Gast in meinem inneren Zimmer die gekreuzigte Herrlichkeit Christi empfangen, so wie ich auch zugelassen habe, daß der stumme und sinnlose Schmerz dort eingedrungen ist und alles verwüstet hat?

Von den Gipfeln des Denkens werde ich in die Niederungen der Sinne hinabgestürzt: Ein Traktor fährt vorbei und düngt mit großer Begeisterung das Feld hinter uns. Er verstreut eine wirklich außergewöhnliche Menge Mist. Es ist nicht auszuhalten, man kann nicht atmen. Nick wacht auf; von dem Gestank brutal aus dem Schlaf gerissen, ruft er aus: „That's a triumph of *Rustikalität des Camino!*" Wir gehen weiter, die Landschaft ist im Abendlicht ganz bezaubernd. In einigen der Felder, an denen wir vorbeikommen, sind die Bauern noch bei der Arbeit und winken uns zu. Wir begegnen drei glockenläutenden Kuhherden, die zum Stall zurückgetrieben werden, und müssen uns mitten hindurchdrängen. Mario hat Angst vor ihren Darmentleerungen, er möchte „in jedem Sinne rein" in Santiago ankommen. Hinter Arzua reihen sich mehrere kleine Dörfer hintereinander: In Calle gibt es einen hübschen kleinen Dorfplatz, von dort aus rufen wir zu Hause an. Bei der Nachricht von unserer unmittelbar bevorstehenden Ankunft ist *Mamma* genauso gerührt wie wir. Auf uns allen lastet die Müdigkeit. Es ist zehn Uhr abends und noch hell, als wir in Empalme ankommen und eine Bar betreten, um dort einen Milchkaffee zu trinken. Mario stellt fest, daß sein Fuß geschwollen ist: Ich antworte ihm, daß ich in seinen Augen den Bus nach Finisterre erkennen kann. Da lädt er sich in einer Aufwallung von Stolz den Rucksack auf die Schultern und steht wieder auf. Inzwischen ist es dunkel geworden, wir gehen am Rand der *Carretera* und haben die Taschenlampen eingeschaltet. Nicolas ist sehr ängstlich: in Amerika sind die Straßen viel breiter und die Autos fahren nicht so dicht an den Fußgängern vorbei.

Um alledem aus dem Weg zu gehen, beschließen wir abzubiegen, sobald eine Stele uns anzeigt, daß der *Camino* nach links durch den Wald führt. Wenn es auf der Straße dunkel war, dann herrscht hier schwarzfinstere Nacht. Plötzlich erschrecken uns bombenartige Explosionen zu Tode. Dann aber erscheint vor uns – als hätte sich ein Vorhang gehoben – eine Dorfkirmes mit Verkaufsständen, Lichtern, einer Bühne mit Musikkappelle und Tischen, an denen Leute sitzen und essen. Wir fühlen uns an den Set eines Fellini-Films versetzt. Ohne uns um unseren unpassenden *Look* zu kümmern, bahnen wir uns einen Weg und kommen, Wunder über Wunder, an zwei große Töpfe mit kochenden *Pulpos*, die eine Frau mit Überschallgeschwindigkeit auf Tellern anrichtet. Wir sind unsicher, ob wir hier eine Pause machen sollen oder nicht; wir haben nicht sehr viel Zeit, doch dieses Fest ist einfach überwältigend. „Paulìn!" ruft Mario mir zur, „das ist dein Fest, dein Namenstagsfest. Der heilige Jakobus hat das extra für dich organisiert!" Wir setzen uns, wie elektrisiert: Die Stimmung ist festlich und volkstümlich, das Essen wird sofort serviert: hervorragende, heiße *Pulpos*, galizisches Brot und ein dunkler Rotwein, ganz ähnlich wie unser *Clintòn,* der in kleinen weißen Porzellanbechern ausgeschenkt wird. Die anderen Leute am Tisch behandeln uns sehr freundschaftlich. Besonders einer, der glücklich darüber ist, Italiener zu treffen. Er spricht *Itagnolo* – eine drollige Mischung aus Italienisch und Spanisch – und erklärt uns, daß wir in Santa Irene sind und dies die *Fiesta de San Pedro* ist. Wir füllen uns die Mägen mit einem zweiten Teller *Pulpos*. Schweren Herzens ziehen wir weiter, während die Kapelle einen Walzer spielt. Mit dem Wein, den wir getrunken haben, fühlen wir uns imstande, die größten Abenteuer zu bestehen, auch wenn uns, kaum daß wir aus dem Festzelt herausgekommen sind, eine mörderische Kälte in die Glieder fährt.

Wir gehen weiter an der *Carretera* entlang, doch die Autos schießen wie Blitze an uns vorbei. Also entschließen wir uns für den Fußpfad. Damit laufen wir zwar Gefahr, die Wegmarkierungen aus den Augen zu verlieren, doch an der Straße weiterzugehen ist nicht weniger gefährlich. Ich leihe mir Marios Hut und befestige die Taschenlampe mit der Schnur daran wie die Helmlampe eines Grubenarbeiters. So suchen wir uns unseren Weg. Sobald die Augen sich einmal an das Dunkel gewöhnt haben, ist der weiße Schotterboden des *Camino* sehr gut zu erkennen. Von diesem Augenblick an fühle ich mich wie in einem Traum, in dem wir uns wie Automaten vorwärtsbewegen. Wir sind völlig erledigt. Die Kilometer lasten auf uns, und ebenso bedrückt uns die Tatsache, daß wir nicht wissen, wo wir sind. Alles verschwimmt, jede Minute vergeht langsamer als die vorherige, und jeder Augenblick kommt uns vor wie eine Stunde.

Nach ich weiß nicht wie langer Zeit kreuzt der Fußpfad die *Carretera:* Wir müßten jetzt in der Nähe von Labacolla sein. Wir halten an und strecken uns auf dem Asphalt eines Abstellplatzes für Müllcontainer aus. Mein Bruder röchelt: „Wie schön es hier ist! Kommt, wir nehmen den Schlafsack und übernachten hier." Ich sehe mich um und schätze die Menge der um uns herumliegenden Abfälle ab: „Ist dir eigentlich klar, wo wir sind?" Wir lachen. „Ist dir eigentlich klar, wo wir sind?", diese Frage haben wir uns in diesem Monat unzählige Male gestellt und dabei etwas ganz anderes gemeint. Wir gehen weiter, es wird noch kälter, ich bin schon ganz durchgefroren. Um mich aufzuwärmen, beschleunige ich unwillkürlich meine Schritte, doch dadurch komme ich außer Atem. Unter dem Shirt spüre ich, wie der Schweiß mir über die Haut rinnt und vom Wind in eine Messerklinge aus schneidender Kälte verwandelt wird. Wir gehen an der Landebahn des Flughafens entlang, auch sie nimmt kein Ende. Es liegt nur an den farbigen Lichtern, daß sie uns so nah vorkommt. Und dann San Roque, Villamaior. Es ist sinnlos, wir werden nie ankommen. Mario geht es nicht besonders gut. Auf der Höhe der Studios des galizischen Fernsehens bleiben wir stehen. Da das Ganze hier kein Wettbewerb im Schnellgefrieren ist, packt Nick seine Wollmütze und seinen Schlafsack aus, den er sich um die Schultern legt. Mario zieht seinen Pullover an, ich mein Fleeceshirt, ohne allerdings einen Unterschied festzustellen. Ich habe den Eindruck, als ob von allen Seiten Eisfinger nach mir greifen und mich bewegungsunfähig machen wollten. Wir gehen weiter, die Anhöhe vor uns ist immer noch nicht der *Monte del Gozo.* Wir sind ganz abgestumpft vor Kälte, Schlaf und Müdigkeit.

An diesem Punkt sieht Nick (ein fröstelnder Schatten seiner selbst) mich mit einem Gesichtsausdruck an, den ich mein Leben lang nicht vergessen werde, und hält mir in einem (ebenso unvergeßlichen) Ton abgrundtiefer Enttäuschung vor: „I can't believe I went along with this crazy plan ..." Und wirft mir massive Grobheiten an den Kopf. Wer weiß, wie ich in einer anderen Situation darauf reagiert hätte? Ich wäre gekränkt gewesen, vielleicht hätte ich angefangen zu weinen. Doch der Kummer durchzieht die Seele auf verschlungenen Pfaden, die auch über

Umwege führen und ihn sogar in sein Gegenteil verwandeln können. Genau das geschieht auch jetzt. Unsere ganze Lage, der unerwartete Kommentar, das Gesicht, das er dabei macht … lassen mich in ein krampfhaftes, hysterisches Gelächter ausbrechen, das ich nicht zurückhalten kann. Nick hat dem Ausdruck verliehen, was wir alle in unserem *Innern* empfinden! Es war eine kolossale Fehleinschätzung zu denken, daß wir mühelos schaffen könnten, was wir nun mit soviel Qual und Mühsal zu bewältigen versuchen. Der Lachanfall dauert mindestens eine Viertelstunde: Ich kann nichts dagegen tun, es ist stärker als ich. Dann gehen wir weiter, ich weiß nicht, wie lange: Ich weiß nur, daß endlich die Silhouette des *Monte del Gozo* vor uns auftaucht! Ich laufe auf den Gipfel zu, stolpere, stehe wieder auf, laufe weiter, während die anderen mir mit schleppenden Schritten folgen. Santiago liegt vor uns! Alle Müdigkeit fällt von mir ab, ich fühle mein Herz unrhythmisch schlagen, während Mario und Nick sich keineswegs vom Feuer der Begeisterung anstecken lassen. Ich verstehe sie: In ihren Augen ist das hier nur ein schwacher Funke, denn die Kathedrale ist noch nicht in Sicht, sie liegt noch im unergründlichen Dunkel der Nacht versunken. „Aber wir sind da, wir sind da! *In Santiago, wir sind in Santiago!"*

Wir gehen den steilen Weg hinunter und überqueren das Gelände des großen *Albergue.* Dann sind wir auf der Brücke, wo das Ortsanfangsschild steht: „Santiago". Gleich dahinter falle ich auf die Knie und küsse den Bürgersteig, so wie ich den ersten Pfeil am Somport geküßt habe; ich mache das Kreuzzeichen, als würde ich eine Kirche betreten. In meinem *Innern* hallen deutlich und laut die Worte jenes Morgens wieder, an dem ich von Rom aufgebrochen bin: „Herr, ich danke dir, daß du mich für würdig befunden hast, nach Santiago aufzubrechen!" Ich habe einen Kloß im Hals und gehe ein Stück vor den anderen her. Das ist nicht besonders schwierig, denn sie schleppen sich nur noch vorwärts. Ich leihe mir Marios Schlafsack aus, um mich zu wärmen, denn sonst hole ich mir noch eine Lungenentzündung. Wir kommen zu einer Kirche am Stadtrand, San Lázaro. Während unserer einmonatigen Pilgerschaft ist es noch jedesmal dasselbe gewesen: Wenn wir zu einer bestimmten Stadt oder Ortschaft unterwegs waren, sahen wir sie entweder gar nicht, oder wir sahen sie von weitem, hatten jedoch den Eindruck, ihr einfach nicht näherzukommen. Santiago gehört zur zweiten Kategorie. Die Peripherie nimmt kein Ende, nur mühsam nähert man sich dem Ziel. Die erhofften Vorteile unserer frühmorgendlichen Ankunft scheinen durch diese extreme Anstrengung zunichte gemacht. Ich denke nach und sage mir, daß es im Grunde immer so gewesen ist: daß wir auf der Suche nach emotional besonders bewegenden Momenten nie vom Glück begünstigt gewesen sind … und so ist es auch bei unserer Ankunft in Santiago. Gott sei gepriesen, der uns bis hierher hat kommen lassen, der uns auf diese Weise, durch eine übermäßige, absurd erscheinende Anstrengung hierher hat gelangen lassen. Mario beschwört den Gedanken an das Frühstück herauf, er fürchtet, daß er es sonst nicht schafft. „Wollt ihr nichts Warmes?" fragt er drängend. Ich spüre weder Hunger noch Durst; mir ist einfach kalt, sehr kalt. Nick dagegen will nur noch schlafen. Also setzen er und ich uns auf den Gehweg vor der Bar, in die mein Bruder hineingegangen ist, und decken uns mit dem Schlafsack zu. Wir sehen aus wie zwei Landstreicher; ich sage zu ihm: „Siehst du, Nick? Das ist ein Pilger: ein Bettler!" Als wir weitergehen, versuche ich alles, um ihn zum Durchhalten zu bewegen, denn jetzt ist es nicht mehr weit. Und dann liegt sie vor uns: die *Puerta de los Peregrinos*. Wir lesen den Namen, und in einem einzigen Moment wird auch für sie alles anders. Wir steuern auf die Kathedrale zu, und als wir uns ihr von der Seite nähern, klopft uns das Herz bis zum Hals. Wir gehen unter dem Bogengang hindurch, der auf die *Praza do Obreiro* führt: Außer uns ist nur noch ein Mann da, der gekleidet ist wie ein Pilger aus längst vergangenen Zeiten. Es ist viertel nach sechs, und die Kirche ist geschlossen. Alles, was wir tun können, ist, uns ungläubig an das Gitter zu klammern: Das Glück und die Müdigkeit, die alles Empfinden betäubt, sind einfach zu groß. In perfekt eingeübtem Landstreicherstil lassen wir uns zu Boden sinken und lehnen uns an das Geländer. Nick schläft sofort ein, vor den Augen der Welt und der Kathedrale.

Wir warten eine halbe Stunde, lange genug, um unseren Augen ein wenig Ruhe zu gönnen, dann fühle ich in meinem *Innern* die unbezähmbare Erregung, die ich bereits kurz vor O Cebreiro verspürt habe, als ich das Gefühl hatte, so schnell wie möglich hinter einem imaginären Rattenfänger her nach Santiago eilen zu müssen. Die Fassade ist beleuchtet, eine zarte Sonne belebt die Steine:

Es ist Zeit, wir müssen hinein! *Wir betreten die Kathedrale* durch das Seitenportal. Ich fühle mich wie ein Kind: Mit der Hand grüße ich den heiligen Jakobus über dem Hauptaltar, und ich habe einen dicken Kloß im Hals, als ich zu ihm sage: *„Ciao,* da sind wir, wir sind angekommen, ich bin sehr froh, dich zu sehen, danke, daß du uns geholfen hast herzukommen, wir haben dir soviel zu sagen ..." und so weiter. Wir steuern auf den *Pórtico de la Gloria* zu: Vollkommen allein gehen wir durch das Hauptschiff. Als wir ankommen, können wir nur schweigend staunen und beten.

Ich betrete mein inneres Zimmer – das ich in diesen Tagen wiederentdeckt und aufgeräumt habe – und denke vollkommen bewußt und im Einklang mit dem, was ich in diesem Augenblick erlebe, an all das zurück, was ich zu Beginn meines Tagebuchs über den Pórtico de la Gloria geschrieben habe. Dieser *Camino* war *eine glorreiche und herrliche Auferstehung,* und jetzt befinde ich mich an einem Ort, der Tor der Herrlichkeit heißt.

Die Herrlichkeit Gottes hat sich in einem einfachen, mühsamen und sogar leidvollen Leben offenbart, das jedoch eines ganz deutlich gemacht hat: daß wir von Gott geliebt, gesegnet, erwünscht, emporgehoben und zutiefst berührt sind.

Wir verlassen den Pórtico, um die Statue des heiligen Jakobus zu umarmen. Wir gehen durch das rechte Seitenschiff mit seiner vollkommenen Romanik. Die Tür der kleinen Treppe ist geschlossen; in der Ferne geht der Küster vorbei, wir winken ihm, und er macht uns mit den Händen das Zeichen für „zehn". Das Grab ist jedoch geöffnet, wir gehen hinunter, um mit leise klopfendem Herzen *unsere Wallfahrt zu vollenden:* Wir stehen vor der Urne, in der der Freund des Herrn ruht, *ad limina sancti Jacobi* – so steht es auf unseren *Credenciales.* Wir setzen uns auf den Boden, nur wir drei, und bleiben dort eine halbe Stunde oder länger, in ein geheimnisvolles Schweigen eingetaucht; instinktiv, zärtlich und zeitlos steigt in mir das „wunderschöne Gebet" auf, von dem Giacomo Gandini gesprochen hatte: Ich erkenne es! Ich könnte es nicht wiederholen: Alle Menschen, für die ich in diesem Monat gebetet habe, verbinden sich in diesen Worten, die in meinem *Innern* aufblühen und die mir anscheinend von jemandem eingegeben werden, den ich nicht sehe und der dennoch da ist. Im wesentlichen – doch ohne Monotonie – bitte ich darum, daß der Heilige Geist sie erfüllt, jeden entsprechend seiner Geschichte und seiner Bedürfnisse, und ihnen jene Herrlichkeit schenkt, die auch ich habe erfahren dürfen.

Nach und nach verklingen auch diese Worte, und ich fühle mich wie jemand, der zunächst mit etwas gefüllt und dann, wie für einen Neubeginn, wieder ganz geleert und befreit worden ist. Ich bleibe allein, ich und der Herr. Ich habe alles getan, was ich tun sollte und wozu ich aufgebrochen bin. Ich bin gegangen, ich habe gebetet, ich habe um Vergebung gebeten. Jetzt bin ich allein mit meinem Gott. Ich erkenne, daß dies das Leben ist. In dem Maß, in dem wir unterwegs sind, in der Zeit voranschreiten, werden uns Personen, Dinge, Sicherheiten, Ansprüche, Jahre und Möglichkeiten genommen. Am Ende sind wir leer und voll zugleich, so wie ich mich jetzt fühle. Von allem befreit, bindungslos, selbst dem Leben und dem Tod gegenüber gleichgültig, radikal arm. Doch wenn wir so sind, *arm im Geist,* dann können wir noch immer *den Namen Jesu* aussprechen.

Jetzt kann ich es sagen: *Jesus, ich vertraue auf dich.*

Vielleicht leben wir auf dieser Erde, damit wir die Freiheit haben, diesen Schritt zu tun, jenen Namen mit allem auszusprechen, was wir sind, was wir an uns entdeckt und akzeptiert haben. Und genau jetzt geschieht es: Jener Name schlägt eine Brücke zwischen dem Nichts, das wir sind, und dem Alles, zwischen Zeit und Ewigkeit, zwischen Tod und Leben. Alles ist geeint, konsequent, logisch. Wahr. Die Tür, die Christus ist, beherrscht gleichzeitig das *Diesseits* und das *Jenseits*. Diesseits gekreuzigt, jenseits verherrlicht. Um die Herrlichkeit kennenzulernen, muß man durch diese Tür hindurchgehen. Indem wir durch ihn hindurchgehen, werden wir mit allem erfüllt, und alles kann nur zum Nichts oder zu ihm führen.

Der *Camino* hat all das, was ich bin – Geist, Seele und Körper – in ein wesentliches Vertrauen einmünden lassen, das *stark ist wie der Tod.* Mir wird bewußt, daß ich jetzt in der Lage bin, mich auf Jemanden zu verlassen, der unsichtbar und unfaßbar ist.

Aber *gegenwärtig und wirklich.*

Jener Gekreuzigte – Jesus – ist Gott. Also ist entweder der Tod das Ende von allem oder der Moment, in dem Gott die Macht seiner Herrlichkeit offenbart, und diese Macht wird es sein, die das Leben wiederauferstehen läßt. Nicht, indem sie es wiederherstellt, so wie es vorher war – denn dann wäre es erneut der Gewalt des Todes unterworfen –, sondern indem sie es erneuert, indem sie *es Ostern feiern läßt:* Es ist nicht länger ein Gefangener des Raumes, der Zeit, der physikalischen Gesetze, dieses zerbrechlichen und verweslichen Körpers. Es ist ein Leben, das vom Tod gezeugt worden ist, *um nicht mehr zu sterben.* Ich bin noch immer diesseits der Schwelle, den verborgenen Tücken jedes Schwellendaseins ausgeliefert. Doch ich kann als Pilger hier bleiben, mit dem Glauben der Pilger, der mich die Hand nach dem Herrn ausstrecken läßt, der uns an der Hand hält und uns gehen lehrt, wie der Prophet Hosea sagt. In diesem Abschnitt spricht der Prophet von der Befreiung Ägyptens, vom Pascha: *Als Israel jung war, gewann ich ihn lieb, ich rief meinen Sohn aus Ägypten. Je mehr ich sie rief, desto mehr liefen sie von mir weg. Sie opferten den Baalen und brachten den Götterbildern Rauchopfer dar. Ich war es, der Efraim gehen lehrte, ich nahm ihn auf meine Arme. Sie aber haben nicht erkannt, daß ich sie heilen wollte. Mit menschlichen Fesseln zog ich sie an mich, mit den Ketten der Liebe.* Die Aufforderung, das Meer zu durchqueren, haben sie gewiß nicht als einen Beweis dafür aufgefaßt, daß Gott für sie sorgte. Sie haben an ihm gezweifelt, genauso wie ich vor dem *schmerzhaften Geheimnis* gezweifelt habe: Kann man das Meer durchqueren? Kann man wirklich durch den Tod hindurchgehen? Kinder des Vaters sein heißt, zur letzten Freiheit berufen zu sein, zu jener äußersten Befreiung, die darin besteht, durch den Tod und die Todesangst hindurchzugehen und wieder herauszukommen. Auf diesem Weg der Befreiung wird unser Vater uns an der Hand halten. Es geht darum, *zu begreifen, daß Er sich um uns kümmert.*

Ein großer, unbeschreiblicher Friede.

Ich gehe hinaus, setze mich vor das Presbyterium und bete den Rosenkranz, den zweiten nach dem von dieser Nacht. Ich möchte der Muttergottes dafür danken, daß sie mich in diesem Monat begleitet und für uns gebetet hat. Mario kommt auch; er will sich seinen *Sello* holen. Doch heute müssen wir ins Pilgerbüro gehen und nicht in die Sakristei! Und das Büro macht erst um zehn Uhr auf. Wir beschließen, uns eine Unterkunft zu suchen. Rein zufällig bekommen wir drei Betten in einem *Hostal* in der Nähe der Kathedrale. Um elf sind wir im Pilgerbüro: der letzte *Sello!* „Cumplió la peregrinación el día 30.VI.2002". Sie geben uns die *Compostela!* Die Freude über dieses Stück Papier ist riesengroß. Und es ist unbeschreiblich und bewegend, hier einige der Pilger zu sehen und wiederzutreffen, mit denen wir in diesen Tagen unterwegs waren: die krebskranke Kanadierin mit ihrem übergroßen Rucksack, die Belgierin, die sich draußen vor dem *Refugio* von Hontanas etwas zu essen gemacht und mich nach der Geschichte mit den Franzosen getröstet hatte.

Der Priester, der die Messe hält – Don Jaime –, begrüßt die Pilger und lädt sie ein, diese Messe zu der Begegnung werden zu lassen, die wir den ganzen *Camino* über gesucht und herbeigesehnt haben. Beim Bußakt ruft er uns dazu auf, um die Vergebung unserer Sünden zu bitten und alles darin einzuschließen, woran wir unterwegs gedacht oder was wir noch einmal durchlebt haben. In der zweiten Lesung schreibt der heilige Paulus, daß wir durch die *Herrlichkeit der Auferstehung* Jesu *den Weg in ein neues Leben* gehen können. Beim Friedensgruß sagt Don Jaime: „Aus welchem Grund ihr diese Pilgerfahrt auch unternommen habt, ihr alle sucht den Frieden". Am Ende der Messe verabschiedet er uns mit den Worten: „Das Geschenk der Pilgerschaft ist der Friede des Herzens und des Gewissens: Gehet hin in Frieden".

Jetzt verstehe ich: Der ganze *Camino* diente dem Zweck, in *dieser Messe* anzukommen: Er hat mich darauf vorbereitet, *diese Worte* zu hören, *dieses Brot* darzubringen, das der gekreuzigte und auferstandene Leib Christi ist. Seine Realpräsenz hier und in unserem *Innern. Er ist unser Friede.*

Nach dem Mittagessen gehen wir zur Statue. Ich lege meine Stirn auf ihre Schulter, wie man es macht, wenn man müde ist oder vertrauensvoll oder jedenfalls mit jemandem sehr vertraut. Ich fühle mich völlig leer, ich weiß nicht mehr, was ich noch sagen, was ich noch hinzufügen soll: Ich habe dieselbe *geheimnisvolle Empfindung der Freiheit und Ganzheit* wie bei meiner Wanderung über die Hochebenen. Gestern nachmittag, als ich ausgestreckt im Gras lag, hatte ich mir diesen Moment als ein intensives und emotionsgeladenes Gespräch vorgestellt. Doch jetzt entgleiten mir alle Worte, und es bleibt nur ein kleiner Satz von unermeßlicher, geheimnisvoller und unsagbarer Bedeutung. Ich drücke einen leisen Kuß auf den silbernen Umhang, der die Schultern des heiligen Jakobus bedeckt, und flüstere kaum hörbar: „Danke, danke für alles!"

Vierter Abschnitt

„Gott nahe zu sein ist mein Glück"

**Von Santiago de Compostela nach Negreira,
Montag, 1. Juli**

Wir wachen auf und setzen uns nur langsam und widerstrebend
wieder in Bewegung, denn es ist weder günstig noch hilfreich,
nicht zu wissen, was zwischen jetzt und heute abend geschehen
wird: Wenn wir einen günstigen Flug erwischen, könnten wir
sogar heute noch abreisen. Aber wenn nicht? Wenn wir erst
morgen abreisen, könnten wir mit dem Bus nach Finisterre fahren und rechtzeitig zum Abflug wieder da sein. „Der *Camino*
entscheidet alles selbst", belehrt mich mein Bruder, während
wir unsere Rucksäcke packen. Nick wird nach Italien fliegen
und seine Schwester treffen, die dort ihre Ferien verbringt.

Als wir hinauskommen, ist es kalt, die Atmosphäre ist wat-
tiert und neblig, nur daß gar kein Nebel da ist. Unter dem Bogengang des *Obradoiro* spielt ein Mann ein mittelalterliches In-
strument mit einer Kurbel, das genauso aussieht wie eines, das
auf dem *Pórtico* in Stein gemeißelt ist. Ich weiß nicht warum,
aber uns fällt ein, daß wir noch nicht mit Davide telefoniert haben. Wir holen es sofort nach. Er ist begeistert, wir noch mehr.
„Aber laß dir Zeit, versuche nicht, alles, was passiert ist, sofort
zu erklären oder zu erzählen", rät er mir. „Du wirst es später
verstehen." „Ja klar, aber ich wollte dir wenigstens danke sagen, denn daß wir den *Camino* gemacht haben, verdanken wir

auch dir." Ich gebe ihm Mario, der ebenfalls ungewöhnlich gesprächig ist.

Im Tourismusbüro geben sie uns einen Busfahrplan und erklären uns, daß es auch einen *Camino* gibt, der dorthin führt. „Einen markierten *Camino* wie den, den wir gemacht haben?", frage ich. „Ja, ja, *está todo marcado.*" In meinem Innern läutet eine erste Glocke. „Haben Sie einen Führer oder eine Karte?" „Nein, die sind uns ausgegangen." Die Glocke verstummt. „Aber wir haben eine Fotokopie vom Streckenverlauf mit einigen nützlichen Hinweisen zu den Pilgerherbergen." Die Glocke erklingt von neuem. Es ist wenig mehr als eine Skizze und auch nicht besonders deutlich; doch die *Refugios* (drei insgesamt) und die Entfernungen zwischen den Ortschaften sind eingezeichnet. Ich zähle die Etappen: Wir würden drei Tage brauchen, um dorthin zu gelangen. Ich falte das Blatt zusammen und stecke es in die Tasche, in der ich einen Monat lang die Karten der verschiedenen Etappen aufbewahrt habe.

Im Reisebüro sagt uns die Angestellte, daß es erst am 5. Juli vormittags einen günstigen Flug nach Venedig gibt. Eine zweite Glocke beginnt ohrenbetäubend zu läuten. Unter dem Tisch zähle ich ungläubig an den Fingern die Tage ab, um sicherzugehen: Heute ist der erste Juli, also haben wir vier Tage Wartezeit, und wir brauchen nur drei, um nach Finisterre zu gelangen. Ich versuche mein Beben zu unterdrücken: Wir nehmen die Tickets und erhalten die Ermäßigung, die man bekommt, wenn man die *Compostela* vorlegen kann. Wir gehen hinaus, und sofort steht der Abschied von Nick bevor. Wir wissen nicht, was wir sagen sollen, stehen schweigend da und warten, daß einer der anderen zuerst spricht. „Also, dann sehen wir uns, wenn du nach Italien kommst?" fange ich schließlich an. „Ja, ich hoffe sehr. Und ihr kommt mich in New York besuchen?" „Natürlich, so Gott will. Und Gott weiß, wie gerne wir kommen würden", tröstet ihn mein Bruder. Es ist sehr schwer, nicht traurig zu werden. Es ist das schmerzhafte Wissen um das *Ende aller Dinge.* Auch wenn wir uns wiedersehen, ist doch diese Lebenszeit, die der *Camino de Santiago 2002* für uns gewesen ist, für immer vorbei. Hoffentlich können wir das Versprechen, in Kontakt zu bleiben, halten: Es war eine Gnade, ihm zu begegnen, es wäre eine Sünde, ihn zu verlieren. „Danke. Danke für alles", stammle ich. Er geht Richtung Stadtmitte, ich drehe mich zu Mario um, um ihn nicht mehr zu sehen. „Also ... gehen wir?" „Gehen wir!" antwortet er energisch und resolut.

Und so beginnt ganz einfach und völlig unvorhersehbar der letzte Abschnitt unseres *Camino*. Wir verabschieden uns noch nicht einmal vom heiligen Jakobus, ehe wir gehen. Wir gehen durch die *Rua de Pombal* bis zur *Rua de San Lorenzo,* wo wir die erste Muschelmarkierung finden, die uns betrifft. Jetzt beginnt ein drittes Glöckchen zu läuten, das heißt, eigentlich ist es ein ganzes Konzert von Glocken, das da in voller Lautstärke losbricht. Von hier geht der *Camino Fisterra* ab, der 89 Kilometer lang ist. „Im Durchschnitt dreißig Kilometer pro Tag", rechnet mein Bruder sofort aus. Wir legen die ersten zurück, und sogleich wird uns bewußt, daß wir beide wieder allein unterwegs sind, wie ganz am Anfang, in Lourdes. Der Weg ist angenehm zu gehen und wirklich gut beschildert, er führt über ruhige Straßen und Viertel. Wir entfernen uns rasch vom Zentrum, und ehe wir die Stadt Santiago verlassen, führt der *Camino* über den Hügel gegenüber der Kathedrale.

Auch danach ist der Weg weiterhin hügelig, so daß wir nach dem ersten bergab verlaufenden Stück Santiago und alles andere hinter uns gelassen haben: Vor uns liegt nur die Straße, wir haben noch einen *Camino* zu gehen und ein Ziel zu erreichen. Hier gibt es keine Aneinanderreihung kleiner Dörfer, wie wir sie vor Santiago gefunden haben, es ist, als wären wir in ein ärmeres Gebiet mit einer geringeren Bevölkerungsdichte gekommen. Während ich dies schreibe, wissen wir in Wirklichkeit nicht einmal, was uns erwartet, wie wir uns die Plätze vorstellen sollen, die wir nur dem Namen nach kennen und das auch nur, weil sie auf unserer Fotokopie eingezeichnet sind. Beim *Camino Francés* war das anders gewesen: Wir hatten uns vorbereitet, uns einiges angelesen, Fotos gesehen und die Berichte derer gehört, die den Weg bereits gegangen waren. Doch über diese Gegend hier wissen wir nichts.

Der *Camino* macht uns Galizien schmackhaft, er ist grün und strahlt Ruhe aus, auch wenn der Himmel eher unfreundlich aussieht. Allerdings weckt er in uns den dringenden Wunsch, mit dem Wind zu wandern, der uns ins Gesicht peitscht. In Augapesada begegnen wir der ersten Pilgerin dieses *Camino*, einem keuchenden, nicht ganz schlanken Mädchen, die wahrscheinlich erst in Santiago aufgebrochen ist. Sie geht schnell, fast im Laufschritt: Der Rhythmus von jemandem, der von der Straße noch nicht eines Besseren belehrt worden ist und meint, die Kilometer wie eine lästige Sache so schnell wie möglich erledigen zu müssen. Alles schon dagewesen. „Weißt du noch, was die im Reisebüro gesagt hat?" fragt mich Mario. „Was hat sie denn gesagt?" „Das viele den *Camino* machen, um sich selbst zu finden. Ich glaube, dieses Mädchen gehört dazu. Eine Edda, mehr oder weniger." „Ach, ich weiß nicht. Meinst du wegen des Tempos?" „Nein, nein, eigentlich denke ich gar nicht an sie. Ich denke an alle Leute, die aus diesem Grund unterwegs sind. Leute, die in ihren eigenen Taschen wühlen und dann feststellen, daß sie leer sind."

Wir kommen nach Pontemaceira: eine lange Steinbrücke über den *Río Tambre*, als Straßenschilder dienen Kacheln, die an die portugiesischen *Azulejos* erinnern. Es ist ein anderes Spanien als bisher, es ähnelt bestimmten Dörfern in Portugal. Das Wetter hat sich definitiv verschlechtert, und es beginnt zu regnen. Wir ziehen unsere Regenponchos hervor und gehen im Regen weiter. Als wir in Negreira ankommen, regnet es immer noch. Eine Gruppe potentieller Rucksackpilger kommt uns entgegen. Unwillkürlich denken wir beide an Puente La Reina. Rein zufällig taucht just in diesem Moment auf der rechten Seite ein Hotel auf. Ohne viele Worte zu machen – so gut verstehen wir uns inzwischen dank der bewährten Gesten, die wir den ganzen gerade vergangenen Monat über benutzt haben –, steuern wir auf die Rezeption zu und nehmen ein Zimmer für ein paar Euro. Nach Dusche und Wäsche feiern wir die Messe auf dem Zimmer. Mario geht einkaufen, damit wir zum Essen nicht noch einmal hinausgehen müssen. Alles ist so fremd und ungewohnt: allein zu sein, weiterzugehen, ohne zu wissen, was uns erwartet, allein mit Mario in einem großen Hotel zu schlafen, das schlechte Wetter nach Wochen ohne einen Tropfen Regen.

Wohin gehen wir? Warum sind wir noch immer unterwegs? Was erwartet uns noch?

Im Hebräerbrief heißt es: „Da uns eine solche Wolke von Zeugen umgibt, wollen auch wir alle Last und die Fesseln der Sünde abwerfen. Laßt uns mit Ausdauer in dem Wettkampf laufen, der uns aufgetragen ist, und dabei auf Jesus blicken, den Urheber und Vollender des Glaubens; er hat angesichts der vor ihm liegenden Freude das Kreuz auf sich genommen, ohne auf die Schande zu achten, und sich zur Rechten von Gottes Thron gesetzt." Der großen Prüfung seines Leidens ging die Kontemplation voran, der fest auf die vor ihm liegende Herrlichkeit gerichtete Blick. War der *Camino* also eine Zeit des Trostes und der Wiedergeburt vor einer großen Prüfung, die uns noch bevorsteht? Habe ich deshalb die Herrlichkeit erkennen dürfen? Ich denke an alles: eine schwere Krankheit, die mich befallen könnte, eine Zeit großer spiritueller Trockenheit, neues Unverständnis und neue Auseinandersetzungen mit Menschen, die wichtig für mich sind. Mit einer gewissen Verwunderung stelle ich fest, daß mir diese Aussicht keine Angst einflößt, im Gegenteil: Sie gibt mir viel Kraft. Wenn ich bis hierher gekommen bin, wenn der Herr diese Pilgerfahrt mit seiner Gnade gekrönt hat, wovor sollte ich dann noch Angst haben? Tatsächlich habe ich Angst vor mir selbst, weil ich mich kenne und weiß, daß ich imstande bin, jede Gnade zu vergeuden und jede Vergeudung zu rechtfertigen.

Doch der Herr weiß, aus welchem Lehm er mich geformt hat, und er, der mich liebt wie kein anderer in der Welt, hat gesagt: *Wer zu mir kommt, den werde ich nicht abweisen.* Die Wallfahrt war dazu da, zu ihm zu kommen. Ich bin nicht abgewiesen worden, und ich werde auch in Zukunft nicht abgewiesen werden. Das genügt. Wie Davide gesagt hat: Dies ist nicht der Zeitpunkt für Schlußfolgerungen. Allmählich verstehe ich, was es bedeutet, daß „der *Camino,* einmal begonnen, niemals enden wird". Genug nachgedacht. Wir haben unsere Endlosetappe nach Santiago noch nicht verkraftet: Wir müssen den Schlaf einer ganzen Nacht nachholen, und deshalb machen wir das Licht aus und schlafen.

Von Negreira nach Olveiroa, Dienstag, 2. Juli

Es nieselt, der Himmel ist grau, und die Wolken hängen tief, also ziehen wir Fleeceshirt und Pullover an. Negreira ist nicht besonders schön. „Aber häßlich ist es auch nicht", laut Mario. Wir verlieren – wo genau, wissen wir nicht – die Pfeile aus den Augen und wissen nicht mehr, wohin wir gehen müssen. Ein Mann, den wir nach dem Weg fragen, schickt uns in die falsche Richtung. Gott sei Dank bringt der ehrliche Wirt in einer Bar uns wieder auf die richtige Straße. Wir gehen auf eine Ortschaft zu, die auf der Fotokopie mit einem kaum sichtbaren Punkt gekennzeichnet ist und *A Pena* heißt. Inzwischen hängt die Feuchtigkeit in niedrigen Dunstwolken zwischen den Eukalyptusbäumen, wodurch die Gegend den Waldgebieten am Amazonas ähnelt: Alles ist unbeweglich und still, schwebend wie diese einzelnen Wolken, in Erwartung, daß etwas geschieht. Wir sind allein, wie am Anfang; auf diesem Abschnitt des Weges sehen wir keine anderen Pilger. Nach dem stark frequentierten *Camino Francés* ist es seltsam, unterwegs niemanden zu grüßen oder zu kennen.

In Vilaserio wird der *Camino* zu einer asphaltierten Straße. Wir grüßen eine ältere Frau, die am Gartentor ihres Hauses steht. Sie erwidert unseren Gruß mit einer in herausforderndem Ton gestellten Frage: „Was wollt ihr in Fisterra?" Diese Frage läßt sich nicht so rasch und endgültig beantworten, wie es ihr Tonfall zu verlangen scheint, sondern erfordert eine Rede, die zu komplex ist für unser armseliges Spanisch. Deshalb denke ich notgedrungen an das Allerbanalste und sage: „Das Meer sehen!"

„Das Meer sehen? Habt ihr zu Hause kein Meer? Habt ihr nichts anderes zu tun und keine besseren Plätze, um das Meer zu sehen?" Sie ist außer sich. Ich rechne damit, daß sie jeden Moment handgreiflich wird. Da kommt ihre Tochter heraus, die sie beschwichtigt und uns um Entschuldigung bittet. „Sie regt sich auf, weil hier immer so viele Leute vorbeikommen." „Wirklich? Wir dachten, das wäre nicht so: Wir haben niemanden gesehen, seit wir aufgebrochen sind." „Doch, doch, hier sind viele Leute, auch heute morgen sind schon einige durchgekommen. Und das in jeder Jahreszeit, nicht nur *en verano.*"

Die Worte der alten Frau haben den unruhigen Schwarm der Gedanken aufgescheucht, die sofort wieder um diese eine Frage zu kreisen beginnen: Was wollen wir in Finisterre? Anfangs hätte ich ihr antworten können, daß wir dorthin gehen, um unsere Wallfahrt zu beenden, aber ich weiß, daß das nicht stimmt, daß es nicht so ist. Die Vollendung des *Camino* ist Santiago: die Stadt Santiago und der Apostel Santiago. Das habe ich in dem Moment, als ich die Statue umarmte, geradezu physisch erfahren. Ich frage Mario, was er darüber denkt, und er ist derselben Ansicht. In gewissem Sinne ist dieser *Camino* hier keine Wallfahrt mehr. Das erkennt man an vielen einfachen Dingen, zum Beispiel daran, daß wir zwar auch hier beten, daß es aber nicht dasselbe ist, den Rosenkranz zu beten und dabei zu einem Heiligen oder eben zum Meer unterwegs zu sein. Die Gestimmtheit der Seele, die innere Spannung ist eine andere. Ich kann es nicht besser erklären. Und doch ist da dieses beredte Zeichen einer Fortsetzung unseres Weges: „El Camino està marcado." Für zwei wie uns, die gelernt haben, wie Pilger zu denken und zu leben, ist eine Verlängerung der Pilgerzeit eine Chance, die man sich nicht entgehen läßt. Als wäre es wesentlich zu sehen, daß die Straße ein Ende hat.

Alles hat ein Ende und ist dem schmerzhaften Geheimnis vom Ende aller Dinge unterworfen. Für den Camino de Santiago ist dieses Ende das Meer, der Ozean, den die Pilger aufsuchten, um das Ende der damals bekannten Welt zu sehen; die Grenze, über die man nicht hinausgehen konnte. Damit ist die Pilgerfahrt nach Finisterre eine Pilgerfahrt, die auf das Geheimnis vom Ende hinausläuft. Sie wirft dieselbe Frage auf, mit der ich aufgebrochen bin, um nach Santiago zu gehen: Wohin gehen wir? Wofür steht dieser Camino und dieses Pilgerleben? Diese Pilgerfahrt, die unser Leben ist?

Mir kommt ein Satz aus der Predigt in den Sinn, die Papst Paul VI. am letzten Aschermittwoch seines Lebens gehalten hat: „Die Liturgie von heute erinnert uns nachdrücklich und freimütig an eine objektive Gegebenheit: Es gibt auf Erden nichts Festes und Endgültiges. Wie ein raschfließender Fluß treibt die Zeit uns und unsere Angelegenheiten der geheimnisvollen Mündung des Todes entgegen." Das war die Frage, von der ich ausgegangen bin, und deshalb möchte ich das Meer sehen.

Das Meer ist nicht nur ein Symbol für das Ende, es wird diese Zeit und dieses Leben der Pilgerschaft auch tatsächlich beenden. Also: Was liegt hinter dem Meer? Was ist das Meer? Warum hat jede Straße und jedes Leben ein Ende? Warum kann man zu einem Menschen sagen: „Ich nehme dir das Leben", aber nicht: „Ich gebe dir das Leben wieder, das ich dir genommen habe?" Warum kann man das Leben nur empfangen? Angesichts dieser Fragen spinnt sich der Faden meiner Gedanken ins Endlose. Doch nun kann ich mich diesen Rätseln stellen, denn für mich hat sich das „lumen gloriae" entzündet. Auch dieses Geheimnis ist glorreich. Weil es lebendig ist.

Die *Comarca* von Xallas ist wunderschön. Und wenn ich dieses Adjektiv bisher recht leichtfertig verwendet habe, so verwende ich es jetzt mit der größtmöglichen Berechtigung. Als wir den *Monte Aro* hinaufgehen, umfängt unser Blick einen See im Tal unten am Fuß des Abhangs. Einfach spektakulär. Natürlich spielt auch das schöne Wetter eine Rolle, das Licht, das die Farben leuchtender macht, das friedliche Leben der hier und da im Tal verstreuten Dörfer aus Stein, die weiten grünen Flächen der mit den duftenden Bäumen geschmückten Felder, die fast vollkommene Windstille, die die Landschaft umhüllt … all das und der See machen uns wieder einmal zur leichten Beute des *Zaubers*. „Einwandfrei, dieser Teil des *Camino* lohnt sich", sagt mein Bruder bewundernd. Man kommt sich vor wie am Drehort von Zeffirellis *Bruder Sonne, Schwester Mond*. Zum ich-weiß-nicht-wievielten Mal muß ich nun an Franz von Assisi denken. Seit Sangüesa kommt er mir ständig in den Sinn. Jedesmal, wenn eine Kirche oder ein Stein daran erinnern, daß auch er den Weg des heiligen Jakobus gegangen ist. Und auch heute denke ich an ihn, seit wir den beiden Frauen begegnet sind, denn eine der komplexen Antworten, die ich der Alten gerne gegeben hätte, ist: „Weil auch das Meer und die Geschöpfe uns den Herrn loben lassen, wie der heilige Franziskus uns gelehrt hat." Wir wollen keinen Heiligen treffen, sondern dem Herrn begegnen, der sich in seine Geschöpfe, *in das Werk seiner Hände* kleidet: das Meer, aber auch den Wind, die Sonne, die Tiere. Und wir antworten darauf, indem wir uns an ihnen freuen, Gott preisen und das Glück und die Stille in Gottes Herz zurückgießen, die ein Naturschauspiel wie dieses in unserem Innern entstehen läßt.

Also *sei gelobt, Herr, mit allen Wesen, die du geschaffen, der edlen Herrin vor allem, Schwester Sonne*, die du nun endlich auch auf unserem Weg durch Galizien scheinen läßt. *Die uns den Tag heraufführt und Licht mit ihren Strahlen, die Schöne, spendet; gar prächtig in mächtigem Glanze: Dein Gleichnis ist sie, Erhabener.* Denn du bist ein lichtreiches Geheimnis wie die Sonne, allgegenwärtig und doch unfaßbar wie ihr Licht. Wollte man dich zu direkt ansehen, würde man erblinden, doch ohne dich würde man gar nichts sehen. Du gibst das Leben und dem Leben die Farben.

Wir gehen über eine wunderschöne weiße Schotterstraße hinunter zum See. Um uns herum Bauernhöfe, steinerne *Horreos* auf ihren Säulen, umzäunte und bebaute Felder. *Gelobt seist du, Herr, durch unsere Schwester, die Mutter Erde, die gütig und stark uns trägt und mancherlei Frucht uns bietet mit farbigen Blumen und Kräutern.* Lob und Dank sei dir für alle Augenblicke dieses Monats, in dem Mutter Erde sich von ihrer besten Seite gezeigt hat und in dem wir ein tiefes, ruhiges und überwältigendes Gefühl der Dankbarkeit verspürt haben, das uns hat ausrufen lassen: „Nie wird ein Auge satt, wenn es beobachtet!" Ob es nun Bäume, Hügel, Getreidefelder, Olivenpflanzungen oder Weinberge waren, süße Kirschen oder Feigen oder der Staub der Straße, der sich weiß auf das Rot der Mohnblumen legte, wenn wir vorübergingen. Gelobt seist du für die *Mesetas,* die uns das Herz weit gemacht haben und es teilhaben ließen an der Unermeßlichkeit des Lebens auf der Erde. Gelobt seist du für die Blumen, die dem Auge des Pilgers Farben in größter Einfachheit und außergewöhnlicher Vielfalt bieten.

Wir kommen an eine Weggabelung mit einem ausgesprochen zweideutigen Pfeil, der sowohl nach rechts als auch nach links weisen könnte. Der Weg auf der linken Seite führt schnurgerade an einigen Häusern vorbei, und wir entscheiden uns für diese Möglichkeit. Kaum sind wir auf der Höhe des ersten Hauses angekommen, als zwei riesige deutsche Schäferhunde aufspringen, die dort gelegen haben. Der eine bleibt stehen, doch der andere kommt näher, knurrt furchterregend und entblößt ein beeindruckendes Gebiß. Seine Absichten sind alles andere als friedlich. „Er will offenbar keinen Abstand halten!" schreie ich, als er über das Gitter auf die Straße springt. „Bleib ruhig!" fordert Mario mich auf, der das Schlottern meiner nur noch von Panik beherrschten Knie zu hören scheint. „Laß ihn nicht spüren, daß du Angst hast!"

„Ich bin ja ruhig, aber der Hund nicht", flüstere ich und verstecke mich hinter meinem Bruder. Der zeigt dem Hund den Stock – eine Taktik, die wir schon mehrfach mit Erfolg eingesetzt haben –, doch der scheint blind zu sein: Er drängt sich zwischen uns und schnappt zu, man hört sogar das Geräusch der ins Leere beißenden Zähne. „Oh weh, das ist ernst. Madonna, was sollen wir tun?" Ich habe mich immer über das sogenannte Erste Wunder der Muttergottes von der Göttlichen Liebe lustig gemacht, die einen Pilger vor dem Angriff eines Hundes gerettet hat; jetzt bekomme ich die Quittung für meinen kleinen Glauben. Wie üblich geht Mario das Problem an, indem er es vereinfacht und auf etwas reduziert, das er kennt oder zu tun imstande ist. Nachdem er den Hund zweimal zurückgedrängt hat, versetzt er ihm bei der dritten Attacke einen entschlossenen und gut gezielten Schlag mit dem Pilgerstab. Man hört ein Geräusch wie von einem brechenden Knochen (dem Kiefer?); doch vor allem sieht man den Hund, der sich von jetzt auf gleich beruhigt, einen leichten Haken schlägt und sofort zu seiner Hütte zurücktrottet, aus der er gekommen war. „Hast du das gesehen?" jauchzt mein Bruder stolz und dreht sich zu mir um. Doch ich bin schon ein paar Meter weiter und nehme Reißaus. „Ach Paolopaolopaolopaolopaolo!" lacht er hinter mir her. An dem geraden Wegstück sind keine Pfeile zu sehen, und als der Weg nach links abbiegt, bleiben wir stehen. Inzwischen haben wir gelernt, daß es keinen Zweck hat, ohne entsprechende Hinweisschilder weiterzugehen. „Wir hätten schon an der Reaktion der Hunde merken müssen, daß das nicht der richtige Weg war", erklärt Mario, als wir auf dem Absatz kehrtmachen, um zurückzugehen. „Warum?" frage ich neugierig. „Daß sie so reagiert haben, ist ein Zeichen dafür, daß hier nicht viele Leute vorbeikommen. Außerdem hätten die Besitzer sie dann angebunden. Das heißt, daß wir in die andere Richtung müssen, weg von den Häusern." „Ja, aber was tun wir jetzt? Ich weiß nicht, ob ich mich traue, noch einmal an den Hunden vorbeizugehen." Ich sehe nach rechts; dort ist eine kleine Mauer, und dahinter liegen bebaute Felder. „Ich springe über die Mauer, dann sehen sie mich nicht." „Also wirklich, du Angsthase!" antwortet er. „An den Häusern hört die Mauer auf, da müßtest du sowieso wieder auf die Straße zurück. Ich wette, daß das Ungeheuer diesmal keinen Mucks von sich gibt." Und genauso ist es. Mario hält den Stock vor sich, doch diese Vorsichtsmaßnahme erweist sich als überflüssig: Keiner der beiden Hunde regt sich, ja mehr noch: Keiner der beiden läßt auch nur das leiseste Winseln hören.

Wir gehen Richtung Olveiroa. Die Herberge dort ist ein von der *Xunta de Galicia* wieder instand gesetztes Bauernhaus und wunderschön wie alle *Albergues* der *Xunta*. Auf einem Zettel an der Küchentür fordert die *Hospitalera* uns auf einzutreten, auch wenn sie nicht da ist. Wir waschen die Wäsche im Waschraum auf der anderen Straßenseite, wo es extra zu diesem Zweck Wasch-

schüsseln, Bürsten, Seife, Wäscheleinen und reichlich Wäsche-
klammern gibt! Wir kommen uns vor wie in einem Traum, doch
Gott sei Dank ist es keiner. Der *Albergue* füllt sich. Zum Abendessen müssen wir in die Bar des Ortes gehen. Sie haben fast nichts,
schließlich bringen sie zwei *Bocadillos* zustande, zu denen wir
kochendheißen Tee trinken. Doch es ist gut so, den Pilgern, die
nach uns kommen, ergeht es noch schlechter. Als wir gehen, ist
es kalt, sehr kalt.

Jetzt sind wir hier in der wunderschönen Küche, die über einen
riesigen Kamin verfügt: *Gelobt seist du, Herr, durch Bruder Feuer,
durch den du zur Nacht uns leuchtest. Schön und freundlich ist er
am wohligen Herde, mächtig als lodernder Brand.* Wenn wir nur
ein Feuer im Kamin hätten! Ich habe die *Credenciales* mit dem
Sello des *Albergue* gestempelt und mit den Mädchen telefoniert:
Sie sind in Santiago und wollen morgen mit dem Bus nach Finisterre kommen, um sich mit uns zu treffen. Mario hat sich schon
schlafen gelegt, ich werde gleich dasselbe tun. Morgen wird, so
Gott will, 31 Kilometer von hier entfernt unser Weg zu Ende gehen. Ich gehe hinaus, um nach der Wäsche zu sehen. Die Feuchtigkeit hat ihre übliche Nebeldecke über den Horizont gebreitet.
Doch der Himmel über mir ist klar: *Gelobt seist du, Herr, durch
Bruder Mond und die Sterne. Durch dich sie funkeln am Himmels-
bogen und leuchten köstlich und schön.*

Von Olveiroa nach Finisterre, Mittwoch, 3. Juli

Um fünf Uhr schrecken wir aus dem Schlaf auf. Die anderen, die
mit uns auf dem Zimmer liegen, sind im Aufbruch; sie haben das
Licht angemacht, packen und veranstalten ein unerträgliches
Durcheinander. Mario fragt mich: „Sollen wir auch aufstehen?"
Ich kämpfe mit mir, ehe ich ihm eine Antwort gebe: Auch ich
spüre in meinem *Innern* eine Unruhe, die mich zum Aufbruch
drängt, ein zwanghaftes Bedürfnis, anzukommen. Doch das Wetter draußen scheint entsetzlich zu sein: Der Wind pfeift durch
die Fenster, und es ist noch dunkel; außerhalb des Bettes ist es
definitiv kalt. Wer kann bei einem solchen Wetter losgehen? Niemand, nicht einmal die Frühaufsteherpilger, die sich, nachdem
sie das Tor geöffnet und einen Blick auf die Verhältnisse drau-

ßen geworfen haben, entschieden haben, noch zu warten, und nun über dieses und jenes plaudern. Das Ganze dauert bis sechs, als auch wir beschließen, aufzustehen, nachdem die Vorbereitungen der anderen uns eine Stunde lang zermürbt haben. Wir sammeln unsere Sachen ein und packen die Rucksäcke mit einer Melancholie, die man fast mit Händen greifen kann. Als wir die Tür des *Refugio* öffnen, werden wir von einem sturzbachartigen Regen buchstäblich überschüttet. Heute früh hat sich offenbar alles gegen uns verschworen. So brechen wir zur letzten Etappe unseres *Camino* auf. Der Regen, die Kälte, die Ponchos, die uns behindern und die Feuchtigkeit durchlassen, der Pilgerstab, der einem ständig aus den Händen rutscht, die in den Schuhen völlig durchnäßten Füße, die beschlagenen Brillen, all das erschwert uns jeden Schritt. Bei diesem Regen ist es unmöglich, sich zu unterhalten oder überhaupt irgendwie miteinander zu kommunizieren. Der schwarze Schlamm und das nasse Gras machen alles nur noch schlimmer. Ich muß aus der Depression des letzten Tages und dieser Wetterfühligkeit herauskommen. Es geht wie immer nur darum, das Schlechte in etwas Gutes, den Tod in Leben, einen Fluch in Segen zu verwandeln: Es geht darum, der *vollkommenen Freude* freien Lauf zu lassen, die der heilige Franz Bruder Leone gelehrt hat. Deshalb: *Gelobt seist du, Herr, durch Bruder Wind und Luft und Wolke und Wetter, die sanft oder streng, nach deinem Willen, die Wesen leiten, die durch dich sind.* Wir überqueren einen Bach im Zickzack über die Steine, die aus dem Wasser herausragen, und kraxeln über eine Reihe rutschiger Abhänge weiter hinauf und hinab. Eine mühsame Reihe, ähnlich wie eine Arbeit. Der Atem geht keuchend, der Blick durch die Brillengläser ist verschwommen. Nach einer Stunde kommen wir an ein Dorf mit einigen Häusern, doch ohne Bar. Wir müssen unseren nassen Füßen und unserer Nase, die allmählich zu triefen beginnt, etwas Warmes zu trinken entgegensetzen. Am Horizont tauchen Fabrikschornsteine auf. Und da ist sie, eine Bar, auf der gegenüberliegenden Seite: unser Frühstück!

Wir sind auf der Höhe von Hospital. Von hier aus müssen wir nach Cee kommen und können statt des schlammigen Fußpfades die asphaltierte *Carretera* nehmen. Auf der Fotokopie sieht es sehr weit aus, doch zur Feier des Tages legen wir die Strecke in denkbar kurzer Zeit zurück. Gegen elf kommen wir an den ersten

Häusern des Dorfes vorbei. „Jetzt müßten wir es geschafft haben. Cee liegt am Meer oder zumindest in der Nähe: Du müßtest jetzt ganz bald den Atlantik sehen", erkläre ich Mario, der ihn noch nie gesehen hat. Er zittert. Als wir nach rechts Richtung Curcubion abbiegen, erscheint links von uns *das nahe Zucken von Meeresschuppen.* „Da ist er!" schreit Mario begeistert. Wir halten an, um zu begreifen: der Atlantik, das Ende der Straße! Wir wollen diesen Moment auskosten und setzen uns in eine Bar mit Meerblick und einem dazugehörigen Lebensmittelgeschäft. Wir rufen Maura und Valentina an: Sie sind noch in Santiago und gerade unterwegs zur Bushaltestelle. Sie können frühestens in zwei Stunden hiersein. Gemächlich gehen wir weiter über die asphaltierte Straße. Der Himmel ist noch immer von einem bleiernen Grau, auch als wir Curcubion erreichen. Jetzt hat wirklich der Countdown begonnen. Wir gehen weiter und setzen uns der Wucht des uns entgegenpeitschenden Windes aus. Bis wir auf der linken Seite eine erste Bucht mit einem Sandstrand und an Land gezogenen Booten entdecken. Wie zwei Kinder stürzen wir darauf zu, ziehen die Schuhe aus und lassen die Rucksäcke unbeaufsichtigt stehen. Mit lauter Stimme deklamiere ich das Gedicht, das ich für genau diesen Moment in meinem Innern bewahrt habe:

Ich halte es nicht lange aus,
ohne das Meer zu sehen
So stelle ich mir die Ewigkeit vor:
ganz Leben, bis in die Tiefe

Welle auf Welle,
immer dasselbe Wasser
doch offen und geheimnisvoll.
Mein Leben indes ist so:

immer am Strand
im Begriff, Segel zu setzen.

Jetzt ist der Zeitpunkt gekommen, um zur Jagd auf die Jakobsmuschel zu blasen! Auch das ist ein ernsthaftes Spiel, das einer Arbeit ähnelt. „Siehst du denn irgendwo diese fächerartigen von den Wegmarkierungen?" frage ich ihn, als ich keine einzige dieser Art finde. „Nein, aber schau doch nur hier die, wie riesig die sind!", mit diesen Worten streckt er mir einige wunderschöne und ungewöhnlich große Muscheln entgegen. „Die gehen auch, man sieht doch, daß die anders sind als die, die man bei uns am Strand findet." Denn die Muscheln, die die Pilger hier gesammelt haben, dienten dem Zweck, zu beweisen, daß sie *usque ad finem terrae* gepilgert waren und damit – sofern die Wallfahrt als kirchenrechtliche Strafe auferlegt worden war – ihre Buße geleistet hatten. Deshalb sind sie zum Symbol des *Camino* geworden und allgegenwärtig: auf den Wegmarkierungen und Hinweisschildern, den Wappen und Gemälden, den Kirchendekorationen und auf den Umhänge oder Hüten der Pilger aus vergangenen Zeiten. Insbesondere des heiligen Rochus. Auch der heilige Jakobus selbst hat, wenn er im Pilgergewand dargestellt wird, immer ein Paar Muscheln bei sich. Wir sammeln eine ganze Tüte voll, „bestimmt drei Kilo", schätzt mein Bruder und stopft sie in meinen Rucksack.

Wir machen ein Foto, Wange an Wange, wobei wir den Apparat dicht vor unsere gekreuzten Nasen halten. Dabei sehe ich Mario an und habe das Gefühl, seinen Blick, seine Augen noch nie so gesehen zu haben. Jedenfalls kommen sie mir strahlender vor als sonst. Schön. Wir trocknen uns die Füße ab und ziehen unsere Ponchos wieder an. Nun sind wir wieder auf dem *Camino,* am linken Rand der asphaltierten *Carretera,* Richtung Finisterre Zentrum. Hinter uns hupt ein Bus: Wir drehen uns um, der Fahrer gibt uns ein Zeichen, und drinnen renken sich Maura und Valentina beim Winken fast die Arme aus. Der Bus fährt noch ein paar Meter weiter, hält dann an und läßt sie aussteigen. Wir umarmen uns schweigend. Wir erzählen uns gegenseitig von unserer Ankunft in Santiago. In ihren Augen leuchtet dasselbe Licht, das ich gerade bei Mario entdeckt habe.

Der Weg führt über einen kleinen Fußpfad hinunter zu einem weiteren Strand; er ist lang und breit, und die Mädchen wollen nun auch nach Muscheln suchen. Valentina kommt und hält eine echte Jakobsmuschel in der Hand, einen *Pecten jacobeus,* wie wir sie auf der ersten *Playa* nicht gefunden haben: Sie ist wunderschön und rosafarben. „Gib's schon zu, die hast du in irgendeinem Laden in Santiago gekauft, bevor ihr heute morgen losgefahren seid", necke ich sie. „Du bist ja bloß neidisch, weil ich eine hab' und du nicht!" Nach wenigen Minuten sind wir im Zentrum. Wir suchen nach einer Unterkunft, doch der *Albergue* ist geschlossen und öffnet erst um sieben. Wir mieten zwei Zimmer in einem *Hostal*.

Um sechs machen wir uns auf den Weg zum Leuchtturm. Ich trage das Meßgewand unter dem Arm, Mario das Meßbuch. Die Mädchen wollen nachkommen. Wir besuchen die Kirche Santa Maria de Las Arenas – die letzte Kirche –, in der die Pilger aus dem Mittelalter ankamen. Alles gemahnt an das Ende. Wir gehen hinauf zum *Cabo Fisterra,* immer wieder blinkt das Licht des Leuchtturms auf, um dann in der Drehbewegung wieder zu verschwinden. Mario will die Lesungen vom Sonntag lesen. Ich suche sie ihm heraus; er konzentriert sich auf die zweite und erläutert sie mir, während wir weitergehen. Ich bin überrascht und glücklich und bete für ihn, damit er das, was er gefunden hat, nicht wieder verliert. Damit die Rückkehr an seinen Arbeitsplatz und in das Leben von Castelfranco, in das Umfeld und die Strukturen, in denen er normalerweise lebt, die Früchte seines *Camino* nicht abtöten oder, schlimmer noch, verderben. Kann das wirklich geschehen? Eine persönliche Bekehrung ohne Veränderung der Strukturen ist reiner Idealismus. So wie eine Veränderung der Strukturen ohne persönliche Bekehrung reiner Materialismus wäre.

Wir kommen an den Leuchtturm; der Platz ist von Leuten überlaufen, die mit dem Auto oder dem Bus hierher gekommen sind. Da ist der letzte Meilenstein: Die Spitze der Muschel zeigt nach unten! Es ist schwer zu erklären, welche Ergriffenheit dieses Zeichen hervorruft. Einen Monat lang haben die Muscheln uns den Weg gezeigt: Vor allem hier in Galizien entsprach ihre Ausrichtung auch der Richtung, in die wir gehen mußten. Zeigte die Spitze nach oben, ging man geradeaus, zeigte sie nach rechts, mußten wir uns rechts halten, und zeigte sie nach links, so hatten wir nach links zu gehen. Doch die nach unten, auf den Boden zeigende Spitze kann nur eines bedeuten: daß der *Camino* hier zu Ende ist und es von hier an nicht mehr weitergeht. Maura und Valentina stoßen zu uns; auch in ihnen löst die Stele dieselbe Erkenntnis und dasselbe Bedauern aus. Wir gehen am Leuchtturm vorbei und suchen uns einen etwas abseits gelegenen Platz auf den Felsen. Wir kommen seitlich an dem kleinen Denkmal vorüber, wo jemand Kleider und Schuhe verbrennt. Mario und ich setzen uns weiter nach unten, wo die *lärmenden und durchdringenden* Stimmen nur noch gedämpft zu uns herüberklingen. Hier unten ist die Stimme des Meeres stärker; wenn man sich darauf konzentriert, hört man nur noch die Wellen, die sich an den Klippen brechen. Auch der Ozean hat seinen Rhythmus, seine eigene Musik, die jetzt regelmäßig und geordnet ist und Frieden schenkt. Es herrscht *Flaute, Hitze, Stille überall.*

Es ist wirklich zu Ende, wir sind am *Ende der Straße.* Vor uns liegt das Geheimnis vom Ende. Und weil die Pilgerschaft, der *Camino* oder die Straße in diesem Monat ein deutliches Bild für das Leben gewesen ist, ist dieser Ozean ein deutliches und ahnungsvolles Bild für den Tod. Für die Ewigkeit. Was ist der Tod? Was ist das Meer? Was ist die Ewigkeit? Ist dieses Wasser das Ende von allem oder ein nützliches Mittel, um zu einem Land zu kommen, das jenseits liegt und das man von hier aus nicht sehen kann? Heute wissen wir, daß man über dieses Wasser in die Neue Welt, nach Amerika kommt, das die Menschen des Mittelalters nicht kannten. Wir wissen, daß jenseits unseres Lebenswegs, jenseits der tiefen und geheimnisvollen Wasser des Todes auch eine Neue Welt liegt. Die Auferstehung, das Land der Lebenden, das Paradies. Das Ziel unserer Pilgerfahrt.

Jenseits dieses Meeres ist das Zuhause von Nick. Jenseits des Todes ist das Haus des Vaters, ist Papà, sind alle Verstorbenen, die ich geliebt und gekannt habe, sind all unsere *verstorbenen Brüder und Schwestern und alle, die in Gottes Gnade aus dieser Welt geschieden sind.* Aber um dorthin zu gelangen, bedarf es anderer Gesetze, bedarf es einer besonderen Art der Reise, bei der unsere gewohnten motorischen Fähigkeiten außer Kraft gesetzt sind und wir darauf vertrauen müssen, daß uns jemand trägt. Mit seinen eigenen Füßen kann jeder Pilger nur bis zu dieser Grenze gelangen. Wenn er sie überschreiten will, muß er mit aller Kraft einen Anderen zu Hilfe rufen. Der heilige Augustinus sagt: „Weil wir auch die Möglichkeit haben sollten zu gehen, ist von dort Der gekommen, zu dem wir gehen wollten. Und was hat er getan? Er hat uns das Holz verschafft, mit dem wir das Meer überqueren können. Denn niemand kann das Meer dieser Welt überqueren, wenn er nicht vom Kreuz Christi getragen wird." Wieder das Kreuz. Wenn wir uns von ihm tragen lassen, wird das Meer zu einem Osterfest.

Ich bereite mich für die Messe vor und suche mir einen Platz, der noch weiter unten an den Klippen liegt. Die anderen kommen, Vale hinkt und will sitzenbleiben. Ich beschwere das Korporale mit Steinen, stelle Kelch und Patene an ihren Platz, und wir beginnen. Wir stehen am Meer. Erst jetzt wird mir bewußt, daß wir Christen immer im Angesicht des Todes Eucharistie feiern: das Gedächtnis des Todes und der Auferstehung des Herrn, das uns als Dankfeier hinterlassen worden ist. Wir verharren nicht in stummer Verzweiflung: Wir sagen Dank. Wir danken für Jesu Tod und Auferstehung. Gerade in der Messe *verkünden wir den Tod und preisen die Auferstehung Jesu, bis er kommt in Herrlichkeit.* Mit der Messe bekennen wir, daß Jesus den Tod gekannt hat und in das Leben ohne Ende eingetreten, daß er gekreuzigt worden und auferstanden ist. Mario liest die zweite Lesung vom Sonntag, die, die er mir auf dem Weg hierher erläutert hat: *Wißt ihr denn nicht, daß wir alle, die wir auf Christus Jesus getauft wurden, auf seinen Tod getauft worden sind? Wir wurden mit ihm begraben durch die Taufe auf den Tod; und wie Christus durch die Herrlichkeit des Vaters von den Toten auferweckt wurde, so sollen auch wir als neue Menschen leben.*

Die *Herrlichkeit des Vaters* hat Jesus auferweckt, und deshalb können auch wir *als neue Menschen leben,* weil unsere Taufe uns mit ihm hat sterben lassen, damit wir dieselbe Auferstehung und dieselbe Herrlichkeit erfahren. Er liest weiter: *Sind wir nun mit Christus gestorben, so glauben wir, daß wir auch mit ihm leben werden. Wir wissen, daß Christus, von den Toten auferweckt, nicht mehr stirbt; der Tod hat keine Macht mehr über ihn. Denn durch sein Sterben ist er ein für allemal gestorben für die Sünde, sein Leben aber lebt er für Gott. So sollt auch ihr euch als Menschen begreifen, die für die Sünde tot sind, aber für Gott leben in Christus Jesus.*

Wie klar mir das nun alles erscheint, als wäre es nur für uns und nur für diesen Augenblick gesagt und geschrieben worden.

Ebenso ist es mit dem Anfang des eucharistischen Hochgebets, wo es heißt: „Du erfüllst die ganze Schöpfung mit Leben und Gnade. Bis ans Ende der Zeiten versammelst du dir ein Volk, damit deinem Namen das reine Opfer dargebracht werde vom Aufgang der Sonne bis zum Untergang." *Wir stehen nun wirklich am Untergang der Sonne,* am Rande des Okzidents, und bringen ein *reines Opfer* dar. Nur wenige Meter trennen meine Füße vom Ende der Erde.

Im Gebet nach der Kommunion heißt es: „O Gott, durch die Macht dieses eucharistischen Brotes befreist du uns von der Sünde und schenkst uns immer neue Kraft: gib, daß wir Tag für Tag in deiner Liebe und in der Hoffnung auf deine Herrlichkeit wachsen." Gib, daß wir in deiner Liebe wachsen und durch diese Liebe unser Leben Tag für Tag von den Toden aufersteht, die es gefangenhalten, von jenem Tod, der der Egoismus ist, der Haß und die Angst davor, einander zu vertrauen. Gib, daß wir in der *Hoffnung auf die Herrlichkeit* wachsen, in jener Gewißheit unserer Bestimmung, die wir haben dürfen, wenn wir die gekreuzigte Herrlichkeit erfahren haben, deine gütige und barmherzige Gegenwart in uns und auf unserem Weg.

Wie beeindruckend ist diese Messe! Als wir sie beendet haben, bleiben wir schweigend sitzen. Jeder hat hier, *am Ende des Weges,* seine eigenen Dinge zu ordnen. Wir leben und sind unterwegs, um am Ende dahinzukommen, daß wir jenen Namen aussprechen können: *Jesus.* Und dieser Name bedeutet: *Gott rettet.*

Ein letztes Mal wende ich mich dem Ozean zu, dem Geheimnis vom Ende. Ich finde für diesen Abschied keine besseren Worte als die des heiligen Franziskus: *Gelobt seist du, Herr, durch unsern Bruder, den leiblichen Tod; ihm kann kein lebender Mensch entrinnen. Wehe denen, die sterben in schweren Sünden! Selig, die er in deinem heiligsten Willen findet! Denn sie versehrt nicht der zweite Tod.*

Es ist hart, gehen zu müssen. Über einen Monat lang sind wir Pilger des *Camino* gewesen. Jetzt müssen wir zu einem Leben *als neue Menschen* aufbrechen. Jetzt geht es nicht mehr um *Carreteras* oder *Andaderos.* Jetzt geht es nicht mehr um die Geographie, sondern um unsere Seele. Besser gesagt – denn das haben wir inzwischen gelernt –, es geht um unsere Seele und unseren Körper, die nicht voneinander zu trennen sind. Noch einmal blicken wir zurück, dann gehen wir alle vier wieder hinunter. Um uns her laufen Frauen in Jogginganzügen.

Zur Feier des Tages wollen wir uns ein schönes Fischessen gönnen. Wir suchen uns ein Restaurant im Hafen aus, wo man draußen sitzen kann. Als wir im Begriff sind, wieder zu gehen, kommt ein Pärchen an. Jeder Irrtum ist ausgeschlossen, die Leg-

gings lügen nicht und sind unverkennbar: „Sie ist es!" „Edda!"
„Mario! Paolo!" Auch sie ist also bis hierher gekommen, und
nach allem, was man sieht, in guter Gesellschaft. Wir wechseln
im Stehen ein paar Worte, gerade lange genug, um unsere Adressen zu notieren und uns zu erzählen, wie es gelaufen ist. Besser
gesagt, um Marios Adresse zu notieren und sie für meine auszu-
geben. Wir freuen uns riesig, daß wir sie wiedergesehen haben.
Doch ihr Blick ist derselbe wie immer, anders als bei Mario und
den Mädchen.

Von Finisterre nach Santiago de Compostela, Mittwoch, 4. Juli

Der Wecker klingelt um sechs, ich gehe gemeinsam mit Vale hinunter, die heftige Schmerzen an ihren stark mitgenommenen Beinen hat. Mit der Geschwindigkeit eines Faultiers bewegt sie sich
auf die Bushaltestelle zu, die am Hafen liegt. Ich schließe gerade
zu ihr auf, als auch schon der Bus ankommt: Was für ein Schock!
Ich gebe Mario und Maura ein Zeichen, daß sie sich beeilen sollen; sie verstehen mich falsch und winken herzlich zurück. Ich
steige nach den anderen ein und setze mich hinter Vale ans Fenster. Mario setzt sich neben mich. Das sind unsere letzten langsamen Aktionen, das Letzte, was wir mit dieser menschlichen und
bewußten Geschwindigkeit tun, die für eine Fußwallfahrt kennzeichnend ist. Es vergehen einige Minuten, die Türen schließen
sich, und der Bus fährt ab. Plötzlich fliegen in schneller Abfolge
Bilder am Fenster vorbei: Man hat das Gefühl, auf den Bildschirm
eines riesigen Fernsehers zu starren. Abrupt sind wir wieder zu
passiven Beobachtern einer Landschaft und eines Lebens geworden, das draußen an uns vorbeiläuft und zu dem wir nicht mehr
dazugehören. Mir dreht sich der Kopf, wie wenn man ein Ama-
teurvideo sieht, in dem alles schwankt. Etappen, die wir mit großer Mühe bewältigt haben, fliegen nun in wenigen Augenblicken
an uns vorüber. Mario ist niedergeschlagen. Was soll man sagen?
Daß unser normales Leben unmenschlich ist? Daß wir zu Hause
nie Zeit haben und die Dinge nur oberflächlich, nur im Vorbeigehen kennenlernen, ohne sie auszukosten? Daß wir normalerweise
zu schnell unterwegs sind und das vielleicht der Grund dafür ist,

daß wir den Herrn nicht sehen, der immer an unserer Seite ist? Daß seine Spuren deshalb für uns unsichtbar bleiben? Nichts von alledem. Wir klammern uns an die Erinnerungen, an „Weißt du noch … und als … das eine Mal, wo …"

Ich schließe die Augen, um mich nicht übergeben zu müssen. Ich sondere mich von den anderen ab, wie ich es unterwegs gemacht habe, wenn ich nachdenken wollte. Ich halte mich an den Leitgedanken der Herrlichkeit. Im Grunde habe ich mich vom *Camino* verabschiedet, als Mario gestern genau *am Ende der Straße* jene Bibelworte vorlas. Ich mußte dort ankommen, um die Herrlichkeit von Grund auf – in meinem Innern – zu verstehen, um zu akzeptieren, daß ich zu einem Leben *als neuer Mensch* aufbrechen kann, zu einer *glorreichen und herrlichen Auferstehung*. Dieser *Camino* beginnt jetzt.

Nach wenig mehr als drei Stunden erreichen wir den Busbahnhof in Santiago. Wir verlassen den Bahnhof; die Mädchen machen sich auf den Weg zum Flughafen, wir gehen ins Zentrum, um die Pilgermesse um zwölf Uhr zu besuchen. Wir machen Halt in der Buchhandlung Egeria: Wir müssen drei für Santiago typische Jakobuskaseln besorgen. Mario und ich sind uns einig, daß wir eine rote unserer Jakobskirche in Castelfranco als Votivgabe schenken wollen. Wir gehen hinaus, Mario im Laufschritt zur Kathedrale, wo er einen Sitzplatz im Querhaus findet, ich zur Sakristei, wo ich zwei portugiesische Priester antreffe, die sich bereits für die Meßfeier fertiggemacht haben.

Heute ist das Fest der heiligen Elisabeth von Portugal, die zweimal nach Santiago gepilgert ist. Beim zweiten Mal wurde ihr offiziell ein Pilgerstab übergeben, in dessen Zeichen sie regierte und mit dem sie begraben wurde. Als das Grab anläßlich ihrer Heiligsprechung geöffnet wurde, fand man ihn unversehrt. Sie lassen mich einen Teil des eucharistischen Hochgebets auf italienisch beten und bitten mich auch, beim Kommunionausteilen zu helfen. Mein Herz macht einen Satz, als die Teutonin und das österreichische Mädchen, die wir hinter Sambol aus den Augen verloren hatten, und nach ihnen weitere Pilger, die wir auf dem letzten Abschnitt kennengelernt hatten, die Hostie aus meiner Hand empfangen. Diese wechselseitige Wiedersehensfreude, diese glückliche Begegnung – als hätte man sie herbeigesehnt – ist beeindruckend. Ich denke, daß das Paradies ein solches Wiedersehen sein muß, dort, wo jeder persönliche *Camino* endet, in demselben Zuhause, mit demselben beglückenden Wissen, daß die anderen, die mit dir unterwegs gewesen sind, auch dort angekommen sind, wo wir alle ankommen wollten.

Während ich die Kommunion austeile, nehme ich aus den Augenwinkeln wahr, daß sie hinter mir mit dem *Botafumeiro* durchgehen: Auf Stangen tragen sie das bereits entzündete und rauchende Weihrauchfaß. Der Priester erklärt den Sinn der Zeremonie: Sie wird an diesem Punkt der Messe vollzogen, weil sie in jeder Hinsicht eine eucharistische Geste ist. So, wie die Gebete zu Gott emporsteigen, bringt auch der Weihrauch unsere Dankbarkeit, unser Lob und unsere Anbetung zum Ausdruck. Ich trage die Pyxis zum Hochaltar, grüße Santiago mit den Augen und will mich setzen, doch der Priester, der bereits vor dem *Botafumeiro* steht, ruft uns herbei. Genauer gesagt, er ruft mich, und ich rufe die Portugiesen, die heute zu Ehren ihrer heiligen Königin den Weihrauch gestiftet haben. Ich nähere mich wie elektrisiert: Für mich ist es schon unglaublich, diesem Objekt, das in der Vorstellungswelt jedes Pilgers einen festen Platz hat, so nahe zu sein. Doch der Hauptzelebrant gibt mir ein Zeichen, ich solle den Löffel aus dem Schiffchen nehmen und den Weihrauch auf die glühenden Kohlen legen.

Genau in diesem Moment betrete ich mit äußerster Klarheit des Bewußtseins und vollkommen eins mit mir selbst mein inneres Zimmer und nehme alles heraus, was ich in diesen Tagen empfangen habe, und ich lege es in den *Botafumeiro,* damit es ein Wohlgeruch wird, ein Zeichen der Herrlichkeit, die ich erfahren habe und die ich dem Vater in diesem Augenblick wiedergebe, womit ich anerkenne, daß sie sein Geschenk ist und von Ihm kommt. Das, was in diesen Tagen der Pilgerfahrt geschehen ist und sich nicht in Worte fassen läßt, verwandelt sich durch eine einfache Geste in ein wenig Weihrauch, das heißt in einen Akt der Liebe und in ein Gebet, das zu Ihm aufsteigt. Im Geist schicke ich gemeinsam mit dem duftenden Rauch die Worte des Schlußgebets der ignatianischen Exerzitien empor, die ich in diesen Tagen so oft mit Nick gebetet habe:

Nimm hin, o Herr, meine ganze Freiheit. Nimm an mein Gedächtnis, meinen Verstand, meinen ganzen Willen. Was ich habe und besitze, hast du mir geschenkt. Ich gebe es dir wieder ganz und gar zurück und überlasse alles dir, daß du es lenkst nach deinem Willen. Nur deine Liebe schenke mir mit deiner Gnade. Dann bin ich reich genug und suche nichts weiter.

Ich freue mich an dem Anblick des *Botafumeiro,* der jetzt spektakulär über die gesamte Länge des Querschiffs hin und her geschwenkt wird und den Raum mit Spiralen aus weißem Rauch erfüllt, und ich muß an die Weihrauchwolken denken, die das sichtbare Zeichen der Herrlichkeit Gottes sind. Als Jesaja von seiner Berufung berichtet, beschreibt er eine Vision: „Im Todesjahr des Königs Usija sah ich den Herrn. Er saß auf einem hohen und erhabenen Thron. Der Saum seines Gewandes füllte den Tempel aus. Serafim standen über ihm (...) Die Türschwellen bebten bei ihrem lauten Ruf, und der Tempel füllte sich mit Rauch." Ja, ja, ich erinnere mich genau an diesen Abschnitt, den allerersten meines Lebens, den ich in der Kirche vorgelesen habe, als ich als kleiner Junge in einer Messe im Sommer zum ersten Mal als Lektor eingesetzt wurde. Im Jahr neunzehnhundertsechsundsiebzig.

Inmitten des Rauchs ruft der Prophet aus: „Weh mir, ich bin verloren. Denn ich bin ein Mann mit unreinen Lippen und lebe mitten in einem Volk mit unreinen Lippen, und meine Augen haben den König, den Herrn der Heere, gesehen." Da fliegt einer der Engel auf ihn zu und reinigt seine Lippen mit einem Stück Kohle vom Altar. Und dann hört Jesaja die Stimme des Herrn, der fragt: „Wen soll ich senden? Wer wird für uns gehen?" Und er antwortet: „Hier bin ich, sende mich!"

Ergriffen wiederhole ich: *Hier bin ich. Sende mich!*

Epilog

Rom, Dienstag, 14. Oktober 2003

Es geschieht mir noch häufig, daß ich wieder nach Santiago pilgere: immer dann, wenn ich die Tür zu meinem inneren Zimmer öffne und mich an einem Punkt des *Camino* wiederfinde, allein oder mit Mario, im Schatten sitzend oder auf den Stab gestützt, während ich einen gelben Pfeil betrachte und gemeinsam mit meinem Bruder überlege, in welche Richtung wir gehen sollen. Manchmal sind auch Maura, Valentina, Nick oder Tom dabei. Manchmal haben auch unsere unsäglichen Weggefährten Edda und Schoseff ihren Auftritt. Mich erfaßt dann eine Sehnsucht, die ich in jenen Tagen nie gefühlt habe und die nicht einfach nur Bedauern darüber ist, daß eine schöne und begeisternde Phase meines Lebens nun der Vergangenheit angehört. Mich amüsiert der Gedanke, uns einer im Grunde völlig sinnlosen Anstrengung ausgesetzt zu haben, nur um das Grab eines Mannes, der vor vielen Jahrhunderten gelebt hat, und ein Vorgebirge zu sehen, daß auf den Ozean hinausgeht, *auf das Ende der Straße.*

Es geschieht mir, daß ich nach Hause komme und Mario vorfinde, mit dem mich eine außergewöhnliche Zeit verbindet, die wir gemeinsam verbracht haben. Es geschieht mir, daß ich mich wieder ohne Worte mit ihm verstehe, daß wir über ein Nichts lachen, daß wir zu Fuß in unserer Kirche San Giacomo in Castelfranco zur Messe gehen (ich zelebriere, er liest die Lesungen) oder an einem Treffen unserer Bruderschaft in Perugia teilnehmen; und das alles auf der Grundlage von etwas, das unter uns weder erklärt noch kommentiert werden muß. Ein absolut unverrückbarer gemeinsamer Ausgangspunkt, stark wie die Felsen der Pyrenäen oder die Sonne der *Mesetas.* Diese unbeschreibliche und unfaßbare „Sache", der *Camino,* ist geschehen und dauert tatsächlich fort, genau wie Davide es uns an jenem Abend in Nizza gesagt und Mario es wiederholt hatte: „Einmal begonnen, wird der *Camino* niemals enden." Und obwohl wir beiden dieser Prophezeiung ganz nüchtern oder sogar mit Ironie begegnet sind, müssen wir doch zugeben, daß es genau so ist.

Er, der uns in Lourdes bei der Hand genommen hat, hat uns nicht mehr losgelassen, und Er allein weiß, wohin er uns führt.

Bei unserem Aufbruch war meine Seele voller Bitterkeit und Groll wie die Seele eines Belagerten, der die Hoffnung auf Rettung aufgegeben hat. Jetzt atme ich die Freiheit, die ich auf den Hochebenen und den geschotterten Wegen Navarras und Kastiliens kennengelernt habe, als ob ich schon immer in diesen Dimensionen gelebt hätte. Der *Santo Cristo* von Burgos leuchtet mir noch immer. Ich kann nicht umhin zu denken, daß der wichtigste Teil des Evangeliums der Leidensbericht ist, so wie ich nicht umhin kann, mich zu fragen, was das bedeutet: daß das Herzstück dieses göttlichen und menschlichen Buches die Stunden sind, in denen Jesus gelitten hat und gestorben ist. Die einzigen, in denen er jemals zugegeben hat, Gottes Sohn und König zu sein, was dazu führte, daß dieses Wort sogar als Urteilsspruch über seinem Kopf angebracht wurde. Also ist der Tod kein Unglück, das man mit Geduld und Leidensfähigkeit ertragen muß, oder ein Ereignis, gegen das man in zorniger Verzweiflung aufbegehrt: Er ist der Moment, in dem der Vater offenbart, wer er ist, und seine Kraft und Macht ausübt, um Jesus aufzuerwecken, um das Leben aufzuerwecken. Seine Herrlichkeit. Eine demütige und souveräne, wehrlose und unbesiegbare, nur scheinbar besiegte und sinnlose Herrlichkeit, so wie es nur scheinbar sinnlos ist, zum Grab eines Mannes, der vor vielen Jahrhunderten gelebt hat, und zu einem Vorgebirge zu pilgern, das am Ende des Festlands liegt. Das Gegenteil der Herrlichkeit, die ich von Ihm hatte erwarten können. Doch es ist so, daß im *schmerzhaften Geheimnis vom Ende aller Dinge* nun für immer der Funke einer Hoffnung glimmt, die nicht von dieser Welt ist. Dank dieser Hoffnung erhält auch dieses Leben in der Zeit eine entschieden andere Konsistenz.

Es sehnt sich danach, bei Ihm zu sein, zu lieben, wie Er geliebt hat. Es wird fähig, auf diesem Weg zu gehen, der Er ist, wie auch immer die Wetterverhältnisse, die Weggefährten, die Landschaft oder die momentane Laune beschaffen sein mögen.

In einem Psalm, den wir in jenen Tagen gebetet haben, heißt es: „Errege dich nicht über die Bösen, wegen der Übeltäter ereifere dich nicht! Denn sie verwelken schnell wie das Gras, wie grünes Kraut verdorren sie. Vertrau auf den Herrn und tu das Gute, bleib wohnen im Land und bewahre Treue!" Das gekreuzigte Antlitz Gottes bringt jetzt instinktiv in mir das Beste hervor, was ich dem anbieten kann, der für mich gestorben ist und mir aus reiner Gnade die Auferstehung schenken wird, wenn auch ich, am *Ende meiner Straße* angekommen, nichts anderes mehr tun kann als stehenzubleiben und darauf zu warten, daß die neue und endgültige Wegmarkierung mir die letzte Richtung weist, in die ich zu gehen habe. Dann werde auch ich heimgekehrt sein. Bis hinab in jene Tiefe, wo Körper und Seele getrennte Wege gehen, hat der *Camino* mir diese zuversichtliche Hoffnung eingeprägt.

Ich setze mich und frage Mario zum ich-weiß-nicht-wievielten Mal: „Ist dir eigentlich klar, wie weit wir gekommen sind?"

Er lächelt, rammt den Pilgerstab in den Boden und antwortet: „Ist dir das klar? Hättest du das je gedacht?"

Wir lachen.

Nein, das hätten wir nie gedacht.

Nachwort

Ich möchte viel über Mario, den Helden dieses Buches, sprechen, vielleicht ein ebensolcher Held wie Sam Gamdschie es ist; von meiner Rührung angesichts dieser männlichen, humorvollen, tiefen Zärtlichkeit der beiden Brüder, die voneinander getrennt waren, seit Don Paolo mit elf Jahren ins Kleine Seminar eingetreten ist, und die nun, da sie zum ersten Mal seit ihrer Kindheit wieder soviel Zeit miteinander verbringen, ineinander auch das Geschenk ihrer Kindheit wiederfinden, das Licht der Sommer im Veneto, die Orte, das Lachen, die Lieder ... Doch das wäre Stoff für ein weiteres Buch.

An einem sonnigen Samstagvormittag stellten Don Paolo und ich in dem im Renaissancestil eingerichteten Büro von Enrica Merlo (der unbezahlbaren Lektorin von Don Paolos Tagebuch) mit kindlicher Überraschung fest, daß *Nach Santiago* genau zehn Jahre nach *Il Portico della Gloria* erscheinen würde, so wie seine Wallfahrt mit Mario ja auch genau zehn Jahre nach der meinigen zu Ende gegangen ist. Diese unsere beiden Wege *ad limina Sancti Jacobi* waren zwei unwiederbringliche Sommer, zwei tiefe Einschnitte wie im Leben vieler Pilger. Doch außer dieser Koinzidenz gibt es in unseren Erfahrungen als Jakobspilger noch sehr viel weiterreichende Gemeinsamkeiten. Ich danke Don Paolo dafür, daß er dieses Tagebuch geschrieben hat, in dem ich nicht nur die tiefe, schmerzliche und lebendige Wurzel wiedergefunden habe, die ich gut kenne, sondern auch ihren christlichen Namen, der angst macht, aber zugleich die Türen weit aufreißt und das Licht eines Nachmittags hereinläßt, an dem die Sonne niemals untergeht: das Kreuz.

Das schmerzhafte Geheimnis von der allumfassenden Vergänglichkeit, vom beständigen *Enden* aller Menschen und Dinge, von der Unmöglichkeit des *Dauerns* hatte auch ich unverkennbar zu meinem Thema gemacht, als ich meinem Buch die Worte zweier Menschen voranstellte, die zwei zwar gleichermaßen staunende, ansonsten aber sehr unterschiedliche Blicke auf den Tod geworfen haben: Giacomo Leopardi, trockenen Auges, und Paulus von Tarsus, strahlend vor Hoffnung gegen alle Hoffnung. Damit nicht zufrieden, hatte ich dem ersten Kapitel ein Zitat meines armen und großartigen Ti-Jean (Kerouac) vorangestellt: „Das ist die Hölle – hier sitze ich mit hängendem Kopf auf der Oberfläche des Planeten Erde, gehalten von der Schwerkraft, in der Absicht, eine Geschichte herunterzuschreiben, obwohl ich genau weiß, daß nicht die geringste Notwendigkeit besteht, eine Geschichte zu erzählen, und doch weiß ich, daß es auch keine Notwendigkeit gibt, den Mund zu halten – doch es gibt ein schmerzhaftes Geheimnis –. Wozu sollten wir sonst leben, wenn nicht, um (wenigstens) über das Grauen und den Schrecken dieses ganzen Lebens zu diskutieren, Gott, was werden wir alt, und einige von uns werden verrückt, und alles verstummt bösartig – dieses bösartige Verstummen ist es, das wehtut; kaum ist einmal etwas herrlich und vollständig, bricht es in Stücke und verbrennt."

Auch Don Paolo und Mario sind durch das *schmerzhafte Geheimnis* hindurchgegangen und haben von Lourdes bis nach Santiago – gemeinsam mit dem wenige Monate zuvor verstorbenen Vater, gemeinsam mit allen lebenden und verstorbenen Verwandten und Freunden, mit denen sie sich in der Gemeinschaft der Heiligen verbunden fühlten – die große Frage des Lebens in ihrem Herzen getragen, die sich nicht in sich selbst, im Labyrinth der Gedanken oder Träume verschließt, sondern sich der Unvorhersehbarkeit der Erfahrung, der Mühsal und dem Gebet öffnet: der Bitte um Die Gnade.

Ein seltsamer Ruf, nach Santiago zu gehen, der lange vor dem ersten Schritt beginnt und dich schon in der Sehnsucht und der Erwartung des Aufbruchs zum Pilger macht, wie die Einleitung zu Don Paolos Tagebuch es zeigt; ein Ruf, der unterwegs und in den vielen Begegnungen lauter und deutlicher wird, bis zu jener letzten Etappe, zu der Don Paolo Mario und Nick überredet, der letzten Nacht auf dem *Camino* – einer letzten, verrückten Etappe von über sechzig Kilometern, weil die Sehnsucht explodiert und sich nicht mehr kontrollieren läßt, einer Nacht ohne Schlaf, bis zur völligen Erschöpfung – die letzte Nacht auf dem *Camino* ist so einzigartig, daß man keine Sekunde lang schlafen möchte –, bis sie schließlich auf den alten Steinen des *Obradoiro* zusammenbrechen, gegenüber der Kathedrale, die sich im Morgenlicht vor ihnen erhebt. Ein Gewaltmarsch, der mich intensiv an einen Vers, eine Antiphon aus dem Stundengebet erinnert hat: „Ich eile voran, um Ihn zu ergreifen, ich, der ich doch schon von Christus ergriffen worden bin."

Oder die Suche, die nicht im Fazit einer Argumentation, nicht in der Schlußfolgerung eines Syllogismus, sondern in der konkreten, realen – und auf geheimnisvolle Weise vertrauten – Überraschung einer Begegnung endet. Eher ein Wiederfinden als ein Finden, ein Wiedererkennen, die Bereitschaft, sich vom Herrn finden zu lassen und nicht länger zu fliehen – was vielleicht auch bedeutet, daß man das, was in Wirklichkeit eine Flucht ist, nicht länger als „vergebliche Gottsuche" bezeichnet.

„Man muß sich mit den Augen des Vaters sehen. Da ist Jemand, der mich wahrhaft liebt, der nie aufgehört hat, mich zu suchen, der gekommen ist, um mich hier auf dem *Camino* abzuholen und nach Hause zu bringen, damit ich kein Landstreicher mehr bin, der den Schweinen ihr Futter neidet. Ich hatte mein Zimmer, mein Haus zu einem Gefängnis werden lassen. Hier auf dem *Camino* ist Jesus gekommen, um mich, den Gefangenen, zu befreien. Die Schönheit und das Geheimnis dieser Pilgerschaft haben mir gezeigt, wie man die Tür öffnet. Jene Tür, die nur von innen geöffnet werden kann" (siehe S. 265 f.). Eine Schlußfolgerung, die mich an das erinnert, was ich in jener Julinacht 1992 auf dem Feldbett in der *Cité de la Jeunesse* in Lourdes geschrieben habe, als der Jakobsweg noch vor mir lag: Die Türen, die sich nur von innen öffnen. Wenn man zu Fuß pilgert, lernt man, diese Türen zu öffnen.

„Doch hier, als Pilger, bin ich an einen inneren Ort geführt worden, an dem ich vielleicht nie zuvor gewesen bin, einen Ort in meinem *Innern*, wo Gott Wohnung genommen hat, wo ich mich in den Armen des Vaters in Sicherheit fühle, wo ich jenen Frieden genießen darf, den die Welt nicht kennt und nicht geben kann. Diesen Ort gibt es schon immer; vielleicht habe ich mich nur immer darauf beschränkt, ihn von außen zu betrachten. Jesus sagt: ‚Wenn jemand mich liebt, wird er an meinem Wort festhalten; mein Vater wird ihn lieben, und wir werden zu ihm kommen und bei ihm wohnen.' Das Haus, das ich in mir suche. Das bin ich. Ich bin das Haus Gottes. Auch ich habe zuerst heimkehren müssen, wie der verlorene Sohn" (siehe S. 263 f.).

Und so kann Don Paolo dank dieser „Heimkehr" am Ende des *Camino*, am Grab des heiligen Jakobus, des Apostels und Freundes Jesu Christi, in jener kleinen irdischen Herrlichkeit des *Botafumeiro* in der von Weihrauch und Musik erfüllten Kathedrale Ihm, dem Herrn, der gestern wie heute fragt: „Wen soll ich senden?" – wen soll ich senden, um meinen Kindern zu verkünden, daß ich sie, auch wenn sie mich jetzt nicht mit eigenen Augen sehen können, nicht alleine lasse, sie nicht vergesse, daß das Böse und der Tod nicht das letzte Wort haben, daß Glaube, Hoffnung und Liebe keine Märchen, sondern das Geheimnis des Lebens sind, sein allerreinster Saft, daß ich für jeden von ihnen einen Platz in meinem Haus bereitet habe und daß dann nichts mehr *enden* wird –, und so kann er, wie schon als Kind in Castelfranco, wieder diese Antwort geben: „Hier bin ich, sende mich."

Davide Gandini

Davide Gandini ist Mitglied der Bruderschaft *San Jacopo di Compostella* in Perugia und veröffentlichte 1996 ein weithin bekanntes Buch über seinen Jakobsweg: *Il Portico della Gloria* (Das Tor der Herrlichkeit; Bologna, 4. Auflage 2004).